GREGOR PR

MW00715163

Die Grenzen der Notwehr in Deutschland und ausgewählten slawischen Ländern

Schriften zum Strafrechtsvergleich

Herausgegeben von
Prof. Dr. Dr. Eric Hilgendorf, Würzburg und
Prof. Dr. Brian Valerius, Bayreuth

Band 14

Die Grenzen der Notwehr in Deutschland und ausgewählten slawischen Ländern

Ein Rechtsvergleich unter besonderer Berücksichtigung
der Einstellungen der Bevölkerung zur Notwehr
in Deutschland und Slowenien

Von

Gregor Prijatelj

Duncker & Humblot · Berlin

Die Juristische Fakultät der Universität Augsburg hat diese Arbeit
im Jahre 2020 als Dissertation angenommen.

Bibliografische Information der Deutschen Nationalbibliothek

Die Deutsche Nationalbibliothek verzeichnet diese Publikation in
der Deutschen Nationalbibliografie; detaillierte bibliografische Daten
sind im Internet über http://dnb.d-nb.de abrufbar.

D384
Alle Rechte vorbehalten
© 2022 Duncker & Humblot GmbH, Berlin
Satz: L101 Mediengestaltung, Fürstenwalde
Druck: buchbücher.de gmbh, Birkach
Printed in Germany

ISSN 2364-8155
ISBN 978-3-428-18376-0 (Print)
ISBN 978-3-428-58376-8 (E-Book)

Gedruckt auf alterungsbeständigem (säurefreiem) Papier
entsprechend ISO 9706 ∞

Internet: http://www.duncker-humblot.de

*Für meine Eltern
und meine Frau Laura*

Vorwort

Diese Arbeit wurde im Wintersemester 2020/21 von der Juristischen Fakultät der Universität Augsburg als Dissertation angenommen. Die Rechtsprechung und Literatur konnten noch bis zum Juli 2021 berücksichtigt werden.

An dieser Stelle möchte ich allen Personen danken, die mich bei der Anfertigung meiner Dissertation unterstützt haben.

Dazu gehört vor allem mein Doktorvater und Erstgutachter Herr Professor Dr. Kaspar, der mich stets hervorragend betreut hat. Durch seine wertvollen Anregungen bin ich auf viele neue Ideen gestoßen, die diese Arbeit wesentlich mitgeprägt haben. Darüber hinaus hat er mich und den Fortgang der Arbeit in vielerlei Hinsicht gefördert. Nicht zuletzt bin ich sowohl für die finanzielle Unterstützung seines Lehrstuhls bei der Durchführung der empirischen Studie als auch für die spannende Zeit an seinem Lehrstuhl im Rahmen der Förderung des Deutschen Akademischen Austauschdienstes (DAAD) sehr dankbar.

Ebenso möchte ich mich bei Herrn Professor Dr. Koch bedanken, der freundlicherweise das Zweitgutachten übernommen hat.

Für die finanzielle Unterstützung während der Promotionszeit gebührt mein Dank dem DAAD und der Fazit-Stiftung, ohne deren Förderung diese Arbeit nicht zustande gekommen wäre.

Von Herzen möchte ich mich zudem bei meiner Familie, insbesondere meinen Eltern Nada und Jože, bedanken. Sie haben mir meinen bisherigen Lebensweg ermöglicht und mich stets bei all meinen Vorhaben unterstützt. Ein ganz besonderer Dank gilt dabei auch meiner Frau Laura für ihre Geduld, ihren stetigen Rückhalt und ihren Zuspruch bei meiner Arbeit an dieser Dissertation. Ihnen widme ich meine Arbeit.

Augsburg, im Juli 2021   *Gregor Prijatelj*

Inhaltsverzeichnis

Teil 4

Empirische Untersuchung der Bevölkerungsansichten in Slowenien   156

Teil 5

Rechtsvergleichende Betrachtung   222

Tabellenverzeichnis

Abkürzungsverzeichnis

a.A.	andere Ansicht
Abs.	Absatz
AEUV	Vertrag über die Arbeitsweise der Europäischen Union
ALR	Allgemeines Landrecht für die Preußischen Staaten
AT	Allgemeiner Teil
Aufl.	Auflage
BayObLG	Bayerisches Oberstes Landesgericht
BayStGB	Bayerisches Strafgesetzbuch
Beck OK	Beck'scher Online-Kommentar
BGB	Bürgerliches Gesetzbuch
BGH	Bundesgerichtshof
BGHSt	Entscheidungen des Bundesgerichtshofes in Strafsachen
bosStGB	Strafgesetzbuch von Bosnien und Herzegowina
BverfGE	Entscheidungen des Bundesverfassungsgerichts
bzw.	beziehungsweise
CCC	Constitutio Criminalis Carolina
DGS	Deutsche Gesellschaft für Soziologie
d.h.	das heißt
DRiZ	Deutsche Richterzeitung
DRZ	Deutsche Rechtszeitschrift
EL	Ergänzungslieferung
EMRK	Europäische Menschenrechtskonvention
et al.	et altera
EU	Europäische Union
EVS	European Values Study (Europäische Wertestudie)
f./ff.	folgende
Fn.	Fußnote
FS	Festschrift
GA	Goltdammer's Archiv
GG	Grundgesetz
GS	Gedächtnisschrift
h.M.	herrschende Meinung

HRG	Handwörterbuch zur deutschen Rechtsgeschichte
Hrsg.	Herausgeber
Hs.	Halbsatz
i. e. S.	im engeren Sinne
Int. J. Psychol.	International Journal of Psychology
i. V. m.	in Verbindung mit
JA	Juristische Arbeitsblätter
JOR	Jahrbuch für Ostrecht
JR	Juristische Rundschau
JURA	Juristische Ausbildung
JuS	Juristische Schulung
JZ	Juristenzeitung
k. A.	keine Angabe/Antwort
k. k.	Kodeks karny (Strafgesetzbuch Polens)
krStGB	Kroatisches Strafgesetzbuch
KZ	Kazenski zakonik (Strafgesetzbuch Sloweniens)
KZ BiH	Krivični zakon Bosne i Hercegovine (Strafgesetzbuch von Bosnien und Herzegowina)
LG	Landgericht
lit.	Buchstabe
LK	Leipziger Kommentar
MDR	Monatsschrift für Deutsches Recht
m. E.	meines Erachtens
MüKo	Münchener Kommentar
m. w. N.	mit weiteren Nachweisen
NK	Neue Kriminalpolitik
NK-StGB	Nomos Kommentar zum Strafgesetzbuch
NJW	Neue Juristische Wochenschrift
Nr.	Nummer
NStZ	Neue Zeitschrift für Strafrecht
NStZ-RR	Neue Zeitschrift für Strafrecht-Rechtsprechungsreport
OBHDP	Organizational Behavior and Human Decision Processes (Organisatorisches Verhalten und menschliche Entscheidungsprozesse)
OLG	Oberlandesgericht
polStGB	Polnisches Strafgesetzbuch
Pos.	Position
RG	Reichsgericht
RGSt	Entscheidungen des Reichsgerichts in Strafsachen

Rn.	Randnummer
RS	Republika Slovenija (Republik Slowenien)
RStGB	Strafgesetzbuch des Deutschen Reiches
ruStGB	Russisches Strafgesetzbuch
RW	Rechtswissenschaften
S.	Seite
SA	Sąd Apelacyjny (Berufungsgericht)
serStGB	Serbisches Strafgesetzbuch
sloGG	Slowenisches Grundgesetz
sloStGB	Slowenisches Strafgesetzbuch
SK	Systematischer Kommentar zum Strafgesetzbuch
SN	Sąd Najwyższy (Oberstes Gericht)
StGB	Strafgesetzbuch
StV	Strafverteidiger
SU	Sobornoje Uloschenije (Gesetzessammlung des Zaren Alexei I)
u. a.	unter anderem
u. Ä.	und Ähnliches
Übers. d. Verf.	Übersetzung des Verfassers
UKR	Ugolovnij kodeks rossii (Strafgesetzbuch Russlands)
UMCS	Universytet Marii Curie-Sklodowskiej w Lublinie (Maria-Curie-Skłodowska-Universität in Lublin)
v.	vom
vgl.	vergleiche
vs.	versus
VSC	Višje sodišče v Celju (Obergericht Celje)
VSK	Višje sodišče v Kopru (Obergericht Koper)
VSL	Višje sodišče v Ljubljani (Obergericht Ljubljana)
VSM	Višje sodišče v Mariboru (Obergericht Maribor)
VSRH	Vrhovni sud Republike Hrvatske (Der Oberste Gerichtshof der Republik Kroatien)
VSRS	Vrhovno sodišče Republike Slovenije (Der Oberste Gerichtshof der Republik Slowenien)
VSS	Vrhovni sud Srbije (Der Oberste Gerichtshof Serbiens)
ZIS	Zeitschrift für Internationale Strafrechtsdogmatik
ZStW	Zeitschrift für die gesamte Strafrechtswissenschaft
ZUMA	Zentrum für Umfragen, Methoden und Analysen

Teil 1
Einleitung

Im Anschluss an ihre Erweiterung im Jahr 2004 ist die Europäische Union immer stärker gewachsen: 2007 durch den Beitritt von Bulgarien und Rumänien, sowie 2013 durch Kroatien. Der Verkehr von Waren, Dienstleistungen und Personen hat dadurch stetig zugenommen. Die Erweiterungen haben allerdings auch zu neuen Herausforderungen geführt, welche die Internationalisierung des Verbrechens und somit nicht nur besondere Straftaten zum Schutz der EU-Interessen betreffen,[1] sondern auch den Allgemeinen Teil des Strafrechts.[2]

Das Notwehrrecht als der älteste Rechtfertigungsgrund, dem häufig ein naturrechtliches Element konstatiert wird,[3] erweist sich in der deutschen Rechtslehre zwar im Grunde als unbestreitbar, seine Grenzen sind aktuell jedoch sehr strittig, was die inflationäre Literatur zur Notwehr in den letzten Jahren nachweislich bestätigt.[4] Als besonders kontrovers und begründungsbedürftig treten in diesem Sinne die „sozialethischen" Notwehreinschränkungen der Notwehr zutage, bei welchen es auch nicht an rechtsvergleichenden Untersuchungen mangelt.[5]

Aus diesen Arbeiten geht hervor, dass das deutsche Notwehrrecht im internationalen Rechtsvergleich nicht ohne Grund als sehr schneidig gilt. Allerdings sollte zugleich darauf hingewiesen werden, dass diese Untersuchungen ihren Fokus vorwiegend auf die westlichen oder mitteleuropäischen Länder richten. Um diese Lücke nun zu schließen, soll die vorliegende Arbeit das

---

[1] *Vogel*, GA 2003, 314 (322–328); siehe auch *Dannecker*, in: FS Hirsch, 141.

[2] Siehe dazu *Vogel*, GA 2003, 314 (329–331); die Vorschläge für einzelne Institute des Allgemeinen Teils des Strafrechs finden sich beispielsweise bei *Dannecker*, in: FS Hirsch, 141 ff.; *Schubert*, Der Versuch, S. 289; *Wittemann*, Notwehr in Europa, S. 270; *Brockhaus*, Die strafrechtliche Dogmatik, S. 519 f.

[3] Siehe dazu in der letzten Zeit *Greco*, GA 2018, 665 (677 f.).

[4] *Rückert*, Notwehrrecht; *Mitsch*, JuS 2017, 19 ff.; *Bülte*, NK 28 (2016), 172 ff.; *Kaspar*, RW 4 (2013), 40 ff.; *Greco*, GA 2018, 665 ff.; *Jäger*, GA 2016, 258 ff.; *Roxin*, in: FS Kühl, 391 ff.; *Hatz*, Gesellschaftlicher Wandel und Notwehrrecht.

[5] *Özaydın*, Notwehr und Notstand im deutsch-türkischen Rechtsvergleich; *Perron*, in: FS Eser, 1019 ff.; *Lührmann*, Tötungsrecht; *Wittemann*, Notwehr in Europa; *Wössner*, Die Notwehr und ihre Einschränkungen in Deutschland und in den USA; *Sprick*, Die Grenzen der Notwehr im Strafrecht der Volksrepublik China.

Notwehrrecht in den dazu ausgewählten slawischen Ländern Slowenien, Russland, Polen, Kroatien, Serbien, Bosnien und Herzegowina in Augenschein nehmen. Dabei bieten sich diese Länder in erster Linie aufgrund dessen an, da einige davon, wie zum Beispiel die Nachfolgestaaten des ehemaligen Jugoslawiens, auf der deutschen Rechtstradition beruhen und deshalb den Wortlaut der Notwehrregelung ganz ähnlich ausgestaltet haben. Dies gilt vor allem für Slowenien, Kroatien und Serbien. Es stellt sich daher die Frage, wie diese Staaten mit Fällen umgehen, die sich in Deutschland als „sozialethische" Einschränkungen der Notwehr eingebürgert haben. Um weitere Alternativen zur Auslegung zu berücksichtigen, wird das Notwehrrecht zudem in Bosnien und Herzegowina, Polen sowie Russland näher betrachtet.

Vorweg sollte dazu angemerkt werden, dass in Deutschland das Notwehrrecht nicht nur in rechtlicher, sondern auch in faktischer Hinsicht untersucht wurde. So hat die Dresdner Notwehrstudie u. a. die Einstellungen der deutschen Bevölkerung zur Notwehr erforscht.[6] Diese weichen dabei häufig von der Rechtsprechung ab.[7] Die Einstellungen der Bevölkerung zeigen sich dabei als besonders relevant, weil die Ansätze zur Notwehrbegründung und Notwehrbegrenzung nicht nur mit indviduellen, sondern auch mit überindividuellen Gesichtspunkten argumentieren.[8] Die slowenische Rechtslehre und Rechtsprechung geht ähnlich vor, sie kommt im Ergebnis jedoch meistens zu einem engeren Notwehrverständnis. Dies wirft die Frage auf, ob die slowenische Bevölkerung bezüglich ihrer Einstellungen im Einklang mit diesem Notwehrverständnis steht und dabei zugleich die Notwehransichten der deutschen Bevölkerung teilt. Wenn die Notwehreinstellungen zweier europäischer Bevölkerung unabhängig von ihrer Rechtslage übereinstimmen, würde dies darauf hindeuten, dass die Wertvorstellungen gegebenenfalls auch in anderen Staaten der Europäischen Union unabhängig von der Rechtsprechung ähnlich sind. Nichtsdestotrotz wird gerade die nationale Kultur häufig als Argument gegen die weiterführende Harmonisierung des Strafrechts in der EU verwendet.[9] Da die Wertvorstellungen ein Teil der Rechtskultur sind, bietet sich deren Untersuchung im besonderen Maße an, vor allem, weil sich daraus Schlussfolgerungen im Hinblick auf die weitere Harmonisierung des Strafrechts in der Europäischen Union ergeben können.

Diese Forschungsfragen führen zum folgenden Gang der Darstellung: Aufgrund des rechtsvergleichenden Konzepts der Arbeit werden zunächst die Länderberichte nach gleichartigem Muster erstellt. Dies geschieht in den Teilen 2 und 3. Dabei werden die Probleme, die sich im deutschen Notwehr-

---

6 *Kilian*, Notwehrstudie, S. 34–117.
7 *Kilian*, Notwehrstudie, S. 116.
8 Siehe dazu Teil 2 B. für Deutschland, für alle anderen Länder Teil 5 A. I.
9 Siehe etwa *Rüter*, ZStW 105 (1993), 30 (35).

recht stellen, besonders in Betracht gezogen. Die Länderberichte werden die Grundlagen der Notwehr, die Notwehrvoraussetzungen und die Notwehrgrenzen behandeln. Darüber hinaus wird der Notwehrexzess behandelt werden. Dies empfiehlt sich vor allem angesichts der Tatsache, dass sich die Grenzen des Notwehrrechts oft erst durch die Betrachtung der Notwehrexzessregelung ergeben. Während sie in Deutschland nur in begrenztem Maße Anwendung findet, ist die Anschauungsweise der Notwehrexzessregelung bei anderen Ländern umso relevanter. In den Ländern, in denen der Wortlaut der Notwehrregelungen ähnlich dem deutschen ist, wird außerdem das Problem der Vereinbarkeit der Notwehreinschränkung mit dem Wortlaut des Gesetzes erörtert. Die Länderberichte werden in der nachstehenden Reihenfolge erörtert: Zuerst wird das Notwehrrecht in Deutschland, anschließend in Slowenien, Kroatien, Serbien, Bosnien und Herzegowina, Polen und Russland untersucht.

Nach den Länderberichten wird in Teil 4 die eigene empirische Studie bezüglich der Notwehreinstellungen in Slowenien dargestellt. Dabei werden die Notwehreinstellungen der slowenischen Bevölkerung mit denen aus Deutschland verglichen. Die empirische Studie ist in diesem Rahmen als Replikation zur deutschen Dresdner Notwehrstudie konzipiert.

Im Anschluss daran wird in Teil 5 das Notwehrrecht der untersuchten Länder einander gegenübergestellt und ausgewertet. Teil 6 befasst sich mit den Schlussfolgerungen der Untersuchung, welche in Bezug auf die Notwehr für die deutsche und zugleich für die europäische Rechtslage von Bedeutung sind.

Teil 2

Die Notwehr und ihre Grenzen im deutschen Recht

A. Das Notwehrrecht und seine Entwicklung

I. Entwicklung des Notwehrrechts

Die Notwehr als Abwehrrecht hat eine lange Geschichte. Teilweise wird davon ausgegangen, dass schon im vorstaatlichen Zustand ein „Urrecht" auf Verteidigung für jedermann existiert hat.[1] Trotz der grundsätzlichen Existenz der Notwehr in allen Gesellschaften war die Reichweite der Notwehrbefugnisse nicht immer gleich. Auf die Voraussetzungen der Notwehr in der geschichtlichen Entwicklung wird an dieser Stelle näher eingegangen.

1. Das römische Notwehrrecht

Eine allgemeine Regelung der Notwehr ist im Zwölftafelgesetz aus dem 5. Jahrhundert vor Christus noch nicht zu finden. Es ist lediglich eine Bestimmung zu entdecken, die die Notwehr bei einem Diebstahl regelt. Demnach darf ein auf frischer Tat ertappter, nächtlicher Dieb ohne Weiteres getötet werden.[2] Falls der Diebstahl im Laufe des Tages begangen wurde, durfte ihn der Angegriffene töten, wenn er zuvor Alarmrufe getätigt hat und sich der Dieb mit einer Waffe gegen die Festnahme wehrte.[3] Aus den Digesten 9, 2, 4, 1 ergibt sich später zusätzlich, dass auch das Erschlagen eines nächtlichen Diebes durch einen Alarmruf bekannt gegeben werden musste.[4] Dies dürfte allerdings erst die Folge späterer Entwicklung sein.[5]

Die Frage, ob die Notwehr schon damals auf dem Selbstschutzprinzip beruht oder auf dem archaischem Rechtsprinzip, nach dem man den ertappten Dieb töten darf, ist anhand der Quellen nicht ganz eindeutig zu beantwor-

---

[1] Siehe etwa *Kühl*, AT § 7 Rn. 8.

[2] *Flach*, Das Zwölftafelgesetz, S. 181.

[3] *Flach*, Das Zwölftafelgesetz, S. 181 f.

[4] Digesten 9, 2, 4, 1, siehe Übersetzung bei *Apathy*, in: Behrends/Knütel et al. (Hrsg.), Corpus Iuris Civilis II, 729 (734).

[5] *Flach*, Das Zwölftafelgesetz, S. 182.

ten.[6] Teilweise ist der Selbstschutzgedanke jedoch schon zum Tragen gekommen, was aus den unterschiedlichen Anforderungen an die Verteidigung in der Nacht und am Tag abgeleitet werden kann.[7] Später finden sich in den Digesten fragmentarische Bestimmungen zur Verteidigung gegen Gewalt, allerdings geht nicht klar daraus hervor, ob die Verteidigung ebenso beim Angriff auf Sachgüter gestattet war.[8] Einige Quellen zeigen, dass das Notwehrrecht in der Zeit als allgemein gültiges Naturrecht aufgefasst wurde.[9] Dies wurde jedoch wohl nicht auf die Sachnotwehr bezogen, sondern lediglich auf die Verteidigung bei Bedrohung des Lebens.[10]

Zusammenfassend lässt sich aus den Quellen – soweit vorhanden – schließen, dass sich die Römer mit der Frage der Notwehr schon beschäftigt haben und dass diese auch durchaus differenziert betrachtet wurde.

2. Das Notwehrrecht im Mittelalter

Die Germanen im Mittelalter waren in familiären Solidaritätsgemeinschaften ohne zentrale Staatsgewalt organisiert.[11] Die Konflikte wurden hauptsächlich zwischen den Familien mittels Fehde und Blutrache bewältigt.[12] Außerdem durfte man den bei der Tat ertappten Dieb töten, sodass kein großer Bedarf an einer differenzierten Notwehrregelung bestanden hat.[13]

Mit der Zeit hat sich die private Bewältigung der Konflikte verringert, weil die Staatsgewalt durch die sogenannten Landfrieden versucht hat, die Fehde einzuschränken und bei Konflikten die Beschreitung des Gerichtsweges zu ermöglichen.[14] Durch diese langsame Umwandlung hat sich auch die Lage bezüglich der Notwehr geändert, sodass seit dem 13. Jahrhundert immer mehr Städterechte eine Regelung für Notwehrsachverhalte enthalten.[15] Der Name „Notwehr" bedeutete ursprünglich „die Verteidigung gegen Not, d. h. gegen Gewalt".[16] Die Notwehr wurde jedoch nicht so wie heute im Allgemeinen Teil des Strafgesetzbuches, sondern bei den Tötungsdelikten als

---

6 *Krey*, JZ 1979, 702 (703).

7 *Krey*, JZ 1979, 702 (703).

8 *Krey*, JZ 1979, 702 (703) m. w. N.

9 *Cicero*, Sämtliche Reden, Rede für T. Annius Milo, S. 327 (331), Rn. 10.

10 *Cicero*, Sämtliche Reden, Rede für T. Annius Milo, S. 327 (331), Rn. 10.

11 *Rüping/Jerouschek*, Grundriss § 1 Rn. 4.

12 *Rüping/Jerouschek*, Grundriss § 1 Rn. 5; *Krey*, JZ 1979, 702 (704).

13 *R. Haas*, Notwehr, S. 29.

14 *Krey*, JZ 1979, 702 (704).

15 LK-StGB-*Spendel*, 11. Aufl., § 32 Rn. 18.

16 *His*, Das Strafrecht des deutschen Mittelalters I, S. 197; *E. Kaufmann*, in: HRG III, 1. Aufl., 1096.

die Möglichkeit geregelt, gewaltsame Angriffe auf Leib oder Leben abzuwenden.[17] Dabei war die Notwehr in den meisten Fällen im Vergleich zu heute viel restriktiver geregelt. Der Verteidiger musste zum Beispiel nach dem Schwabenspiegel aus dem Jahr 1275 vor der Abwehr zuerst drei Schritte zurücktreten und nach der Verteidigung Zeugen anrufen, um die Beweislage für das Gericht zu sichern.[18] Ebenso war nach vielen Quellen eine bestimmte Kundgebung der Notwehrhandlung erforderlich, wie zum Beispiel durch Gerüft[19] oder Herbeiführen von Nachbarn.[20] Erwähnenswert ist, dass die Handlung in Notwehr nicht überall straflos geblieben ist. Nach einigen Quellen musste der Handelnde – in der sächsischen Praxis beispielsweise noch bis in das 17. Jahrhundert – der Familie des Verstorbenen eine Geldbuße zahlen, um Rache zu vermeiden.[21]

3. Das Notwehrrecht in der Constitutio Criminalis Carolina (CCC) und in der Epoche des gemeinen Strafrechts

Mit der Constitutio Criminalis Carolina (CCC) – entstanden im Jahr 1532 auf der Grundlage der Bambergischen Halsgerichtsordnung von 1507 – wurde angestrebt, das Strafrecht im Heiligen Römischen Reich Deutscher Nation anzugleichen.[22] Das Notwehrrecht ist in der Constitutio Criminalis Carolina noch bei den Tötungsdelikten in den Art. 139, 140 CCC aufgeführt. Durch Art. 139 CCC wird die Notwehr beim Angriff auf Leib oder Leben geregelt.[23] In Art. 140 CCC wird bestimmt, dass der Angriff mit lebensgefährlichen Waffen erfolgen muss. Der Angegriffene darf den Angreifer erst dann töten, wenn er nicht ohne Gefahr für Leib, Leben, Ehre oder Leumund ausweichen kann.[24] Die Notwehr wird also auch hier im Zusammenhang mit den Tötungsdelikten geregelt.

---

17 Siehe dazu *E. Kaufmann*, in: HRG III, 1. Aufl., 1096 (1097); siehe auch *His*, Geschichte, S. 36.

18 *Scherenberg*, Notwehr, S. 12 m.w.N.

19 Gerüft bedeutet ein Hilferuf oder ein Geschrei, das u.a. zum Zwecke der Verfolgung eines Verbrechers erhoben wurde, *Lück*, in: HRG II, 259.

20 *His*, Geschichte, S. 36.

21 *His*, Geschichte, S. 37.

22 Peinliche Gerichtsordnung Karls V., S. 5.

23 Art. 139 CCC lautet übersetzt (nach *Krey*, JZ 1979, 702 (705 Fn. 47)): „Wer eine rechte Notwehr zur Rettung seines Leibs und Lebens begeht und dabei den Angreifer tötet, ist strafrechtlich nicht verantwortlich."

24 Art. 140 CCC lautet übersetzt (nach *Krey*, JZ 1979, 702 (705 Fn. 48)): „Wer mit lebensgefährlichen Waffen angegriffen wird und dem Angriff ohne Gefahr für Leib, Leben, Ehre und Leumund nicht ausweichen kann, der darf sein Leib und Leben straffrei durch rechte Gegenwehr retten. Und wenn er dabei den Angreifer tötet, ist er gleichwohl nicht schuldig …".

Notwehrfähig waren in der Constitutio Criminalis Carolina immer noch lediglich Leib und Leben. Die Notwehrhandlung hatte nach der CCC keine Nachteile mehr für den Angegriffenen. Außerdem ist gemäß Art. 142 CCC die Notwehr nicht mehr nach dem Abschluss des Angriffs erlaubt, sodass der Rachegedanke kein Teil der Notwehr mehr ist.[25] Eine Verhältnismäßigkeitsprüfung war nach Art. 140 CCC nicht verlangt, jedoch ist zu berücksichtigen, dass man dem Angriff ausweichen musste, falls dies ohne Gefahr möglich war.

Merkwürdigerweise war in der Nothilferegelung in Art. 150 Abs. 2 CCC festgesetzt, dass die Nothilfe zum Schutz von Sachgütern erfolgen kann. Daraus haben einige spätere Autoren abgeleitet, dass dies deshalb erst recht für die Notwehr gelten müsse.[26] Allerdings ist die Nothilfe nach Art. 150 Abs. 3 S. 3 CCC nicht unbedingt straflos, sondern es wird dort Straflosigkeit nur ermöglicht; damit ist ein Erst-Recht-Schluss nicht zwingend.[27] Somit ist festzuhalten, dass die Erklärung für den Wertungswiderspruch zwischen den Art. 139, 140 CCC und Art. 150 Abs. 2 aus den Quellen nicht wirklich abzuleiten ist.[28]

Diese Zeit des gemeinen Strafrechts hat einerseits die Rezeption des römischen Rechts geprägt, andererseits werden die rechtswissenschaftlichen Probleme mit eigenen Überlegungen und neuen Lösungsansätzen in der Wissenschaft lebhaft diskutiert.[29]

In Bezug zur Notwehr wurde zum Beispiel in der Zeit nach der Constitutio Criminalis Carolina eine Diskussion geführt, ob die tödliche Sachnotwehr erlaubt war. Einige vom Christentum geprägte Autoren (zum Beispiel *Voltz*, *Obrecht* und *Harpprecht*) verneinen die tödliche Sachnotwehr, wenn diese nicht mit einem Angriff auf Leib und Leben verbunden ist.[30] Zusammengefasst besteht das Argument für diese Auffassung einerseits darin, dass das menschliche Leben heilig und mit dem Eigentum daher nicht vergleichbar sei; andererseits wird die Unersetzlichkeit des Menschenlebens im Vergleich zum Sacheigentum bei Verlust betont.[31]

---

[25] *Fasten*, Die Grenzen, S. 28.
[26] *Schaffstein*, Die allgemeinen Lehren vom Verbrechen, S. 78 m. w. N.
[27] *Krey*, JZ 1979, 702 (705 Fn. 51).
[28] Siehe dazu *Krey*, JZ 1979, 702 (705); vgl. *Renzikowski*, in: Notwehr in Deutschland und China, 31 (36).
[29] *Schmitt-Lermann*, Die Lehre von der Notwehr, S. 3.
[30] *Siciliano*, Das Leben, S. 208–225 m. w. N.
[31] *Siciliano*, Das Leben, S. 225.

Hinzu kommen Autoren wie *Gaill*, *Theodoricus* und *Carpzov*, die das tödliche Notwehrrecht im Fall der Sachnotwehr als möglich erachten.[32]

Theodoricus führt gegen das Argument der Heiligkeit des Lebens an, dass dieses auf den Dieb nicht anwendbar ist, weil er gegen die Gesellschaft, die öffentliche Sicherheit und das Allgemeinwohl verstößt.[33] Außerdem war als Sanktion bei Diebstahl die Todesstrafe vorgesehen, sodass, wenn man das Argument der Heiligkeit des Menschenlebens anerkenne, ebenfalls von der tödlichen Strafe absehen müsse.[34]

Carpzov gilt als „Begründer des deutschen Strafrechts" und seine Ausführungen hatten in der Zeit des gemeinen Strafrechts einen sehr großen Einfluss auf die Rechtswissenschaften.[35] Bezüglich der Sachnotwehr relativiert er zuerst das Verhältnis zwischen dem Rechtsgut Leben und den Sachgütern, indem er konstatiert, dass die Sachgüter zum Erhalt des Lebens notwendig seien.[36] Wichtig ist, dass er den Angriff des Diebes auch als einen Angriff auf die Gesellschaft versteht.[37] Darin lässt sich schon der Gedanke der Rechtbewährung erkennen. Weiter führt er aus, dass die Verteidigung im Fall des Angriffs auf das Eigentum zwangsweise auch einen Angriff auf Leib oder Leben beinhalte.[38] Ähnlich wie *Theodoricus* erklärt *Carpzov* mit dem Beispiel der Todesstrafe im Fall des Diebstahls, dass das Rechtsgut Leben nicht immer das Sacheigentum überwiege.[39] Dies gelte unumstritten nur dann, wenn der Wert der Sache nicht gering ist.[40]

Der Verhältnismäßigkeitsgrundsatz spielt bei diesen Diskussionen somit schon eine gewisse Rolle. Ferner wird deutlich, dass die Meinungen, die heute immer noch die Notwehrdiskussion prägen, in Ansätzen bereits lange in der Vergangenheit entstanden sind.

---

[32] Dazu *Siciliano*, Das Leben, S. 232–257 m. w. N.

[33] *Theodoricus*, Criminale collegium, De necessaria, IV, e), zitiert nach *Siciliano*, Das Leben, S. 243.

[34] *Theodoricus*, Criminale collegium, De necessaria, IV, e), zitiert nach *Siciliano*, Das Leben, S. 243.

[35] *Sellert/Rüping*, Studien- und Quellenbuch 1, S. 242 m. w. N.

[36] *Carpzov*, Practica nova, Quaest. XXXII, Nr. 14, zitiert nach *Siciliano*, Das Leben, S. 246.

[37] *Schmitt-Lermann*, Die Lehre von der Notwehr, S. 36.

[38] *Carpzov*, Practica nova, Quaest. XXXII, Nr. 27, zitiert nach *Siciliano*, Das Leben, S. 251.

[39] *Schmitt-Lermann*, Die Lehre von der Notwehr, S. 36.

[40] *Uttelbach*, Verhältnismäßigkeit, S. 34 f.; dazu auch *Schmitt-Lermann*, Die Lehre von der Notwehr, S. 71.

4. Aufklärungsepoche

In der Zeit der Aufklärung bewegt sich der Mensch immer mehr vom theologisch geprägten Denken zum rationalen, naturwissenschaftlichen Denken hin.[41] Die Rechtswissenschaft dieser Zeit ist von der Naturrechtslehre geprägt, die auf die Vernunft des Menschen zurückgeführt wird.[42]

a) Das Allgemeine Landrecht für die Preußischen Staaten von 1794

In Deutschland war der Anführer der aufklärerischen Ideen in der Politik der preußische König Friedrich der Große, der im Jahr 1740 den Thron bestiegen hatte.[43] In seiner Regierungszeit und unter seinem Einfluss entstand das Allgemeine Landrecht für die Preußischen Staaten (ALR), das in der Zeit seines Nachfolgers im Jahr 1794 publiziert wurde.

Das Notwehrrecht wird im ALR nicht mehr bei den Tötungsdelikten, sondern im II. Teil 20. Titel im neunten Abschnitt „*Von Privatverbrechen*" in den §§ 517 ff. ALR normiert. Die Nothilfe wird mit der Notwehr zusammen in § 517 ALR geregelt und durch der Sache angemessene Mittel begrenzt.[44] In § 519 ALR wird die Erforderlichkeit der Notwehrhandlung genauer festgelegt.[45] Interessanterweise bestimmt § 523 ALR eine Pflicht zum Ausweichen bei der eventuellen lebensgefährlichen Abwehr, falls dies ohne Gefahr möglich ist.[46] Das zur Notwehr verwendete Mittel muss außerdem verhältnismäßig zu dem drohenden Schaden sein.[47] In § 521 ALR wird die Notwehr ferner bei lebensgefährlichen Abwehrhandlungen begrenzt.[48] § 522 ALR er-

---

[41] *Schmidt*, Einführung in die Geschichte der deutschen Strafrechtspflege, S. 212.

[42] Siehe dazu *Raiser*, Grundlagen, S. 68.

[43] *Schmidt*, Einführung in die Geschichte der deutschen Strafrechtspflege, S. 247.

[44] § 517 ALR: „*Jeder hat die Befugniß, die ihm, oder den Seinigen, oder seinen Mitbürgern drohende Gefahr einer unrechtmäßigen Beschädigung, durch der Sache angemessene Hülfsmittel abzuwenden.*"

[45] § 519 ALR: „*Die Ausübung der Notwehr darf nicht weiter getrieben werden, als die Notdurft zur Abwendung des drohenden Übels erfordert.*"

[46] § 523 ALR: „*So lange der Angegriffene sich ohne seine Gefahr dem Angriffe des Andern zu entziehen vermag, ist er zu dessen lebensgefährlicher Beschädigung nicht berechtigt.*"

[47] § 520 ALR: „*Auch muß das zur Abwendung des Schadens gewählte Mittel mit dem Schaden selbst, welcher durch die Nothwehr abgewendet werden soll, in Verhältniß stehen.*"

[48] § 521 ALR: „*Lebensgefährliche Beschädigungen des Angreifenden sind nur erlaubt, wenn gegen dessen Beleidigung die Person des Angegriffenen anders nicht geschützt werden kann.*"

laubt grundsätzlich auch eine lebensgefährliche Sachnotwehr; dies jedoch nur unter der Voraussetzung der Unersetzlichkeit des drohenden Schadens.[49]

Die Notwehr wird also im ALR allgemeiner normiert und nicht nur auf einzelne Rechtsgüter beschränkt.[50] Die Verbindung der Notwehr mit den Tötungsdelikten wird im ALR somit aufgegeben. Gleichzeitig ist die Tendenz erkennbar, die Konturen der Notwehr möglicherweise eng zu bestimmen, was auf das damalige absolutistische Staatsverständnis zurückzuführen sein dürfte.[51] Die Begrenzung der lebensgefährlichen Sachnotwehr könnte allerdings auch auf die große Bedeutung des Lebens gestützt werden.[52] Auf jeden Fall ging die Regelung der Notwehr einen Schritt näher in Richtung des heutigen Standes, indem die Notwehr auf alle individuellen Rechtsgüter erweitert wurde.

b) Das Bayerische Strafgesetzbuch von 1813

Das von Paul Johann Anselm von Feuerbach entworfene Bayerische Strafgesetzbuch (BayStGB) galt seinerzeit als eines der modernsten Strafgesetzbücher in Europa.[53] Im Bayerischen Strafgesetzbuch von 1813 wurde die Notwehr liberaler gestaltet. Sie musste nach Art. 128 BayStGB lediglich erforderlich sein; eine darüber hinausgehende Verhältnismäßigkeitsprüfung fällt vollständig weg. Die Grenzen der Notwehr wurden somit erheblich erweitert. Die in Art. 125 BayStGB normierte Subsidiarität der Notwehr hat die liberale Notwehr allerdings teilweise eingeschränkt. Die heutige Schärfe der Notwehr wurde außerdem aus folgenden Gründen nicht erreicht. Einerseits musste der Angegriffene bei Gelegenheit fliehen (Art. 127 BayStGB), andererseits musste er defensive Mittel vorrangig anwenden, wenn anderenfalls Lebensgefahr für den Angreifer entstehen könnte (Art. 128 BayStGB). Ebenso ist aus Art. 136 BayStGB, nach dem man bei Verwundung oder Tötung des Angreifers Anzeige erstatten musste, ableitbar, dass die Obrigkeit die Notwehr nicht ganz in die Hände der Privatpersonen geben wollte.[54]

---

[49] § 522 ALR: „Dies findet auch zu Vertheidigung des Besitzes statt, wenn sonst der Schade unersetzlich seyn würde."

[50] Krey, JZ 1979, 702 (706).

[51] Krey, JZ 1979, 702 (706); Hälschner, Das preußische Strafrecht Teil 1, S. 221; Hälschner, Das preußische Strafrecht Teil 2, S. 251; Schmidt, Einführung in die Geschichte der deutschen Strafrechtspflege, S. 239.

[52] Rieß, GA 1978, 138 (141).

[53] Krey, JZ 1979, 702 (706).

[54] Vgl. Fasten, Die Grenzen, S. 41.

5. Die Entstehung der heutigen Regelung

Der Wortlaut der heutigen Regelung zieht sich seit 1851 in nahezu identischer Art und Weise durch die Strafgesetzbücher Deutschlands.

a) Das preußische Strafgesetzbuch

Die Notwehr wurde im preußischen Strafgesetzbuch 1851 in § 41 StGB geregelt, der wie folgt lautete:

> „Ein Verbrechen oder Vergehen ist nicht vorhanden, wenn die Tat durch Notwehr geboten war. Notwehr ist diejenige Verteidigung, welche erforderlich ist, um einen gegenwärtigen rechtswidrigen Angriff von sich selbst oder Anderen abzuwenden. Der Notwehr ist gleichzuachten, wenn der Täter aus Bestürzung, Furcht oder Schrecken über die Grenzen der Verteidigung hinausgegangen ist."

Diese Regelung hat ähnlich dem bayerischen StGB die Notwehr auf alle Rechtsgüter erweitert, ohne eine Verhältnismäßigkeitsprüfung zu verlangen.[55] Der damals entstandene Grundsatz von *Berner*: „Es wäre Unrecht, wenn das Recht dem Unrecht weichen müßte [sic!]",[56] hat damit Niederschlag in der Gesetzgebung gefunden. Die Güterabwägung ist demzufolge entfallen.[57]

b) Das Strafgesetzbuch des Deutschen Reiches von 1871

Die Regelung der Notwehr in § 53 des Strafgesetzbuches des Deutschen Reiches (RStGB) hat sich in Deutschland von 1871 bis 1974 in ihrem Wortlaut nicht geändert. Der § 53 RStGB wurde nach dem Vorbild des preußischen StGB gebildet. Ob sich die Notwehrhandlung an einer Verhältnismäßigkeit orientieren sollte oder nicht, ging aus diesem Gesetz nicht hervor. Zunächst wurde im Urteil RGSt 23, 117 eine Verhältnismäßigkeitsprüfung gefordert, was sich jedoch nicht etabliert hat. So wurde danach im Urteil des Reichsgerichts RGSt 55, 82 vom 20.09.1920 eine erhebliche Verletzung eines Obstdiebes mit einer Schrotflinte als rechtmäßig erachtet und die vorherige Rechtsprechung dazu aufgegeben.

Diese scharfe Auslegung der Notwehr ist auch auf Kritik gestoßen, die mit der Forderung nach Einschränkungen verbunden war.[58] So gab es zuerst einen Gesetzesentwurf von *Radbruch* aus dem Jahr 1922, bei dem nach § 21 II die Notwehr den Umständen angemessen erfolgen sollte. Ebenso war im

---

[55] *Krey*, JZ 1979, 702 (707).
[56] *Berner*, Archiv des Criminalrechts 1848, 547 (557).
[57] Siehe dazu *Goltdammer*, Materialien I, S. 420 f.
[58] *Scherenberg*, Notwehr, S. 23.

Entwurf aus dem Jahr 1925 die Notwehrregelung mithilfe der Angemessenheit eingeschränkt.[59] Später wurde in dem Entwurf von 1927 gefordert, dass der zugefügte Schaden nicht außer Verhältnis zu dem drohenden Schaden steht.[60] Im Entwurf von 1939 wurde versucht, die Notwehr in den Fällen zu beschränken, in denen die Verteidigung nicht dem gesunden Volksempfinden entsprach.[61]

Die Versuche, die Notwehrregelung zu ändern, zeigen, dass eine unbeschränkte Notwehr bald nach der Entscheidung des RGSt 55, 82 immer mehr in Zweifel gezogen worden ist. Dies zeigt auch die Entwicklung der Rechtsprechung, die im Laufe der Zeit die „sozialethischen" Einschränkungen der Notwehr gebildet hat.[62] Die Regelung des § 53 des Reichsstrafgesetzbuches wurde ansonsten mit dem Inkrafttreten des heutigen StGB zum 01.01.1975 in § 32 StGB mit gleichem Wortlaut übernommen.

6. Fazit

Die Entwicklung der Notwehr in Deutschland hat sich nicht – wie man erwarten würde – geradlinig von der strengeren zur milderen Regelung bewegt. Im Gegenteil, das scharfe Notwehrrecht ist erst das Ergebnis der modernen Entwicklung seit der Zeit des Liberalismus. Im 20. und 21. Jahrhundert bewegt sich die Tendenz wieder in die andere Richtung, wonach die Notwehr Einschränkungen unterworfen ist.

II. Notwehrmerkmale im Überblick

Das Hauptthema dieser Arbeit sind die Grenzen der Notwehr. Um diese in den slawischen Ländern vollständig begreifen zu können, müssen neben den Grenzen die übrigen Merkmale der Notwehr erläutert werden. Dies empfiehlt sich vor allem aus dem Grund, dass in anderen Ländern die tatsächlichen Notwehrgrenzen beispielsweise von der Regelung des Notwehrexzesses oder der Regelung des Angriffs abhängen. Damit die Länderberichte gleichartig sind, wird an dieser Stelle ein kurzer Überblick über die Notwehrmerkmale in Deutschland gegeben.

---

[59] Siehe dazu *Scherenberg*, Notwehr, S. 23 f.

[60] *Arzt*, in: FS Schaffstein, 77.

[61] Vgl. *Heinsius*, Moderne Entwicklung des Notwehrrechts, S. 6; *Stiller*, Grenzen, S. 26; siehe auch *Hatz*, Gesellschaftlicher Wandel und Notwehrrecht, S. 50–53.

[62] Siehe dazu Teil 2 C.

In Deutschland wird die Notwehr in § 32 StGB wie folgt geregelt:

(1) Wer eine Tat begeht, die durch Notwehr geboten ist, handelt nicht rechtswidrig.

(2) Notwehr ist die Verteidigung, die erforderlich ist, um einen gegenwärtigen rechtswidrigen Angriff von sich oder einem anderen abzuwenden.

Damit der Tatbestand erfüllt ist, müssen eine Notwehrlage, eine Notwehrhandlung und der Verteidigungswille des Handelnden gegeben sein.

1. Notwehrlage

Die Notwehrlage besteht nach § 32 Abs. 2 StGB, wenn ein gegenwärtiger rechtswidriger Angriff auf den Notwehrübenden oder einen anderen tatsächlich gegeben ist.

Ein Angriff ist eine drohende Verletzung der notwehrfähigen Rechtsgüter, die von einem Menschen ausgeht.[63] Ein Angriff durch ein Tier stellt daher keinen Angriff im Sinne von § 32 Abs. 2 StGB dar, außer in dem Fall, wenn ein Tier zum Angriff durch einen Menschen instrumentalisiert worden ist.[64] Ein Angriff liegt zudem nicht vor, wenn die Handlungsqualität des Verhaltens fehlt, so zum Beispiel bei Bewegungen im Schlaf oder wenn die Person bewusstlos ist.[65] Als Angriff zählen auch keine sozial üblichen Verhaltensweisen wie zum Beispiel „Drängeln in einer Menschenschlange".[66]

Eine Grundvoraussetzung des Angriffs ist seine Rechtswidrigkeit. Die Rechtswidrigkeit des Angriffs wird nach der allgemeinen Verbrechenslehre beurteilt und setzt nach der mehrheitlichen Ansicht das Erfolgs- und Handlungsunrecht voraus.[67] Somit kann nach überwiegender Ansicht die Notwehr auch gegen schuldlose Angriffe erfolgen.[68] Rechtswidrigkeit bedeutet, dass der Angriff gegen die Rechtsordnung verstößt.

---

63 LK-StGB-*Rönnau/Hohn*, § 32 Rn. 99.

64 BeckOK StGB-*Momsen/Savić*, § 32 Rn. 17; MüKo-StGB-*Erb*, § 32 Rn. 57; *Jescheck/T. Weigend*, AT, S. 338; a.A. beispielsweise LK-StGB-*Spendel*, 11. Aufl., § 32 Rn. 38–45.

65 *Roxin/Greco*, AT I § 15 Rn. 8; *Kühl*, AT § 7 Rn. 28.

66 *Kühl*, AT § 7 Rn. 25.

67 *Roxin/Greco*, AT I § 15 Rn. 14; *Kühl*, JURA 1993, 57 (65); SK-StGB-*Hoyer*, § 32 Rn. 24; die Gegenauffassung verlangt für die Rechtswidrigkeit nur Erfolgsunrecht, siehe zum Beispiel *Geilen*, JURA 1981, 256; *Jescheck/T. Weigend*, AT, S. 341.

68 *Geilen*, JURA 1981, 256; BeckOK StGB-*Momsen/Savić*, § 32 Rn. 22; MüKo-StGB-*Erb*, § 32 Rn. 61; Schönke/Schröder-*Perron/Eisele*, § 32 Rn. 24; *Roxin/Greco*, AT I § 15 Rn. 18–20; a.A. *R. Haas*, Notwehr, S. 236; *Hoyer*, JuS 1988, 89 (96); *Frister*, GA 1988, 291 (305 f.); *Frister*, AT Kap. 16 Rn. 10.

Der Angriff muss gegenwärtig sein, d. h. er muss entweder unmittelbar bevorstehen, gerade stattfinden oder noch andauern.[69] Für den Beginn des Angriffs muss noch kein Rechtsgut verletzt sein. Nach der Rechtsprechung ist es schon ausreichend, wenn das Verhalten jederzeit in eine Verletzung umschlagen kann und eine spätere Abwehr die Gefährdung des Rechtsgutes erhöhen würde.[70] Grundsätzlich kann gesagt werden, dass für das unmittelbare Bevorstehen die Phase des Versuchs der Straftat noch nicht erreicht sein muss, jedoch ist es erforderlich, dass die Handlung sehr nah am Versuch ist.[71] Der Angriff dauert bis zur materiellen Beendigung der Tat bzw. solange an, bis eine Verletzung des Rechtsgutes noch bewirkt oder vertieft werden kann.[72]

Durch § 32 Abs. 2 StGB wird nicht explizit bestimmt, welche Rechtsgüter notwehrfähig sind. Notwehrfähig sind daher grundsätzlich alle individuellen Rechtsgüter und geschützten Interessen.[73] Die Rechtsgüter des Staates sind demgegenüber nur eingeschränkt notwehrfähig. Die Rechtsgüter, die dem Staat als juristische Person zustehen, wie zum Beispiel das Eigentum, sind notwehrfähig und der Einzelne kann sie als Nothelfer verteidigen.[74] Die Verteidigung der Rechtsgüter, die dem Staat als hoheitliche Gewalt zustehen, ist dagegen – außer in Ausnahmefällen – nicht durch Notwehr gerechtfertigt.[75] Die Allgemeinrechtsgüter oder Allgemeininteressen wie zum Beispiel die öffentliche Ordnung, die Rechtsordnung u. Ä. sind nicht notwehrfähig, weil der Schutz dieser Rechtsgüter dem Staat überlassen wird, um Selbstjustiz zu vermeiden.[76]

2. Notwehrhandlung

Die Notwehrhandlung setzt nach dem Wortlaut des § 32 Abs. 2 StGB lediglich die Erforderlichkeit der Abwehr voraus. Üblicherweise wird die Erforderlichkeit als Verteidigung bezeichnet, die geeignet ist, den Angriff abzuwenden und unter mehreren das mildeste Mittel darstellt, das den Angriff noch sicher und endgültig abwendet.[77]

---

[69] MüKo-StGB-*Erb*, § 32 Rn. 104; BGH NJW 1995, 973.

[70] BGH NJW 1973, 255.

[71] *Roxin/Greco*, AT I § 15 Rn. 25.

[72] MüKo-StGB-*Erb*, § 32 Rn. 110.

[73] Vgl. dazu Schönke/Schröder-*Perron/Eisele*, § 32 Rn. 5 f.; MüKo-StGB-*Erb*, § 32 Rn. 84.

[74] Schönke/Schröder-*Perron/Eisele*, § 32 Rn. 6.

[75] Schönke/Schröder-*Perron/Eisele*, § 32 Rn. 6 m. w. N.

[76] *Kühl*, AT § 7 Rn. 38.

[77] Schönke/Schröder-*Perron/Eisele*, § 32 Rn. 34; MüKo-StGB-*Erb*, § 32 Rn. 129; BGH GA 1956, 49.

Geeignetheit der Verteidigung bedeutet, dass sich die Verteidigungshandlung zumindest eignen muss, den Angriff abzuschwächen oder zu beenden.[78] Wenn der Verteidiger mehrere gleich effektive Mittel zur Verfügung hat, muss er das für den Angreifer schonendste bzw. mildeste auswählen.[79] Der Angegriffene muss sich hierbei grundsätzlich nicht auf unsichere Mittel einlassen, er kann also die Handlungsweise auswählen, die noch sicher und ausreichend zum Schutz des angegriffenen Rechtsgutes erscheint.[80] Dieser Grundsatz gilt jedoch nicht ausnahmslos. Der Angegriffene braucht im Rahmen der Erforderlichkeit im Normalfall nicht auszuweichen oder fremde Hilfe zu holen, obwohl dies für den Angreifer schonender wäre.[81] Ein Ausweichen kann jedoch aus sozialethischen Gründen geboten sein.[82] Gleichzeitig ist zu beachten, dass beim Einsatz von lebensgefährlichen Gegenständen, vor allem Schusswaffen, nach der ständigen Rechtsprechung stufenweise vorzugehen ist bzw. der Gebrauch von Schusswaffen nur als letztes Mittel erlaubt ist, selbst wenn für die Angriffsabwendung der Einsatz von Schusswaffen am effektivsten wäre.[83] Der Notwehrübende muss den Gebrauch von Schusswaffen zuerst androhen, dann auf weniger gefährliche Bereiche des Körpers zielen und schließlich darf er den Angreifer erforderlichenfalls töten. Dabei gilt, dass der Verteidiger nicht das Risiko trägt, dass die Verteidigung mit einem milderen Mittel fehlschlägt. Er kann sich somit zum Beispiel unter gegebenen Voraussetzungen schon gleich mit einem lebensgefährlichen Messerstich gegen einen Angriff mit Fäusten verteidigen.[84] Dabei ist mit *Erb* richtigerweise festzuhalten, dass die stufenweise Vorgehensweise bei gefährlichen Waffeneinsätzen nichts anderes als eine konsequente Prüfung der Erforderlichkeit darstelle.[85]

Zudem ist anzumerken, dass die Verteidigung gegen die Rechtsgüter des Angreifers gerichtet sein muss.[86] Richtet sich die Verteidigung gegen Dritte, wird diese gegebenenfalls nach den Regeln für den Notstand gemäß § 34 StGB beurteilt.[87]

Würde man jedoch nur die Erforderlichkeit der Notwehrhandlung verlangen, würde die Notwehr nach dem allgemeinen Rechtsempfinden in einigen

---

[78] *Heinrich*, AT Rn. 354; *Kühl*, AT § 7 Rn. 95.
[79] SK-StGB-*Hoyer*, § 32 Rn. 59; *Kühl*, in: FS Bemmann, 193 (194).
[80] *Kühl*, AT § 7 Rn. 100.
[81] *Roxin/Greco*, AT I § 15 Rn. 49.
[82] *Roxin/Greco*, AT I § 15 Rn. 49.
[83] BGH NStZ-RR 2015, 303.
[84] OLG Koblenz NStZ-RR 2011, 171; siehe auch BGH JR 2021, 42.
[85] MüKo-StGB-*Erb*, § 32 Rn. 166; auch LK-StGB-*Rönnau/Hohn*, § 32 Rn. 177.
[86] *Kühl*, AT § 7 Rn. 84; BGHSt 5, 248.
[87] SK-StGB-*Hoyer*, § 32 Rn. 51.

Fällen zu weit gehen.[88] Nach dem derzeitigen überwiegenden Stand in der Rechtsprechung und der Literatur muss die Notwehrhandlung daher einer weiteren normativen Gebotenheitsprüfung unterzogen werden.[89] Dies bedeutet vereinfacht, dass die Notwehr versagt oder eingeschränkt wird, wenn sie aus sozialethischer Sicht nicht vertretbar ist. Die Gebotenheit wird im Folgenden bei den Einschränkungen der Notwehr näher thematisiert.

3. Verteidigungswille

Der Notwehrübende muss nach allgemeiner Meinung mit Verteidigungswillen handeln.[90] Welche Anforderungen an den Verteidigungswillen gestellt werden, wird unterdessen unterschiedlich beurteilt. Einige verlangen hierzu lediglich die Kenntnis der Notwehrlage,[91] die anderen – vor allem die Rechtsprechung – fordern hingegen einen Willen, der auf die Abwehr der Notwehr gerichtet wird.[92] Dabei muss der Verteidigungswille nicht das einzige Motiv der Abwehr darstellen, sondern es können andere Motive wie zum Beispiel Hass und Zorn als Begleitmotive dazu kommen.[93]

4. Notwehrexzess

In Deutschland wird der Notwehrexzess in § 33 StGB geregelt.[94] Beim Notwehrexzess handelt es sich nicht um einen Rechtfertigungsgrund, sondern um einen Entschuldigungsgrund.[95] Um im Notwehrexzess zu handeln, muss der Täter nach § 33 StGB die Grenzen der Notwehr aufgrund Verwirrung, Furcht oder Schrecken überschritten haben.

Die Grenzen der Notwehr bedeuten zuerst das Nichtbeachten der Erforderlichkeit oder der Gebotenheit der Notwehr; diese Art des Notwehrexzesses

---

[88] Siehe dazu *Kühl*, AT § 7 Rn. 157; MüKo-StGB-*Erb*, § 32 Rn. 201.

[89] BGH StV 2011, 156 (157); *Heinrich*, AT Rn. 360; *Kühl*, AT § 7 Rn. 163; *Roxin/ Greco*, AT I § 15 Rn. 55.

[90] *Kühl*, AT § 7 Rn. 124; *Heinrich*, AT Rn. 385; MüKo-StGB-*Erb*, § 32 Rn. 239; *Roxin/Greco*, AT I § 14 Rn. 96; BGH NStZ 2016, 333; BGH NJW 2013, 2133; BGHSt 3, 194 (198); a.A. *Spendel*, DRiZ 1978, 327 (329); LK-StGB-*Spendel*, 11. Aufl., § 32 Rn. 138.

[91] *Kühl*, AT § 7 Rn. 129; *Kühl*, JURA 1993, 233.

[92] BGH NJW 2013, 2133; BGHSt 3, 194 (198); *Schmidhäuser*, GA 1991, 97 (131).

[93] BGHSt 3, 194 (197); BGHSt 5, 245 (247).

[94] § 33 StGB lautet: *Überschreitet der Täter die Grenzen der Notwehr aus Verwirrung, Furcht oder Schrecken, so wird er nicht bestraft.*

[95] *Kühl*, AT § 12 Rn. 128; *Fischer*, StGB § 33 Rn. 3; BeckOK StGB-*Heuchemer*, § 33 Rn. 1.

heißt intensiver Notwehrexzess.[96] Der intensive Notwehrexzess ist unstreitig und stellt den Normalfall der Notwehrüberschreitung dar.[97]

Daneben wird diskutiert, ob der Notwehrexzess bei der Überschreitung der zeitlichen Grenzen der Notwehr vorliegt. So wird nach einigen Autoren auch der extensive Notwehrexzess unter § 33 StGB subsumiert.[98] Dabei muss zwischen dem vorzeitigen und nachzeitigen extensiven Notwehrexzess unterschieden werden. Während beim vorzeitigen Notwehrexzess noch gar keine Notwehrlage besteht, ist dies beim nachzeitigen Notwehrexzess anders. Im ersten Fall wäre somit nur eine analoge Anwendung des § 33 StGB oder eine Lösung mit den Irrtumsregeln denkbar.[99] Bei nachzeitigen Notwehrexzess ist eine Notwehrlage gegeben, sie ist allerdings schon beendet. Der Wortlaut des § 33 StGB spricht von Überschreitung der Notwehrgrenzen und nicht von Überschreitung der erforderlichen oder gebotenen Notwehr.[100] Daneben ist eine Unrechtsminderung und Schuldminderung gegeben, sodass gute Argumente für die Anwendung des § 33 StGB beim extensiven Notwehrexzess sprechen.[101] Die überwiegende Lehre und vor allem die Rechtsprechung wendet die Vorschrift des § 33 StGB jedoch nur beim intensiven Notwehrexzess an.[102]

Auf der subjektiven Seite fordert § 33 StGB einen asthenischen Affekt wie Furcht, Verwirrung oder Schrecken.[103] Die sthenischen Affekte, die einen aggressiven Charakter haben, und als alleiniges Motiv vorliegen, reichen nicht aus, um § 33 StGB anzuwenden.[104] Der asthenische Affekt muss dabei nicht das Hauptmotiv darstellen, für den Exzess jedoch mindestens mitursächlich sein.[105] Nach überwiegender Auffassung setzt der Notwehrexzess zudem einen Verteidigungswillen oder eine Verteidigungsabsicht voraus.[106]

---

[96] *Kühl*, AT § 12 Rn. 135.

[97] *Hillenkamp/Cornelius*, 32 Probleme aus dem Strafrecht, S. 97.

[98] BeckOK StGB-*Heuchemer*, § 33 Rn. 8; Schönke/Schröder-*Perron/Eisele*, § 33 Rn. 7; *Roxin/Greco*, AT I § 22 Rn. 88; MüKo-StGB-*Erb*, § 33 Rn. 14.

[99] *Kühl*, AT § 12 Rn. 142; *Kaspar*, Strafrecht AT § 5 Rn. 418.

[100] Schönke/Schröder-*Perron/Eisele*, § 33 Rn. 7.

[101] Schönke/Schröder-*Perron/Eisele*, § 33 Rn. 7.

[102] BGHSt 39, 133; BGH NStZ 2002, 141; *Jescheck/T. Weigend*, AT, S. 493.

[103] *Kühl*, AT § 12 Rn. 146.

[104] *Kühl*, AT § 12 Rn. 147.

[105] BGH NStZ-RR 1999, 264 (265); BeckOK StGB-*Heuchemer*, § 33 Rn. 24; *Kühl*, AT § 33 Rn. 147.

[106] BGHSt 3, 194 (198); *Kühl*, AT § 12 Rn. 149a; *Jescheck/T. Weigend*, AT, S. 491.

B. Die Grundprinzipien der Notwehr

In diesem Abschnitt werden die Probleme aufgezeigt, die bei den Einschränkungen der Notwehr in Deutschland aktuell diskutiert werden. Hierzu werden zunächst die Grundgedanken der Notwehr dargestellt. Anschließend werden die Ansätze zur Notwehreinschränkung, die in der Regel mithilfe der Grundgedanken erfolgt, untersucht. Am Ende werden noch die typischen Fallgruppen der Notwehreinschränkungen in der Rechtspraxis dargestellt.

I. Überblick

Im Wortlaut des § 32 Abs. 2 StGB gibt es keine Maßstäbe für die Einschränkung der Notwehr. Wie oben aufgezeigt, muss die Notwehr lediglich erforderlich sein. Ebenso vermag der Wortlaut des § 32 Abs. 2 StGB nicht unmittelbar zu erklären, warum der Angegriffene nicht ausweichen muss, auch wenn dies – je nachdem wie § 32 StGB auslegt wird – zur Abwehr bzw. Vermeidung des Angriffs führen würde. Obwohl die Ergebnisse der Notwehreinschränkung zumeist akzeptiert werden, weichen die Begründungen dafür teils erheblich voneinander ab.[107] Normalerweise werden die Einschränkungen aus den immanenten Prinzipien der Notwehr abgeleitet, d. h. aus dem Individualschutzgedanken und dem Rechtsbewährungsgedanken.

Alle im Folgenden behandelten Ansätze werden an den übereinstimmenden Ergebnissen gemessen werden, d. h. sie sollten in der Lage sein, die Ergebnisse der Notwehreinschränkungen tragfähig zu erklären. Als Prämisse wird damit vorläufig auch die durch h. M. angenommene Schärfe der Notwehr angenommen.

Der erste Leitgedanke, der dem Notwehrrecht seit dem Anfang seiner Entwicklung zugrunde liegt, ist der Individualschutzgedanke. Dieses Prinzip der Notwehr beruht darauf, dass jeder seine Individualrechtsgüter vor rechtswidrigen Angriffen verteidigen darf.[108] Es geht hier somit primär um die Interessen des Angegriffenen. Da jeder Mensch einen natürlichen Erhaltungstrieb besitzt und das Institut der Notwehr in allen Gesellschaften und allen Zeiten in der einen oder anderen Form vorhanden war, wird dem Notwehrrecht in seinem Kern ein naturrechtlicher Charakter zuerkannt.[109] Mit dem natur-

---

[107] Siehe dazu Lackner/Kühl, StGB-*Kühl*, § 32 Rn. 15.

[108] *Kühl*, AT § 7 Rn. 8.

[109] MüKo-StGB-*Erb*, § 32 Rn. 5; *Kühl*, AT § 7 Rn. 1; *Krey*, JZ 1979, 702 (713); LK-StGB-*Spendel*, 11. Aufl., § 32 Rn. 15; *Krey/R. Esser*, AT § 14 Rn. 470; *Dilcher*, in: FS Hübner, 443 (447); *Rückert*, Notwehrrecht, S. 52; *Greco*, GA 2018, 665 (677 f.).

rechtlichen Charakter ist damit jedoch nicht unbedingt ein überpositives Recht gemeint, sondern ein „überpositives Element", das im Notwehrrecht einen Niederschlag gefunden hat.[110] Dies ist hier zum Beispiel die allgemeine Überzeugung, dass man sich gegen rechtswidrige Angriffe wehren darf.[111]

Der zweite Grundgedanke der Rechtsbewährung wird als das Behaupten des Rechts gegen das Unrecht verstanden. Der Bürger verteidigt mit der Notwehr nicht nur sich selbst oder seine Güter, sondern zugleich die Rechtsordnung.[112] Das Prinzip der Rechtsbewährung hat sich aus dem Gedankengut der Hegelianer entwickelt[113] und kann mit dem Satz *Berners*: „Es wäre Unrecht, wenn das Recht dem Unrecht weichen müßte [sic!]",[114] auf den Punkt gebracht werden. Dieser Grundgedanke ist nicht in der Natur des Menschen verwurzelt, sondern braucht eine staatliche Gewalt, eine Rechtsordnung, von der er abgeleitet wird.[115]

Die Einschränkungen der Notwehr werden üblicherweise mit diesen beiden Prinzipien begründet. Welches der beiden Prinzipien jedoch das Übergewicht hat oder sogar nur einzeln anzuwenden ist, ist immer noch nicht abschließend geklärt.[116] Der Ansatz, der zu bevorzugen ist, sollte jedenfalls die problematischen Aspekte der Notwehr, die im Ergebnis meist unstreitig sind, erklären können. Dazu gehören beispielsweise die fehlende Ausweichpflicht, der Verzicht auf die Güterabwägung, die Erklärung der Nothilfe und die Einschränkungen der Notwehr.[117] Im Folgenden werden die einzelnen Ansätze mit besonderem Blick auf diese und andere Probleme näher untersucht.

II. Monistische Ansätze zur Notwehrbegründung

Die monistischen Ansätze legen der Notwehr ein einziges tragendes Prinzip zugrunde. Einerseits gibt es Autoren, die ein rein individualistisches Notwehrkonzept vertreten und andererseits die, die meinen, dass die Notwehr lediglich auf einem überindividuellen Prinzip der Rechtsbewährung basiert.

---

[110] *Scherenberg*, Notwehr, S. 8.

[111] *Kühl*, AT § 7 Rn. 1.

[112] MüKo-StGB-*Erb*, § 32 Rn. 12.

[113] *R. Haas*, Notwehr, S. 113 f.; *Renzikowski*, in: Notwehr in Deutschland und China, 31 (45).

[114] *Berner*, Archiv des Criminalrechts 1848, 547 (557).

[115] *Stiller*, Grenzen, S. 32; auch *Bitzilekis*, Tendenz, S. 28.

[116] Siehe beispielsweise in der letzten Zeit: *Rückert*, Notwehrrecht; *Jäger*, GA 2016, 258 ff.; *Mitsch*, JuS 2017, 19 ff.; *Bülte*, NK 28 (2016), 172 ff.

[117] *van Rienen*, Einschränkungen, S. 26–28.

1. Individualistisches Notwehrkonzept

In der Literatur wird immer stärker eine individualistische Notwehrkonzeption vertreten.[118] Alle diese Auffassungen gehen davon aus, dass der Grund der Notwehr primär im Schutz von individuellen Rechtsgütern liegt und versuchen, alle wesentlichen Kernfragen der Notwehr kohärent zu erklären.[119] Die individualistische Position hat ihren Ursprung in dem Naturrecht, das aus dem Erhaltungstrieb des Menschen ein natürliches Recht auf Selbstverteidigung abgeleitet hat.[120] Bei der individualistischen Ansicht erweist es sich als schwierig, etwa die fehlende Ausweichpflicht, die Nothilfe und sowohl die Schärfe als auch die Einschränkungen der Notwehr zu erklären.[121]

a) Fehlende Ausweichpflicht und Schneidigkeit der Notwehr

In der Literatur und der Rechtsprechung ist es unstrittig, dass sich der Verteidiger in einer Notwehrlage nicht zurückziehen oder vorrangig staatliche Hilfe holen muss.[122] Für die individualistische Begründung ist dies problematisch, weil die Ratio der Notwehr lediglich im Schutz von individuellen Rechtsgütern besteht. Falls das Ausweichen oder Hilfeholen für den Verteidiger einen besseren Schutz seiner Güter als die Verteidigung bedeuten würde, müsste er dies vorziehen.[123] Dies wird regelmäßig der Fall sein, weil durch das Ausweichen die Eskalationsgefahr minimiert wird.[124]

Die Schärfe der Notwehr wird bei der individualistischen Begründung unterschiedlich gesehen. Einige meinen, dass die Schärfe der Notwehr gerade auf der individualistischen Ausrichtung der Notwehr beruht.[125] Andere verwenden aber im Gegensatz dazu das Rechtsbewährungsprinzip zur Be-

---

[118] U.a. *Rückert*, Notwehrrecht, S. 52–62; MüKo-StGB-*Erb*, § 32 Rn. 18; *Frister*, GA 1988, 291 (303); *Freund/Rostalski*, Strafrecht AT § 3 Rn. 93–98; *Jakobs*, Strafrecht AT Kap. 12 Rn. 20; *Kioupis*, Notwehr, S. 65 f.; *Neumann*, in: FS Lüderssen, 215 (225); *Wagner*, Notwehrbegründung, S. 38.

[119] *van Rienen*, Einschränkungen, S. 26–28.

[120] *Bitzilekis*, Tendenz, S. 25 f.

[121] Vgl. *Kühl*, AT § 7 Rn. 16.

[122] BGH NStZ 2000, 365 f.; BGHSt 5, 245 (248); *Kühl*, AT § 7 Rn. 3, 78; *Roxin/Greco*, AT I § 15 Rn. 49; LK-StGB-*Rönnau/Hohn*, § 32 Rn. 1 f.; MüKo-StGB-*Erb*, § 32 Rn. 1; früher war das Ausweichen in dem Fall, wenn kein Schaden für die Ehre entstand, verpflichtend, siehe RGSt 71, 134.

[123] Siehe *Kargl*, ZStW 110 (1998), 38 (41); *Roxin*, ZStW 93 (1981), 68 (70 f.); *Stiller*, Grenzen, S. 63 f.

[124] *Scherenberg*, Notwehr, S. 40 f.

[125] Siehe dazu *Roxin*, in: FS Kühl, 391 (399 f.).

gründung der Schärfe der Notwehr, zumal die individualistische Auffassung alleine den Verzicht auf eine Güterabwägung nicht zulasse.[126]

Im individualistischen Lager wird versucht, die Probleme der Schärfe der Notwehr und der fehlenden Ausweichpflicht mit unterschiedlichen Ansätzen in den Griff zu bekommen.

Zuerst ist der Ansatz zu erwähnen, der neben dem unmittelbar angegriffenen Rechtsgut immer noch ein weiteres Rechtsgut angegriffen sieht. Dies kann die individuelle Handlungsfreiheit[127] oder das allgemeine Persönlichkeitsrecht[128] sein. Aufgrund des hohen Ranges des zusätzlich geschützten Rechtsgutes sei der Notwehrübende nicht verpflichtet, dem Angriff auszuweichen.[129] Der Grund für den Verzicht auf die Rechtsgüterabwägung liegt neben dem hohen Rang der individuellen Handlungsfreiheit nach *Wagner* darin, dass sich der Betroffene in einer Bedrängnissituation befindet und in der Regel unerfahren und ungeübt ist, die Angriffssituationen zu bewältigen.[130]

Dem kann jedoch Folgendes entgegengehalten werden. Das Rechtsgut der individuellen Handlungsfreiheit hat wohl keine so große Bedeutung, wie ihm nach diesen Ansichten zugesprochen wird. Bei dem Grundrecht auf individuelle Handlungsfreiheit nach Art. 2 Abs. 1 GG handelt es sich lediglich um ein subsidiäres Recht.[131] Die Betroffenheit der allgemeinen Handlungsfreiheit ist nicht nur bei der Notwehr, sondern auch bei den anderen Rechtfertigungsgründen vorhanden, bei denen eine Rechtsgüterabwägung vorausgesetzt wird.[132] Daher erklärt sie die Schärfe der Notwehr nicht.

Außerdem scheint die Frage, warum in jedem einzelnen Fall die allgemeine Handlungsfreiheit zusammen mit dem angegriffenen Gut des Angegriffenen zum Überwiegen der Interessen des Verteidigers führt, nicht überzeugend gelöst zu sein. Dies gilt vor allem in dem Fall, wenn der Angreifer lediglich das Eigentum angreift – nach Ansicht *Wagners* folgt aus § 903 BGB auch ein Angriff auf die allgemeine Handlungsfreiheit[133] – und der Verteidiger sich nur dann gegen den Angreifer wehren kann, wenn er dessen

---

[126] Siehe zum Beispiel Schönke/Schröder-*Perron/Eisele*, § 32 Rn. 1a.

[127] *Wagner*, Notwehrbegründung, S. 31; MüKo-StGB-*Erb*, § 32 Rn. 18.

[128] *Kroß*, Notwehr gegen Schweigegelderpressung, S. 58.

[129] *Wagner*, Notwehrbegründung, S. 32; *Kroß*, Notwehr gegen Schweigegelderpressung, S. 58.

[130] *Wagner*, Notwehrbegründung, S. 32.

[131] Statt vieler Maunz/Dürig-*Di Fabio*, Art. 2 Rn. 21.

[132] *Heller*, Nothilfe, S. 170; *Scherenberg*, Notwehr, S. 43.

[133] *Wagner*, Notwehrbegründung, S. 31.

Leben opfert.[134] Es ist nämlich nicht einzusehen, wie das Eigentum und die allgemeine Handlungsfreiheit – selbst wenn man sie zusammen betrachtet – das Leben des Angreifers überwiegen können.[135]

Zu beachten ist weiterhin, dass die allgemeine Handlungsfreiheit nach Art. 2 Abs. 1 GG durch die Schrankentrias, d.h. auch durch die gesamte Rechtsordnung eingeschränkt wird.[136] Dies führt dazu, dass der Unterschied, ob der Verteidiger die allgemeine Handlungsfreiheit oder die Rechtsordnung verteidigt, verwischt ist, weil die allgemeine Handlungsfreiheit durch die gesamte Rechtsordnung eingeschränkt wird, d.h. die allgemeine Handlungsfreiheit wird auch durch die Rechtsordnung bestimmt.[137] Diese Ansicht nähert sich daher dem dualistischen Notwehrverständis.[138]

Hinsichtlich der Bedrängnis und der Unerfahrenheit des Verteidigers ist Folgendes zu berücksichtigen. Die Bedrängnissituation und die Unerfahrenheit des Angegriffenen können nicht zur Begründung der Schärfe der Notwehr oder der mangelnden Ausweichpflicht herangezogen werden. Einerseits besteht dies in der Regel auch bei den § 34 StGB und §§ 228, 904 BGB, und dennoch wird dort eine Güterabwägung vom Betroffenen verlangt.[139] Andererseits muss der Angegriffene selbst bei Bedrängnis und Unerfahrenheit die Entscheidung treffen, dass er das erforderliche Mittel nach § 32 Abs. 2 StGB auswählt.[140] Der Gesetzgeber wollte mit dem Verzicht auf die Güterabwägung somit nicht die Bedrängnissituation des Angegriffenen ausgleichen. Bringt man diese Überlegungen konsequent zum Einsatz, gäbe es zudem keinen Grund, auf die Güterabwägung bei der Nothilfe zu verzichten, da sich der Nothelfer in der Regel gerade nicht in einer solchen Bedrängnissituation befindet.[141] Es kann sein, dass bei den einzelnen Notwehrsituationen diese Umstände dennoch Beachtung finden, sie können jedoch nicht allein für die

---

[134] *Renzikowski*, Notstand und Notwehr, S. 119; *Kargl*, ZStW 110 (1998), 38 (42); *Schmidhäuser*, GA 1991, 97 (104 f.); Schönke/Schröder-*Perron/Eisele*, § 32 Rn. 1a.

[135] *Kroß*, Notwehr gegen Schweigegelderpressung, S. 55; *van Rienen*, Einschränkungen, S. 82.

[136] Maunz/Dürig-*Di Fabio*, Art. 2 Rn. 39.

[137] *van Rienen*, Einschränkungen, S. 83.

[138] *van Rienen*, Einschränkungen, S. 83.

[139] Vgl. *Frister*, GA 1988, 291 (300); *Engländer*, Nothilfe, S. 46; *Kühl*, AT § 7 Rn. 17; *Scherenberg*, Notwehr, S. 42; Schönke/Schröder-*Perron/Eisele*, § 32 Rn. 1a; *Stiller*, Grenzen, S. 66–69.

[140] *Engländer*, Nothilfe, S. 45 f.; *Frister*, GA 1988, 291 (299 f.); *Heller*, Nothilfe, S. 171.

[141] *Seelmann*, ZStW 89 (1977), 36 (60); ähnlich *Engländer*, Nothilfe, S. 47. Möglich ist aber eine mittelbare Betroffenheit bzw. Bedrängnis, wenn eine nahestehende Person angegriffen wird, siehe *Seier*, NJW 1987, 2476 (2477); auch *Stiller*, Grenzen, S. 61 f.

Schärfe der Notwehr zur Begründung herangezogen werden.[142] Die psychologischen Umstände und die Lage des Verteidigers werden systematisch erst auf der Schuldebene berücksichtigt, was die §§ 33, 35 StGB belegen.[143]

Ob die erweiterte Ansicht, nach der neben dem angegriffenen Rechtsgut noch das allgemeine Persönlichkeitsrecht verteidigt wird,[144] die fehlende Ausweichpflicht und fehlende Güterabwägung befriedigend erklären kann, ist zweifelhaft. Nach dieser Ansicht ist das allgemeine Persönlichkeitsrecht besser in der Lage, einen Grund für die fehlende Güterabwägung zu liefern, weil es einen höheren Stellenwert als das Leben habe.[145] Der Versuch von *Kroß*, anhand von Beispielen (wie etwa einer Blutentnahme zum Zwecke einer lebensrettenden Transfusion) aufzuzeigen, in welchen Fällen das allgemeine Persönlichkeitsrecht das Leben überwiegt,[146] überzeugt nicht. Diese Fälle sind grenzwertig und daher nicht verallgemeinerungsfähig.[147] Die Schutzintensität bei dem allgemeinen Persönlichkeitsrecht besteht aus Kern- und Teilbereich und kann demzufolge kein allgemeines Überwiegen begründen.[148]

Bei einem weiteren Ansatz handelt es sich bei der Notwehr im Gegensatz zum Notstand um eine Situation der „Suspendierung der sozialen Gemeinschaft".[149] Nach diesem Ansatz übertragen die Bürger das Selbstverteidigungsrecht auf den Staat, um von ihm geschützt zu werden.[150] Wenn der Staat dem nicht nachkommt, wird die soziale Gemeinschaft vorläufig suspendiert und der Angegriffene darf sich ohne Rechtsgüterabwägung verteidigen.[151] Zwischen den Beteiligten entsteht quasi ein Naturzustand.[152] Zwischen dem Angegriffenen und dem Angreifer bestehen in diesem Zustand keine Solidaritäts-, sondern lediglich Nichtinterventionspflichten.[153] Problematisch bei dieser Ansicht ist, dass im Naturzustand ohne Rechtsordnung der Notwehr überhaupt keine Grenzen gesetzt werden.[154] Aus diesem Grund ist die Ansicht abzulehnen.

---

[142] Vgl. *Scherenberg*, Notwehr, S. 44.

[143] *Heller*, Nothilfe, S. 171; auch *Schmidhäuser*, GA 1991, 97 (105).

[144] *Kroß*, Notwehr gegen Schweigegelderpressung, S. 58

[145] *Kroß*, Notwehr gegen Schweigegelderpressung, S. 62.

[146] *Kroß*, Notwehr gegen Schweigegelderpressung, S. 60.

[147] Schönke/Schröder-*Perron/Eisele*, § 34 Rn. 30; *van Rienen*, Einschränkungen, S. 86.

[148] *Engländer*, Nothilfe, S. 49 f.; *van Rienen*, Einschränkungen, S. 87.

[149] *Pfordten*, in: FS Schreiber, 359 (371).

[150] *Pfordten*, in: FS Schreiber, 359 (370).

[151] *Pfordten*, in: FS Schreiber, 359 (372).

[152] *Pfordten*, in: FS Schreiber, 359 (372); ähnlich *Erb*, JURA 2005, 24 (27).

[153] *Pfordten*, in: FS Schreiber, 359 (372).

[154] *Engländer*, Nothilfe, S. 60; LK-StGB-*Rönnau/Hohn*, § 32 Rn. 72; ähnlich *van Rienen*, Einschränkungen, S. 92; auch *Bitzilekis*, Tendenz, S. 28.

Ferner wollen einige das Fehlen der Ausweichpflicht und der Güterabwägung damit begründen, dass der Angreifer selber für den Konflikt verantwortlich[155] und jederzeit in der Lage und darüber hinaus in der Pflicht sei, den rechtswidrigen Angriff zu beenden.[156] Einige Autoren verlangen dementsprechend einen schuldhaften Angriff,[157] was aber dem Wortlaut des § 32 StGB widerspricht und bereits aus diesem Grund nicht akzeptiert werden kann.[158] Im Übrigen stehen der Überlegung folgende Bedenken gegenüber. Vergleicht man § 32 StGB mit § 127 StPO, ergibt sich folgende Ungereimtheit: Bei der Festnahme muss der Festnehmende die Verhältnismäßigkeit beachten, unabhängig davon, dass der Festzunehmende es in der Hand hat, die Flucht zu beenden.[159] Ähnlich ist die Situation bei der Selbsthilfe nach §§ 229, 230 BGB.[160] Auch bei den selbstverschuldeten Konstellationen im Rahmen der §§ 228, 904 BGB und § 34 StGB wird die Rechtsgüterabwägung nicht entfallen.[161] Deshalb kann man mit diesem Argument den Verzicht auf die Proportionalität nicht begründen.[162]

Unter den individualistischen Ansätzen gibt es zudem den Begründungsansatz, der die weiten Notwehrbefugnisse aus den subjektiven Rechten des Angegriffenen ableiten will.[163] Der Satz von *Berner* wird demnach so verstanden, dass ein subjektives Recht gemeint ist, das dem Unrecht nicht zu weichen braucht. Diese Ansicht überwindet jedoch die fehlende Rechtsgüterabwägung nicht. Der Verzicht auf die Güterabwägung wird beispielsweise bei *Engländer* mit der Besserstellung aller im Vergleich zum Naturzustand begründet.[164] Der Verteidiger müsste in „einem Zustand völliger Freiheit" beim Angriff auf seine Rechtsgüter keinen Verlust hinnehmen.[165] Allerdings kann man diese Besserstellung anzweifeln. Zuerst ist zu bedenken, dass der

---

155 Zum Beispiel *Seeberg*, Aufgedrängte Nothilfe, Notwehr und Notwehrexzess, S. 70.

156 *Baumann et al.*, AT § 15 Rn. 2; *Frister*, AT Kap. 16 Rn. 4; *Frister*, GA 1988, 291 (301 f.); auch *Heller*, Nothilfe, S. 171.

157 Zum Beispiel *Frister*, GA 1988, 291 (305 f.); *Frister*, AT Kap. 16 Rn. 10.

158 BGHSt 3, 217 (218); auch *Geilen*, JURA 1981, 256; LK-StGB-*Rönnau/Hohn*, § 32 Rn. 69.

159 *van Rienen*, Einschränkungen, S. 95; *Kroß*, Notwehr gegen Schweigegelderpressung, S. 48.

160 *Kroß*, Notwehr gegen Schweigegelderpressung, S. 50.

161 *Engländer*, Nothilfe, S. 51.

162 *Kroß*, Notwehr gegen Schweigegelderpressung, S. 48, 50; *van Rienen*, Einschränkungen, S. 95.

163 *Engländer*, Nothilfe, S. 84–90; *Lesch*, Notwehrrecht, S. 31 f.; *Neumann*, Zurechnung, S. 165 f.; *Neumann*, in: FS Lüderssen, 215 (225).

164 *Engländer*, Nothilfe, S. 89.

165 *Engländer*, Nothilfe, S. 89.

Täter eine Vorgeschichte hat und vielleicht aufgrund der Umstände einen Angriff auf fremdes Eigentum verüben muss und somit jeder in diesen Zustand hineingeboren werden kann. Wenn man den „Schleier des Nichtwissens"[166] anwendet, würde wohl jeder gegen eine tödliche Verteidigung um jeden Preis stimmen. Außerdem ist es im Fall des Verzichts auf Verteidigung im Ausnahmefall für den Geschädigten besser, in einem Sozial- und Rechtsstaat zu leben als in dem natürlichen Zustand, wo jeder gegen jeden gestellt wird. Außerdem kann bei dieser Ansicht bemängelt werden, dass die subjektiven Rechte durch Rechtsgemeinschaft erst entstehen und mit dem Verlust an privater Durchsetzungsgewalt verbunden sind.[167] Deswegen können sie die fehlende Rechtsgüterabwägung nicht begründen.

Insgesamt sind mit den individualistischen Ansätzen das Fehlen der Ausweichpflicht und der vollkommene Verzicht auf Güterabwägung schwer erklärbar.

b) Erklärung der Nothilfe

Bei den individualistischen Ansichten stellt sich die Frage, aus welchem Grund die Nothilfe zulässig sein sollte, da es sich dabei um den Schutz individueller Güter handelt, diese jedoch nicht die Rechtsgüter des Nothelfers sind. Die von der Rechtsprechung und Lehre bei den dispositiven Rechtsgütern zu Recht für unzulässig erklärte aufgedrängte Nothilfe[168] wird dagegen plausibel mit den individualistischen Begründungen erklärt.

Bezüglich der Nothilfe wird dem individualistischen Konzept Folgendes entgegengesetzt. Die Nothilfe kann nicht allein mit dem Individualschutzprinzip erklärt werden, weil der einzelne Grund der Notwehr demnach lediglich im Schutz der eigenen Rechtsgüter besteht.[169] Die Zulassung der Nothilfe indiziere somit die „*sozialrechtliche Seite*" der Notwehr.[170] Der Wortlaut des § 32 Abs. 2 StGB zeigt, dass der Gesetzgeber keinen Unterschied zwischen der Verteidigung von eigenen und fremden Rechtsgütern macht.[171]

Nach *Wagners* Ansicht ist die Notwehr jedoch nicht „als individuelles Selbstverteidigungsrecht zu verstehen [...]", sondern als „[...] Verteidigung

---

[166] *Rawls*, Eine Theorie der Gerechtigkeit, S. 159–161.

[167] *Rückert*, Notwehrrecht, S. 51.

[168] BGHSt 5, 245 (248); *Kargl*, ZStW 110 (1998), 38 (64); *Kaspar*, JuS 2014, 769 (771); *Sengbusch*, Die Subsidiarität der Notwehr, S. 194 f.

[169] *Bitzilekis*, Tendenz, S. 46; *Kargl*, ZStW 110 (1998), 38 (41); *Schmidhäuser*, GA 1991, 97 (111).

[170] *Jescheck/T. Weigend*, AT, S. 337.

[171] *Kargl*, ZStW 110 (1998), 38 (44).

individueller Interessen".[172] Der Nothelfer verteidigt zwar ein individuelles Rechtsgut, dieses Rechtsgut gehört jedoch nicht ihm, was darauf hindeutet, dass es sich schon um die sozialethische Seite der Notwehr handelt und dass er neben der Abhilfe zugunsten des Angegriffenen auch zur Durchsetzung der Rechtsordnung beiträgt.[173] Diesen Versuch, die Verankerung der Nothilfe-befugnisse im individualistischen Gedanken zu begründen, kann man somit auch als „bloße Konstruktion" zurückweisen.[174]

Dem Einwand, dass der Nothelfer wegen der fehlenden Bedrängnissitua-tion im Vergleich zur Notwehr die Güterabwägung vornehmen solle, wird Folgendes entgegengesetzt. Wenn man sich einen Fall vorstellt, bei dem sich der Angegriffene nicht helfen kann und ihm ein anderer bei der Abwehr hilft, zeigt sich das Problem sehr deutlich. Der Nothelfer wäre hier bei unverhält-nismäßigen Abwehrmaßnahmen strafbar; wäre er aber lediglich bei der Ab-wehrhandlung des Angegriffenen als Gehilfe tätig, wäre er straflos.[175] Diese Konsequenz ist in der Tat inakzeptabel; die Lösung liegt aber nicht in der Erweiterung der Nothilfebefugnisse, sondern in dem Gesetzeswortlaut des § 32 Abs. 2 StGB, nach dem die gleichen Befugnisse schon per Gesetz vor-gesehen sind.[176]

Ferner wird bei der Erklärung der Schärfe der Nothilfe vorgebracht, der Nothelfer sei bei einem Angriff mittelbar betroffen[177] oder es liege im allge-meinen Interesse, Nothilfe zu leisten.[178] Die mittelbare Betroffenheit von je-dem wird – mit Ausnahme bei Familienmitgliedern und nahestehenden Per-sonen – jedoch schwierig festzustellen sein.[179] Eine Verteidigung, die im allgemeinen Interesse liegt, nähert sich einer überindividuellen Begründung an und ist daher kein rein individueller Begründungsansatz mehr.

Somit kann festgestellt werden, dass die Nothilfe mit dem individualisti-schen Ansatz nicht überzeugend erklärbar ist.

---

[172] *Wagner*, Notwehrbegründung, S. 35; ähnlich MüKo-StGB-*Erb*, § 32 Rn. 18; auch *Seeberg*, Aufgedrängte Nothilfe, Notwehr und Notwehrexzess, S. 74; *Kioupis*, Notwehr, S. 45 Fn. 10.
[173] LK-StGB-*Spendel*, 11. Aufl., § 32 Rn. 14.
[174] *Heller*, Nothilfe, S. 186.
[175] *Wagner*, Notwehrbegründung, S. 35 f.
[176] *Engländer*, Nothilfe, S. 48.
[177] *Seier*, NJW 1987, 2476 (2477); auch *Stiller*, Grenzen, S. 62.
[178] *Renzikowski*, S. 296.
[179] *Scherenberg*, Notwehr, S. 39.

c) Verteidigung der kollektiven Rechtsgüter

Weniger Probleme bereitet die individualistische Begründung im Hinblick darauf, warum die kollektiven Rechtsgüter nicht notwehrfähig sind. Wenn die Notwehr lediglich den Schutz von individuellen Rechtsgütern bezweckt, fallen darunter automatisch keine kollektiven Rechtsgüter der Allgemeinheit.

d) Fazit

Am Ende ist festzuhalten, dass die individualistische Begründung der Notwehr nicht in der Lage ist, die Notwehr kohärent zu erklären. Der Wortlaut des § 32 StGB deutet jedoch an, dass die individualistischen Überlegungen bei der Auslegung der Notwehr eine Rolle spielen müssen. Im Folgenden ist zu prüfen, ob ein überindividualistischer Ansatz alleine die Notwehr tragfähiger erklären kann.

2. Überindividualistisches Notwehrkonzept

Das weniger verbreitete rein überindividualistische Notwehrkonzept sieht bei der Notwehr als tragenden Gedanken lediglich den „überpositiven"[180] Gedanken der Rechtsbewährung bzw. der Verteidigung der Rechtsordnung.[181]

Die Vertreter dieser Ansicht errichten ihre Konzeption der Notwehr auf dem Satz von *Berner*, wonach „das Recht dem Unrecht nicht zu weichen braucht".[182] Dieser Satz ist jedoch zu vage, um die Begründung und Begrenzung der Notwehr zu bestimmen. Daher könnte man ihn auch als „völlig *leer*" bezeichnen.[183] Obwohl *Berner* diesen Satz eher individualistisch verstehen durfte,[184] wird er heute allgemein so verstanden, dass „der Notwehrübende zum Statthalter des Rechts" wird.[185] Allerdings muss auch dieses allgemeine Verständnis konkretisiert werden.[186] Somit ist festzustellen, dass

---

180 *Hassemer*, in: FS Bockelmann, 225 (239).
181 *Bitzilekis*, Tendenz, S. 59; *R. Haas*, Notwehr, S. 354 f.; *Schmidhäuser*, in: FS Honig, 185 (193); *Schmidhäuser*, GA 1991, 97 (124 f.).
182 *Berner*, Archiv des Criminalrechts 1848, 547 (557).
183 *Koriath*, in: FS Müller-Dietz, 361 (366); dazu auch *Kaspar*, RW 4 (2013), 40 (49–51).
184 Dazu NK-StGB-*Kindhäuser*, § 32 Rn. 11; siehe auch *Engländer*, Nothilfe, S. 22.
185 *Kühl*, AT § 7 Rn. 10.
186 *Heller*, Nothilfe, S. 166.

der Satz lediglich deklaratorisch und nicht in der Lage ist, etwas Konkretes über die Grenzen der Notwehr auszusagen.[187]

Die Rechtsbewährung scheint auf den ersten Blick überzeugend die folgenden Aspekte der Notwehr zu erklären. Aus dem Grund, dass bei jedem konkreten Angriff neben dem angegriffenen Gut auch die Rechtsordnung verteidigt wird, rechtfertige dies die scharfen Abwehrbefugnisse des Verteidigers.[188] Ebenso ist kein Ausweichen erforderlich, da sich die Rechtsordnung durch die Flucht oder das Ausweichen nicht bewähren würde.[189] Schließlich ist die Nothilfe gut erklärbar, indem man die „gesellschaftliche" Seite der Notwehr hervorhebt.[190] Allerdings bringt der Ansatz mit der Rechtsbewährung bei näherer Betrachtung andere Probleme mit sich, die im Folgenden diskutiert werden.

a) Der Begriff der Rechtsordnung

Zuerst ist es fraglich, wie die Rechtsordnung zu verstehen ist. In der Literatur haben sich vor allem zwei Richtungen herauskristallisiert. Es wird entweder die normative[191] oder die empirische[192] Geltung der Rechtsordnung betont.

aa) Normative Geltung der Rechtsordnung

Bitzilekis vertritt den Begriff der normativen Geltung der Rechtsordnung. Die Rechtsordnung versteht er hierbei als eine soziale Wertordnung, die durch die rechtssetzende Gewalt entsteht und die Werturteile enthält, die „anhand eines Wertmaßstabes den menschlichen Verhaltensweisen jeweils die Eigenschaften eines Wertes (Recht) oder Unwertes (Unrecht)" zuweist.[193]

Schon ganz grundsätzlich ist allerdings nicht einleuchtend, wie ein einziger Angriff die normative Rechtsordnung im Ganzen gefährden könnte.[194] Probleme bestehen schon auf der begrifflichen Ebene. Da die tatsächlichen Umstände keine Auswirkung auf die normative Ebene haben, ist die norma-

---

187 *Bitzilekis*, Tendenz, S. 43; so auch *van Rienen*, Einschränkungen, S. 104.
188 *Schmidhäuser*, GA 1991, 97 (121 f.).
189 *Roxin*, ZStW 93 (1981), 68 (70 f.).
190 *Bitzilekis*, Tendenz, S. 72.
191 *Bitzilekis*, Tendenz, S. 53–57.
192 *Schmidhäuser*, in: FS Honig, 185 (193); *Schmidhäuser*, GA 1991, 97 (121 f.).
193 *Bitzilekis*, Tendenz, S. 53–55.
194 So etwa *Koriath*, in: FS Müller-Dietz, 361 (372).

tive Geltung der Rechtsordnung unabhängig von einem konkreten Angriff.[195] Die normative Rechtsordnung besteht unabhängig von der faktischen Geltung.[196] Außerdem haftet dieser Ansicht der Einwand an, dass der Rechtsordnung ein „unabhängiger Wert an sich" zugesprochen wird, was auf ein absolutistisches Staatsverständnis hindeutet.[197] Somit ist dieser Begriff der Rechtsordnung abzulehnen.

bb) Empirische Geltung der Rechtsordnung

Schmidhäuser sieht die Schärfe der Notwehr allein darin begründet, dass die Rechtsordnung im Ganzen im Sinne von empirischer Geltung verteidigt wird.[198] Dabei hat er das „in der Gesellschaft lebendige" Recht im Sinne.[199] Wenn der Angreifer die Güter von anderen angreift, stellt er sich gegen diese empirische Rechtsordnung und versucht, seinen „Einzelwillen" gegen den „Gemeinwillen" durchzusetzen.[200] Die Verteidigung des einzelnen konkreten Rechtsgutes sei „nur das Mittel, durch das die Rechtsordnung selbst ihre empirische Geltung in der Gesellschaft" behaupte.[201] Für die Notwehr müsse daher die empirische Geltung der Rechtsordnung infrage gestellt werden. Nach *Schmidhäuser* sollte die Notwehr dazu führen, dass „die Anforderungen der Rechtsordnung in dem Bewusstsein der Rechtsgenossen ernst genommen werden".[202] *Schmidhäuser* verlangt ferner, dass der Angreifer konkret durch die rechtswidrige Tat die Werte der Sozietät ablehnt.[203] Von einigen wurde das zu Recht als eine Forderung nach einem schuldhaften Angriff kritisiert, der nicht mit dem Wortlaut des § 32 StGB vereinbar ist.[204]

---

[195] *Koriath*, in: FS Müller-Dietz, 361 (372); *Renzikowski*, Notstand und Notwehr, S. 87; *Engländer*, Nothilfe, S. 12.

[196] *Engländer*, Nothilfe, S. 12.

[197] *Frister*, GA 1988, 291 (295 f.).

[198] *Schmidhäuser*, in: FS Honig, 185 (193).

[199] *Schmidhäuser*, in: FS Honig, 185 (194).

[200] *Schmidhäuser*, in: FS Honig, 185 (194).

[201] *Schmidhäuser*, in: FS Honig, 185 (194).

[202] *Schmidhäuser*, in: FS Honig, 185 (198).

[203] *Schmidhäuser*, in: FS Honig, 185 (196).

[204] *Hirsch*, in: FS Dreher, 211 (221 f.); siehe auch *Felber*, Rechtswidrigkeit, S. 65 f.; auch *Bitzilekis*, Tendenz, S. 53.

cc) Präventionswirkung der Notwehr

Obwohl *Schmidhäuser* das Verstehen der empirischen Geltung der Rechtsordnung als Generalprävention ablehnt,[205] wird dies von einigen Vertretern der überindividualistischen und dualistischen Ansicht besonders betont.[206]

Erwähnenswert ist die Ansicht *Roxins*, der zuerst feststellt, dass die Notwehr im Rahmen des Schutzprinzips der Spezialprävention dient, indem der Täter an dem Begehen des Unrechts gehindert wird.[207] Die Rechtsbewährung sollte zudem der Generalprävention dienen, indem durch die Notwehr andere von der Tat abgeschreckt werden (negative Generalprävention) und die Rechtstreue der Bevölkerung gestärkt wird (positive Generalprävention).[208] Er versteht die Rechtsordnung somit im Sinne von Generalprävention. Gerade die generalpräventiven Aspekte der Notwehr sollten die fehlende Ausweichpflicht und den Verzicht auf die Güterabwägung erklären.[209] Ähnlich sieht *Bertel* die „Gewissheit" der Verteidigung im Falle des rechtswidrigen Angriffs als „das wirksamste Mittel" des Gesetzgebers für die Verhinderung rechtswidriger Angriffe: „Für die Generalprävention – den Ausdruck im weitesten Sinn verstanden – ist das Institut der Notwehr unentbehrlich und durch repressive Maßnahmen nicht zu ersetzen."[210]

Fraglich ist zuerst, ob eine generalpräventive Wirkung bei den weiten Notwehrbefugnissen tatsächlich besteht. Versetzt man sich in die Lage des potenziellen rationalen Täters, ist es auf den ersten Blick einleuchtend, von einer Straftat aufgrund der potenziellen starken Abwehr abzusehen. Dagegen wird vorgebracht, dass den Täter schon die Strafandrohung nicht abschreckt, sodass er sich erst recht nicht durch die mögliche Notwehr des Opfers zurückhalten wird.[211] Zu beachten ist jedoch der spezifische Unterschied zwischen der Strafandrohung und der Notwehr. Die drohende Strafe liegt nämlich erst in der ferneren Zukunft und erscheint für den Täter nicht in gleichem Maße wahrscheinlich wie die Notwehr.[212] Zudem ist die Folge der Notwehr

---

[205] *Schmidhäuser*, GA 1991, 97 (124).

[206] *Roxin*, ZStW 93 (1981), 68 (73 f.); *Bitzilekis*, Tendenz, S. 65 f. nimmt eine mittelbare generalpräventive Wirkung der Notwehr an, während er Spezialprävention ablehnt; Bundestag Drucksache IV/7650, S. 157; *R. Haas*, Notwehr, S. 149; *Heller*, Nothilfe, S. 195; *Kaspar*, RW 4 (2013), 40 (51–56); *Kratzsch*, Grenzen der Strafbarkeit im Notwehrrecht, S. 156; *Kühl*, JuS 1993, 177 (180).

[207] *Roxin*, ZStW 93 (1981), 68 (73).

[208] *Roxin*, ZStW 93 (1981), 68 (73 f.); *Roxin*, in: FS Kühl, 391 (398).

[209] *Roxin*, in: FS Kühl, 391 (394).

[210] *Bertel*, ZStW 84 (1972), 1 (10).

[211] *Heller*, Nothilfe, S. 193.

[212] *Heller*, Nothilfe, S. 194.

im Gegensatz zur Verfolgung und Verurteilung in einem geregelten Gerichtsverfahren unberechenbar. Somit kann der Täter nicht immer abschätzen, was ihm letztendlich durch Verteidigung droht. Er wird seine Einschätzung – wenn überhaupt – aufgrund seiner bisherigen Erfahrungen treffen. Da die Bereitschaft der Bevölkerung zur Notwehrausübung aus unterschiedlichen Gründen nicht immer hoch sein wird,[213] werden die Erfahrungen bei den bis zu diesem Zeitpunkt „erfolgreichen" Straftätern derart sein, dass sie in der Regel mit keiner Notwehr rechnen müssen. Dies gilt vor allem bei den Angriffen auf Vermögen, weil der Angegriffene bei verhältnismäßig niedrigem Wert der Sache kein Risiko der Verletzung eingehen wird.[214] Zudem wird der Angegriffene bei sonstigen Angriffen lieber ausweichen oder fremde Hilfe herbeiholen.[215] Infolgedessen werden sich die Straftäter – vor allem bei Eigentums- und Vermögensdelikten – durch die potenzielle Notwehr in ihrer Handlungsabsicht weniger beeinflussen lassen.

An dieser Stelle sind zudem die Erkenntnisse der empirischen Forschung zur negativen Generalprävention erwähnenswert. Einen Abschreckungseffekt haben demnach das Bestehen einer Sanktion und die „Entdeckungswahrscheinlichkeit", nicht aber eine härtere Strafe.[216] Bei der Notwehr wären analog die Verteidigungswahrscheinlichkeit und das Bestehen der Notwehrnorm ausschlaggebend und nicht die Intensität der Abwehr.[217] So ist mindestens aus dieser Sicht die negative Generalprävention keine tragfähige Begründung für die scharfe Notwehr. Man kann jedoch annehmen, dass die Existenz der Notwehr und die Verteidigungsbereitschaft eine gewisse Abschreckung bewirken.

Die positive Generalprävention, d.h. die Stärkung der Rechtstreue der Bevölkerung ist methodisch schwierig zu messen.[218] Generell kann man allerdings annehmen, dass der Rechtsfrieden gestärkt wird, wenn die Abwehr des rechtswidrigen Angriffs erfolgreich ist.[219] Gegen die Begründung der Schärfe der Notwehr durch positive Generalprävention lässt sich jedoch ein-

---

213 *Pitsounis*, in: Lüderssen (Hrsg.), Modernes Strafrecht und Ultima-ratio-Prinzip, 227 (264).
214 *Pitsounis*, in: Lüderssen (Hrsg.), Modernes Strafrecht und Ultima-ratio-Prinzip, 227 (264).
215 *Pitsounis*, in: Lüderssen (Hrsg.), Modernes Strafrecht und Ultima-ratio-Prinzip, 227 (264).
216 *Kaspar*, RW 4 (2013), 40 (53 f.).
217 *Kaspar*, RW 4 (2013), 40 (54); zur geringen Abschreckungswirkung durch allgemeine Bewaffnung der Bevölkerung und zu den Folgewirkungen siehe *Bernsmann*, ZStW 104 (1992), 290 (318).
218 *Kaspar*, RW 4 (2013), 40 (53).
219 *Engländer*, Nothilfe, S. 18; auch *Kaspar*, RW 4 (2013), 40 (53).

wenden, dass die Bevölkerung die Notwehr weniger weitreichend beurteilt als bisher angenommen[220] und die Legitimation der besonderen harten Abwehr in der Bevölkerung offensichtlich fehlt und somit der präventive Effekt nicht eintritt.[221] Wenn man also die Notwehr zu weit auslegt, wird dies nicht dazu führen, dass der Rechtsfrieden hergestellt wird. Im Gegenteil, das Vertrauen der Bevölkerung in die Rechtsordnung dürfte eher geschwächt werden, wenn man etwas zulässt, das als illegitim bewertet wird.

Interessant ist hierbei, dass die Rechtsbewährung oft als „Verteidigung der Rechtsordnung" umgeschrieben wird. Die Verteidigung der Rechtsordnung ist ein Begriff der Strafzumessung im weiten Sinn und wird u. a. nach § 56 Abs. 3 StGB verwendet, um die Vollstreckung der Strafe auszusetzen, sofern die Verteidigung der Rechtsordnung nicht deren Vollzug gebietet. Das ist nach der Rechtsprechung dann der Fall, wenn die Strafaussetzung wegen der besonderen schwerwiegenden Umstände des Einzelfalles „für das allgemeine Rechtsempfinden schlicht unverständlich erscheinen müßte [sic!] und das Vertrauen der Bevölkerung in die Unverbrüchlichkeit des Rechts und in den Schutz der Rechtsordnung vor kriminellen Angriffen dadurch erschüttert werden könnte".[222] Mithilfe dieses Gedankens und der Erkenntnisse aus der Dresdner Studie[223] kann man zu folgendem Schluss gelangen. Die Bevölkerung geht mit deutlicher Mehrheit davon aus, dass eine Tötung beim Angriff auf Sachwerte nicht gerechtfertigt ist.[224] Aus diesem Grund kann man annehmen, dass das entgegengesetzte Ergebnis der h. M. für das allgemeine Rechtsempfinden „schlicht unverständlich" ist. Das Vertrauen der Bevölkerung in die Rechtsordnung ist aufgrund dieser Überlegungen durch scharfe Notwehr deshalb erschüttert und somit eher geschwächt als gestärkt.[225]

Ferner ist problematisch, dass das Gesetz nur einen rechtswidrigen Angriff verlangt und daher fraglich ist, warum Strafzwecke bei der Notwehr beachtet werden müssten.[226] Des Weiteren stellt sich die Frage, ob der Richter die Verletzung des Angreifers im Rahmen der Notwehr in der Strafsanktion berücksichtigen müsste.[227] Dadurch hätte der Abwehrende quasi in der Hand, selbst Einfluss auf die Höhe der Strafe zu nehmen. Dagegen wendet *Roxin* ein, dass es sich bei der generalpräventiven Wirkung nicht um Strafzwecke handelt, sondern um einen „generalpräventiven Effekt", der dem „Friedens-

---

220 *Amelung/Kilian*, in: FS Schreiber, 3 (5–11); *Kilian*, Notwehrstudie, S. 115.
221 *Kaspar*, RW 4 (2013), 40 (55).
222 BGHSt 24, 40.
223 Siehe dazu auch Teil 4 B. III.
224 *Kilian*, Notwehrstudie, S. 71.
225 Siehe dazu Ausführungen in Teil 4 B. I.
226 LK-StGB-*Rönnau/Hohn*, § 32 Rn. 66 m. w. N.
227 Siehe *van Rienen*, Einschränkungen, S. 127 f.

zustand der Gesellschaft" dient, und der Gesetzgeber generalpräventive Zwecke auch außerhalb des Strafrechts wie zum Beispiel im Polizeirecht verfolgt.[228] Allerdings bleibt damit im Zusammenhang weiterhin zweifelhaft, wie die Generalprävention eine so scharfe Notwehr begründen kann. Dies stehe im Wertungswiderspruch mit dem Gefahrenabwehrgedanken.[229] Wenn man zum Vergleich die staatliche Gefahrenabwehr heranzieht, wird das deutlich. Die Gefahr darf im Polizeirecht nur mit verhältnismäßigen Mitteln abgewehrt werden, unabhängig davon, welche Abwehr die Generalprävention gebieten würde.[230]

Nach alledem ist einer gewissen positiven und negativen generalpräventiven Wirkung der Notwehr schwer zu widersprechen.[231] Die generalpräventive Wirkung der Notwehr unterstützt allerdings nicht die scharfen Befugnisse des Notwehrrechts.

b) Zirkelschluss, Kategorienfehler

Unabhängig davon, ob der Begriff der Rechtsordnung normativ oder empirisch betrachtet wird, scheint problematisch, dass die Rechtsordnung auf sich selbst verweist und somit die Gefahr eines Zirkelschlusses besteht.[232] Mit anderen Worten kann man hier auch von einem „Kategorienfehler" sprechen.[233]

Genauer besteht der Zirkelschluss darin, dass die Auslegung des § 32 StGB mit Bezug auf die Bewährung der gesamten Rechtsordnung vorgenommen wird. Anders gesagt wird die Schneidigkeit der Notwehr mit dem Verweis auf die Verteidigung der ganzen Rechtsordnung begründet, obwohl § 32 StGB ein Teil dieser Rechtsordnung ist.

Dabei könnte man jedoch annehmen, dass sich die Bewährung der Rechtsordnung auf alle Normen außer § 32 StGB bezieht.[234] Einen Verweis auf die Rechtsordnung gibt es zum Beispiel auch in Art. 2 I GG, § 47 Abs. 1 StGB oder § 56 Abs. 3 StGB.[235] Versteht man die Rechtsbewährung auf diese Weise, besteht kein Zirkelschluss.

---

[228] *Roxin*, in: FS Kühl, 391 (395 f.).

[229] *Frister*, GA 1988, 291 (298); *Schroeder*, in: FS Maurach, 127 (138); *Wagner*, Notwehrbegründung, S. 27 Fn. 19.

[230] *Frister*, GA 1988, 291 (298).

[231] Vgl. *Heller*, Nothilfe, S. 195 m. w. N.; *Engländer*, Nothilfe, S. 18.

[232] *Hoyer*, JuS 1988, 89 (91); *Koriath*, in: FS Müller-Dietz, 361 (366); ähnlich *Kaspar*, RW 4 (2013), 40 (47 f.); *Kioupis*, Notwehr, S. 35.

[233] *Kioupis*, Notwehr, S. 61.

[234] *Pfordten*, in: FS Schreiber, 359 (364).

[235] *Pfordten*, in: FS Schreiber, 359 (363 f.).

Zudem kann man die Rechtsbewährung sogar enger verstehen, und zwar im Sinne des Geltungsanspruchs der angegriffenen Norm oder als „die unmittelbare Verbindlichkeit" der Norm, was den Einwand des Zirkelschlusses entfallen lässt.[236] Durch den Angriff wird nach diesem Verständnis nur eine Norm in Frage gestellt und nicht die gesamte Rechtsordnung, unabhängig davon, wie man den Begriff der Rechtsordnung versteht.

Ferner kann man das Rechtsbewährungsprinzip bzw. den Satz „Das Recht braucht dem Unrecht nicht zu weichen" so verstehen, dass der Angreifer in der Ausgangslage im Unrecht und der Verteidiger im Recht ist, was jedoch nur die Rechtswidrigkeit der Notwehr umschreibt und keine unbeschränkten Notwehrbefugnisse begründet.[237] Auch mit dieser Auffassung lässt sich die Zirkularität umgehen.

c) Fehlende Ausweichpflicht und Schneidigkeit der Notwehr

Die Schärfe der Notwehr wird überindividualistisch mit dem hohen Wert der Rechtsordnung begründet.[238] Entscheidend sind nicht die individuellen Interessen, sondern die Interessen der Gesellschaft.[239] Ähnlich gilt für die Ausweichpflicht, dass diese nicht notwendig ist, weil – unabhängig davon, dass das Ausweichen vielleicht sicherer wäre – das Recht dem Unrecht nicht zu weichen braucht.[240]

Problematisch hierbei ist, dass der Bürger bei der überindividualistischen Betrachtung gerade im Allgemeininteresse handelt und so gewissermaßen die Aufgaben des Staates übernimmt – nach dieser Logik müsste er ebenso wie die Staatsorgane die Verhältnismäßigkeit berücksichtigen.[241] Die Amtsträger verteidigen primär auch die Rechtsordnung und haben zu diesem Zweck keine unbegrenzten Befugnisse, obwohl sie immer das Recht bewahren. Es ist sogar ihre primäre Aufgabe, das Unrecht zu bekämpfen, und sie müssen trotzdem nach dem Grundsatz der Verhältnismäßigkeit handeln.[242] Die Bewährung der Rechtsordnung ist originär allein die Aufgabe des Staates. Wenn der Bürger ausnahmsweise die Rechtsordnung bewähren soll und so quasi stellvertretend handelt, ist es unerklärlich, wie der Staat auf ihn mehr Rechte

---

[236] *van Rienen*, Einschränkungen, S. 142–144.

[237] *Kaspar*, RW 4 (2013), 40 (48).

[238] *Schmidhäuser*, in: FS Honig, 185 (194).

[239] *Schmidhäuser*, GA 1991, 97 (102).

[240] Siehe zum Beispiel *Stiller*, Grenzen, S. 42 f.

[241] So etwa *Engländer*, Nothilfe, S. 26; *Kargl*, ZStW 110 (1998), 38 (46); *Kaspar*, RW 4 (2013), 40 (57); *Kroß*, Notwehr gegen Schweigegelderpressung, S. 33 f.; *Wagner*, Notwehrbegründung, S. 27; *Schroeder*, in: FS Maurach, 127 (138).

[242] MüKo-StGB-*Erb*, § 32 Rn. 16.

übertragen kann, als er selbst hat.[243] Dies scheint überzeugend zu sein, allerdings muss bei den Notwehrübenden noch Folgendes beachtet werden. Die staatlichen Organe haben neben den Eingriffsbefugnissen auch Rechtspflichten gegenüber den Bürgern und sind in der Verteidigung ausgebildet, deshalb ist es sachgerecht, dass die Bürger weitere Befugnisse in Konfliktsituationen haben.[244] Dies weitet die Befugnisse der Bürger nach dieser Ansicht etwas aus, allerdings begründet es keinen vollkommenen Verzicht auf das Verhältnismäßigkeitsprinzip. Daher kann die Schneidigkeit der Notwehr mit dem überindividualistischen Ansatz nicht begründet werden.

d) Aufgedrängte Nothilfe

Die überindividualistische Ansicht sieht den Grund der Notwehr und der Nothilfe in der Rechtsbewährung, sodass der Nothelfer eine eigene Befugnis hat, gegen das Unrecht vorzugehen.[245] Daher hat die überindividualistische Erklärung im Normalfall mit der Nothilfe weniger Probleme, sie zu erläutern.

Anders ist dies jedoch bei der aufgedrängten Nothilfe, die überwiegend zutreffend als unzulässig betrachtet wird.[246] Der Einzelne hat im modernen Rechtsstaat grundsätzlich das Recht, über seine eigenen (disponiblen) Rechtsgüter selbst zu verfügen. Dies gilt vor allem bei den Sachwerten, was aus § 903 BGB folgt.[247] Nach der überindividualistischen Ansicht müsste die Nothilfe immer zulässig sein, selbst wenn der Angegriffene diese aus verschiedenen, oftmals durchaus plausiblen Gründen ablehnt.[248] Zum Beispiel kann diese abgelehnt werden, um die Situation nicht eskalieren zu lassen, was u.a. der Rechtsordnung dient.[249] Der Einzelne könnte durch Zulassung der aufgedrängten Nothilfe zum „Sheriff des Staates" oder zum „Retter des Rechts" werden und der Weg in die Selbstjustiz wäre gepflastert.[250] Daher vermag die überindividualistische Ansicht nicht überzeugend zu erklären, warum die Selbstbestimmung des Einzelnen richtigerweise den Vorrang hat und die Nothilfe ausschließen kann.

---

[243] *Bülte*, NK 28 (2016), 172 (178).

[244] Vgl. *R. Haas*, Notwehr, S. 276 f.; siehe auch *V. Haas*, in: Notwehr in Deutschland und China, 211 (222 f.).

[245] *Bitzilekis*, Tendenz, S. 72.

[246] BGHSt 5, 245 (248); BGH StV 1987, 59; LK-StGB-*Rönnau/Hohn*, § 32 Rn. 208 m.w.N.

[247] *Stiller*, Grenzen, S. 41.

[248] Vgl. *Krause*, in: FS Bruns, 71 (75); *Stiller*, Grenzen, S. 41.

[249] *Heller*, Nothilfe, S. 176.

[250] *Heller*, Nothilfe, S. 178; *Kroß*, Notwehr gegen Schweigegelderpressung, S. 30.

e) Notwehr von kollektiven Rechtsgütern

Ein weiteres Problem besteht bei der überindividualistischen Ansicht darin, dass sie nicht zu erklären vermag, warum die Notwehr bei den Rechtsgütern der Allgemeinheit ausgeschlossen sein sollte.[251] Konsequenterweise müsste die überindividualistische Ansicht dies annehmen, da zur Rechtsordnung auch die Rechtsgüter der Allgemeinheit gehören.[252] Die Vertreter der überindividualistischen Ansicht bemühen sich, dies zu umgehen. So besteht nach *Schmidhäuser* bei den universellen Rechtsgütern kein „dringlicher Handlungsbedarf" für den Einzelnen,[253] was sich schon sehr der Ausrichtung der Notwehr am Individualschutz annähert.[254] *Bitzilekis* bejaht zwar die Notwehrfähigkeit der Universalgüter bzw. der „Güter der Gesamtheit" wie bei Angriffen auf Staatsvolk, Staatsgebiet oder Geldfälschung, verneint aber die Notwehrfähigkeit der hoheitlichen Rechtsgüter des Staates wie zum Beispiel der öffentlichen Ordnung oder Verkehrssicherheit, da diese dem Staat vorbehalten seien.[255]

Wenn man die Notwehrfähigkeit von Universalgütern bzw. Rechtsgütern der Allgemeinheit bejaht, würde dies dazu führen, dass sich die Gefahr des „Hilfspolizisten" verwirklicht und es möglicherweise zu einer allgemeinen Gewalteskalation kommt, was nicht hinnehmbar ist.[256] Die Staatsnothilfe ist richtigerweise nur in absoluten Ausnahmefällen – was Art. 20 IV GG zeigt — vorgesehen und nicht bei einzelnen Verletzungen der Rechtsordnung wie zum Beispiel bei der Notwehr.[257]

f) Wortlaut des § 32 StGB

Die überindividualistischen Ansätze haben zudem Probleme bei der Auslegung von einzelnen Notwehrmerkmalen.

Wenn man die Gegenwärtigkeit im Sinne der Gefährdung der Rechtsordnung auslegt, müsste das bedeuten, dass die Verteidigung auch noch nach dem beendeten Angriff möglich ist.[258] Nimmt man die empirische Geltung der Rechtsordnung als Grundlage der Notwehr an, müsste die Abwehr so lange zulässig sein, bis die Rechtsordnung empirisch wieder zur Geltung

---

251 *Kargl*, ZStW 110 (1998), 38 (52); LK-StGB-*Rönnau/Hohn*, § 32 Rn. 67.
252 *Kroß*, Notwehr gegen Schweigegelderpressung, S. 37.
253 *Schmidhäuser*, GA 1991, 97 (113 f.).
254 LK-StGB-*Rönnau/Hohn*, § 32 Rn. 67.
255 *Bitzilekis*, Tendenz, S. 68 f.
256 *Lührmann*, Tötungsrecht, S. 40; *Scherenberg*, Notwehr, S. 32 f.
257 Vgl. *Lührmann*, Tötungsrecht, S. 40.
258 *Frister*, GA 1988, 291 (307).

kommt.[259] Die Notwehr wird jedoch nicht als eine „allgemeine Durchsetzungsbefugnis" begriffen, die dem Einzelnen die Befugnisse des Staates übertragen würde.[260] Ebenso ist keine Verteidigung von Rechtsgütern der Allgemeinheit erlaubt.[261]

Ferner ist beim subjektiven Element der Notwehr die Auslegung des § 32 StGB problematisch. Konsequent müsste der Einzelne den subjektiven Willen haben, dass er gerade die Rechtsordnung verteidigen wollte; dies wird in der konkreten Notwehrlage kaum der Fall sein, weil er in dem Moment primär eigene Rechtsgüter verteidigen will.[262] Dies ist auch die subjektive Voraussetzung der Notwehr. Dass der Verteidiger nur die Rechtsordnung im konkreten Fall verteidigen will, stellt sich als „weltfremd" dar.[263] Hierzu kann man einwenden, dass es sich um die Frage handelt, was die Ratio der Notwehr ist, und nicht, welches Ziel der Notwehrübende verfolgt.[264] Sieht man jedoch die Ratio der Notwehr lediglich in der Bewährung der Rechtsordnung, hat man Schwierigkeiten zu erklären, warum der Einzelne den subjektiven Willen überhaupt haben muss, sich selbst oder einen anderen zu verteidigen.

Ferner ist problematisch, dass die überindividualistische Notwehrbegründung nicht erklären kann, wieso Notwehr beim untauglichen Versuch nicht zulässig ist.[265] Der untaugliche Versuch ist in der Regel strafbar, demnach müsste die Notwehr dagegen zulässig sein. Dies ist jedoch nicht der Fall. Dies lasse sich nur durch den mangelnden Bedarf an Schutz der individuellen Güter erklären.[266] Wiederum wird versucht, diesen Einwand zu umgehen. *Schmidhäuser* sagt, dass beim untauglichen Versuch kein Handlungsbedarf besteht und die Fälle über die Schuldebene gelöst werden können.[267]

Der Wortlaut von § 32 StGB scheint zudem nicht dafür zu sprechen, dass die Rechtsbewährung ein Grund der Notwehr ist, da eine „Abwehr von sich oder einem anderen" verlangt wird.[268] Indiziert wird eher der Individualschutzgedanke. Es muss jedoch zwischen den Voraussetzungen der Notwehr

[259] *Wagner*, Notwehrbegründung, S. 18.
[260] *Bitzilekis*, Tendenz, S. 70
[261] *van Rienen*, Einschränkungen, S. 104 m. w. N.
[262] *Wagner*, Notwehrbegründung, S. 17; *Kroß*, Notwehr gegen Schweigegelderpressung, S. 37; *Stiller*, Grenzen, S. 40.
[263] *Wagner*, Notwehrbegründung, S. 17 Fn. 25.
[264] *Bitzilekis*, Tendenz, S. 60.
[265] *Kioupis*, Notwehr, S. 51; *Renzikowski*, Notstand und Notwehr, S. 102.
[266] *Renzikowski*, Notstand und Notwehr, S. 102.
[267] *Schmidhäuser*, GA 1991, 97 (130 f.).
[268] *Koriath*, in: FS Müller-Dietz, 361 (370) bemängelt die mangelnde Diskussion darüber.

und dem Grund der Notwehr unterschieden werden.[269] Durch das Merkmal „rechtswidriger Angriff" besteht zumindest die Andeutung dafür, dass die Verteidigung der Rechtsordnung bei der Notwehr eine Rolle spielen kann.[270]

Zusammenfassend kann gesagt werden, dass der Wortlaut des § 32 StGB primär eher für die individualistische Deutung spricht; er schließt aber eine Berücksichtigung des überindividuellen Aspekts der Rechtsbewährung nicht aus..

g) Fazit

Im Ergebnis kann die lediglich überindividualistische Ansicht in allen Punkten nicht überzeugen. Der Gedanke, dass das Recht dem Unrecht nicht zu weichen brauche, ist zu allgemein und infolgedessen nicht in der Lage, die Schärfe der Notwehr zu erklären.

Zudem kann die überindividualistische Notwehrbegründung das Verbot der aufgedrängten Nothilfe und der Verteidigung der kollektiven Rechtsgüter nicht erklären.

In der Ausübung der Notwehr kommt der Notwehrübende dennoch einer Rechtsverletzung zuvor. Daher kann davon ausgegangen werden, dass er mit seiner Handlung zumindest die Verbindlichkeit einer einzelnen Rechtsnorm verteidigt und nicht nur individuelle Rechtsgüter. Diese Tatsache muss sich bei den Befugnissen der Notwehr auswirken.

III. Dualistischer Ansatz zur Notwehrbegründung

Überwiegend wird aufgrund der Mängel bei beiden monistischen Ansichten heute in der Rechtsprechung und der Rechtslehre die dualistische Ansicht vertreten, die die beiden oben erwähnten Grundgedanken zur Notwehrbegründung und -auslegung hinzuzieht.[271] Der Notwehrübende verteidigt neben den betroffenen Individualrechtsgütern gleichzeitig die Rechtsordnung. Betrachtet man die Notwehr unter dem Gesichtspunkt des überwiegenden Interesses, ist die Waagschale in der Regel deshalb auf der Seite des Verteidigers,

---

[269] *Pfordten*, in: FS Schreiber, 359 (361).

[270] *Hassemer*, in: FS Bockelmann, 225 (240); *Retzko*, Die Angriffsverursachung bei der Notwehr, S. 96 f.

[271] BGHSt 48, 207 (212); BGH NJW 1972, 1821 (1822); *Amelung*, GA 1982, 381 (392); *Bertel*, ZStW 84 (1972), 1 (7 f.); *Felber*, Rechtswidrigkeit, S. 132; *Heinrich*, AT Rn. 337; *Kühl*, AT § 7 Rn. 7–13; Schönke/Schröder-*Perron/Eisele*, § 32 Rn. 1 f.; *Roxin*, ZStW 93 (1981), 68 (70); *Wessels/Beulke/Satzger*, Strafrecht AT Rn. 492; *Greco*, GA 2018, 665 (678).

weil neben den individuellen Rechtsgütern noch die Rechtsbewährung auf seiner Seite steht.[272] Die dualistische Ansicht sei vorzugswürdig, weil sie vor allem in der Lage sei, plausibel den Mangel der Ausweichpflicht und die Schärfe der Notwehr zu erklären.[273] Daneben erklärt die dualistische Ansicht die Nothilfe bzw. die Unzulässigkeit der aufgedrängten Nothilfe.[274] Des Weiteren ist der Ausschluss der Verteidigung von kollektiven Rechtsgütern damit gut erklärbar.[275] Inwieweit diese Ansicht der Prüfung standhält, wird im Folgenden untersucht.

Zunächst leuchtet es ein, dass man beide Prinzipien braucht, um alle Aspekte der Notwehr erklären zu können, da man – wie oben dargelegt wurde – mit nur einem einzelnen Prinzip nicht weiterkommt. Im Hinblick auf die Rechtsbewährung scheinen vor allem der Begriff der Rechtsordnung, die Zirkularität der Rechtsbewährung und die Schärfe der Notwehr bzw. Einschränkungen der Notwehr weiterhin problematisch zu sein. Im Folgenden werden die problematischen Stellen dieser Ansicht erörtert.

Man kann die Verteidigung der Rechtsordnung entweder im Sinne der positiven Generalprävention, als empirische oder als normative Geltung der Rechtsordnung verstehen. Jede einzelne Auffassung erweist sich als problematisch. Die Rechtsbewährung kann man auch pragmatischer als zum Beispiel „die unmittelbare Verbindlichkeit, der jeweils durch den Angriff tangierten individualrechtsgüterschützenden Vorschrift(en) der Rechtsordnung im konkreten und aktuellen Verhältnis gegenüber dem Angreifer" verstehen.[276] So kann man nur auf die bedrohte Norm abstellen und damit dem Zirkelschlusseinwand – die Rechtsordnung verweist auf sich selbst – ausweichen. Dies überzeugt, fraglich ist allerdings, wie dieses Verständnis die Schärfe der Notwehr bzw. das Überwiegen der Interessen des Verteidigers erklären kann, da es dann nur um ein Bündel von Normen geht, deren Geltung „scharf" verteidigt werden muss.

1. Verhältnis der beiden Prinzipien zueinander

Ein sehr problematischer Punkt bei der dualistischen Ansicht ist das Verhältnis der beiden Rechtsprinzipien zueinander.[277] Je nachdem, wie man die

[272] *Lenckner*, GA 1968, 1 (3).

[273] *Roxin*, ZStW 93 (1981), 68 (71); *Kühl*, AT § 7 Rn. 12 f.

[274] *Roxin*, ZStW 93 (1981), 68 (76); *Roxin*, in: FS Kühl, 391 (392); BGHSt 5, 245 (248).

[275] *Roxin*, ZStW 93 (1981), 68 (75); *Roxin*, in: FS Kühl, 391 (392).

[276] *van Rienen*, Einschränkungen, S. 142.

[277] *Kühl*, AT § 7 Rn. 11.

Prinzipien zueinander stellt, ergeben sich die gleichen Probleme wie bei den individualistischen Konzepten der Notwehr.

In der Literatur melden sich selten Stimmen, die die Rechtsbewährung in den Vordergrund stellen.[278]

Einige Autoren sehen mal diesen mal jenen Grundgedanken im Vorrang bei der Notwehr,[279] das Verhältnis ist also alternativ. Diese Ansicht unterliegt den gleichen Problemen wie die individualistische oder überindividualistische Auffassung.

Möglich wäre auch eine Auffassung, die das Verhältnis zwischen dem Individualschutz und der Rechtsbewährung dynamisch bestimmt, d. h. je nach Fallgestaltung wird mehr das eine oder das andere Prinzip zum Tragen kommen; um Notwehr bejahen zu können, müssen jedoch beide Prinzipen – unabhängig in welcher Stärke – vorhanden sein.[280] So wird beispielsweise das Individualschutzprinzip bei einem Angriff auf fremde Rechtsgüter weniger tangiert, das Rechtsbewährungsprinzip wird demgegenüber mehr zum Tragen kommen, da es dabei aus der Sicht des Verteidigers regelmäßig mehr um die Bewährung der Rechtsordnung als um den Schutz der individuellen Rechtsgüter gehen wird.[281]

Die meisten Autoren sehen das Verhältnis derart, dass der individualistische Aspekt vorrangig ist, die Rechtsbewährung stellt dazu einen weiteren mittelbareren Aspekt dar.[282] Die beiden Aspekte wirken aber zusammen. Diese Lösung klingt überzeugend, da der Wortlaut des § 32 StGB davon ausgeht, dass ein Angriff auf die individuellen Rechte vorliegen muss. Der Individualschutz muss zudem vorrangig sein, weil sich der Einzelne ansonsten zum Hilfspolizisten des Staates machen könnte und ein allgemeines „Unrechtsverhinderungsrecht" hätte.[283] Die Rechtsbewährung ist andererseits erforderlich, weil die Nothilfe ohne einen sozialrechtlichen Aspekt der Notwehr nicht tragfähig zu erklären ist, muss aber nicht im Vordergrund stehen, weil es im Wortlaut keine unmittelbaren Anhaltspunkte für dieses Prinzip gibt. Man kann mit *Jescheck* sagen, „dass das Allgemeininteresse an der Wahrung der Rechtsordnung allein durch das Medium des Einzelrechtsschutzes in Erscheinung tritt".[284]

---

[278] Siehe etwa *Fuchs*, Grundfragen, S. 41.

[279] Siehe etwa *Eser/Burkhardt*, Strafrecht I, S. 117.

[280] *van Rienen*, Einschränkungen, S. 140 f.

[281] *van Rienen*, Einschränkungen, S. 140 f.

[282] *Kühl*, AT § 7 Rn. 11; *Roxin*, in: FS Kühl, 391 (392); *Roxin*, ZStW 93 (1981), 68 (75 f.); *Jescheck/T. Weigend*, AT, S. 337; *Heller*, Nothilfe, S. 198; *Krey/R. Esser*, AT § 14 Rn. 471.

[283] *Kühl*, JuS 1993, 177 (180).

[284] *Jescheck/T. Weigend*, AT, S. 337.

Ein Problem dieser Ansicht ist, dass die Ausweichpflicht problematisch ist. Zum Beispiel müsste ein Ausweichen – wenn dieses zum Schutz der Individualgüter erforderlich wäre – primär in Betracht kommen, wenn dies sicher und möglich wäre.[285] In dem Fall würde keine Legitimation durch den Individualschutz darin bestehen, dass sich der Angegriffene verteidigt. Dann müsste die Rechtsbewährung alleine die Notwehr legitimieren, was aber, wie oben ausgeführt, nicht tragfähig ist. Diesen Einwand kann man mit der Auslegung des Wortlautes entkräften. Das Ausweichen ist schon deshalb nicht erforderlich, weil es sich dabei um gar keine „Abwehr" des Angriffs handelt.[286]

2. Fehlende Ausweichpflicht und Schneidigkeit der Notwehr

Die dualistische Auffassung erklärt mit dem Rechtsbewährungsprinzip in der Regel die Schärfe der Notwehr und fehlende Ausweichpflicht. Die fehlende Ausweichpflicht lässt sich mit der jeweiligen Auffassung der Rechtsordnung noch in Einklang bringen, weil das das Wort „Abwehr" nach allgemeinen Sprachgebrauch, wie eben bereits erwähnt, kein Ausweichen umfasst. Dies steht jedoch im Widerspruch zu der Ratio der individualistischen Auffassung. Deshalb eignen sich als Ratio der Notwehr besser beide Grundgedanken, weil die fehlende Ausweichpflicht dadurch auch von der Ratio der Notwehr umfasst wird.

Die Erklärung der Schärfe der Notwehr bleibt demgegenüber weiterhin problematisch. Die Erklärung der dualistischen Ansicht ist, dass die Interessen des Angreifers wegen des Rechtsbewährungsprinzips immer überwiegen, außer in den Fällen der „sozialethischen" Einschränkungen. Diese Ansicht bleibt jedoch den gleichen Problemen ausgesetzt wie schon die überindividualistische Ansicht. Obwohl der Bürger im Vergleich zu staatlichen Organen in der Notwehrübung unerfahren und ungeübt ist, übernimmt er mit der Verteidigung seiner Güter in gewisser Weise die staatlichen Aufgaben und kann sich deshalb nicht mit unbegrenzten Befugnissen verteidigen.[287] Mit anderen Worten kann der Staat grundsätzlich nicht mehr Rechte auf seine Bürger übertragen als er sie selbst hat[288] Dies bedeutet, dass die Befugnisse im Grundsatz gleich bleiben, es wird bei den Bürgern jedoch die Tatsache berücksichtigt, dass sie nicht ausgebildet sind und kampfunerfahren sind.

---

[285] *Engländer*, Nothilfe, S. 30.
[286] MüKo-StGB-*Erb*, § 32 Rn. 118.
[287] Siehe dazu Teil 2 B. II. 2. c).
[288] Dazu Teil 2 B. II. 2. c).

Somit kann man konstatieren, dass die Schärfe der Notwehr auch innerhalb der dualistischen Auffassung problematisch bleibt.

3. Fazit

Festzuhalten ist: Zweifellos scheint zu sein, dass die Notwehr eine individualistische Komponente hat, da primär in jedem Fall die Rechtsgüter des Einzelnen verteidigt werden. Ob diese Komponente alle nach der h. M. angenommenen Aspekte der Notwehr tragfähig erklären kann, muss aufgrund der obigen Ausführungen verneint werden. Plausibel ist daher die Annahme, dass der Grundgedanke der Notwehr auch das Rechtsbewährungsprinzip sein muss. Allerdings ist selbst bei der dualistischen Ansicht vor allem die bekannte Schärfe der deutschen Notwehr schwierig zu begründen.

IV. Andere Ansätze zur Notwehreinschränkung

Bei einigen Autoren rücken andere Gedanken bei der Einschränkung der Notwehr in den Vordergrund. Diese werden hier kurz dargestellt.

1. „Sozialethik"

Die Einschränkungen der Notwehr werden üblicherweise als „sozialethische" Einschränkungen bezeichnet. Darunter fallen die ethischen Vorstellungen der Allgemeinheit, durch die die scharfe Notwehr eingegrenzt wird.[289] Dabei geht es nicht um den Unterschied zwischen Individualethik und Sozialethik im Sinne der praktischen Philosophie, sondern um die Sozialverträglichkeit der Notwehrgrenzen.[290] Anders gesagt soll die Notwehr dort eingeschränkt werden, „wo sich dem Verteidiger aufdrängen muss, dass eine rigorose Anwendung des Notwehrrechts inhuman wäre und daher gegen jegliches Rechts- oder Sittlichkeitsdenken verstoßen würde".[291] Der Bezug auf die Sozialethik deutet daraufhin, dass die Notwehr dabei Einschränkungen unterworfen ist, die nicht unmittelbar im Wortlaut des § 32 StGB zu finden sind.[292] Diesen Begriff benutzt auch der Gesetzgeber, wenn er in der Großen Strafrechtsreform im Jahr 1975 den Anknüpfungspunkt für die sozialethischen Einschränkungen der Notwehr weiterhin im Merkmal der „Gebotenheit"

---

[289] *Scherenberg*, Notwehr, S. 49.
[290] *Kühl*, JURA 1990, 244.
[291] *Scherenberg*, Notwehr, S. 51.
[292] *Kühl*, JURA 1990, 244.

sieht.[293] Überdies benutzt er im Gesetzesentwurf für das StGB E1962 den Begriff „sozialethische Begrenzung" für die Notwehrfälle, „in denen seine Ausübung von der Rechtsüberzeugung der Allgemeinheit mißbilligt [sic!] würde".[294]

Die Frage stellt sich, ob die soziale Unverträglichkeit oder Sozialethik wirklich eine Bedeutung für die Auslegung des § 32 Abs. 2 StGB haben sollten. Dagegen könnte sprechen, dass sich unter dem Begriff der Rechtsüberzeugungen der Allgemeinheit jeder Richter etwas anderes vorstellen kann und dies somit zu „völliger richterlicher Ermessensfreiheit" ohne dogmatische Grundlage führt.[295] Zudem deute der Begriff „Sozialethik" gerade darauf hin, dass die Einschränkungen der Notwehr nicht ausdrücklich in der Notwehrregelung verankert sind,[296] was unter rechtsstaatlichen Gesichtspunkten problematisch ist.

Hingegen gibt es Versuche, die zeigen, dass die sozialethischen Gedanken wie „Mindestsolidarität"[297] oder „soziale Rücksichtnahme"[298] in die Notwehrdogmatik als Grundlage der Rechtsordnung integrierbar sein könnten. So sieht beispielsweise *Kratzsch* die Grundlage der sozialen Rücksichtnahme in dem Begriff des Rechts verankert.[299] Die Rechtspflicht zur sozialen Rücksichtnahme verpflichte den Angegriffenen, die Begrenzungen der Notwehr in einigen Fallgruppen hinzunehmen, wenn der Schutz des Lebens und der körperlichen Unversehrtheit dies gebieten.[300] Die Solidaritätspflicht bestehe mit dem Angreifer im Normalfall nicht.[301] Im Extremfall bzw. in dem Fall, wenn das Selbstschutzinteresse des Verteidigers wie beispielsweise im Fall des krassen Missverhältnisses evident nur weniger beeinträchtigt wird, könne es aber schon sein, dass eine Mindestsolidaritätspflicht gegenüber dem Angreifer bestehe.[302]

---

[293] Vgl. Protokolle Sonderausschuss Strafrechtsreform, Deutscher Bundestag, 5. Wahlperiode, 90. Sitzung, S. 1805 (1807), zitiert nach *Scherenberg*, Notwehr, S. 75 Fn. 418.

[294] Bundestag Drucksache IV/7650, S. 157.

[295] *Bitzilekis*, Tendenz, S. 106.

[296] *Kühl*, JURA 1990, 244.

[297] *Jakobs*, Strafrecht AT Kap. 12 Rn. 46.

[298] *Kratzsch*, JuS 1975, 435 (440).

[299] *Kratzsch*, Grenzen der Strafbarkeit im Notwehrrecht, S. 173; auch *Roxin* benutzt den Begriff „soziale Rücksichtnahme" für die Einschränkungen der Notwehr, siehe *Roxin*, ZStW 93 (1981), 68 (81, 88, 95).

[300] *Kratzsch*, JuS 1975, 435 (440 f.).

[301] *Kühl*, JURA 1990, 244 (250).

[302] *Kühl*, JURA 1990, 244 (250).

Der Gedanke der Sozialethik dringt somit an mehreren Stellen in die Notwehrdogmatik ein und wird dabei nicht als selbstständiges Prinzip aufgefasst, sondern eher im Rahmen der dualistischen Ansicht zur Einschränkung der Notwehr herangezogen.

2. Zumutbarkeitsgedanke

Ein weiterer allgemeiner Rechtsgedanke, der bei den Notwehreinschränkungen oft zu deren Begründung benutzt wird, ist der Gedanke der Zumutbarkeit. Es geht hier um die Frage, ob dem Verteidiger zumutbar ist, sich zurückzuziehen oder seine Güter weniger scharf zu verteidigen. Dieser Gedanke wird bei den Vertretern gebraucht, die lediglich Individualschutz als tragenden Gedanken der Notwehr anerkennen. Beispielsweise meint *Kioupis* im Fall des krassen Missverhältnisses, dass die Verteidiger selbst die „Unzumutbarkeit/Weltfremdheit eines ausnahmslosen Schutzes ihrer Rechte anerkennen" werden.[303] Somit handelt es sich um eine Art von allgemeinem Rechtsempfinden.

Zumutbarkeitserwägungen nimmt zudem häufig die ältere Rechtsprechung in der Art vor, dass ein Ausweichen im Fall des Angriffs zumutbar ist, wenn der Verteidiger nicht seine Ehre preisgeben muss.[304] Solche Erwägungen sind heute jedoch nicht mehr überzeugend, weil sich das gesellschaftliche Klima geändert hat und ein Ausweichen nicht mehr als unehrenhaft empfunden wird.[305] Zudem ist nicht objektiv bestimmbar, wann ein Ausweichen unehrenhaft ist und wann nicht.[306]

Gegen Zumutbarkeitserwägungen bei der Notwehr spricht zudem, dass diese im Strafrecht grundsätzlich erst auf der Schuldebene berücksichtigt werden, wie zum Beispiel bei § 35 Abs. 1 S. 2 StGB. Die Zumutbarkeit kann erst dann zur Anwendung kommen, wenn die Rechtswidrigkeit des Verhaltens bzw. die Rechtspflicht zum Handeln schon feststeht und dem Betroffenen normgemäßes Verhalten nicht zuzumuten ist.[307] Deshalb kann die Zumutbarkeit bzw. Unzumutbarkeit nicht die Rechtswidrigkeit bestimmen. Dies hätte eine Verletzung der Systematik des StGB – die zwischen der Rechtswidrigkeits- und Schuldebene unterscheidet – zur Folge.[308] Vor allem aber ist

---

303 *Kioupis*, Notwehr, S. 80.
304 RGSt 66, 244 (245); RGSt 71, 133 (134); RGSt 72, 57 (58); BGHSt 5, 245 (248).
305 Siehe dazu *Kilian*, Notwehrstudie, S. 76 f.
306 *Scherenberg*, Notwehr, S. 52.
307 *Momsen*, Die Zumutbarkeit, S. 471, 536; *Scherenberg*, Notwehr, S. 52; *Bitzilekis*, Tendenz, S. 98.
308 *Lenckner*, GA 1961, 299 (308).

der Zumutbarkeitsgedanke in der Notwehr wegen der Unbestimmtheit dem Vorwurf der inhaltlichen Leere und der Beliebigkeit ausgesetzt.[309] Das Kriterium der Zumutbarkeit ist lediglich ein regulativer Begriff, der die Notwehrgrenzen nicht näher bestimmen kann; somit besteht die Gefahr der Kasuistik.[310] Aus diesen Gründen ist insgesamt der Begriff der Zumutbarkeit in der Notwehrdogmatik abzulehnen.

3. Notwehreinschränkung mithilfe des Rechtsmissbrauchsgedankens

Vor allem in der Rechtsprechung,[311] aber auch in der Lehre,[312] wird des Öfteren der Rechtsmissbrauchsgedanke zur Begründung der sozialethischen Einschränkungen der Notwehr im Falle des ansonsten „unerträglichen" Ergebnisses angewendet. Dieser Gedanke wurde im Zivilrecht im Rahmen des § 242 BGB und § 826 BGB entwickelt und beschränkt die Rechtsausübung durch das Gebot von Treu und Glauben und die guten Sitten.[313] Der Gedanke wird als ein allgemeiner Rechtsgedanke aufgefasst und aus diesem Grund sollte er auch bei der Notwehr zur Anwendung kommen.[314]

Die Anwendung dieses Gedankens in der Notwehrdogmatik ist jedoch aus mehreren Gründen zweifelhaft. Der Gedanke ist zuerst als ein in allen Rechtsgebieten geltendes Prinzip nicht bestimmt genug, um den hohen Anforderungen des Bestimmtheitsgebotes im Strafrecht Genüge zu tun.[315] Wiederum geht es um einen regulativen Begriff, der keine konkreten Kriterien zur Bestimmung der Grenzen der Notwehr hergibt.[316] Dabei ist anzumerken, dass die Gerichte bei der Frage, ob ein Rechtsmissbrauch vorliegt, auch auf die Abwägung der betroffenen Güter zurückgreifen, also eine Güterabwägung durchführen.[317] Der Wortlaut des § 32 Abs. 2 StGB gibt keine unmittelbaren Anhaltspunkte für die Anwendung dieses Gedankens;[318] man kann aber versuchen, den Rechtsmissbrauch durch das Merkmal der Gebotenheit in die Notwehreinschränkungen einzubeziehen.[319] Dies wird vor allem bei

---

[309] *Bitzilekis*, Tendenz, S. 99.

[310] *Bitzilekis*, Tendenz, S. 99 f.

[311] BGH NJW 1956, 920; BGH NJW 1962, 308 (309); BGH NJW 1983, 2267.

[312] Siehe zum Beispiel *Roxin*, ZStW 75 (1963), 541 (556 f.).

[313] *Lührmann*, Tötungsrecht, S. 59.

[314] *Bockelmann*, in: FS Honig, 19 (28); *Kurakēs*, Notwehr, S. 74; *Roxin*, ZStW 75 (1963), 541 (556 f.), der sich später in *Roxin*, ZStW 93 (1981), 68 (78) eher zurückhaltend über diesen Gedanken äußert.

[315] *Bitzilekis*, Tendenz, S. 102; *B. Koch*, ZStW 104 (1992), 785.

[316] Vgl. *Scherenberg*, Notwehr, S. 58.

[317] BGH StV 1982, 219 (220); ebenso BayObLG NJW 1963, 824 (825).

[318] *Stiller*, Grenzen, S. 119.

[319] *Roxin*, ZStW 75 (1963), 541 (556).

den Absichtsprovokationen[320] und seltener bei krassem Missverhältnis zwischen den betroffenen Rechtsgütern[321] zur Begründung der Einschränkung der Notwehr benutzt.

Abschließend kann man feststellen, dass der Rechtsmissbrauchsgedanke im Allgemeinen zwar ein wichtiges regulatives rechtliches Prinzip darstellt, allerdings ist seine Anwendung mit Problemen verbunden und kommt daher nicht als Begründung der Notwehreinschränkungen infrage.

4. Verhältnismäßigkeitsgrundsatz

Bei einigen Autoren findet sich bei der Begründung der Notwehr der Gedanke der Verhältnismäßigkeit wieder.

Die Autoren vertreten dabei normalerweise die dualistische Ansicht mit dem Zusatz, dass die Notwehr verhältnismäßig sein müsse.[322] Von den meisten Autoren wird der Verhältnismäßigkeitsgrundsatz lediglich ausnahmsweise bei der Fallgruppe von krassen Missverhältnissen zwischen den betroffenen Gütern als anwendbar angesehen.[323]

Einige sehen den Verhältnismäßigkeitsgrundsatz als Teil des Rechtsstaatsprinzips.[324] Die Begründung der Notwehr mit dem Rechtsbewährungsprinzip steht deshalb der Anwendung der Verhältnismäßigkeit nicht entgegen.[325] Die Verteidigung der Rechtsordnung bedeutet die Verteidigung der gesamten Rechtsordnung, die durch Verhältnismäßigkeit geprägt ist. Die Notwehrbefugnisse der Privatpersonen sind jedoch nicht denen der Staatsorgane gleichzusetzen. Man muss nämlich beachten, dass die Privaten keine Erfahrungen mit der Verteidigung haben.[326] Aus diesem Grund kommt als Maßstab das offensichtliche Missverhältnis in Betracht, was dazu führt, dass Unverhältnismäßigkeit der Verteidigung nur bei schweren Verletzungen oder dem Tod des Angreifers vorliegen kann.[327]

---

[320] BGH NJW 1962, 308 f.; BGH NJW 1983, 2267; *Roxin*, ZStW 75 (1963), 541 (566 f.); *Schaffstein*, MDR 1952, 132 (135).

[321] BGH NJW 1972, 1826 f.

[322] Zum Beispiel *Schroeder*, in: FS Maurach, 127 (139); NK-StGB-*Kindhäuser*, § 32 Rn. 101.

[323] Siehe zum Beispiel *Kühl*, JURA 1990, 244 (249 f.), der die Verhältnismäßigkeit mit Güterabwägung bei dieser Fallgruppe gleichsetzt.

[324] *Schroeder*, in: FS Maurach, 127 (139).

[325] *Bernsmann*, ZStW 104 (1992), 290 (310); *Schroeder*, in: FS Maurach, 127 (139); ebenso *Bülte*, GA 2011, 145 (159 f.).

[326] *Schroeder*, in: FS Maurach, 127 (139).

[327] *Schroeder*, in: FS Maurach, 127 (139).

Die anderen begründen die Anwendung der Verhältnismäßigkeit mit folgender Überlegung.[328] Der Staat ist nach Art. 2 Abs. 2 GG verpflichtet, das Leben seiner Bürger umfassend zu schützen.[329] Die Notwehrlage bedeutet für den Staat eine Schutzpflichtenkollision nach Art. 2 Abs. 2 i. V. m. Art. 1 GG, da er verpflichtet ist, die Rechte des Angegriffenen und des Angreifers zu schützen.[330] Der Staat muss im Fall der Schutzpflichtenkollision nach dem Grundsatz der praktischen Konkordanz vorgehen.[331] Da sich der Notwehrübende bei der Notwehrsituation aufgrund des Staatsversagens selbst schützen muss, muss er nach diesem Grundsatz vorgehen, wobei sein Notwehrrecht zugleich nicht unbegrenzt sein kann.[332] Dabei sollten die Verantwortlichkeit des Angreifers, die Rechtsbewährung, aber auch „die Qualität der am Konflikt beteiligten Güter" und „der Grad der Zuständigkeit des Angegriffenen für Entstehung, Ausmaß und Gefährlichkeit der Konfrontation" beachtet werden.[333] Die Rechtsgüter sollen bei der Beurteilung jedoch nicht *in abstracto* ohne Bezug zum konkreten Fall abgewogen werden, sondern man muss auch andere Kriterien beachten.[334] Im Ergebnis ist nach diesen Ansichten eine Tötung zur bloßen Eigentumsverteidigung nicht erlaubt, weil das menschliche Leben nach Art. 2 Abs. 2 S. 1 GG den verfassungsrechtlichen Höchstrang hat und die Rechtsordnung somit in diesen Fällen nie bewährt werden kann.[335] Auf der anderen Seite zeigt Art. 14 Abs. 2 GG, dass das Eigentum dem Wohle der Gesellschaft dient und somit keinen so hohen Wert hat.

Der Verhältnismäßigkeitsgrundsatz wird von anderen als ein überpositiver Grundsatz gesehen, der „die gesamte Rechtsordnung durchwaltet"[336] und in umgekehrter Weise als „Verbot des Unmaßes oder der Maßlosigkeit"[337] oder als „Übermaßverbot"[338] zu verstehen ist. Die Notwehrgrenzen bestehen demzufolge dort, wo die betroffenen Güter im krassen Missverhältnis stehen.[339]

---

328 *Bernsmann*, ZStW 104 (1992), 290 (308 f.); auch *Lagodny*, Strafrecht vor den Schranken der Grundrechte, S. 265 f.

329 BVerfG NJW 1975, 573 (574); BVerfGE 46, 160 = NJW 1977, 2255.

330 *Bernsmann*, ZStW 104 (1992), 290 (308 f.).

331 *Bernsmann*, ZStW 104 (1992), 290 (309).

332 *Bernsmann*, ZStW 104 (1992), 290 (309).

333 *Bernsmann*, ZStW 104 (1992), 290 (311).

334 *Bernsmann*, ZStW 104 (1992), 290 (311); *Eser/Burkhardt*, Strafrecht I, S. 125.

335 *Bülte*, GA 2011, 145 (160); *Bernsmann*, ZStW 104 (1992), 290 (315, 323); vgl. *Lagodny*, Strafrecht vor den Schranken der Grundrechte, S. 265 f.

336 *Roxin*, Kriminalpolitik, S. 26.

337 LK-StGB-*Spendel*, 11. Aufl., § 32 Rn. 314.

338 *Eser/Burkhardt*, Strafrecht I, S. 125.

339 LK-StGB-*Spendel*, 11. Aufl., § 32 Rn. 313; *Eser/Burkhardt*, Strafrecht I, S. 125; *Krey*, JZ 1979, 702 (714).

Diese Sichtweise nähert sich im Ergebnis der herrschenden Ansicht an, und vielmals wird auch mithilfe der Rechtsbewährung das Ergebnis unterstützt. So sehen zum Beispiel *Eser/Burkhardt* bei einem Angriff auf völlig gering-wertige Gegenstände – wie in den bekannten Fällen des krassen Missverhält-nisses – das Rechtsgut Leben des Angreifers trotz der Rechtsbewährung auf Seiten des Verteidigers als höherrangig.[340] Der Streit besteht somit lediglich in Bezug auf den Wert, den das angegriffene Rechtsgut haben soll, um die Notwehr einzuschränken. Hierbei plädieren einige für eine relative Bestim-mung des Wertes abhängig von den Umständen des Angegriffenen,[341] die anderen dagegen wollen den geringen Wert absolut bestimmen, der sich zum Beispiel nach §§ 243 Abs. 2, 248a StPO richtet.[342]

Dieser Ansatz wird zusätzlich mit dem folgenden Vergleich der Befugnisse nach § 32 StGB und §§ 227, 228 BGB bestärkt. Demnach wäre die Tötung eines wertvollen Hundes, der mit einem Stück Fleisch davonläuft, nach § 228 BGB rechtswidrig; anders aber wäre die Tötung eines Menschen bei glei-chem Sachverhalt nach § 32 StGB rechtmäßig.[343] Dies beleidige das allge-meine Rechtsempfinden.[344] Die Benutzung des Begriffs „allgemeines Rechts-empfinden" deutet darauf hin, dass die positive Generalprävention für die Gerichte nicht ohne Bedeutung ist.

Vermehrt finden sich in der Literatur auch die Stimmen, die eine Verhält-nismäßigkeit der Notwehrhandlung *de lege lata* als problematisch sehen, *de lege ferenda* allerdings eine Verhältnismäßigkeitsklausel bzw. Angemessen-heitsklausel im Rahmen des § 32 StGB fordern.[345]

Gegen die Anwendung der Verhältnismäßigkeit spricht zuerst der Wortlaut des § 32 StGB, der nur die Erforderlichkeit der Notwehr bestimmt.[346] Im Gegensatz zu § 34 StGB wird bei § 32 StGB keine Verhältnismäßigkeit ver-langt. Allerdings beinhaltet der Wortlaut auch nichts über die sozialethischen Einschränkungen. Außerdem wird eine Art Verhältnismäßigkeit zwischen der Angriffs- und Abwehrart im Rahmen der Erforderlichkeit verlangt.[347] Es er-scheint deshalb vertretbar, den Grundsatz bzw. das Übermaßverbot durch die immanenten Gedanken der Notwehr so wie die Rechtsbewährung in die Notwehr zu integrieren.

---

340 *Eser/Burkhardt*, Strafrecht I, S. 125.
341 LK-StGB-*Spendel*, 11. Aufl., § 32 Rn. 319; *Krey*, JZ 1979, 702 (713).
342 Siehe MüKo-StGB-*Erb*, § 32 Rn. 218, siehe auch *Greco* GA 2018, 665 (681), der auf § 7 II StrEG abstellt.
343 OLG Stuttgart DRZ 1949, 42.
344 OLG Stuttgart DRZ 1949, 42.
345 Siehe etwa *Kaspar*, RW 4 (2013), 40 (60).
346 *Scherenberg*, Notwehr, S. 53 f.
347 LK-StGB-*Spendel*, 11. Aufl., § 32 Rn. 313.

Des Weiteren ist problematisch, dass der Unterschied zwischen § 32 StGB und § 34 StGB durch die Anwendung der Verhältnismäßigkeit möglicherweise verwischt wird. Bei der Notwehr gehe es nämlich nicht um kollidierende Interessen wie beim rechtfertigenden Notstand, sondern um „das Recht gegen das angreifende Unrecht".[348] Allerdings muss man hier bedenken, dass das Recht und Unrecht nicht so klar voneinander abzugrenzen sind und eine Gefahr des Zirkelschlusses besteht. Es muss nämlich noch entschieden werden, ob sich wirklich „das Recht" in rechtmäßiger Weise gegen „das Unrecht" verteidigt.[349] Zudem ist es möglich, dass die Tatsache, dass der Angreifer vollverantwortlich und rechtswidrig angegriffen hat, im Rahmen der Verhältnismäßigkeitsprüfung beachtet wird.[350] Das moderne Verständnis der Rechtsbewährung ist außerdem nicht mehr absolut, sondern relativ, was auch die einhellige Meinung über die Notwehreinschränkungen zeigt.[351]

An dieser Stelle sollte noch der Einwand erwähnt werden, dass der Grundsatz der Verhältnismäßigkeit dem Zweck nach lediglich bei dem Verhältnis zwischen dem Staat und dem Individuum gilt.[352] Dies ist insoweit richtig, dass zwischen den Privatpersonen der Verhältnismäßigkeitsgrundsatz nicht generell gilt. Man muss aber im Blick haben, dass die Privaten bei der Notwehr teilweise auch die Aufgaben wahrnehmen, die im Gewaltmonopol des Staates liegen. Bei einem Angriff auf ein Rechtsgut, ist es primär die Aufgabe des Staates, diesen Angriff abzuwenden. Deswegen scheint es nicht ganz fernliegend, eine gewisse Verhältnismäßigkeit auch hier gelten zu lassen, was letztendlich im Ergebnis in der Rechtsprechung ebenfalls geschieht.

Zusammenfassend ist festzuhalten, dass die Autoren, die keine direkte Verhältnismäßigkeit bei der Notwehr vertreten, sondern ein „Übermaßverbot" anwenden wollen, zu dem gleichen Ergebnis wie die h.M. kommen. Die Vertreter der direkten Anwendung der Verhältnismäßigkeit gelangen zu dem Ergebnis, dass die Tötung zur Verteidigung von Sachwerten regelmäßig oder sogar generell verboten ist. Die zuletzt genannte Ansicht ist vorzugswürdig, weil das menschliche Leben einen verfassungsrechtlichen Höchstrang hat und somit immer das Eigentum überwiegt. Letztendlich zeigt auch der Art. 14 GG, dass das Eigentum keinesfalls einen hohen verfassungsrechtlichen Rang

---

348 *Krause*, in: FS Bruns, 71 (79).
349 *Kaspar*, RW 4 (2013), 40 (47 f.); *Koriath*, in: FS Müller-Dietz, 361 (366, 370); *Seelmann*, ZStW 89 (1977), 36 (45).
350 Siehe etwa *Bernsmann*, ZStW 104 (1992), 290 (311); ähnlich für eine Abwägung, die sich von der bei § 34 StGB unterscheidet, BeckOK StGB-*Momsen/Savić*, § 32 Rn. 45.
351 Siehe dazu *Bülte*, GA 2011, 145 (156–160).
352 *Wagner*, Notwehrbegründung, S. 39 f.; *Renzikowski*, Notstand und Notwehr, S. 315.

hat. Da diese Ansicht im Ergebnis auch der Meinung der Bevölkerung entspricht, entstehen dabei noch andere positive Auswirkungen, die später noch näher betrachtet werden.[353] Obwohl es bestimmte Probleme bei der Anwendung der Verhältnismäßigkeit bei der Notwehr gibt, erscheint es somit prinzipiell möglich, diese mit der Notwehrdogmatik zu vereinbaren.

V. Fazit

Die Ansätze zur Einschränkung der Notwehr sind in Deutschland sehr vielfältig und kaum noch zu überblicken. Viele dieser Ansichten stimmen im Ergebnis überein, die Begründungen weichen jedoch stark voneinander ab. Für die Erklärung einiger Aspekte der Notwehr wie zum Beispiel die Auslegung der Notwehrmerkmale und der Notwehrfähigkeit von nur individuellen Rechtsgütern eignen sich besser die individualistischen Auffassungen. Andere Aspekte lassen sich besser mit den überindividualistischen Auffassungen erklären. Dazu gehören beispielsweise die Nothilfe und die fehlende Ausweichpflicht. Festzustellen ist somit, dass sich als tragender Grundgedanke der Notwehr am besten eine Kombination der beiden Grundprinzipien erweist. Die beiden Grundprinzipien müssen bei jeder Notwehrausübung vorhanden sein, damit die Notwehr berechtigt ist. Die Schärfe der Notwehr, d. h. das Töten im Fall eines Angriffs auf das Eigentum oder andere lebensgefährliche oder tödliche Verteidigung im Falle eines Angriffs auf ein geringerwertiges Rechtsgut ist mit den beiden Grundgedanken jedoch schwer zu begründen.

C. Die Grenzen der Notwehr

In diesem Abschnitt geht es darum, die typischen und zumindest von der h. M. anerkannten Fälle der Einschränkungen der Notwehr, die nicht unmittelbar aus dem Wortlaut ableitbar sind, darzustellen. Das Ziel dabei ist, die gleichen Fallgruppen und Fälle nach den slawischen Rechtsordnungen zu beurteilen, um dadurch neue Erkenntnisse durch den Vergleich zu gewinnen.[354]

---

[353] Siehe Teil 4 B. und Teil 6 A.

[354] Die Orientierung an Fällen sollte rechtsvergleichend mehr Erkenntnisgewinn versprechen, dazu *Jung*, JuS 1998, 1 (3).

I. Krasses Missverhältnis zwischen den betroffenen Rechtsgütern, unerheblicher Angriff, Unfugabwehr

Die Abwehr wird durch die deutsche Rechtsprechung als nicht gerechtfertigt angesehen, wenn ein geringer Bagatellangriff, der die übliche Belastungsgrenze nicht übersteigt, vorliegt.[355] In diesen Fällen wird schon der rechtswidrige Angriff verneint.

Anders wird bei den Fällen, bei denen der rechtswidrige Angriff vorhanden ist, zwischen den betroffenen Rechtsgütern jedoch ein krasses, grobes oder unerträgliches Missverhältnis besteht, die Notwehr so eingeschränkt, dass die Verteidigung mit tödlichen oder lebensgefährlichen Mitteln nicht erlaubt ist.[356] Dabei kann nicht nur das Eigentum, sondern auch das Hausrecht, die Ehre oder die allgemeine Handlungsfreiheit im Straßenverkehr angegriffen werden.[357]

Besonders typisch werden jedoch die Fälle diskutiert, bei denen ein rechtswidriger Angriff auf einen Sachwert besteht, der Verteidiger den Dieb aber nicht anders als mit einem tödlichen oder schwer verletzenden Schuss aufhalten kann.[358] Die deutsche Rechtsprechung hat seit dem Fall des Sirupdiebs[359] die Notwehr über die Grenze der Erforderlichkeit hinaus in den Fällen eingeschränkt, in denen die betroffenen Rechtsgüter in einem krassen Missverhältnis stehen. Nach der Rechtsprechung genügt dabei kein einfaches Missverhältnis oder einfache Disproportionalität, sondern nur ein besonders „unerträgliches" Missverhältnis der betroffenen Rechtsgüter.[360] Beim Fall des Sirupdiebs ging es beispielsweise um eine Flasche Sirup im Wert von 10 Pfenning, die mit einer Schusswaffe verteidigt wurde.

Obwohl im Ergebnis die Fallgruppe nahezu unumstritten ist, sind die Begründungen dafür wiederum unterschiedlich. Einerseits wird behauptet, die Rechtsordnung brauche in solchen Fällen keine Bewährung.[361] Andererseits sei der Individualschutz nicht erforderlich oder weniger stark betroffen.[362] Öfters wird auch der Gedanke des Rechtsmissbrauchs hiermit im Zusammenhang erwähnt, da es evident sei, dass die volle Notwehr hier ungerecht sei

---

[355] Schönke/Schröder-*Perron/Eisele*, § 32 Rn. 49.

[356] *Kühl*, AT § 7 Rn. 172.

[357] BayObLG NJW 1985, 2600 (2601); OLG Düsseldorf NJW 1997, 3383 (3384); OLG Hamm NJW 1977, 590 (591).

[358] *Kühl*, AT § 7 Rn. 173.

[359] OLG Stuttgart NJW 1950, 119.

[360] Siehe BGH NStZ 2016, 526 (527); BGH NJW 2003, 1955.

[361] OLG Stuttgart NJW 1950, 119.

[362] *Jescheck/T. Weigend*, AT, S. 311; *Kioupis*, Notwehr, S. 79; *Wagner*, Notwehrbegründung, S. 86 f.

und mit dem Rechtsempfinden nicht vereinbar.[363] Häufig wird zudem auf den Art. 14 GG verwiesen, aus dem sich eine Pflicht zur sozialen Rücksichtnahme ergebe, mit der Folge, dass das Notwehrrecht in diesem Falle nicht geboten sei.[364]

Umstritten ist hierbei der Wert der Sache, bei dem die Notwehr nicht mehr erlaubt wird.[365] Die Lösungen orientieren sich beispielsweise an der Geringwertigkeit nach § 153 StPO,[366] Entschädigung nach § 7 Abs. 2 StrEG[367] oder Geringfügigkeit nach §§ 243 Abs. 2, 248a StGB.[368] Andere wollen die Grenze der gerechtfertigten Verteidigung dort ziehen, wo der Angriff bei Betrachtung aller Umstände des Einzelfalles mit besonderer Rücksicht auf die „Interessen des Eigentümers" und auf die Bewährung der Rechtsordnung als erheblich anzusehen ist.[369] Manche gehen noch weiter und sehen die Notwehr in den Fällen, bei denen das Sacheigentum mit tödlichen Mitteln verteidigt wird, immer als ungerechtfertigt an.[370] Die Rechtsprechung hat bis jetzt die Notwehr wegen des groben unerträglichen Missverhältnisses in dem Fall verneint, in dem auf einer Seite das Autoradio und Fahrzeugpapiere und auf der anderen Seite die Gefährdung des Lebens des jugendlichen Diebes stand.[371]

Im Zusammenhang mit der uneingeschränkten Verteidigung von Sachgütern wird in der Literatur über die Frage diskutiert, ob der Art. 2 Abs. 2 lit. a) der Europäischen Menschenrechtskonvention (EMRK) das Töten zur Verteidigung von Sachwerten auch zwischen den Bürgern unmittelbar einschränkt. Die überwiegende Meinung dazu ist, dass die EMRK lediglich für das Verhältnis zwischen dem Staat und dem Bürger rechtlich von Bedeutung ist.[372] Andere weisen darauf hin, dass der Art. 2 Abs. 2 lit. a) EMRK eine mittelbare Wirkungskraft auch für das Verhältnis zwischen den Bürgern hat und damit

---

[363] BGH NJW 1956, 920; *Kühl*, JURA 1990, 244 (250).

[364] *Kargl*, ZStW 110 (1998), 38 (63); *Nusser*, Notwehr zur Verteidigung von Sachwerten, S. 219 f., 265 f.

[365] Siehe dazu auch Teil 2 B. IV. 4.

[366] *Roxin*, ZStW 93 (1981), 68 (94 f.); *Krause*, GA 1979, 329 (334).

[367] *Greco*, GA 2018, 665 (681).

[368] MüKo-StGB-*Erb*, § 32 Rn. 218.

[369] *Krey*, JZ 1979, 702 (713).

[370] *Bernsmann*, ZStW 104 (1992), 290 (315, 323); *Frister*, GA 1985, 553 (564); *Frister*, GA 1988, 291 (313 f.); *Marxen*, Grenzen der Notwehr, S. 61; *Bülte*, GA 2011, 145 (160); *Lührmann*, Tötungsrecht, S. 78.

[371] LG München NJW 1988, 1860 (1862); Besprechung dazu *Puppe*, JZ 1989, 728; auch *Mitsch*, JA 1989, 79.

[372] MüKo-StGB-*Erb*, § 32 Rn. 24; *Krey*, JZ 1979, 702 (708 f.); *Bockelmann*, in: FS Engisch, 456 (463–467); *Jakobs*, Strafrecht AT Kap. 12 Rn. 39; *Jescheck/T. Weigend*, AT, S. 349 f.; *Wessels/Beulke/Satzger*, Strafrecht AT Rn. 526.

die Tötung bei einer Sachnotwehr nicht gestattet ist.[373] Die EMRK als völkerrechtlicher Vertrag müsse daher bei der Gesetzgebung und bei der Gesetzesauslegung berücksichtigt werden. Nach Art. 2 Abs. 2 lit. a) EMRK ist eine absichtliche Tötung u. a. nur bei der Verteidigung gegen rechtswidrige Gewalt gestattet. Diese Regelung richtet sich in erster Linie zwar an den Staat, die Gesetzgebung und die Rechtsprechung müssten dies aber bei der Gestaltung und Auslegung des § 32 Abs. 2 StGB beachten. Der Streit hat jedoch nicht viel Relevanz, wenn man annimmt, dass Art. 2 Abs. 2 lit. a) EMRK nur die absichtliche Tötung zum Schutz von Sachwerten verbietet, weil diese Situationen im Zusammenhang mit der Notwehr nur sehr selten auftreten werden.[374] Orientiert man sich allerdings am englischen oder französischen Wortlaut der Konvention, ist nicht auszuschließen, dass Art. 2 Abs. 2 lit. a) EMRK ebenso den Eventualvorsatz umfasst.[375]

Im Ergebnis wird eine direkte Anwendung abzulehnen sein, weil sich die EMRK auf das staatliche Handeln bezieht und den Zweck hat, die staatlichen Eingriffe in die Grundrechte der Bürger einzuschränken. Die Werteordnung der EMRK ist bei der Gesetzgebung und der Auslegung nichtsdestotrotz relevant und kann bei der Interpretation des unbestimmten Begriffs „Gebotenheit" zum Einsatz kommen.[376] Eine Tötung zur Verteidigung von Sachwerten ist folglich auch aus diesem Grund abzulehnen.

II. Angriffe von schuldlos Handelnden und Irrenden

Die nächste Fallgruppe, in der die Notwehr über das Erforderlichkeitskriterium hinaus eingeschränkt wird, sind die Fälle, bei denen der Angreifer schuldlos handelt.[377] Dabei geht es beispielsweise um Kinder, Volltrunkene, Irrende und Geisteskranke.[378] Die Rechtsordnung ist nach dualistischer Auffassung durch einen schuldlosen Angriff nicht oder lediglich vermindert in-

---

[373] *Bitzilekis*, Tendenz, S. 133–135; *Frister*, GA 1985, 553 (557); *Kratzsch*, Grenzen der Strafbarkeit im Notwehrrecht, S. 220; *Nusser*, Notwehr zur Verteidigung von Sachwerten, S. 112.

[374] So *Roxin/Greco*, AT I § 15 Rn. 88; *Roxin*, ZStW 93 (1981), 68 (99 f.); *O.-C. Choi*, Notwehr, S. 104; SK-StGB-*Günther*, 7. Aufl., § 32 Rn. 117.

[375] *Nusser*, Notwehr zur Verteidigung von Sachwerten, S. 126.

[376] *Jäger*, GA 2016, 258 (260).

[377] BGHSt 3, 217 (218); BGHSt 5, 245; BayObLG NJW 1991, 2031; *Jescheck/ T. Weigend*, AT, S. 345; MüKo-StGB-*Erb*, § 32 Rn. 209; a. A. LK-StGB-*Spendel*, 11. Aufl., Rn. 309.

[378] MüKo-StGB-*Erb*, § 32 Rn. 209 m. w. N.; Schönke/Schröder-*Perron/Eisele*, § 32 Rn. 52; *Kühl*, AT § 7 Rn. 192.

frage gestellt, sodass sie keiner Bewährung bedürfe.[379] Andererseits stellen die meisten individualistischen Auffassungen darauf ab, dass der Angreifer in diesen Fällen nicht voll verantwortlich handelt bzw. die Handlungsfreiheit oder das Selbstbestimmungsrecht des Angegriffenen weniger eingeschränkt ist, sodass die Abwehr nur in eingeschränkter Weise erfolgen darf.[380] Vom Verteidiger wird in diesem Fall zuerst verlangt, dass er dem Angriff ausweicht oder fremde Hilfe holt, falls dies ohne größere Gefahr für ihn möglich ist und die Abwehr gefährliche Verletzungen des Angreifers zur Folge hätte.[381] Wenn dies nicht möglich ist, kann sich der Angegriffene auch wehren, er muss jedoch die Grenzen der Defensivnotstandsbefugnisse bzw. der Verhältnismäßigkeit beachten, d. h. zuerst Schutzwehr und erst danach maßvolle Trutzwehr ausüben.[382] Dabei werden die Grenzen der Verteidigung den Umständen entsprechend unterschiedlich verlaufen, zum Beispiel darf bei einem Kind die Notwehr nur zurückhaltender als bei einem Volltrunkenem ausgeübt werden.[383] Der Verteidiger ist jedoch nicht zur Aufgabe seiner Rechtsgüter verpflichtet, wenn das Ausweichen oder Hilfeholen nicht möglich ist.[384]

III. Notwehr im Rahmen von engen persönlichen Beziehungen

Die Rechtsprechung hat das erste Mal im Schirmspitzen-Fall[385] die Notwehr zwischen Ehegatten eingeschränkt. Die Notwehr wird nach wohl noch h. M. in engen persönlichen Lebensgemeinschaften mit Garantenpflichten wie zum Beispiel Ehegatten, außerehelichen Lebensgemeinschaften und zwischen Eltern und Kindern über die Erforderlichkeit hinaus eingeschränkt.[386] In engen familiären Beziehungen sei die Rechtsbewährung nicht so betroffen, weil der Streit eher privater Natur sei.[387] Beim Bestehen eines Solidaritätsverhältnisses trete das Rechtsbewährungsprinzip hinter die Rücksichtnahme-

---

379 *Lenckner*, GA 1968, 1 (3); *Roxin*, in: FS Kühl, 391 (402); *Roxin*, ZStW 93 (1981), 68 (81); *Kühl*, AT § 7 Rn. 195.

380 *Baumann et al.*, AT § 15 Rn. 59; *Wagner*, Notwehrbegründung, S. 81 f.; MüKo-StGB-*Erb*, § 32 Rn. 209; LK-StGB-*Rönnau/Hohn*, § 32 Rn. 242; *Kioupis*, Notwehr, S. 78.

381 BGHSt 3, 217 (218); BGHSt 5, 245 (248); MüKo-StGB-*Erb*, § 32 Rn. 210; LK-StGB-*Rönnau/Hohn*, § 32 Rn. 243; *Roxin/Greco*, AT I § 15 Rn. 62; *Bitzilekis*, Tendenz, S. 119 f.

382 Schönke/Schröder-*Perron/Eisele*, § 32 Rn. 52; *Geilen*, JURA 1981, 370 (371).

383 Schönke/Schröder-*Perron/Eisele*, § 32 Rn. 52; MüKo-StGB-*Erb*, § 32 Rn. 212.

384 MüKo-StGB-*Erb*, § 32 Rn. 211.

385 BGH NJW 1969, 802.

386 *Kühl*, JURA 1990, 244 (253); *Roxin*, ZStW 93 (1981), 68 (100 f.); *Roxin*, in: FS Kühl, 391 (400, 402); LK-StGB-*Rönnau/Hohn*, § 32 Rn. 239; *Geilen*, JR 1976, 314 (316).

387 *Roxin*, ZStW 93 (1981), 68 (101).

pflicht zurück.[388] Die Rechtsordnung habe ein besonderes Interesse an der Beziehung, sodass hier das Rechtsbewährungsinteresse weniger beeinträchtigt sei.[389]

Diese Personen haben demnach gegenseitige Solidaritäts- und Rücksichtnahmepflichten und sollen deshalb im Fall des Angriffs ausweichen oder fremde Hilfe holen.[390] Ist dies nicht möglich, sind nach einigen Stimmen in der Literatur leichte Körperverletzungen hinzunehmen, wenn die Gefahr nur mit schweren oder tödlichen Verletzungen für den Gegner abgewehrt werden könnte.[391] Der Rechtsprechung nach muss der Angegriffene auf tödliche Mittel verzichten und auf weniger sichere Verteidigungsmittel zurückgreifen, wenn ihm nur leichte Körperverletzungen drohen.[392] Die Rechtsprechung zu dieser Fallgruppe ist jedoch nicht ganz einheitlich.[393]

Zur besonderen Rücksichtnahme in engen persönlichen Beziehungen ist jedoch nicht nur eine Seite aufgerufen, sodass in der Literatur vermehrt Stimmen zu finden sind, die eine Einschränkung in engen Nähebeziehungen ablehnen.[394] In Bezug auf diese Gruppe ist sich auch die deutsche Bevölkerung nicht ganz sicher, ob hier eine Einschränkung der Notwehr geboten ist oder nicht.[395] Daher gilt die Gruppe in der Literatur nicht ohne Grund als sehr umstritten.

IV. Notwehrprovokation

Besonders häufig kommt es in der Rechtsprechung vor, dass die Betroffenen schon vor der eigentlichen Notwehr miteinander in einen Konflikt geraten sind.[396] In dem Zusammenhang stellt sich die Frage, welche Auswirkungen das Vorverhalten des Notwehrübenden auf seine Notwehrbefugnisse ha-

---

388 *Roxin/Greco*, AT I § 15 Rn. 93.
389 Schönke/Schröder-*Perron/Eisele*, § 32 Rn. 53.
390 MüKo-StGB-*Erb*, § 32 Rn. 220; LK-StGB-*Rönnau/Hohn*, § 32 Rn. 241.
391 *Jescheck/T. Weigend*, AT, S. 346; *Kühl*, AT § 7 Rn. 204; *Roxin/Greco*, AT I § 15 Rn. 94.
392 BGH NJW 1975, 62 = MDR 1975, 64.
393 Siehe LK-StGB-*Rönnau/Hohn*, § 32 Rn. 238.
394 *Engels*, GA 1982, 109 (124 f.); *Frister*, GA 1988, 291 (308 f.); *Kaspar*, Strafrecht AT § 5 Rn. 220–224; *Spendel*, JZ 1984, 507; *Kioupis*, Notwehr, S. 84; *Scherenberg*, Notwehr, S. 175 f.; *Rückert*, Notwehrrecht, S. 544.
395 *Kilian*, Notwehrstudie, S. 79 f.; auch die Mehrheit der Befragten (64%) in Slowenien geht davon aus, dass die Notwehr zwischen Ehegatten nicht eingeschränkt werden muss, siehe Teil 4 D. I. 5.
396 Neuerdings etwa in BGH JA 2017, 629; OLG Düsseldorf JuS 2017, 81; BGH NStZ-RR 2016, 272.

ben sollte. Innerhalb dieser Gruppe wird zwischen den Absichtsprovokationen, Vorsatzprovokationen und sonstigen Provokationen unterschieden.[397]

Die Absichtsprovokation bedeutet die absichtliche Herbeiführung der Notwehrlage mit einer – in der Regel rechtswidrigen[398] oder nach der Rechtsprechung auch nur sozialethisch zu missbilligenden – Provokation,[399] durch die der „Verteidiger" den Angreifer zum Angriff mit dem Zweck verleiten will, ihn unter dem „Deckmantel der Notwehr" zu verletzen.[400] Es geht beispielsweise um eine Beleidigung eines anderen, um ihn zum Angriff zu bewegen, damit ihn der Provokateur dann „in Notwehr" verletzt.[401] Die Meinungen über die Folgen für den Provokateur unterscheiden sich teilweise erheblich. So wird einerseits vorgeschlagen, es gebe gar keine Einschränkungen in diesem Fall, da der Angreifer dem Gesetz nach der Provokation nicht nachgeben darf.[402] Eine vermittelnde Ansicht sieht die Notwehr nur als zulässig, wenn andere Möglichkeiten, wie zum Beispiel Ausweichen, nicht oder nicht mehr bestehen.[403] Überwiegend wird in der Lehre und Rechtsprechung dem Provokateur allerdings die Notwehr in solchen Fällen aus verschiedenen Gründen vollkommen versagt.[404]

Zum einen wird dem Angegriffenen die Notwehr wegen des Rechtsmissbrauchs versagt, weil er die Notwehrlage selbst manipulativ herbeigeführt hat.[405] Zum anderen wird wegen der rechtswidrigen Provokation die Verteidigung die Rechtsordnung nicht bewährt, weil der „Provokateur einen Angriff allein zu Schädigungszwecken inszeniert".[406] Andere sehen den Individualschutz des Angegriffenen als nicht gegeben, weil er den Angriff erwartet hat, wenn der provozierte Angriff planmäßig verläuft.[407] In der Literatur

---

[397] *Kühl*, AT § 7 Rn. 207.

[398] *Roxin/Greco*, AT I § 15 Rn. 65, 73; Schönke/Schröder-*Perron/Eisele*, § 32 Rn. 59; *Puppe*, Strafrecht AT § 12 Rn. 21.

[399] BGH NJW 1996, 2315 (2315 f.) = BGHSt 42, 97; BGH NStZRR 97, 65.

[400] BGH NJW 1983, 2267; *Heinrich*, AT Rn. 372; *Kühl*, AT § 7 Rn. 228; *Kühl*, in: FS Bemmann, 193 (198).

[401] *Roxin/Greco*, AT I § 15 Rn. 65.

[402] *Bockelmann*, in: FS Honig, 19 (31); *Frister*, GA 1988, 291 (310); LK-StGB-*Spendel*, 11. Aufl., § 32 Rn. 281–306.

[403] *Berz*, JuS 1984, 340 (343); MüKo-StGB-*Erb*, § 32 Rn. 227; *Kühl*, AT § 7 Rn. 239; *Jakobs*, Strafrecht AT Kap. 12 Rn. 50–53; *Jescheck/T. Weigend*, AT, S. 346 f.

[404] BGH NJW 1983, 2267; *Roxin/Greco*, AT I § 15 Rn. 65; *Roxin*, ZStW 93 (1981), 68 (85 f.); *Wagner*, Notwehrbegründung, S. 71; *Heinrich*, AT Rn. 375.

[405] BGH NJW 1962, 308 (309); BGH NJW 2001, 1075; *Fischer*, StGB, § 32 Rn. 44 m. w. N.; *Heinrich*, AT Rn. 375.

[406] *Roxin/Greco*, AT I § 15 Rn. 65.

[407] *Wagner*, Notwehrbegründung, S. 71 f.

findet sich zudem die Konstruktion der *actio illicita in causa*.[408] Mit ihr wird die Strafbarkeit an das Vorverhalten des Provokateurs als bereits strafbare Handlung gebunden.[409] Dies ist aus mehreren Gründen problematisch.[410] Zunächst hat der Angegriffene das Geschehen nicht in der Hand und kann somit nicht ohne Weiteres als Täter angesehen werden.[411] Ferner ist problematisch, dass die Provokation in bestimmten Fällen als Todesursache nach § 212 StGB qualifiziert werden kann, obwohl sie an sich nicht rechtswidrig ist.[412] Die Provokation müsste daher konsequent als rechtswidriger Angriff bzw. Versuch der Straftat gewertet werden.[413] Wenn dem aber so ist, dann wäre die *actio illicita in causa* obsolet, weil der Provozierte bereits ein Notwehrrecht gegen den rechtswidrigen Angriff hätte.[414] Im Übrigen ist mit der Provokation objektiv noch kein Rechtsgut gefährdet, sodass im Zeitpunkt der Provokation noch kein Versuch der Straftat angenommen werden kann.[415] Insgesamt überzeugt diese Figur nicht.

Letztlich gibt es noch Vorschläge, den Verteidigungswillen zu verneinen, weil der Angegriffene eher mit Angriffswillen handelt.[416]

Vorzugswürdig erscheint die Meinung, wonach das Notwehrrecht des Absichtsprovokateurs grundsätzlich weitgehend einzuschränken ist. Wenn er sich jedoch in einer ausweglosen Situation befindet, kann er sich wieder verteidigen.[417] Dafür spricht vor allem, dass die Rechtsordnung vom Angreifer erfordert, dass er sich nicht provozieren lässt.[418] Die saubere Konstellation der Absichtsprovokation ist aus Beweisgründen in der Rechtsprechung jedoch sehr selten anzutreffen, sodass die Streitentscheidung praktisch weniger relevant ist.[419]

---

[408] *Baumann*, MDR 1962, 349 f.; *Bertel*, ZStW 84 (1972), 1 (21); *Lenckner*, GA 1961, 299.

[409] *Baumann*, MDR 1962, 349 f.; *Bertel*, ZStW 84 (1972), 1 (21); *Lenckner*, GA 1961, 299.

[410] Ablehnend etwa MüKo-StGB-*Erb*, § 32 Rn. 229; *Roxin*, ZStW 75 (1963), 541 (545–556); *Roxin*, ZStW 93 (1981), 68 (91 f.); *Roxin/Greco*, AT I § 15 Rn. 68; *Bockelmann*, in: FS Honig, 19 (26 f.); *Bitzilekis*, Tendenz, S. 153–160.

[411] MüKo-StGB-*Erb*, § 32 Rn. 229 m. w. N.

[412] *Roxin*, ZStW 75 (1963), 541 (547).

[413] *Roxin*, ZStW 75 (1963), 541 (548).

[414] *Roxin*, ZStW 75 (1963), 541 (548).

[415] *Roxin*, ZStW 75 (1963), 541 (554).

[416] *Geilen*, JURA 1981, 308 (310); *Fischer*, StGB, § 32 Rn. 44 m. w. N.

[417] LK-StGB-*Rönnau/Hohn*, § 32 Rn. 249; MüKo-StGB-*Erb*, § 32 Rn. 227; *Grünewald*, ZStW 122 (2010), 51 (84 f.).

[418] Vgl. etwa LK-StGB-*Rönnau/Hohn*, § 32 Rn. 249.

[419] LK-StGB-*Rönnau/Hohn*, § 32 Rn. 245; *Roxin/Greco*, AT I § 15 Rn. 65; auch *Stuckenberg*, in: Notwehr in Deutschland und China, 297.

Die Konstellationen, bei denen der Angriff vom Angegriffenen mit anderem schuldhaften Verhalten herbeigeführt bzw. provoziert wird, ist dagegen häufiger anzutreffen.[420] Erstens kommen die Angriffe in Betracht, die durch ein vorsätzliches Verhalten (im Sinne des direkten Vorsatzes) provoziert wurden. Die Rechtsprechung geht im Grundsatz hier von ähnlichen Voraussetzungen wie bei der Absichtsprovokation aus, d.h. es reicht schon ein sozialethisch zu missbilligendes Verhalten, um die Notwehr einzuschränken.[421] Das Vorverhalten müsste hingegen nach der hier vertretenen Ansicht eine rechtswidrige Provokation darstellen, weil nur sozialethisch zu missbilligendes Verhalten erlaubt ist und deshalb nicht zur Beschneidung der Rechte führen kann.[422] Zudem fehlen vor allem in einer multikulturellen Gesellschaft geeignete Maßstäbe für die Bestimmung, was sozial zu missbilligen ist.[423] Um die Notwehr einzuschränken, muss der spätere Angriff eine adäquate Folge der Provokation sein.[424]

Diese Fälle der vorsätzlichen Provokation sind ebenso selten. Das sichere Wissen, was eine Person tun wird, ist schwer nachweisbar, und das menschliche Verhalten ist nicht mit Sicherheit zu berechnen.[425]

Problematisch ist, ob auch die mit Eventualvorsatz vorgenommene Provokation zu einer vergleichbaren Einschränkung des Notwehrrechts führen soll. Der Angegriffene sieht hier zwar den Angriff als möglich voraus und findet sich mit ihm ab, er rechnet damit aber eben nur bedingt, sodass er sich auf den Angriff nicht notwendigerweise einstellen wird.[426] Dies sollte deshalb bei einem konkreten Fall entsprechend beachtet werden und jedenfalls nicht zu einem vollständigen Ausschluss des Notwehrrechts führen, was letztlich in der Rechtsprechung auch so gesehen wird.[427]

Zudem kommt die Einschränkung der Notwehr noch bei den Angriffen in Betracht, die durch sonst schuldhafte Verhaltensweisen provoziert wurden.[428] Diese Gleichbehandlung der fahrlässigen Provokationen ist jedoch wegen des unterschiedlichen Unrechtsgehalts durchaus Zweifeln ausgesetzt.[429]

---

[420] *Kühl*, in: FS Bemmann, 193 (199).

[421] BGHSt 42, 97; BGH NStZ-RR 1997, 65; BGH NStZ-RR 2011, 305.

[422] LK-StGB-*Rönnau/Hohn*, § 32 Rn. 255; MüKo-StGB-*Erb*, § 32 Rn. 234 f., der ausnahmsweise bei der Absichtsprovokation nur sozialethisch zu missbilligendes Verhalten genügen lässt.

[423] *Grünewald*, ZStW 122 (2010), 51 (79 f.).

[424] *Grünewald*, ZStW 122 (2010), 51 (83); Schönke/Schröder-*Perron/Eisele*, § 32 Rn. 59.

[425] *Kühl*, AT § 7 Rn. 228.

[426] *Kaspar*, Strafrecht AT § 5 Rn. 210.

[427] Siehe zum Beispiel BGH NStZ-RR 2002, 205.

[428] BGHSt 24, 356; BGH NStZ 2016, 84 (85 f.).

[429] *Scherenberg*, Notwehr, S. 215.

Der Provokateur hat bei der Vorsatzprovokation und fahrlässigen Provokation nach der Rechtsprechung lediglich ein eingeschränktes Recht auf Verteidigung.[430] Er muss zuerst ausweichen, sich dann defensiv verteidigen und leichtere Verletzungen sogar hinnehmen.[431] Am Ende ist noch anzumerken, dass die Rechtsprechung nicht schematisch die Fälle beurteilt, sondern die Umstände des Einzelfalles berücksichtigt:[432] „Je schwerer einerseits die rechtswidrige und vorwerfbare Verursachung der Notwehrlage durch den Angegriffenen wiegt, umso mehr Zurückhaltung ist ihm bei der Abwehr zuzumuten; andererseits sind die Beschränkungen des Notwehrrechts umso geringer, je schwerer das durch den Angriff drohende Übel einzustufen ist."[433] Dies erscheint verständlich, weil in der Praxis regelmäßig keine Schulfälle zu finden sind und die Konflikte oft auf beiden Seiten Ursachen haben, die wertend zu betrachten sind.[434]

V. Schweigegelderpressung oder Chantage

Gelegentlich wird in Deutschland unter den sozialethischen Einschränkungen noch die Fallgruppe der heimlichen Erpressung diskutiert.[435] Bei der Chantage oder heimlichen Erpressung handelt es sich um Fälle, in denen jemand mit der drohenden Offenbarung kompromittierender Tatsachen erpresst wird und er sich gegen diese Person wehrt.

Nach einer Ansicht wird dem Erpressten hier nur eine eingeschränkte Notwehr eingeräumt.[436] Die gewaltsame Notwehr wird als nicht geboten angesehen. Dies aus dem Grund, dass die Grundgedanken der Notwehr im Fall der heimlichen Erpressung nicht voll zur Geltung kommen.[437] Andere verneinen in derartigen Fällen – zumindest für das Rechtsgut der Willensentschließungsfreiheit – schon einen gegenwärtigen Angriff.[438]

---

[430] BGHSt 26, 143 (145); für sonstige Provokationen BGHSt 39, 374 (378).

[431] BGHSt 26, 143 (145).

[432] BGH NStZ-RR 2002, 205 (206); auch *Kühl*, in: FS Bemmann, 193 (201).

[433] BGH NStZ-RR 2002, 205.

[434] Siehe *Puppe*, Strafrecht AT § 12 Rn. 24, 26 mit Besprechung des Urteils BGHSt 42, 97.

[435] *Kroß*, Notwehr gegen Schweigegelderpressung; *Kaspar*, GA 2007, 36 ff.; *Amelung*, GA 1982, 381 ff.; *Amelung*, NStZ 98 (1998), 70 ff.

[436] *Amelung*, GA 1982, 381; *Roxin/Greco*, AT I § 15 Rn. 102.

[437] *Roxin/Greco*, AT I § 15 Rn. 102; *Amelung*, GA 1982, 381 (397), der nur die verminderte Rechtsbewährung bei der heimlichen Erpressung sieht.

[438] MüKo-StGB-*Erb*, § 32 Rn. 97 f.; *Müller*, NStZ 1993, 366 (367 f.); *Arzt*, MDR 1965, 344 f.

Des Weiteren wird die Erforderlichkeit der Verteidigung bei den Schweigegelderpressungen in Zweifel gezogen. Die Situation des Angegriffenen ist nämlich im Vergleich zum Normalfall der Notwehr in der Regel anders. Er muss nicht sofort handeln und kann daher andere mildere Mittel in Betracht ziehen, wie zum Beispiel staatliche Hilfe, die den Angriff auf Vermögen und Willensentschließungsfreiheit ebenso sicher beseitigen.[439] Zudem kann das Erpressungsopfer nach manchen Stimmen in der Literatur auch durch das bloße Nichtzahlen den Angriff abwehren,[440] obwohl es dann eventuell die Enthüllung hinnehmen muss. Das Opfer hat hierbei kein vollkommenes Recht auf den „Schein einer makellosen Lebensführung", auf was die §§ 185 ff., § 192 StGB und § 68a StPO hindeuten.[441] Meistens wird in solchen Fällen der Angegriffene nicht schutzwürdig sein.[442] Dieser Ansicht ist zuzustimmen. Die Handlung des Angegriffenen kann somit bei der Chantage nach allgemeinen Regeln beurteilt werden. Oft wird schon die Gegenwärtigkeit des Angriffs zu verneinen sein, wenn die Drohung nicht jederzeit verwirklicht werden kann; in anderen Fällen ist die gewaltsame und heimliche Verteidigung das unter mehreren, gleich effektiven Mitteln, nicht das mildeste und somit nicht das erforderliche Mittel, um den Angriff abzuwehren, weil der Angegriffene staatliche Organe einschalten kann. Eine „kommunikative" Gegenwehr, wie zum Beispiel Täuschung oder Drohung gegenüber dem Angreifer, die sich nach den Regeln des defensiven Notstands nach § 34 StGB beurteilt, bleibt dabei auch möglich.[443]

Diese Fallgruppe wird somit von einigen Autoren bei den sozialethischen Einschränkungen der Notwehr oft berücksichtigt, allerdings können in den meisten Fällen andere plausiblere und vertretbare Lösungen für derartige Konstellationen gefunden werden.

D. Vereinbarkeit der Notwehreinschränkungen mit Art. 103 Abs. 2 GG

Die Einschränkungen der Notwehr, die über die Erforderlichkeit hinausgehen, haben die Strafbarkeit des Verteidigers zur Folge. Damit im Zusammenhang ist noch nicht abschließend geklärt, ob dies mit dem Gesetzlichkeitsprinzip aus Art. 103 Abs. 2 GG zu vereinbaren ist. Das Gesetzlichkeitsprinzip besteht aus den folgenden vier Teilen: dem Bestimmtheitsgebot, dem Analo-

---

[439] *Kaspar*, GA 2007, 36 (43); *Kroß*, Notwehr gegen Schweigegelderpressung, S. 214.

[440] *Arzt*, MDR 1965, 344 (345); auch *Scherenberg*, Notwehr, S. 228.

[441] LK-StGB-*Rönnau/Hohn*, § 32 Rn. 261.

[442] *Kaspar*, GA 2007, 36 (46).

[443] MüKo-StGB-*Erb*, § 32 Rn. 99.

gieverbot zulasten des Täters, dem Verbot der Anwendung von Gewohnheitsrecht für Strafbegründung oder Strafschärfung und dem Rückwirkungsver-
bot.[444] Für die Notwehreinschränkungen sind nur das Bestimmtheitsgebot
und das Verbot der Analogie zulasten des Täters relevant.

Die Bestimmtheit des Gesetzes bedeutet nicht, dass der Bürger aus dem
Gesetz eindeutig die Strafbarkeitsvoraussetzungen ablesen kann; es reicht
schon aus, wenn die Weite der Strafbarkeit mindestens durch Auslegung erkennbar ist.[445] Die Grenze der Auslegung bestimmt jedoch der Wortlaut des
Gesetzes „aus der Sicht des Normadressaten".[446] Das Analogieverbot bedeutet, dass die Strafbarkeit über den Wortlaut des Gesetzes erweitert wird. Eine
teleologische Reduktion im Rahmen des Wortlautes bleibt aber möglich.[447]

Nach einer Meinung ist Art. 103 Abs. 2 GG im Allgemeinen Teil des StGB
bzw. bei den Rechtfertigungsgründen gar nicht anwendbar.[448] Der Grund
dafür ist, dass die Rechtfertigungsgründe nicht nur im Strafrecht festgesetzt
sind.[449] Dadurch wäre die Einheit der Rechtsordnung verletzt.[450] Ein weiteres Argument ist, dass die Rechtfertigungsgründe die Strafbarkeit nicht begründen, sondern Ausnahmen davon bestimmen.[451]

Diese Ansicht ist jedoch aus den folgenden Gründen abzulehnen. Erstens
ist das Analogieverbot nach 103 Abs. 2 GG nur für das Strafrecht bestimmt
und die Unterschiede bezüglich der anderen Rechtsgebiete – zum Beispiel,
dass die Notwehr nach § 32 StGB besteht und nach § 228 BGB nicht – recht-
fertigen es noch nicht, dass man Art. 103 Abs. 2 GG auf gar keine Rechtfertigungsgründe anwendet.[452] Diese „Uneinheit" rechtfertigt sich dadurch, dass
das Strafrecht gerade spezifische Folgen für den Betroffenen hat und deshalb
eine unterschiedliche Betrachtung möglich ist.[453]

Zweitens hat die Einschränkung der Notwehr automatisch eine Erweiterung der Strafbarkeit zur Folge, unabhängig davon, ob die Rechtfertigungs-

---

[444] LK-StGB-*Rönnau*, Vor § 32 Rn. 62; *van Rienen*, Einschränkungen, S. 164.

[445] BVerfGE 109, 133 (172); BverfGE 92, 1 (12); BverfGE 126, 170 (196);
BeckOK GG-*Radtke/Hagemeier*, Art. 103 Rn. 24.

[446] BeckOK GG-*Radtke/Hagemeier*, Art. 103 Rn. 26.

[447] LK-StGB-*Rönnau*, Vor § 32 Rn. 66.

[448] *Krey*, JZ 1979, 702 (711 f.); *Lenckner*, GA 1968, 1, 1 (9); *Roxin/Greco*, AT I
§ 5 Rn. 42, § 15 Rn. 56.

[449] *Krey*, JZ 1979, 702 (712).

[450] Etwa *Bitzilekis*, Tendenz, S. 88, der im Übrigen das Analogieverbot als auf die
Rechtfertigungsgründe eingeschränkt anwendbar sieht; *Lenckner*, JuS 1968, 249
(252).

[451] Siehe dazu etwa *Lührmann*, Tötungsrecht, S. 80.

[452] *van Rienen*, Einschränkungen, S. 158 f.; LK-StGB-*Rönnau*, Vor § 32 Rn. 63.

[453] LK-StGB-*Rönnau*, Vor § 32 Rn. 63.

gründe allgemein den Zweck haben, die Strafbarkeit einzuschränken.[454] Dazu kommt, dass es vor allem bei der Notwehr des Öfteren um einen Angriff auf Leib und Leben geht. Die Entscheidung zwischen Freispruch oder Verurteilung ist aus diesem Grund besonders schwerwiegend, und emotionale Einzelfallentscheidungen sollten vermieden werden.[455] Drittens ist es systemwidrig, wenn zwischen dem Allgemeinen und Besonderen Teil bei der Anwendung des Art. 103 Abs. 2 GG unterschieden wird.[456] Man kann nicht zulassen, dass ein Rechtfertigungsgrund, der im Besonderen Teil des StGB geregelt ist, dem Bestimmtheitsgebot unterliegt und ein Rechtfertigungsgrund aus dem Allgemeinen Teil nicht.[457] Ebenso würde dies möglicherweise zu Umgehungsversuchen durch den Gesetzgeber führen. Er könnte sich aussuchen, was er im Allgemeinen Teil regelt, und auf diese Weise den Art. 103 Abs. 2 GG umgehen.[458]

Selbst wenn man annimmt, dass der Art. 103 Abs. 2 GG beim Allgemeinen Teil des StGB anwendbar ist, sehen die meisten Befürworter der Notwehreinschränkungen allerdings keinen Verstoß gegen Art. 103 Abs. 2 GG, weil diese durch das Wort „geboten" in die Notwehr einfließen kann.[459] Andere messen dagegen der „Gebotenheit" keine andere Bedeutung als der „Erforderlichkeit" bei und schränken die Notwehr durch die immanenten Notwehrgedanken mithilfe der teleologischen Reduktion ein.[460] Die Auslegung ist noch zulässig, wenn der Wortsinn aus der Sicht des Adressaten noch erschließbar ist.[461]

Zu bedenken ist jedoch der Wille des historischen Gesetzgebers, dass die Gebotenheit die Funktion der sozialethischen Notwehreinschränkungen haben sollte.[462] Er hatte nämlich den Begriff der „Gebotenheit" explizit im Gesetz beibehalten wollen.[463] Dies stützt – in Verbindung mit der „Gebotenheit" als Anküpfungspunkt im Wortlaut – die Vereinbarkeit der Einschränkungen der Notwehr mit Art. 103 Abs. 2 GG.

---

[454] LK-StGB-*Rönnau*, Vor § 32 Rn. 63; *Lührmann*, Tötungsrecht, S. 80; *Marxen*, Grenzen der Notwehr, S. 27 f.

[455] *Erb*, ZStW 108 (1996), 266 (277 f.).

[456] *Bitzilekis*, Tendenz, S. 85.

[457] *van Rienen*, Einschränkungen, S. 157.

[458] *van Rienen*, Einschränkungen, S. 157 m. w. N.

[459] BGHSt 48, 207 (212); *Kühl*, JURA 1990, 244 (246); LK-StGB-*Rönnau*, Vor § 32 Rn. 66.

[460] *Bertel*, ZStW 84 (1972), 1 (2); *Bockelmann*, in: FS Honig, 19 (24 f.); *Jescheck/ T. Weigend*, AT, S. 345; *Kratzsch*, JuS 1975, 435 (436).

[461] *Lührmann*, Tötungsrecht, S. 81.

[462] Bundestag Drucksache IV/7650, S. 156 f.

[463] Vgl. *Kühl*, JURA 1990, 244 (246); *U. Schroth*, NJW 1984, 2562; Bundestag Drucksache V/4905, S. 14.

Es stellt sich noch die Frage, welche inhaltlichen Vorgaben für die Notwehrbeurteilung durch die Gebotenheit bestehen. Der Gesetzgeber hat zwar auf die Entwicklungen in der Rechtsprechung und der Literatur verwiesen,[464] er hat jedoch damit seine Rolle, dass er alle wesentlichen Fragen selbst entscheiden muss, in gewisser Weise aufgegeben.[465] Mit der Einfügung des Merkmals der Gebotenheit hat er aber zumindest angedeutet, dass es Fälle geben kann, die trotz Erforderlichkeit nicht gerechtfertigt sind.[466] Die inhaltlichen Vorgaben für die Notwehreinschränkungen werden ähnlich wie bei der oben erwähnten Ansicht überwiegend aus den inneren Gedanken der Notwehr abgeleitet.[467] Dies ist m. E. im Rahmen der teleologischen Auslegung denkbar.

Im Ergebnis ist somit festzustellen, dass die Notwehreinschränkungen mit dem Wortlaut des Gesetzes vereinbar sind. Für den Bürger wäre es jedoch besser, die üblichen Einschränkungen der Notwehr im Wortlaut genauer festzulegen.[468]

E. Zusammenfassung

Die Erkenntnisse über die Notwehr in Deutschland lassen sich folgendermaßen zusammenfassen. Die Entwicklung der Notwehr verlief in Deutschland nicht geradlinig, sondern war zuerst sehr kasuistisch und beschränkt. Die Notwehr war bis in das 18. Jahrhundert nicht im Allgemeinen Teil, sondern regelmäßig nur bei den Tötungsdelikten geregelt. Die Grenzen der Notwehr wurden erst in der liberalen Epoche der deutschen Geschichte stark ausgeweitet. Durch die Entwicklung im 20. Jahrhundert sind die Grenzen der Notwehr wieder enger geworden.

Das Notwehrrecht bleibt gegenwärtig in Deutschland in einigen Fällen noch sehr weitreichend, obwohl sich die Fallgruppen der Notwehreinschränkungen herausgebildet haben. Dies gilt vor allem im Falle der lebensgefährlichen Verteidigung von Sachwerten. Die Notwehr wird in Deutschland lediglich im Falle eines krassen Missverhältnisses zwischen dem angegriffenen Sachwert und dem beschädigten Rechtsgut verneint.

---

[464] *Kühl*, JURA 1990, 244 (246).

[465] Vgl. *Kühl*, JURA 1990, 244 (246).

[466] Schönke/Schröder-*Perron/Eisele*, § 32 Rn. 44; *Geilen*, JURA 1981, 200.

[467] *Krey*, JZ 1979, 702 (714); *Roxin/Greco*, AT I § 15 Rn. 57; *Roxin*, ZStW 93 (1981), 68 (79); Bundestag Drucksache V/4905, S. 14; *Kühl*, JURA 1990, 244 (246).

[468] Siehe beispielsweise: *Dannecker*, in: FS Hirsch, 141 (159); *Wittemann*, Notwehr in Europa, S. 270; *Kaspar*, RW 4 (2013), 40 (60).

Unter den Begründungen der Einschränkungen ist der dualistische Ansatz am überzeugendsten. Obwohl die individuelle Komponente als vorrangig zu sehen ist, können alleine mit Individualschutz einige Aspekte wie zum Beispiel die Zulässigkeit der Nothilfe ohne das Rechtsbewährungsprinzip nicht erklärt werden. Auch der dualistische Ansatz ist jedoch nicht ohne Bedenken und beispielsweise in der Lage, die Schärfe der Notwehr zu erklären.

Die Frage, ob die Notwehreinschränkungen mit dem Wortlaut des Gesetzes vereinbar sind, ist positiv zu beantworten. Allerdings heißt das nicht, dass keine bessere und deutlichere Lösung für den Bürger möglich wäre.

Um die Rechtsentwicklung und die Rechtslage in Deutschland zu reflektieren, werden im Folgenden die Grenzen der Notwehr in den slawischen Ländern näher beleuchtet.

Teil 3

Die Notwehr und ihre Grenzen
in ausgewählten slawischen Ländern

Aus den Ausführungen im Teil 2 resultiert, dass vor allem die Schärfe der Notwehr nach der deutschen Rechtsprechung und Lehre schwierig zu begründen ist. Im Folgenden werden Länderberichte zu ausgewählten slawischen Ländern bezüglich der Notwehr gegeben. Untersucht wird das Notwehrrecht in Slowenien, Kroatien, Serbien, Bosnien und Herzegovina, Polen sowie Russland. Diese Länder sind vor allem aus dem Grund interessant, da die Notwehr sehr ähnlich geregelt wird, die Grenzen jedoch enger als in Deutschland verlaufen. Von besonderem Interesse dabei ist, welche Unterschiede bei der Behandlung der einzelnen Fallgruppen bestehen und wie diese begründet werden.

Bei jedem Land wird ähnlich vorgegangen wie bei Deutschland. Zuerst werden die Notwehrregeln und die Grundlagen der Notwehr betrachtet. Danach werden die einzelnen Merkmale der Notwehr zusammen mit dem Notwehrexzess untersucht. Schließlich werden die Fallgruppen, die sich in Deutschland als Einschränkungen der Notwehr gebildet haben, untersucht. Wenn die Länderregelungen keine direkte Verankerung der Notwehreinschränkungen im Wortlaut haben, wird auch dieses Problem behandelt.

A. Slowenien

I. Das Notwehrrecht und seine Entwicklung

Das Notwehrrecht wird in Slowenien in Art. 22 des slowenischen Strafgesetzbuches (sloStGB)[1] wie folgt bestimmt:

(1) Die Tat, die in Notwehr begangen wurde, ist nicht rechtswidrig.

(2) Notwehr ist die Verteidigung, die unbedingt erforderlich ist, damit der Täter von sich oder einem anderen einen gegenwärtigen rechtswidrigen Angriff abwendet.

---

[1] Kazenski zakonik Republike Slovenije – KZ-1, Uradni list RS, Nr. 55/08, 66/08, 39/09, 91/11, 50/12, 6/16, 54/15, 38/16, 27/17.

(3) Der Täter, der die Grenzen der Notwehr überschritten hat, kann milder bestraft werden; wenn er die Notwehr wegen Furcht oder wegen Gereiztheit überschritten hat, die durch den Angriff verursacht waren, kann von der Strafe auch abgesehen werden.

1. Grundlagen der Notwehr

Die Grundlage der Notwehr ist in Slowenien nicht genauer herausgearbeitet. Das Rechtsbewährungsprinzip und das Individualschutzprinzip werden in der Rechtslehre aber als Grundlage der Notwehr gesehen.[2] Bei der Notwehr geht es um „die Verteidigung des Rechts gegen das Unrecht, allerdings unter dem Vorbehalt, dass die Konfrontation hier auf der individuellen Ebene erfolgt".[3]

Ebenso stellt die Rechtsprechung klar, dass das Recht dem Unrecht nicht zu weichen braucht.[4] Die Notwehr stellt aus dieser Sicht einen Kampf des Rechts gegen das Unrecht dar.[5] Das Individualprinzip wird dabei nicht besonders erwähnt, es wird aber beachtet, da die Notwehr wie in Deutschland nur bei Angriffen auf individuelle Rechstgüter gestattet ist. Vertieft setzt sich die Rechtsprechung mit den beiden Prinzipien jedoch nicht auseinander.

2. Entwicklung des Notwehrrechts

Die slowenische Rechtsgeschichte hat ihren Ursprung in der römischen Tradition.[6] Seit dem 15. Jahrhundert stand Slowenien unter habsburgischer Herrschaft und wurde von 1867 bis zum Ende des Ersten Weltkrieges ein Teil der Österreichischen-Ungarischen Monarchie.

Die Entwicklung im Mittelalter war auch auf dem slowenischen Gebiet durch Begrenzung der Blutrache geprägt.[7] Im Jahr 1535 finden sich in der Krainer Gerichtsordnung für die Landgerichte die ersten bekannten Bestimmungen über die Notwehr auf dem slowenischen Gebiet. Die Notwehr wurde bei Tötungsdelikten kasuistisch geregelt.[8] Danach konnte der Verteidiger

---

[2] *Baucon*, Pravna praksa 37 (2018), II; *Baucon*, Pravna praksa 35 (2016), 18; *Bele*, Kazenski zakonik, Art. 11 Rn. 1; *Šepec*, in: Kazenski zakonik (KZ-1), Art. 22 Rn. 1 f.; über Rechtsbewährung auch *Ambrož*, in: Bavcon (Hrsg.), Pravne razsežnosti človekovih pravic, 103 (104).

[3] *Bele*, Kazenski zakonik, Art. 11 Rn. 1.

[4] VSRS I Ips 33652/2011 v. 08.12.2016; VSRS I Ips 196/2010 v. 02.12.2010.

[5] VSRS I Ips 33652/2011 v. 08.12.2016.

[6] *Kambič*, Zbornik znanstvenih razprav 1999, 143 (144, 148).

[7] Siehe dazu *Kambič*, Zbornik znanstvenih razprav 1999, 143 (147 f.).

[8] *Kambič*, Zbornik znanstvenih razprav 1999, 143 (154).

mit der Tötung des Angreifers seine nahen Angehörigen oder sein Gut verteidigen und dafür entschuldigt werden.[9] Zusätzlich wurde verlangt, dass er
sich mit der Familie des Getöteten versöhnt.[10]

Eine Entschuldigung für die Tötung konnte man auch erreichen, wenn
man einen nächtlichen Dieb tötete, der zuvor nicht gefasst werden konnte.[11]
Tagsüber musste der Bestohlene klar aufschreien und durfte den Dieb ebenso
töten, wenn er sich gewehrt hatte.[12] Diese Regelung hat bis zum Jahr 1768
gegolten und wurde durch die Constitutio Criminalis Theresiana ersetzt.[13]
Danach folgte im Jahr 1787 die Constitutio Criminalis Josephina und anschließend im Jahre 1803 ein neues Strafgesetzbuch.[14] Im Strafgesetzbuch
von 1852 wurde die Notwehr das erste Mal im Allgemeinen Teil geregelt.[15]
Die strafrechtliche Gesetzgebung in Slowenien wurde bis nach dem Ersten
Weltkrieg durch Österreich geprägt.

Nach dem Ersten Weltkrieg im Jahr 1918 war für Slowenien das Strafgesetzbuch Österreichs noch bis 1930 in Anwendung.[16] In diesem Gesetz ist
die Notwehr in § 2 geregelt und wird nicht genau definiert, sondern lediglich
als notwendige Verteidigung bezeichnet, die zur Abwehr eines rechtswidrigen Angriffs auf Leben, Freiheit oder Vermögen notwendig ist.

Am 01.01.1930 ist ein neues StGB für das Königreich der Serben, Kroaten
und Slowenen in Kraft getreten, das für die damalige Zeit als modern euro-
päisch bezeichnet werden kann.[17] Die Notwehr wurde in Art. 24 geregelt.
Die Notwehr ist danach die Verteidigung, die zur Abwehr des gegenwärtigen,
rechtswidrigen Angriffs erforderlich ist. Die notwehrfähigen Rechtsgüter
sind dabei nicht begrenzt.[18] Die Erforderlichkeit unterscheidet sich dabei
nur stilistisch von der unbedingten Erforderlichkeit und beurteilt sich nach
der Gefährlichkeit des Angreifers und der Intensität des Angriffs.[19] Das Gericht soll dabei alle Umstände des Einzelfalls berücksichtigen.[20]

---

[9] *Kambič*, Zbornik znanstvenih razprav 1999, 143 (154).
[10] *Kambič*, Zbornik znanstvenih razprav 1999, 143 (154).
[11] *Kambič*, in: Rajšp/Bruckmüller (Hrsg.), Vilfanov zbornik, 263 (264).
[12] *Kambič*, in: Rajšp/Bruckmüller (Hrsg.), Vilfanov zbornik, 263 (264).
[13] *Kambič*, in: Rajšp/Bruckmüller (Hrsg.), Vilfanov zbornik, 263 (271 Fn. 74)
m. w. N.
[14] Dazu *Wittemann*, Notwehr in Europa, S. 29.
[15] *Wittemann*, Notwehr in Europa, S. 30.
[16] *Bavcon et al.*, Kazensko pravo, S. 89.
[17] *Bavcon et al.*, Kazensko pravo, S. 89.
[18] *Čubinski*, Naučni i praktični komentar Krivičnog zakonika § 24, S. 83.
[19] *Čubinski*, Naučni i praktični komentar Krivičnog zakonika § 24, S. 83.
[20] *Čubinski*, Naučni i praktični komentar Krivičnog zakonika § 24, S. 83 f.

Nach dem Zweiten Weltkrieg ist im Jahr 1948 der Allgemeine Teil des Strafgesetzbuches in Kraft getreten, der auf dem sowjetischen Strafrecht beruht.[21] Im Jahr 1951 wurde ein vollständiges jugoslawisches StGB erlassen, das an die damaligen europäischen Standards angepasst und danach mehrmals novelliert wurde.[22] Die Notwehr wurde in Art. 12 Abs. 2 des damaligen StGB näher bestimmt. Die Notwehr war danach die Verteidigung, die unbedingt erforderlich war, um von sich oder einem anderen einen rechtswidrigen, gegenwärtigen Angriff abzuwenden. Die Rechtslehre hat sich in dieser Zeit vor allem mit den Einschränkungen nicht wirklich beschäftigt.[23] Erst *Bačić* hat als Erster den Begriff „Einschränkungen der Notwehr" benutzt.[24]

Die nächste Änderung des Strafgesetzbuches erfolgte 1977 sowohl in Jugoslawien auf föderaler Ebene als auch in den Mitgliedstaaten. Die Notwehrregel wurde in Art. 9 des jugoslawischen StGB geregelt. Die Definition der Notwehr hat sich nicht geändert.

Slowenien ist seit 1991 ein unabhängiges Land und im Jahr 1995 ist das erste slowenische Strafgesetzbuch in Kraft getreten.[25] Die Notwehrregelung ist nach der Verabschiedung des neuen Strafgesetzbuches im neuen slowenischen Strafgesetzbuch (sloStGB) aus dem Jahr 2008 fast wortgleich geblieben. Eine Änderung besteht darin, dass die in Notwehr begangene Tat nicht mehr als „keine Straftat", sondern als „nicht rechtswidrig" bestimmt wird. Ferner werden im neuen sloStGB im zweiten Absatz die Worte „unvermeidlich erforderlich" durch die Worte „unbedingt erforderlich" ausgetauscht. Diese Veränderung ist jedoch unwesentlich und hat keine praktische Relevanz.

3. Notwehrmerkmale im Überblick

a) Notwehrlage

Die erste Voraussetzung der Notwehr in Slowenien ist der Angriff. Unter einem Angriff ist „eine durch menschliche Handlung verursachte Gefährdung des Rechtsguts" zu verstehen.[26] Der Angriff muss in Wirklichkeit bestehen, also er muss objektiv vorhanden sein.[27]

---

[21] *Bavcon et al.*, Kazensko pravo, S. 92.

[22] *Bavcon et al.*, Kazensko pravo, S. 92 f.

[23] Siehe dazu *Novoselec*, in: Matovski/Novoselec (Hrsg.), Zbornik na trudovi na Pravniot fakultet „Justinijan Prvi" vo Skopje, 111.

[24] *Novoselec*, in: Matovski/Novoselec (Hrsg.), Zbornik na trudovi na Pravniot fakultet „Justinijan Prvi" vo Skopje, 111.

[25] Kazenski zakonik Republike Slovenije – KZ, Uradni List RS, Nr. 63/94, 23/99, 40/04.

[26] *Bavcon et al.*, Kazensko pravo, S. 233 (Übers. d. Verf.); siehe auch *Šepec*, in: Kazenski zakonik (KZ-1), Art. 22 Rn. 4.

Der Wortlaut des Art. 22 Abs. 2 sloStGB sagt nicht, dass die Notwehr nur bei bestimmten Rechtsgütern besteht. Es stellt sich daher die Frage, welche Rechtsgüter in Notwehr verteidigt werden können. Dem Schrifttum ist zu entnehmen, dass die Verteidigung von kollektiven Gütern nicht durch Art. 22 Abs. 2 sloStGB gerechtfertigt werden kann.[28] Die Rechtsgüter, die dem Staat als juristische Personen zustehen, können dagegen aufgrund des Art. 22 Abs. 2 sloStGB verteidigt werden.[29] Notwehrfähig sind nach Art. 22 Abs. 2 sloStGB zudem alle anderen Individualrechtsgüter wie zum Beispiel Ehre, Besitz usw.[30]

Darüber hinaus muss der Angriff rechtswidrig sein, d. h. er muss „im Gegensatz zur Rechtsordnung stehen und auf ein oder mehrere Rechtsgüter gerichtet sein".[31] Dabei muss es sich nicht unbedingt um eine rechtswidrige Tat nach dem Strafgesetzbuch handeln, sondern es kann auch um eine Ordnungswidrigkeit gehen.[32] Rechtswidrigkeit setzt zwingend voraus, dass der Angriff von einem Menschen verübt werden muss.[33]

Der Angriff muss zudem noch dauern und darf noch nicht beendet sein.[34] Der Angriff wird auch zu bejahen sein, wenn er unmittelbar bevorsteht bzw. „die objektive und wirkliche Möglichkeit" besteht, „dass im nächsten Moment das angegriffene oder bedrohte Rechtsgut auch verletzt wird".[35] Der Angriff liegt schon mit dem Anfang derjenigen „Handlung, die die Verursachung der Folge bedeutet",[36] vor. Ein Beispiel dafür ist, wenn der Täter nach der Waffe greift.[37]

---

27 *Bavcon et al.*, Kazensko pravo, S. 233; *Selinšek*, Kazensko pravo, S. 120 f.; *Šepec*, in: Kazenski zakonik (KZ-1), Art. 22 Rn. 7.

28 *Bavcon et al.*, Kazensko pravo, S. 236; *Bele*, Kazenski zakonik, Art. 11 Rn. 1; *Šepec*, in: Kazenski zakonik (KZ-1) Art. 22 Rn. 19–21.

29 Dies gilt zumindest nach dem neueren Schriftum, siehe *Bavcon et al.*, Kazensko pravo, S. 236. Im älteren Schriftum ist dagegen nicht ganz klar, ob diese Rechtsgüter durch Einzelne verteidigt werden können, siehe *Bele*, Kazenski zakonik, Art. 11 Rn. 1.

30 Dies geht auch aus einem zivilrechtlichen Urteil hervor: VSRS II Ips 718/94 v. 20.03.1996.

31 *Selinšek*, Kazensko pravo, S. 121 (Übers. d. Verf.); siehe auch *Šepec*, in: Kazenski zakonik (KZ-1), Art. 22 Rn. 14, 24.

32 *Selinšek*, Kazensko pravo, S. 121; *Bele*, Kazenski zakonik, Art. 11 Rn. 3.

33 *Bavcon et al.*, Kazensko pravo, S. 234.

34 *Selinšek*, Kazensko pravo, S. 122; VSRS Sodba I Ips 50079/2015 v. 14.07.2017; VSRS I Ips 259/2010 v. 07.04.2011.

35 *Bavcon et al.*, Kazensko pravo, S. 234 (Übers. d. Verf.); so auch *Bele*, Kazenski zakonik, Art. 11 Rn. 5 und *Šepec*, in: Kazenski zakonik (KZ-1), Art. 22 Rn. 34.

36 *Bele*, Kazenski zakonik, Art. 11 Rn. 5 (Übers. d. Verf.).

37 *Bele*, Kazenski zakonik, Art. 11 Rn. 5; siehe auch *Šepec*, in: Kazenski zakonik (KZ-1), Art. 22 Rn. 35.

b) Notwehrhandlung

Die erste Voraussetzung der Notwehrhandlung ist, dass die Verteidigung gegen den Angreifer oder seine Rechtsgüter gerichtet ist.[38]

Gemäß Art. 22 Abs. 2 sloStGB muss die Verteidigung oder Notwehrhandlung unbedingt erforderlich sein, um von sich oder von einem anderen den rechtswidrigen Angriff abzuwenden. Um unbedingt erforderlich zu sein, muss die Intensität der Verteidigung im Grunde zur Abwehr des Angriffs hinreichend sein.[39] Die Intensität der Verteidigung ist zur Abwehr des Angriffs hinreichend, wenn die Notwehrhandlung erforderlich und verhältnismäßig ist.

Erstens ist die Frage entscheidend, ob die Notwehrhandlung überhaupt erforderlich war, den Angriff abzuwehren. Zu prüfen ist, ob der Angriff „nicht anders abgewehrt werden konnte als durch die Verletzung der Rechtsgüter vom Angreifer, die die Tatbestandsmerkmale einer Straftat erfüllt".[40] Die Verteidigung muss das mildeste, am wenigsten gewaltsame Mittel darstellen, das den Angriff noch sofort beenden kann.[41] Eine Ausweichpflicht oder Pflicht zur Herbeiführung fremder Hilfe besteht für den Verteidiger dabei nicht.[42] Das Fehlen der Ausweichpflicht wird in Slowenien öfters gar nicht begründet. Einige stellen diesbezüglich nur fest, dass das Notwehrrecht ein „unveräußerliches Recht" ist.[43] Andere führen dies auf beide Rechtsprinzipien der Notwehr zurück.[44]

Zweitens wird die Verhältnismäßigkeit oder Proportionalität zwischen der Intensität des Angriffs und der Verteidigung verlangt; „dabei geht es nicht um eine rechtliche, sondern um eine tatsächliche Frage, die die Feststellung und Beurteilung aller Umstände des konkreten Falles verlangt".[45] Dass es bei der Proportionalität um eine tatsächliche Frage geht, wird mehrmals betont.[46] Man wird für die Feststellung der Umstände des Falles dies auch

---

[38] *Bavcon et al.*, Kazensko pravo, S. 236.

[39] *Selinšek*, Kazensko pravo, S. 122.

[40] *Bavcon et al.*, Kazensko pravo, S. 237 (Übers. d. Verf.).

[41] *Šepec*, in: Kazenski zakonik (KZ-1), Art. 22 Rn. 60.

[42] *Selinšek*, Kazensko pravo, S. 122; *Bavcon et al.*, Kazensko pravo, S. 237; *Bavcon*, Pravna praksa 37 (2018), II (II, IX); *Šepec*, in: Kazenski zakonik (KZ-1), Art. 22 Rn. 49, wobei *Šepec* in Rn. 63 ausführt, dass polizeiliche Hilfe herbeizuführen sei, wenn die Polizisten anwesend sind und sie den Angriff erfolgreich abwehren wollen und können.

[43] *Selinšek*, Kazensko pravo, S. 122.

[44] *Šepec*, in: Kazenski zakonik (KZ-1), Art. 22 Rn. 49.

[45] VSRS I Ips 104/2006 v. 15.06.2006 (Übers. d. Verf.).

[46] Siehe dazu VSRS I Ips 104/2006 v. 15.06.2006; *Bavcon et al.*, Kazensko pravo, S. 237.

schwer leugnen können, allerdings geht es bei der Beurteilung dieser Umständen m.E. immerhin um eine rechtliche Wertung, da es sich im Endeffekt
um die Bewertung der Umstände durch einen Richter handelt. Letztendlich
hat dies aber keine Auswirkung auf das Ergebnis. Primär kommt es dabei
nicht darauf an, welchen Rang die von der Notwehr betroffenen Rechtsgüter
haben.[47] Der Verteidiger kann auch ein wesentlich höherrangiges Rechtsgut
verletzen, vorausgesetzt, dass die Verteidigung die Grenze für die Abwehr
des Angriffs nicht überschreitet.[48] Die Grenze der Notwehr wird neben der
Erforderlichkeits- durch die Verhältnismäßigkeitsprüfung bestimmt, die alle
Umstände des Einzelfalles in Betracht zieht. Darunter fallen vor allem die
physische Stärke des Angreifers und des Verteidigers, die Absichten des Angreifers sowie die Angriffs- und Verteidigungsmittel.[49] Dabei wird die Notwehr öfters versagt, wenn der Verteidiger ein gefährliches Mittel benutzt und
der Angriff nur mit Fäusten erfolgt.[50] Allerdings ist dies nicht immer der
Fall.[51] Obwohl es primär nicht auf die Rechtsgüter ankommt, werden diese
vor allem in dem Fall abgewogen, wenn die Tatsachen des Geschehens
schwer zu ermitteln sind oder die betroffenen Rechtsgüter wertmäßig weit
auseinanderliegen.[52]

Interessant ist, dass man auch den inneren emotionalen Zustand des Angegriffenen und seine Wahrnehmung des Angriffs in Betracht zieht.[53] Hier ist
jedoch unklar, wie weit die Vorstellungen des Angegriffenen für die Weite
der Notwehr berücksichtigt werden sollen. Beim Fehlen der Notwehrlage
wird die „Verteidigung" in Slowenien nämlich nach den Irrtumsregeln behandelt.[54] Daraus kann abgeleitet werden, dass für Bewertung der Weite der
Notwehr primär die objektiven Umstände von Bedeutung sind und nicht der
emotionale Zustand des Angegriffenen.

Hierbei ist bemerkenswert, dass in der slowenischen Literatur und teilweise in der Rechtsprechung selten explizit betont wird, dass die Notwehrhandlung aus der *ex ante* Perspektive des Angegriffenen beurteilt wird.[55]

---

47 VSRS I Ips 196/2010 v. 02.12.2010; *Bavcon et al.*, Kazensko pravo, S. 237;
Selinšek, Kazensko pravo, S. 123; *Bele*, Kazenski zakonik, Art. 11 Rn. 7.

48 VSRS I Ips 196/2010 v. 02.12.2010; *Bele*, Kazenski zakonik, Art. 11 Rn. 7;
Šepec, in: Kazenski zakonik (KZ-1), Art. 22 Rn. 66.

49 *Bavcon et al.*, Kazensko pravo, S. 237; *Selinšek*, Kazensko pravo, S. 122 f.;
Šepec, in: Kazenski zakonik (KZ-1), Art. 22 Rn. 68.

50 Siehe etwa VSRS I 196/2010 v. 02.12.2010; VSRS Kp 5/2010 v. 17.03.2011.

51 VSRS I Ips 88/2010 v. 01.07.2010.

52 *Bavcon et al.*, Kazensko pravo, S. 237 f.

53 *Bavcon et al.*, Kazensko pravo, S. 237.

54 *Bavcon et al.*, Kazensko pravo, S. 233; *Selinšek*, Kazensko pravo, S. 121.

55 Eine Ausnahme findet sich bei *Baucon*, Pravna praksa 37 (2018), II (VII) und
bei *Šepec*, in: Kazenski zakonik (KZ-1), Art. 22 Rn. 8 und 60, die sich auf fremde

Ferner ist m.E. kritisch zu sehen, dass die Rechtsprechung die „Sicherheit" des mildesten Mittels oft nicht diskutiert und häufig nur feststellt, dass man eine mildere Verteidigung anwenden müsste. Auf die Frage, ob das mildere Mittel mit Sicherheit zur Abwendung des Angriffs führt, wird jedoch nicht weiter eingegangen.

c) Verteidigungswille

Die Verteidigung setzt schon begrifflich voraus, dass sie mit einem bestimmten Bewusstsein oder Verteidigungswillen erfolgen muss.[56] An den Verteidigungswillen werden keine besonderen Anforderungen gestellt, verlangt wird jedoch, dass dem Verteidiger bewusst war, in welcher Lage er sich befindet und handelt.[57] Der Verteidigungswille wird auch von der Rechtsprechung zumindest mittelbar vorausgesetzt, d.h. dem Notwehrübenden muss bewusst sein, dass er sich in einer Notwehrlage befindet und er sich verteidigen will.[58]

d) Notwehrexzess

Der Notwehrexzess ist in Slowenien in Art. 22 Abs. 3 sloStGB geregelt. Notwehrexzess bedeutet, dass die Handlung des Verteidigers zwar alle Voraussetzungen der Notwehr erfüllt, allerdings die Verteidigung unverhältnismäßig gewesen ist.[59] Der extensive Notwehrexzess ist in Slowenien ausgeschlossen.[60]

Das Gericht kann im Falle des Notwehrexzesses die Strafe – unabhängig von den Gründen für den Notwehrexzess – abmildern. Im Falle der Notwehrüberschreitung aus Furcht oder Gereiztheit kann das Gericht auf die Strafe vollkommen verzichten. Furcht und Gereiztheit müssen durch den Angriff hervorgerufen werden.[61]

Literatur berufen. Auch VSRS I Ips 196/2010 v. 02.12.2010 erwähnt zwar die Sicht des Angegriffenen, jedoch nur beiläufig.

[56] *Bavcon et al.*, Kazensko pravo, S. 235; *Šepec*, in: Kazenski zakonik (KZ-1), Art. 22 Rn. 57.

[57] *Bele*, Kazenski zakonik, Art. 11 Rn. 2.

[58] Siehe dazu VSRS I Ips 323/2000 v. 10.04.2003, bei dem die Notwehr allen Beteiligten in einem Handgemenge aus dem Grund versagt wird, weil sie sich nicht bewusst verteidigen wollten.

[59] *Bavcon et al.*, Kazensko pravo, S. 238f.

[60] *Baucon*, Pravna praksa 37 (2018), II (XI); *Šepec*, in: Kazenski zakonik (KZ-1), Art. 22 Rn. 93.

[61] VSRS I Ips 149/2010 v. 06.01.2011.

II. Grenzen der Notwehr

Allgemein wurden die Grenzen der Notwehr schon in den obigen Ausführungen bei der Notwehrhandlung besprochen. Hier geht es darum, diese Grenzen noch mit Bezug auf die Fälle, die in Deutschland als sozialethische Einschränkungen bekannt sind, zu diskutieren.

Die slowenische Lehre und die Rechtsprechung gehen nicht davon aus, dass die Verteidigung unbegrenzt sei. Vielmehr ist es nicht „akzeptabel, dass jemand seine Interessen, selbst wenn sie strafrechtlich geschützt sind, mit unbegrenzter Gewalt, mit allen Mitteln und um jeden Preis schützt".[62]

1. Missverhältnis zwischen den betroffenen Gütern

Die Notwehr wird in Slowenien auch mit der Rechtsbewährung begründet.[63] Der Wortlaut lässt zwar unmittelbar keine Einschränkungen über die unbedingte Erforderlichkeit hinaus zu.[64] Nichtsdestotrotz ist in den Fällen, in denen die betroffenen Güter in erheblichem Missverhältnis stehen, die Notwehr nicht zulässig. Primär kommt es nicht auf die betroffenen Güter bzw. auf die Folgen der Notwehr an, sondern auf die Intensität der Verteidigung und des Angriffs.[65] Wenn das angegriffene Rechtsgut im Vergleich mit dem beschädigten Rechtsgut des Angreifers jedoch in einem erheblichen Missverhältnis steht, wird sich dies auf die Beurteilung der Rechtfertigung auswirken.[66]

So wird zum Beispiel ein körperlicher Angriff im Falle der Beleidigung in der Regel als unverhältnismäßig erachtet.[67] Dabei wird betont, dass die Verteidigung eines Rechtsgutes von niedrigem Rang mit der Beschädigung eines höherwertigen Rechtsgutes möglich ist bzw. dass die Proportionalität nicht bedeutet, dass der Schaden durch die Verteidigung nicht deutlich schwerer als der durch den Angriff beabsichtigte Schaden sein kann.[68] Für die Verteidi-

---

[62] *Bavcon et al.*, Kazensko pravo, S. 235 (Übers. d. Verf.).

[63] Dazu *Bele*, Kazenski zakonik, Art. 11 Rn. 1: „Man kann sagen, dass heute die Notwehr die Verteidigung des Rechts gegen Unrecht bedeutet, allerdings mit Vorbehalt, dass hier die Konfrontation auf der individuellen Ebene erfolgt." (Übers. d. Verf.). Auch die Rechtsprechung spricht in VSRS I Ips 33652/201 v. 08.12.2016 über den „Kampf des Rechts (Verteidigung) gegen das Unrecht (Angriff)"; ebenso *Baucon*, Pravna praksa 35 (2016), 18.

[64] Siehe dazu auch *Baucon*, Pravna praksa 35 (2016), 18.

[65] So beispielsweise VSRS I Ips 104/2006 v. 15.06.2006.

[66] *Baucon*, Pravna praksa 37 (2018), II (IX).

[67] *Korošec et al.*, Judikatura slovenskih sodišč, S. 78 sagen sogar, dass die Verteidigung in diesem Fall „zwangsweise unproportional" ist.

[68] Siehe etwa VSL I Kp 691/1999 v. 06.10.1999.

gung des Vermögens bedeutet das, dass ein Angriff auf das Vermögen bzw. Eigentum mit dem Eingriff in die körperliche Integrität verteidigt werden kann. Dies wird jedoch nur gerechtfertigt, wenn „ein schwerer Angriff auf das Vermögen mit einem nicht so schweren Eingriff in die zum Beispiel körperliche Integrität des Angreifers abgewehrt wird".[69] Daraus folgt, dass die Verteidigung des Eigentums mit tödlichen Mitteln in Slowenien immer unverhältnismäßig ist. Einige gehen dabei noch weiter. Demnach sei die tödliche Verteidigung nur dann erlaubt, wenn ein Angriff auf das Leben vorliegt.[70] Dies wird nach *Bele* sinngemäß aus dem Art. 17 der slowenischen Verfassung[71] abgeleitet, der die Unantastbarkeit des Menschenlebens vorschreibt.[72] Da die Verfassung keine Einschränkung dieses Grundrechts zulasse, komme nur die Beschränkung des Lebens durch Rechte anderer infrage.[73] Damit im Zusammenhang schließt auch Art. 2 Abs. 2 lit. a) EMRK eine Tötung im Falle der Sachnotwehr aus.[74] Dem Einwand, dass die EMRK zwischen den Bürgern keine Anwendung findet, setzt *Ambrož* das Argument entgegen, dass der Staat nicht mehr Rechte auf andere übertragen kann, als er selbst hat.[75] Die unmittelbare Anwendung ist jedoch abzulehnen, weil die EMRK nicht den Zweck hat, die Verhältnisse zwischen den Bürgern zu regeln. Die objektive Werteordnung der Verfassung und der EMRK kann aber eine mittelbare Wirkung bei der Auslegung entfalten.[76] Dies bedeutet, dass die Wertung, das Leben sei das höchste Rechtsgut, bei der Auslegung der Notwehrmerkmale berücksichtigt werden muss. In diesem Sinne muss bei einem Angriff auf einen Sachwert das Merkmal der Erforderlichkeit, das in Slowenien auch als Proportionalität verstanden wird, enger ausgelegt werden.

Demgegenüber ist allerdings eine Begrenzung der tödlichen Notwehr nur auf lebensgefährliche Angriffe abzulehnen. Es ist mit keinem der Grundprinzipien der Notwehr vereinbar, wenn ein Angriff auf den Körper nur mit einer nichtlebensgefährlichen Verteidigung abgewehrt werden kann. Dies birgt eine potenzielle Eskalationsgefahr und ist für die essenziellen Rechtsgüter des Verteidigers mit Risiken behaftet. Außerdem wäre das Vertrauen in die Rechtsordnung dadurch geschwächt. Im Übrigen spricht der Wortlaut des

---

[69] *Selinšek*, Kazensko pravo, S. 123 (Übers. d. Verf.).

[70] *Bele*, Kazenski zakonik, Art. 11 Rn. 8.

[71] Ustava Republike Slovenije, Uradni list RS, Nr. 33/91-I, 42/97, 66/2000, 24/03, 69/04, 68/06, 47/13, 75/16.

[72] *Bele*, Kazenski zakonik, Art. 11 Rn. 8.

[73] *Bele*, Kazenski zakonik, Art. 11 Rn. 8.

[74] *Baucon*, Pravna praksa 37 (2018), II (VII); *Ambrož*, in: Bavcon (Hrsg.), Pravne razsežnosti človekovih pravic, 103 (105); *Šepec*, in: Kazenski zakonik (KZ-1), Art. 22 Rn. 75 f.

[75] *Ambrož*, in: Bavcon (Hrsg.), Pravne razsežnosti človekovih pravic, 103 (105).

[76] Siehe dazu bereits oben Teil 2 C. I.

Art. 22 Abs. 2 sloStGB klar dagegen, wonach im Gegensatz zum Notstand nach Art. 32 Abs. 1 sloStGB keine unmittelbare Rechtsgüterabwägung gefordert wird.

Insgesamt kann man für diese Fallgruppe sagen, dass die Notwehrgrenzen in Slowenien beim Missverhältnis der Rechtsgüter enger gezogen werden. Die Tötung oder schwere körperliche Verletzung zum Schutz von Sachwerten ist in Slowenien in keinem Fall erlaubt. Der fehlende Anknüpfungspunkt im Wortlaut wird dabei nicht als Problem gesehen.

2. Angriffe von schuldlos Handelnden

In Slowenien werden die Angriffe schuldlos Handelnder nicht einheitlich bewertet. Einige Autoren bezweifeln bei Angriffen von Kindern generell die Voraussetzung der Erforderlichkeit, weil ein solcher Angriff oft das betroffene Rechtsgut nicht wirklich gefährdet.[77] Beispielsweise wird in einem Fall mit einem sich wehrenden Boxer und einem 10-jährigen Kind die Erforderlichkeit der Verteidigung nicht vorhanden sein.[78] Andere begründen die Einschränkung der Notwehr bei Angriffen von schuldlos Handelnden mit der fehlenden Beeinträchtigung des Rechtsbewährungsprinzips.[79]

Die Rechtsprechung berücksichtigt hingegen die subjektiven Umstände des Angreifers bei den Proportionalitätserwägungen. So wird regelmäßig der Alkoholgrad des Angreifers in der Rechtsprechung beachtet.[80] In VSK II Kp 21017/2014 v. 24.06.2015 war der Angreifer für den Verteidiger sichtbar alkoholisiert (1,58 g/L = 1,49 ‰). Dieser Umstand wurde in der Weise beachtet, dass der Angreifer aufgrund der Alkoholisierung nicht so stark angreifen kann und der Verteidiger dies bei der Abwehr beachten müsste. Die Verteidigung war somit nicht verhältnismäßig zu dem Angriff. Konkret wurde in dem Fall der Verteidiger durch den berauschten Angreifer körperlich angegriffen und der Abwehrende hat sich mit einem Schlag auf das Auge verteidigt. Das Gericht hat u. a. aufgrund der Alkoholisierung geschlussfolgert, dass der Verteidiger sich auch anders erfolgreich verteidigen könnte. Er könnte den Angreifer beispielsweise in weniger gefährliche Bereiche schlagen oder ihn wegstoßen. Das Gericht hat somit den Umstand der Alkoholisierung bei der Erforderlichkeit berücksichtigt und nicht bei der Verhältnis-

---

[77] *Bele*, Kazenski zakonik, Art. 11 Rn. 6.

[78] *Bavcon et al.*, Kazensko pravo, S. 237.

[79] *Šepec*, in: Kazenski zakonik (KZ-1), Art. 22 Rn. 85.

[80] VSK II Kp 21017/2014 v. 24.06.2015; VSRS I Ips 50079/2015 v. 14.07.2017, bei dem es zwar heißt, dass die Alkoholisierung die Gefährlichkeit des Angriffs nicht unbedingt verringert, allerdings sind die Tatumstände anders, weil der Verteidiger zuerst den Angriff mit dem Wegschieben abgewehrt hat.

mäßigkeit. Die Entscheidung zeigt aber, dass der Umstand, dass der Angreifer alkoholisiert ist, auch in Slowenien Beachtung findet.

Bei der Entscheidung bleiben jedoch Zweifel, ob die Alkoholisierung des Angreifers – insbesondere bei Nichtüberschreitung der Schwelle der Schuldunfähigkeit – wirklich bedeutet, dass er nicht so stark angreifen kann. Oft ist gerade die Alkoholisierung der Grund, dass der Angreifer seinen Angriff maßlos ausübt und stärker angreift. Man kann dies m.E. jedoch nicht generell voraussetzen, sondern es muss im Einzelfall geprüft werden.

In VSRS I Ips 50079/2015 v. 14.07.2017 wurde betont, dass die Alkoholisierung des Angreifers nicht von selbst die Gefährlichkeit des Angriffs verringert. In dem Fall hat der Verteidiger den Angriff zuerst erfolgreich mit einem Schultergriff abgewehrt, danach hat er sich jedoch noch mit einem Faustschlag ins Gesicht verteidigt. Das Gericht der ersten Instanz hat hier die Notwehr abgelehnt, da der Angriff beim Faustschlag nicht mehr gegenwärtig gewesen sei. Die höhere Instanz hat jedoch das Urteil zurückverwiesen, weil sie von einem beendeten Angriff nicht überzeugt war und die Alkoholisierung des Angreifers nicht von selbst die Gefährlichkeit des Angriffs verringert habe.

In der slowenischen Literatur wird die Begrenzung der Notwehr bei schuldlos Handelnden nach der Recherche des Verfassers lediglich in einem Aufsatz mit Berufung auf kroatische und auch deutsche Literatur behandelt.[81] Vertreten wird die Ansicht, dass bei Schuldunfähigen der Angriff grundsätzlich in drei Stufen abgewehrt werden muss. Zunächst muss der Verteidiger ausweichen, dann erst darf er mit defensiven Notwehrmaßnahmen und schließlich mit offensiven Handlungen gegen den Angreifer vorgehen.[82] In der Rechtsprechung hat sich diese Sichtweise noch nicht in der gleichen Weise durchgesetzt.

Zusammenfassend kann man feststellen, dass die Angriffe schuldlos Handelnder und vermindert Schuldiger durchaus Folgen für die Beurteilung der Notwehrsituation haben. Die Einbeziehung erfolgt in der Rechtsprechung jedoch eher unsystematisch und ohne klare Kriterien.

3. Notwehr im Rahmen von engen persönlichen Beziehungen

In der slowenischen Standardliteratur für das Strafrecht wird diese Fallgruppe selten erwähnt.[83] Die Gruppe wird z.B. im Aufsatz von *Baucon* mit

---

81 *Baucon*, Pravna praksa 35 (2016), 18 (19).
82 *Baucon*, Pravna praksa 35 (2016), 18 (19).
83 *Bavcon et al.*, Kazensko pravo, S. 239 erwähnen die Fallgruppe und betonen, dass die Theorie und die Rechtsprechung die Verhältnismäßigkeit zwischen der Inten-

Verweisen auf ausländische Literatur diskutiert.[84] Lediglich *Šepec* vertritt die Ansicht, dass eine Notwehreinschränkung in Garantenverhältnissen eingeschränkt werden muss, allerdings gilt dies nicht bei gescheiterten Familienbeziehungen und langjähringem Missbrauch.[85] In der Rechtsprechung findet sich ein Fall, bei dem in der ersten und der zweiten Instanz der Umstand, dass die an der Notwehrsituation beteiligten Personen Ehegatten sind, keine Rolle gespielt hat.[86] Ebenso wird in anderen Urteilen die enge Beziehung zwischen dem Angreifer und dem Verteidiger nicht diskutiert.[87] Daraus kann man schließen, dass in Slowenien die Notwehr zwischen Ehegatten aufgrund der Nähebeziehung überwiegend nicht eingeschränkt wird.

4. Notwehrprovokation

Notwehrsituationen haben oft ihren Ursprung in zuvor entstandenen Konflikten. Diese Situationen sind ebenso wie in Deutschland auch in Slowenien häufig in der Rechtsprechung anzutreffen.[88] Es gibt wiederum keine explizit ausgearbeitete Dogmatik zu dieser Frage. Das (rechtswidrige) Vorverhalten wird jedoch in der Rechtspraxis unterschiedlich zum Ausdruck kommen.

Wenn der Verteidiger mit dem Vorsatz handelt, den Angreifer später unter dem Vorwand der Notwehr anzugreifen, wird dies in Slowenien von der Rechtsprechung als Missbrauch der Notwehr gesehen und daher steht dem Verteidiger kein Notwehrrecht zu.[89] In VSRS I Ips 94/1998 v. 21.03.2002 führt das Gericht dieses Ergebnis auf *actiones illicitae in causa* zurück, was jedoch nicht besonders begründet wird und aus mehreren Gründen nicht tragfähig ist.[90] Des Weiteren wird gesagt, dass die Notwehr im Übrigen

---

sität des Angriffs und der Verteidigung oder die Erforderlichkeit bei Vorhandensein der Garantenverhältnisse strikter beurteilt. Die Nachweise dafür bleiben die Autoren jedoch schuldig.

[84] *Baucon*, Pravna praksa 35 (2016), 18 (19).

[85] *Šepec*, in: Kazenski zakonik (KZ-1), Art. 22 Rn. 86.

[86] K 61/95-40 Krško, Kp 288/96, zitiert nach *Korošec et al.*, Judikatura slovenskih sodišč, S. 84 f.

[87] VSRS I Ips 196/2010 v. 02.12.2010; VSRS Kp 5/2010 v. 17.03.2011, der Fall war auch in Medien präsent: *Stojiljković*, O umoru že tretjič, abrufbar unter www.siol.net/novice/crna-kronika/o-umoru-ze-tretjic-183652, zuletzt abgerufen am 26.06.2021.

[88] VSL VII Kp 5404/2016 v. 18.07.2017; VSRS I Ips 94/1998 v. 21.03.2002; VSL Kp 902/93 v. 21.10.1993; VSM I Kp 842/2005 v. 22.09.2006; VSL Kp 1189/1993 v. 13.10.1993.

[89] VSRS I Ips 94/1998 v. 21.03.2002; VSL Kp 902/1993 v. 21.10.1993.

[90] Siehe dazu auch Teil 2 C. IV.

auch bei provozierten Angriffen erlaubt ist.[91] Bei sonst provozierten Angriffen werden dabei keine Einschränkungen vorgenommen.

In der Literatur wird dies ähnlich gesehen. Bei der absichtlichen Notwehrprovokation handelt es sich grundsätzlich nicht um eine „Notwehrsituation", weil die Verteidigung nur fingiert ist.[92] Die Provokation wird schon als Anfang des Angriffs gesehen, in dem beide Seiten rechtswidrig handeln.[93] Richtigerweise handelt es sich dabei schon um eine Notwehrlage, gemeint ist aber, dass die Verteidigung nicht gegeben ist, weil der Notwehrübende nicht mit Verteidigungs-, sondern mit Angriffsabsicht handelt. *Bele* betont hierbei, dass dies nicht für alle Fälle gilt, sondern die Rechtfertigung nur dann nicht gegeben ist, wenn der Angreifer im Rahmen dessen bleibt, was der Provozierende sich vorgestellt hat.[94] Beispielweise stehe das Notwehrrecht dem Provokateur wieder zu, wenn seine Provokation nur auf einen Kampf mit Fäusten gerichtet war, der Angreifer allerdings mit Waffen angreift.[95] Dies findet sich auch in mehreren Entscheidungen wieder. Zum Beispiel folgt dies sinngemäß aus der Entscheidung VSL Kp 1189/93 v. 13.10.1993. Vereinfacht hat der Angeklagte den Angriff mit Worten und Schlägen provoziert und den Angreifer danach mit dem Messer gestochen. Der Angeklagte bzw. der Verurteilte hat behauptet, dass auf der Seite des Angreifers noch dessen vier Freunde mitangegriffen hätten, was sich aber als nicht wahr herausstellte. Das Gericht hat im Urteil betont, dass sich der Angegriffene auch mit einem Messer hätte verteidigen dürfen, falls noch vier Freunde des Angreifers in den Streit eingetreten wären, weil dies darauf hinweist, dass der Angriff so schwerwiegend ist, dass auch eine Abwehr mit einem Messer gerechtfertigt sein kann.[96] Daraus könnte sinngemäß folgen, dass die Notwehr für den Angegriffenen wieder auflebt, wenn der provozierte Angriff das Maß der Provokation überschreitet. Man kann jedoch nicht ausschließen, dass das Gericht einfach die Abwehr mit dem Messer beim Angriff mit Fäusten als unverhältnismäßig angesehen hat, was jedoch im Urteil nicht ausgedrückt wird.

Eine stufenweise Vorgehensweise ist aus der Rechtsprechung nicht ableitbar. Dies wird aus VSL VII Kp 5404/2016 v. 18.07.2017 ersichtlich. Der Angreifer hat den „Verteidiger" im Wald mit einem Pickel verfolgt, nachdem ihn dieser mit rechtswidrigem Fotografieren provoziert hat. Der „Verteidiger"

---

91 VSRS I Ips 94/1998 v. 21.03.2002.
92 *Selinšek*, Kazensko pravo, S. 121; ähnlich *Bele*, Kazenski zakonik, Art. 11 Rn. 4; auch *Šepec*, in: Kazenski zakonik (KZ-1), Art. 22 Rn. 90.
93 *Bele*, Kazenski zakonik, Art. 11 Rn. 4.
94 *Bele*, Kazenski zakonik, Art. 11 Rn. 4.
95 *Bele*, Kazenski zakonik, Art. 11 Rn. 4.
96 VSL Kp 1189/93 v. 13.10.1993.

hat den Verfolger danach durch die Bedrohung mit einer Pistole von der Verfolgung abgehalten. Das Gericht hat hier die Notwehr des „Verteidigers" abgelehnt, weil es u. a. angenommen hat, dass er die Pistole mitgebracht hat, falls es zu einer Auseinandersetzung kommt.[97] Er hat somit mindestens in Kauf genommen, dass er angegriffen wird und sich „verteidigen" muss. Dass der angebliche Verteidiger der Auseinandersetzung ausweichen müsste, hat das Gericht nicht verlangt.[98] Dies deutet daraufhin, dass die Rechtsprechung offensichtlich manchmal auch bei bedingt vorsätzlichen Provokationen die Notwehr gänzlich ablehnt.

In der Literatur findet sich die Meinung, dass die Provokation rechtswidrig sein muss, um Auswirkungen zu haben.[99] In der Rechtsprechung wird die Rechtswidrigkeit der Provokation nicht explizit thematisiert. Dies zeigt das folgende Urteil. In VSRS I Ips 94/1998 v. 21.03.2002 wird die Notwehr dem Angeklagten versagt, weil er die Situation mit Absicht und gesichertem Wissen über die Aggressivität des Angreifers so provoziert hat, dass er ihm vorgeworfen hat, er habe in der Vergangenheit einen Anwesenden ohne Grund verletzt. Das Gericht ist hier nicht auf die Frage eingegangen, ob diese Provokation rechtswidrig ist. Es hat nur festgestellt, dass der Angeklagte den Angreifer absichtlich zum Angriff gebracht hat. Zweifelhaft ist hier auch, wie man dem Angeklagten die Absicht und sicheres Wissen über das Vorgehen des Angreifers beweisen konnte und warum er für die allgemeine Aggressivität des Angreifers verantwortlich sein sollte, wenn er nichts Rechtswidriges getan hat. Gleichwohl muss noch angemerkt werden, dass die Provokation bzw. der vorherige beendete Angriff in der Rechtsprechung bei der Strafzumessung Beachtung finden kann.[100]

Interessant ist noch Folgendes. Die Gerichte in Slowenien versagen oft die Notwehr für beide Seiten bei gegenseitigen Streitigkeiten, die in ein Handgemenge ausarten.[101] Die Rechtsprechung geht sogar davon aus, dass „die physische Abrechnung das Notwehrrecht ausschließt".[102] Unter anderem wird auch damit argumentiert, dass in solchen Situationen keiner einen Verteidigungswillen aufweist.[103] Davon machen die Gerichte jedoch wiederum

---

[97] VSL VII Kp 5404/2016 v. 18.07.2017.
[98] Ebenso wurde keine Ausweichpflicht in VSL Kp 1189/93 v. 13.10.1993 verlangt.
[99] Rechtswidrigkeit der Provokation verlangt *Baucon*, Pravna praksa 35 (2016), 18.
[100] So zum Beispiel VSL I Kp 673/1999 v. 10.11.1999.
[101] Siehe VSC Kp 111/2000 v. 21.03.2000; VSRS I Ips 26/2007 v. 18.10.2007; VSRS I Ips 323/2000 v. 10.04.2003.
[102] VSC Kp 111/2000 v. 21.03.2000 (Übers. d. Verf.).
[103] VSRS I Ips 323/2000 v. 10.04.2003.

Ausnahmen, wenn die Intensität des Angriffs das Leben oder den Körper des Beteiligten über das erwartete Maß gefährden würde.[104] In solchen Situationen muss genau geprüft werden, ob eine Notwehrsituation besteht oder nicht. Eine etwaige pauschale Versagung der Notwehr gegenüber allen Teilnehmern ist kritisch zu sehen, weil jeder ein Notwehrrecht hat, unabhängig davon, ob die Streitigkeit mit mehreren Personen besteht.

Allgemein ist somit festzustellen, dass eine einheitliche oder dogmatisch gut herausgearbeitete Vorgehensweise in der Rechtsprechung oder der Lehre hinsichtlich der provozierten Notwehr nicht zu finden ist. Die vorsätzliche Provokation und das schuldhafte Vorverhalten werden in Slowenien meistens nicht thematisiert.

III. Vereinbarkeit der Notwehreinschränkungen mit dem Gesetzeswortlaut

In Slowenien stellt sich die gleiche Frage hinsichtlich des Wortlautes wie in Deutschland. Die Frage ist zudem gravierender, weil der Wortlaut keine „Gebotenheit" beinhaltet. Ebenso ist in Slowenien ähnlich wie in Deutschland das Gesetzlichkeitsprinzip in Art. 28 Abs. 1 der slowenischen Verfassung verankert.[105] Fraglich ist somit, ob die Worte „unbedingt erforderlich" die Einschränkungen der Notwehr umfassen. Diese Frage wird in der slowenischen Literatur nicht gesondert behandelt und wurde auch nicht höchstrichterlich entschieden. Dazu schreibt *Bele,* dass üblicherweise „unbedingt" als Verhältnismäßigkeit oder Proportionalität ausgelegt wird.[106] Manchmal wird anerkannt, dass der Gesetzeswortlaut die Einschränkungen nicht ausdrücklich vorsieht.[107]

Nach dem allgemeinen Sprachgebrauch bringt „unbedingt erforderlich" jedoch nicht mehr zum Ausdruck als der Ausdruck „erforderlich".[108] Dies zeigt auch die Gleichsetzung der Definition der Notwehr nach § 41 des preußischen Strafgesetzbuches[109] mit der heutigen slowenischen Notwehrregelung.[110] Ebenso wird die heutige Notwehrdefinition der gegenwärtigen deut-

---

[104] VSRS I Ips 26/2007 v. 18.10.2007.

[105] Art. 28 Abs. 1 der slowenischen Verfassung lautet: *„Niemand darf für eine Handlung bestraft werden, die nicht durch Gesetz für strafbar bestimmt ist und für die zum Zeitpunkt der Handlung keine Strafe vorgesehen wurde."* (Übers. d. Verf.).

[106] *Bele,* Kazenski zakonik, Art. 11 Rn. 7.

[107] *Baucon,* Pravna praksa 35 (2016), 18.

[108] So bereits *Čubinski,* Naučni i praktični komentar Krivičnog zakonika § 24, S. 83.

[109] Siehe oben Teil 2 A. I. 5. a).

[110] *Kambič,* Zbornik znanstvenih razprav 1999, 143 (144).

schen gleichgesetzt.[111] Dies bedeutet, dass der Wortlaut nicht notwendig eine Proportionalität der Notwehr zulässt. Die slowenische Rechtsprechung nimmt die Einschränkungen jedoch nicht so explizit vor. Man bewegt sich stets im Rahmen der unbedingten Erforderlichkeit. Die Umstände wie Alkoholisierung oder Provokationen werden berücksichtigt; es wird jedoch nicht davon gesprochen, dass man die Notwehr einschränkt. Es geht somit eher um eine Art Auslegung der „unbedingten Erforderlichkeit" in verfassungsmäßiger Weise als eine Einschränkung der Notwehr über die unbedingte Erforderlichkeit hinaus.

IV. Zusammenfassung

Insgesamt kann man feststellen, dass bei den Voraussetzungen der Notwehr meistens die Erkenntnisse der deutschen, österreichischen oder auch kroatischen Dogmatik in die slowenische Dogmatik einfließen. So wird der Angriff auf alle individuellen Rechtsgüter erfasst, der Notwehrübende muss nicht ausweichen oder fremde Hilfe herbeiführen, der Verteidigungswille wird verlangt und die Erforderlichkeitsprüfung bestimmt sich ähnlich. Neu ist allerdings, dass explizit auch eine Verhältnismäßigkeit der Notwehr verlangt wird.

Zudem gibt es bei den Grenzen der Notwehr bzw. bei den Fallgruppen der Einschränkungen der Notwehr mehr Unterschiede. Dies hat sich vor allem bei der Sachnotwehr und der Behandlung von engen familiären Verhältnissen herausgestellt. Bei der Sachnotwehr werden die Grenzen in Slowenien enger gezogen. Demgegenüber wird die Notwehr in engen familiären Verhältnissen nicht aufgrund dieser Umstände eingegrenzt. Während die Angriffe von Schuldlosen unterschiedlich betrachtet werden, sind die Provokationsfälle in Slowenien nicht so differenziert ausgearbeitet. Interessant ist zudem, dass die Notwehr bei gegenseitigen Streitigkeiten oder Provokationen einfach für beide ausgeschlossen wird, außer wenn das erwartete Maß überschritten wird.

Die Analyse des Wortlautes hat darüber hinaus ergeben, dass die Einschränkungen der Notwehr daraus nicht explizit ableitbar sind. Die Rechtsprechung nimmt sie jedoch nicht in gleicher Weise wie in Deutschland vor. Die Umstände wie zum Beispiel Alkoholisierung werden bei der Bewertung der Proportionalität zwischen dem Angriff und der Verteidigung ins Spiel gebracht. Das Verbot tödlicher Verteidigung bei einer Sachnotwehr wird u. a. auch aus der Verfassung abgeleitet.

---

[111] *Korošec*, JOR 42 (2001), 111 (114 Fn. 8).

Alles in allem hat Slowenien eine moderne europäische Notwehrregelung. Die Rechtsprechung könnte die Notwehr jedoch an mehreren Stellen differenzierter betrachten und zudem für mehr Einheitlichkeit in der Rechtsentwicklung sorgen.

B. Weitere Länder des ehemaligen Jugoslawien

Im Folgenden sollen noch einige Länder des ehemaligen Jugoslawien im Überblick behandelt werden, die allesamt eine sehr ähnliche Rechtsentwicklung aufweisen. Im Hinblick auf das materielle Strafrecht wird am meisten das deutsche Strafrecht rezipiert. Aus diesem Grund werden die Berichte in der gebotenen Kürze erfolgen.

I. Kroatien

1. Das Notwehrrecht und seine Entwicklung

Das Notwehrrecht wird in Kroatien in Art. 21 des kroatischen StGB[112] (krStGB) wie folgt bestimmt:

(1)   Die Tat, die in Notwehr begangen wird, ist nicht rechtswidrig.

(2)   Notwehr ist die Verteidigung, die für den Täter unbedingt erforderlich ist, um den gegenwärtigen oder unmittelbar bevorstehenden rechtswidrigen Angriff von ihm oder einem Dritten abzuwenden.

(3)   Der Täter, der die Grenzen der Notwehr überschritten hat, kann milder bestraft werden.

(4)   Derjenige, der die Grenzen der Notwehr aufgrund von starker Furcht überschreitet, handelt nicht schuldhaft.

a) Grundlagen der Notwehr

Die Lehre geht dogmatisch davon aus, dass das Notwehrrecht auf den beiden bereits oben erwähnten Grundgedanken des Notwehrrechts beruht; das ist zum einen das Selbstschutzprinzip und zum anderen das Rechtsbewährungsprinzip, das auch als „Affirmationsprinzip" bezeichnet wird.[113] So-

---

[112] Kazneni zakon, Narodne novine, Nr. 125/2011, 144/12, 56/15, 61/15, 101/2017 (Übers. d. Verf.).
[113] *Novoselec*, Òpći dio kaznenog prava, S. 152; *Novoselec*, in: Matovski/Novoselec (Hrsg.), Zbornik na trudovi na Pravniot fakultet „Justinijan Prvi" vo Skopje, 111

mit verteidigt der Notwehrübende neben seinen individuellen Gütern zugleich die Rechtsordnung. Diese beiden Aspekte werden dann auch als Grundlage für die Einschränkungen der Notwehr herangezogen.[114]

b) Entwicklung des Notwehrrechts

Eine bedeutende Rechtsquelle in Kroatien, in der auch strafrechtliche Vorschriften zu finden sind, ist das Gesetzbuch aus Vinodol aus dem Jahr 1288. Dort wurde überwiegend das gewöhnliche Recht kodifiziert.[115] In Art. 71 ist ein Erlaubnissatz zu finden, nach dem der nächtliche Dieb getötet werden kann, wenn man ihn nicht lebend aufhalten kann. In der weiteren Entwicklung ist das kroatische Strafrecht durch ungarisch-kroatisches Gewohnheitsrecht und später durch österreichisches Recht geprägt.[116]

Aufgrund der ähnlichen Geschichte mit Slowenien, vor allem seit dem Ende des Ersten Weltkrieges, wird an dieser Stelle nur die Entwicklung des kroatischen Notwehrrechts nach der Unabhängigkeit Kroatiens kurz angerissen.

Nach der Unabhängigkeitserklärung Kroatiens im Jahr 1990 wurde zuerst das Strafgesetzbuch Jugoslawiens und Kroatiens aus dem Jahr 1977 angewendet. Am 01.01.1998 ist das erste kroatische StGB in Kraft getreten. Die Notwehr wurde in Art. 29 festgesetzt. Die Notwehrregelung gleicht fast wortwörtlich der vorherigen Regelung. Lediglich beim Notwehrexzess ist ein fakultativer Straferlass möglich, wenn der Täter die Notwehrgrenzen aus Furcht oder Aufgeregtheit überschritten hat. Mit dem Strafgesetzbuch aus dem Jahr 2011 (krStGB) – das am 01.01.2013 in Kraft getreten ist – ist mit dem Art. 21 krStGB die aktuelle Notwehrregelung entstanden. Die aktuelle Regelung stimmt wiederum fast wortgleich mit der vorherigen Regelung überein. Der Unterschied ist jedoch, dass für den Notwehrexzess aus Furcht bestimmt wird, dass der Täter nicht schuld ist. Somit ist in diesen Fällen ein obligatorischer materieller Schuldausschlussgrund vorgesehen. Die Möglichkeit des Notwehrexzesses aus Gereiztheit ist zudem aus der Notwehrregelung gestrichen worden.

---

(112); *Grozdanić et al.*, Kazneno pravo, S. 112; Komentar Kaznenog zakona-*Pavišić*, Art. 29 Rn. 2; *Novoselec/Martinović*, Komentar Kaznenog zakona, S. 117 f.

114 *Bačić*, Kazneno pravo, S. 151 f.; *Novoselec*, in: Matovski/Novoselec (Hrsg.), Zbornik na trudovi na Pravniot fakultet „Justinijan Prvi" vo Skopje, 111; *Novoselec/ Martinović*, Komentar Kaznenog zakona, S. 117 f.

115 *Novoselec*, Opći dio kaznenog prava, S. 30.

116 *Novoselec*, Opći dio kaznenog prava, S. 30.

c) Notwehrmerkmale im Überblick

aa) Notwehrlage

Die Notwehrlage setzt einen bevorstehenden oder gegenwärtigen Angriff voraus. Dieser Angriff muss von einem Menschen ausgehen und besteht bei der unmittelbaren Gefährdung der Verletzung von Rechtsgütern.[117] Die Rechtsgüter, die in Notwehr verteidigt werden können, sind durch das Gesetz nicht begrenzt.[118] Die kroatische Rechtsprechung betont jedoch, dass üblicherweise Leib oder Leben, Freiheit, Eigentum und Ehre verteidigt werden.[119] Die individuellen Rechtsgüter des Staates als rechtliche Person sind daher auch notwehrfähig, die kollektiven Rechtsgüter bzw. die Rechtsordnung als solche allerdings nicht.[120] Es muss somit immer ein individueller Schutz tangiert sein, die Rechtsbewährung alleine reicht für das Notwehrrecht nicht aus.[121]

Dem Gesetzeswortlaut nach muss der Angriff entweder bevorstehen oder gegenwärtig sein. Der Angriff steht grundsätzlich bevor, wenn es ohne Verteidigung jederzeit zu einer Verletzung des Rechtsgutes kommen kann.[122] *Novoselec* führt hierzu ein Beispiel des Angreifers an, der in die Tasche greift, um eine Pistole herauszunehmen, wobei es schon in diesem Moment erlaubt ist, auf ihn zu schießen.[123] Der Angriff ist hingegen noch nicht gegenwärtig, wenn der Angreifer mit einem Beil 10 Metern vom Verteidiger entfernt ist und das Beil noch nicht hebt und an der Stelle bleibt.[124] Die Notwehr bleibt bis zum Ende des Angriffs möglich.[125]

Der Angriff muss zudem objektiv vorhanden sein.[126] Schließlich muss der Angriff rechtswidrig sein. Für die Rechtswidrigkeit gelten keine Besonderheiten. Rechtswidrigkeit setzt keine rechtswidrige Straftat voraus, sondern ist

---

[117] *Novoselec*, Opći dio kaznenog prava, S. 153; *Novoselec/Martinović*, Komentar Kaznenog zakona, S. 118.

[118] *Mršić*, Hrvatska pravna revija 3 (2003), 71.

[119] VSRH I Kž 799/76 v. 20.05.1976.

[120] *Pavlović*, Kazneni zakon, S. 66; *Novoselec*, Opći dio kaznenog prava S. 154; *Novoselec/Martinović*, Komentar Kaznenog zakona, S. 119.

[121] *Novoselec*, Opći dio kaznenog prava, S. 154.

[122] *Novoselec*, Opći dio kaznenog prava, S. 156; dazu auch VSRH Kž 1083/1993-3 v. 12.05.1994.

[123] *Novoselec*, Opći dio kaznenog prava, S. 156.

[124] VSRH I Kž-292/94 Izbor 1/1995, 141, zitiert nach *Novoselec*, Opći dio kaznenog prava, S. 156.

[125] *Novoselec*, Opći dio kaznenog prava S. 157.

[126] *Grozdanić et al.*, Kazneno pravo, S. 114; *Mršić*, Hrvatska pravna revija 3 (2003), 71.

auch bei Verletzungen von anderen Vorschriften vorhanden.[127] Die Rechtswidrigkeit des Angriffs ist nicht gegeben, wenn der „Angreifer" in Notwehr oder im Notstand handelt.[128] Schuldhaftes Handeln ist nicht erforderlich.[129]

bb) Notwehrhandlung

Die Voraussetzung der Notwehrhandlung ist die unbedingte Erforderlichkeit. Damit ist die Verteidigung gemeint, die zur Abwehr des Angriffs notwendig und für den Angreifer am mildesten ist.[130] Der Verteidiger muss dabei dem Angriff nicht ausweichen.[131] In die Betrachtung werden „alle Umstände des Falles, vor allem aber die Stärke des Angriffs, die Gefährlichkeit des Angreifers und die Verteidigungsmittel, die dem Angegriffenen zur Verfügung stehen", einbezogen.[132] Verlangt wird zudem, dass „Proportionalität zwischen der Intensität und Gefährlichkeit des Angriffs und der Verteidigung" besteht.[133]

Der Angegriffene muss zudem im Rahmen der Erforderlichkeit fremde Hilfe in Anspruch nehmen, wenn eine fremde Person hilfsbereit ist und „rechtzeitig und effektiv" Hilfe leisten kann.[134] Fraglich ist, wie sich die angegriffene Person überzeugen kann, ob Dritte bereit sind, effektiv einzugreifen. Jedenfalls finden sich in der Rechtsprechung dazu mehrere Fälle, aus denen hervorgeht, dass dafür die vergangenen Erfahrungen maßgeblich sind. So hat zum Beispiel ein angegriffener Mitarbeiter kein Recht, sich im Streit mit einem anderen Mitarbeiter mit einem Stich in den Brustkorb zu verteidigen, wenn daneben andere Mitarbeiter stehen, die bei ähnlichen vorherigen Streiten schon interveniert haben.[135]

---

[127] *Novoselec*, Opći dio kaznenog prava, S. 154.

[128] *Grozdanić et al.*, Kazneno pravo, S. 213; *Novoselec*, Opći dio kaznenog prava, S. 154 f.; *Novoselec/Martinović*, Komentar Kaznenog zakona, S. 120.

[129] *Novoselec*, Opći dio kaznenog prava, S. 155.

[130] *Grozdanić et al.*, Kazneno pravo, S. 115; *Mršić*, Hrvatska pravna revija 3 (2003), 71.

[131] VSRH I Kž 40/06-3 v. 12.05.2006; *Novoselec/Martinović*, Komentar Kaznenog zakona, S. 118.

[132] *Novoselec*, Opći dio kaznenog prava, S. 157 (Übers. d. Verf.); siehe auch *Grozdanić et al.*, Kazneno pravo, S. 115; *Bačić*, Kazneno pravo, S. 154; VSRH I Kž 40/06-3 v. 12.05.2006.

[133] *Bačić*, Kazneno pravo, S. 154 (Übers. d. Verf.).

[134] *Novoselec*, Opći dio kaznenog prava, S. 160; *Novoselec/Martinović*, Komentar Kaznenog zakona, S. 125.

[135] VSRH I Kž 6/91, Pregled 47, 139, zitiert nach *Novoselec*, Opći dio kaznenog prava, S. 160.

Die Notwehrhandlung setzt nach dem kroatischen Recht nicht voraus, dass das angegriffene Rechtsgut in einem bestimmten Verhältnis zu dem verletzten Rechtsgut steht.[136] Eine einzige Ausnahme wird gemacht, wenn ein Angriff auf Eigentum oder Besitz vorliegt und die Verteidigung nur mit tödlichen Mitteln abgewehrt werden könnte.[137] Dies leite sich aus dem Art. 2 Abs. 2 lit. a) EMRK als zwingend – trotz des Einwands der Geltung nur im Verhältnis zwischen dem Staat und Bürger – mit dem Argument ab, dass die Bürger nicht mehr Rechte als der Staat haben können.[138] Trotz dieser Ansicht wird im Grundsatz nur eine Verhältnismäßigkeit zwischen dem Angriff und der Verteidigung und keine Verhältnismäßigkeit zwischen den betroffenen Rechtsgütern vorausgesetzt.[139] Dies bedeutet aber dennoch, dass bei besonders auffälligen Missverhältnissen die betroffenen Rechtsgüter für die Notwehrbeurteilung an Bedeutung gewinnen.[140]

cc) Verteidigungswille

Der Verteidigungswille wird von den meisten kroatischen Autoren bei der Abwehr vorausgesetzt.[141] Ohne einen subjektiven Verteidigungswillen hat der Angegriffene kein Recht auf Abwehr.[142] Der subjektive Wille zur Notwehr wird als ein notwendiger organischer Teil des Begriffes „Abwehr" gesehen.[143] Der subjektive Wille begründet sich durch die „Natur der Notwehr", weil ansonsten nur eine Zufallsnotwehr vorliegen würde.[144]

dd) Notwehrexzess

Der Notwehrexzess wird in Art. 21 Abs. 3 und Abs. 4 krStGB geregelt. Der intensive Notwehrexzess unterscheidet sich dabei vom extensiven Notwehrexzess. Beim intensiven Notwehrexzess wird die Verteidigungsintensität

---

[136] VSRH I Kž 654/07-3 v. 27.12.2007; *Bačić*, Kazneno pravo, S. 155; *Novoselec*, Opći dio kaznenog prava, S. 161; *Novoselec/Martinović*, Komentar Kaznenog zakona, S. 126.

[137] *Bačić*, Kazneno pravo, S. 155; *Grozdanić et al.*, Kazneno pravo, S. 116; *Novoselec*, Opći dio kaznenog prava, S. 162; *Novoselec/Martinović*, Komentar Kaznenog zakona, S. 126 f.

[138] *Novoselec*, Opći dio kaznenog prava, S. 161.

[139] Siehe etwa VSRH I Kž 908/05-6 v. 09.02.2006, S. 5.

[140] Siehe unten Teil 3 B. I. 2. a).

[141] *Bačić*, Kazneno pravo, S. 156 m. w. N.; *Novoselec*, Opći dio kaznenog prava, S. 162; *Novoselec/Martinović*, Komentar Kaznenog zakona, S. 127.

[142] *Novoselec*, Opći dio kaznenog prava, S. 162.

[143] *Bačić*, Kazneno pravo, S. 156 m. w. N.

[144] *Bačić*, Kazneno pravo, S. 156 (Übers. d. Verf.).

überschritten.[145] Nach *Novoselec* regelt das Gesetz nur diese Art der Notwehrüberschreitung.[146]

Der extensive Notwehrexzess – bei dem der Verteidiger die zeitlichen Grenzen der Notwehr überschreitet – wird auch nach der kroatischen Rechtsprechung nicht als Notwehrexzess angesehen, weil die Notwehr einen gegenwärtigen Angriff voraussetzt.[147] Bei der Überschreitung der zeitlichen Grenzen kann lediglich eine putative Notwehr vorliegen.[148]

In Anbetracht der Rechtsfolgen beim Notwehrexzess fällt bei Art. 21 Abs. 3 krStGB sofort auf, dass eine fakultative Strafmilderung immer möglich ist. Dies bedeutet, dass gemäß Art. 48 Abs. 1 krStGB i. V. m. Art. 49 Abs. 1 krStGB der Strafrahmen verschoben werden kann. Dies gestattet dem Gericht bei der Strafbemessung ein Ermessen, das sich natürlich in den Grenzen für die Strafzumessung im Allgemeinen halten muss. Der Gesetzgeber wollte somit den angegriffenen Bürgern bei der schwierigen Abwägung, ob die Verteidigung erforderlich ist, eine Abhilfe schaffen, indem er den Gerichten auf der Rechtsfolgeseite mehr Spielraum zugunsten des Täters lässt.[149] Damit wird die Tat als rechtswidrig und somit missbilligenswert eingestuft, allerdings wird aufgrund der Umstände eine Strafrahmenverschiebung möglich.

Darüber hinaus ist nach Art. 21 Abs. 4 krStGB die Schuld desjenigen ausgeschlossen, der die Notwehrgrenzen aus starker Furcht überschritten hat. Diese Voraussetzung umfasst nur einen asthenischen Affekt und ist vergleichsweise sehr eng, was in Kroatien auch kritisiert wurde.[150] Das bedeutet, dass es in diesem Fall keine Straftat gibt und der Angeklagte freizusprechen ist. Die Furcht muss dabei kausal für die Überschreitung der Notwehr sein.[151]

2. Die Grenzen der Notwehr

Im Folgenden wird geprüft, wie sich die kroatische Rechtslehre und Rechtsprechung zu den Notwehreinschränkungen positioniert, die sich in der deutschen Rechtspraxis herausgebildet haben.

---

[145] *Novoselec*, Opći dio kaznenog prava, S. 166.

[146] *Novoselec*, Opći dio kaznenog prava, S. 167; auch *Novoselec/Martinović*, Komentar Kaznenog zakona, S. 134.

[147] VSRH I Kž 703/1993-3 v. 23.11.1994; VSRH I Kž 513/1997; VSRH I Kž 398/02-4 v 20.06.2002; VSRH I Kž 853/03-6 v. 28.06.2006.

[148] VSRH I Kž 703/1993-3 v. 23.11.1994.

[149] *Novoselec*, Opći dio kaznenog prava, S. 167.

[150] *Herceg Pakšić*, Hrvatski ljetopis za kazneno pravo i praksu 22 (2015), 125 (143).

[151] *Herceg Pakšić*, Hrvatski ljetopis za kazneno pravo i praksu 22 (2015), 125 (139).

a) Missverhältnis zwischen den betroffenen Rechtsgütern

Für die Fallgruppe des krassen Missverhältnisses wurde schon festgestellt, dass eine Tötung im Falle des Angriffs auf ein Sachgut wegen der Disproportionalität sowohl von der Rechtsprechung als auch der Lehre als nicht erlaubt angesehen wird.[152] Darüber hinaus wird die Notwehr in den Fällen eingeschränkt, bei denen ein großes Missverhältnis zwischen den Rechtsgütern besteht.[153] Demgemäß kann keine Notwehr gewährt werden, wenn das angegriffene Gut unerheblich ist und die Abwehr einen schweren Schaden beim Angreifer verursachen könnte.[154] Bei einem Diebstahl von geringwertigen Sachen ist somit keine Verteidigung erlaubt, die eine (schwere) Körperverletzung zur Folge hätte.[155] Ebenso ist eine Tötung beim Diebstahl nicht zulässig.[156]

Hiermit im Zusammenhang ist ein Urteil des Gerichts in Bjelovar interessant, bei dem der Verteidiger dem mit gestohlenen Werkzeugen fliehenden Dieb eine schwere Körperverletzung zugefügt hat.[157] Das Gericht der zweiten Instanz hat betont, dass die Differenz der betroffenen Rechtsgüter hier nicht zur Versagung der Notwehr führt.[158] Viele Urteile mit dieser Fragestellung sind zwar nicht zu finden, jedoch kann man daraus entnehmen, dass die Rechtsprechung nur bei grobem Missverhältnis zwischen den Rechtsgütern das Notwehrrecht verneinen will.

Darüber hinaus wird die Notwehr bei einem unerheblichen Angriff versagt, und zwar aus dem Grund, dass es sich hierbei noch um keinen Angriff handele.[159] Beispielsweise hat die Rechtsprechung entschieden, dass es um keinen Angriff gehe, wenn ein volltrunkener Mann in der Kneipe einen anderen am Halskragen packt und ihn zur Tür zieht, sodass ihn der andere nicht erstechen darf.[160] Es scheint allerdings zweifelhaft, ob das Ziehen am Halskragen bis zur Tür wirklich als unerheblich eingestuft werden kann. Das Ziehen bis zur Tür stellt einen Angriff auf die persönliche Freiheit und Ehre (mög-

---

[152] Siehe dazu oben Teil 3 B. I. 1. b) bb).

[153] *Bačić*, Kazneno pravo, S. 155.

[154] *Bačić*, Kazneno pravo, S. 155.

[155] *Novoselec*, Opći dio kaznenog prava, S. 164.

[156] Siehe dazu VSRH I Kž-96/91, zitiert nach *Novoselec*, Hrvatski ljetopis za kazneno pravo i praksu 22 (2015), 719 (722).

[157] Županijski sud u Bjelovaru Kž-246/15 v. 15.10.2015, zitiert nach *Novoselec*, Hrvatski ljetopis za kazneno pravo i praksu 22 (2015), 719 (720 f.).

[158] Županijski sud u Bjelovaru Kž-246/15 v. 15.10.2015, zitiert nach *Novoselec*, Hrvatski ljetopis za kazneno pravo i praksu 22 (2015), 719 (721).

[159] *Novoselec*, Opći dio kaznenog prava, S. 164.

[160] VSRH I Kž-125/90, zitiert nach *Novoselec*, Opći dio kaznenog prava, S. 164.

licherweise auch auf die körperliche Integrität) dar, der nicht so unerheblich ist wie zum Beispiel Drängeln oder andere Handlungen, die als Unfug betrachtet werden können. Aus diesem Grund ist die Entscheidung kritisch zu betrachten.

Abschließend ist festzuhalten, dass die Notwehreinschränkungen im Falle des Missverhältnisses zwischen den betroffenen Rechtsgütern in Kroatien denjenigen in Slowenien ähneln.

b) Angriffe von schuldlos Handelnden

Bei den Angriffen von schuldlos Handelnden und vermindert Schuldfähigen wird die Anlehnung der kroatischen Lehre an die Erkenntnisse der deutschen Dogmatik sehr deutlich. Erstens wird die Notwehr bei Angriffen von Personen eingeschränkt, die geistig krank, betrunken, im Irrtum oder Kinder sowie Jugendliche sind.[161] Die Argumentation für die Begründung dieser Einschränkung wird der deutschen Rechtsdogmatik entnommen. So bedarf nach *Novoselec* ein schuldloser Angriff keiner Rechtsbewährung, sodass der Angegriffene zuerst ausweichen muss, danach kann er sich defensiv und erst dann offensiv verteidigen.[162] Die offensive Verteidigung muss zu dem Schaden beim Angreifer proportional sein.[163]

Die Rechtsprechung nimmt diese differenzierte Betrachtung nicht sehr genau vor. Sie sieht die Verteidigung in solchen Fällen zwar als zulässig an, allerdings werden die Notwehrgrenzen besonders restriktiv ausgelegt.[164] Die Alkoholisierung kann sich auf die Intensität des Angriffs auswirken.[165] Ein Ausweichen wird beim alkoholisierten Angreifer nicht verlangt, weil sich jeder verteidigen darf, allerdings ist die Alkoholisierung für die Beurteilung der zulässigen Verteidigungsintensität entscheidend.[166]

---

[161] *Novoselec*, Opći dio kaznenog prava, S. 163; *Novoselec*, in: Matovski/Novoselec (Hrsg.), Zbornik na trudovi na Pravniot fakultet „Justinijan Prvi" vo Skopje, 111 (116–118); *Novoselec/Martinović*, Komentar Kaznenog zakona, S. 128.

[162] *Novoselec*, Opći dio kaznenog prava, S. 163.

[163] *Novoselec*, Opći dio kaznenog prava, S. 163.

[164] *Garačić*, Kazneni zakon u sudskoj praksi, S. 134; Okrožni sud u Zagrebu Kž 1659/81 v. 20.10.1981, zitiert nach *Garačić*, Kazneni zakon u sudskoj praksi, S. 137.

[165] Okrožni sud u Zagrebu Kž 1659/81 v. 20.10.1981, zitiert nach *Garačić*, Kazneni zakon u sudskoj praksi, S. 137.

[166] Okružni sud u Zagrebu, Kž 1659/81 v. 20.10.1981, zitiert nach *Garačić*, Kazneni zakon u sudskoj praksi, S. 137; VSRH I Kž 310/04-3 v. 25.05.2004.

c) Notwehr im Rahmen von engen persönlichen Beziehungen

Ob die Garantenverhältnisse bei der Notwehr zur Einschränkung führen, ist in Kroatien nicht unstrittig. *Bačić* erwähnt unter den Notwehreinschränkungen die Gruppe der engen Beziehungen überhaupt nicht.[167] Der Oberste Gerichtshof hat in der Entscheidung VSRH I Kž-131/1995-3 v. 01.07.1998 dazu sogar betont, dass „weder das Gesetz, noch die Rechtsprechung" eine Einschränkung der Notwehr in Verwandtschaftsverhältnissen kennt.[168] Gleichzeitig wird in der Literatur zu dieser Entscheidung kritisch angemerkt, dass das Gericht anschließend die Notwehr gerade aus diesen Gründen einschränkt.[169] Ähnlich sieht dies *Novoselec,* der hier von einer Beschränkung der Notwehr ausgeht und dafür auch weitere Gerichtsentscheidungen anführt.[170] So dürfe sich eine Frau bei einem Angriff ihres betrunkenen Mannes – der auf fünf Schläge gerichtet ist – nicht mit einem Messerstich in den Bauch verteidigen, wenn sie früher solche Angriffe auf mildere Weise abgewendet habe.[171] Hier könnte man jedoch einwenden, dass schon die Betrunkenheit des Mannes eine vorsichtige Notwehr fordert, sodass dieses Urteil nicht zwangsweise auf eine Einschränkung der Notwehr bei Eheverhältnissen schließen lässt. Des Weiteren gibt *Novoselec* als Beispiel die Entscheidung VSRH I Kž 278/1999-3 v. 21.12.2000 an, bei der die Frau den schlagenden Mann getötet hat und ihr die Notwehr nicht gestattet wurde.[172] *Novoselec* nimmt an, dass es in diesen Fällen möglich ist, dass beim Fehlen des Eheverhältnisses das Gericht die Notwehr zulassen würde.[173] Allerdings thematisiert das Gericht nicht direkt das Eheverhältnis als Voraussetzung für die Notwehreinschränkung. *Novoselec* folgt hier der h. M. in Deutschland, indem er fordert, dass der Angegriffene in Garantenverhältnissen dem Angriff ausweichen, sich defensiv verteidigen und schließlich leichtere Verletzungen auch hinnehmen müsse.[174]

---

[167] *Bačić*, Kazneno pravo, S. 155 f.; auch *Bačić/Pavlović*, Komentar kaznenog zakona, S. 110 f.; so auch *Grozdanić et al.*, Kazneno pravo, S. 112–117.

[168] VSRH I Kž-131/1995-3 v. 01.07.1998, S. 3 (Übers. d. Verf.).

[169] Komentar Kaznenog zakona-*Pavišić*, Art. 29, Rn. 29.

[170] *Novoselec*, Opći dio kaznenog prava, S. 164; auch *Novoselec*, Hrvatska pravna revija 10 (2010), 79 (82).

[171] VSRH I Kž-311/92, Pregled 52, 131, zitiert nach *Novoselec*, Opći dio kaznenog prava, S. 164.

[172] *Novoselec*, Hrvatska pravna revija 10 (2010), 79 (82).

[173] *Novoselec*, Hrvatska pravna revija 10 (2010), 79 (82).

[174] *Novoselec*, Hrvatska pravna revija 10 (2010), 79 (82); *Novoselec*, in: Matovski/ Novoselec (Hrsg.), Zbornik na trudovi na Pravniot fakultet „Justinijan Prvi" vo Skopje, 111 (120).

Ferner wird dem Sohn die Notwehr in VSRH I Kž 250/1990-3 v. 12.02.1992 unter anderem deshalb versagt, weil der Verteidiger der Sohn des betrunkenen Angreifers war.[175] In den Gerichtsentscheidungen VSRH I Kž 40/2006-3 und VSRH I Kž-296/1998-3 wird dagegen die Notwehr einer angegriffenen Frau nicht aufgrund des Eheverhältnisses eingeschränkt.[176]

Bei alledem muss man bedenken, dass einige Umstände der Ehe oder der Verwandtschaft in der Regel bei der Notwehr berücksichtigt werden müssen, da zum Beispiel der Angegriffene den Angreifer kennt und somit den Angriff besser einschätzen kann. Deshalb ist es oft so, dass man die Voraussetzungen der Notwehr bzw. die Erforderlichkeit des Verteidigungsmittels schon aus diesem Grund anders beurteilt. Die Rechtsprechung anerkennt somit nicht unbedingt die Notwehreinschränkungen in engen familiären Verhältnissen. Jedenfalls hat sich dazu keine einheitliche Rechtsprechung gebildet. Der Oberste Gerichtshof betont sogar, dass jeder Fall im Einzelnen beurteilt werden soll.[177] Hier wird jedoch zu Recht eingewandt, dass dies die Rechtsprechung nicht entbindet, eine einheitliche Rechtsprechung zu bilden und so die Gleichbehandlung der Bürger zu gewährleisten.[178]

Man kann somit feststellen, dass die Gerichte in Kroatien keine explizite Einschränkung der Notwehr aus Näheverhältnissen ableiten oder sie explizit thematisieren, obwohl diese Fallgruppe in der Rechtslehre überwiegend Anerkennung gefunden hat.[179]

---

[175] Ähnlich im Vorfall bei zusammenwohnendem Stiefvater und Stiefsohn, bei dem laut dem Gericht der ersten Instanz der Stiefsohn leichte Verletzungen noch hinnehmen müsste, Okružni sud u Bjelovaru K-24/90 v. 07.01.1991, zitiert nach *Novoselec*, in: Matovski/Novoselec (Hrsg.), Zbornik na trudovi na Pravniot fakultet „Justinijan Prvi" vo Skopje, 111 (121). Die Entscheidung wurde in VSRH I Kž 311/91 v. 02.07.1991 bestätigt, das Verhältnis zwischen den Betroffenen wurde jedoch nicht erwähnt.

[176] VSRH I Kž 40/2006-3 v. 18.05.2006, S. 3, wo der Angreifer auch stark alkoholisiert war (Blutalkoholkonzentration: 3,27 g/kg) und der Oberste Gerichtshof diesbezüglich nur die Aggresivität durch Alkohol angesprochen hat. Es ist auch anzumerken, dass der Mann die Frau davor schon mehrmals geschlagen hat, sodass nach deutscher Rechtslage keine Einschränkung der Notwehr angebracht wäre; siehe auch VSRH I Kž-296/1998-3 v. 18.08.1999, bei dem der Staatsanwalt in der Berufung die Einschränkung der Notwehr aufgrund der Ehe begründet hat, allerdings ist ihm der Oberste Gerichtshof nicht gefolgt.

[177] VSRH I Kž 927/2006-9 v. 25.01.2007, S. 4 f.

[178] *Novoselec*, Hrvatska pravna revija 10 (2010), 79 (82).

[179] Siehe zum Beispiel *Novoselec*, Hrvatska pravna revija 10 (2010), 79 (82); *Novoselec*, Opći dio kaznenog prava, S. 163 f.; *Bojanić*, Prekoračenje granica nužne obrane, S. 35 f.; Komentar Kaznenog zakona-*Pavišić*, Art. 29 Rn. 29; anders *Bačić*, Kazneno pravo, S. 151–158, der diese Fallgruppe nicht erwähnt.

d) Notwehrprovokation

Wenn der Verteidiger den Angreifer mit der Absicht provoziert, ihn später unter dem Vorwand der Notwehr zu verletzen, handelt es sich in Kroatien nicht um eine Notwehr, sondern um eine rechtswidrige Tat.[180] Der „Verteidiger" hat die Situation geplant und konnte sich darauf einstellen, sodass er nicht als Verteidiger der Rechtsordnung angesehen werden kann.[181] Er hat nicht den Willen, „das angegriffene Rechtsgut zu schützen, sondern den Willen, einen anderen zu verletzen".[182] Einige sehen hier ein rechtsmissbräuchliches Verhalten, das die Notwehr ausschließt.[183] In Kroatien wird in diesen Fällen also mit dem subjektiven Element der Notwehr und dem Rechtsmissbrauch argumentiert. Die Provokation muss in diesen Fällen nicht zwangsweise rechtswidrig sein, weil in diesen Situationen der Täter das Recht missbraucht.[184] Allerdings wird dabei die Entscheidung VSRH I Kž 41/1992 zitiert, bei der ein Mann den anderen zum Kampf aufgefordert hat und das Gericht gesagt hat, dass er den Kampf provoziert habe und ihm aus diesem Grund kein Notwehrrecht zustehe.[185] Der Aufforderer begehe dem Urteil nach ebenso einen rechtswidrigen Angriff, sodass sein Notwehrrecht ausgeschlossen sei.[186] Es ist hier jedoch nicht nachvollziehbar, warum die Aufforderung schon einen rechtswidrigen Angriff darstellt. Das Notwehrrecht könnte dem Aufforderer in einer derartigen Konstellation allenfalls aufgrund einer Einwilligung versagt werden, weil schon mangels Rechtswidrigkeit kein Angriff vorhanden ist.

Ähnlich wird die Notwehr demjenigen versagt, „der mit eigenem Verhalten den Angriff provoziert hat und eine physische Auseinandersetzung gewollt hat".[187]

In dem Fall, wenn der Verteidiger den Angreifer nicht mit der Absicht einer späteren Verletzung provoziert hat, hat er laut *Novoselec* nur eine eingeschränkte Notwehr, weil er nicht mehr die Rechtsordnung verteidigen

---

[180] *Bačić*, Kazneno pravo, S. 156; *Novoselec/Martinović*, Komentar Kaznenog zakona, S. 130.

[181] *Novoselec*, Opći dio kaznenog prava, S. 165.

[182] *Bojanić*, Prekoračenje granica nužne obrane, S. 37; auch *Novoselec/Martinović*, Komentar Kaznenog zakona, S. 130.

[183] *Bojanić*, Prekoračenje granica nužne obrane, S. 37; Komentar Kaznenog zakona-*Pavišić*, Art. 29 Rn. 26, der in Klammern beim Rechtsmissbrauch *actio illicita in causae* aufführt, die Gründe dafür jedoch nicht darlegt.

[184] Komentar Kaznenog zakona-*Pavišić*, Art. 29 Rn. 26.

[185] VSRH I Kž 41/1992-3 v. 28.04.1992, S. 3.

[186] VSRH I Kž 41/1992-3 v. 28.04.1992, S. 3.

[187] *Garačić*, Kazneni zakon u sudskoj praksi, S. 134 (Übers. d. Verf.).

kann.[188] So muss er ausweichen, sich danach defensiv verteidigen und leichte Verletzungen hinnehmen; erst wenn dies den Angriff nicht beendet, ist die Notwehr möglich.[189] Dies bestätigte mittelbar auch der Oberste Gerichtshof in einem Fall, bei dem der Verteidiger hätte ausweichen müssen, weil der Verteidiger einen Tag zuvor die Rippen der Frau des Angreifers gebrochen und damit den Angriff provoziert hatte.[190] Allerdings ist hier zweifelhaft, ob der zeitliche Zusammenhang ausreichend ist, um die Notwehr in dieser Weise einzuschränken. Die vorsätzliche oder sonstige Provokation muss – zumindest nach einem kroatischen Urteil – rechtswidrig sein. Es reicht zum Beispiel nicht aus, dass die Frau mit einem anderen Mann geflirtet und dadurch den Streit verursacht hat.[191]

Die Notwehr wird darüber hinaus häufig in der Rechtsprechung allen Beteiligten versagt, wenn vor der konkreten Verletzung die Beteiligten gestritten haben und der Streit von allen ausging.[192] Bei einer einvernehmlichen Schlägerei bekommt der Herausforderer das Notwehrrecht wieder, wenn der andere ein gefährliches Mittel in die Hand nimmt, das die körperliche Integrität des Herausforderers gefährden könnte.[193] Im Übrigen beurteilt die Rechtsprechung die Umstände des Einzelfalles und berücksichtigt die Provokation eventuell bei der Strafzumessung.[194]

Zum Schluss kann man feststellen, dass bei den Notwehrprovokationen mit Ausnahme der Absichtsprovokation keine einheitliche Rechtsprechung zu finden ist. Bei den Absichtsprovokationen ist hervorzuheben, dass die Notwehr versagt wird, obwohl die Provokation nicht rechtswidrig ist.

---

[188] *Novoselec*, Opći dio kaznenog prava, S. 165; *Novoselec*, in: Matovski/Novoselec (Hrsg.), Zbornik na trudovi na Pravniot fakultet „Justinijan Prvi" vo Skopje, 111 (123); *Novoselec/Martinović*, Komentar Kaznenog zakona, S. 130.

[189] *Novoselec*, Opći dio kaznenog prava, S. 165; so auch *Bojanić*, Prekoračenje granica nužne obrane, S. 36.

[190] VSRH I Kž 636/1994-3 v. 21.01.1997.

[191] VSRH I Kž 927/2006-9 v. 25.01.2007, Besprechung der Entscheidung bei *Novoselec*, Hrvatska pravna revija 10 (2010), 79 (81). Das Gericht der ersten Instanz wollte die Notwehr der Ehefrau einschränken, weil sie den Streit mit ihrem Flirten provoziert hat, allerdings wurde später das Urteil aufgehoben, weil das Flirten keine rechtswidrige Provokation darstellt.

[192] Beispielsweise VSRH Kž 655/87 v. 29.03.1987, zitiert nach *Garačić*, Kazneni zakon u sudskoj praksi, S. 136; VSRH I Kž 1177/1992-3 v. 10.02.1993.

[193] VSRH I Kž 422/73 v. 19.06.1973.

[194] Komentar Kaznenog zakona-*Pavišić*, Art. 29 Rn. 27.

e) Schweigegelderpressung oder Chantage

In Kroatien wird diese Fallgruppe in den Lehrbüchern nicht explizit behandelt, allerdings wurde in der Entscheidung VSRH I Kž 996/1993-3 v.
16.02.1994 die Frage der Notwehr in heimlichen Erpressungsfällen diskutiert.[195] Vereinfacht gestaltete sich der Fall wie folgt:[196] Ein Mann hat in
seinem Tagebuch die Durchführung einer begangenen Straftat beschrieben.
Als sein Onkel dieses in die Hände bekam, wollte er seinen Neffen durch
Einschaltung eines Dritten als Mittelsmann damit erpressen. Der Neffe ent-
führte daraufhin den Mittelsmann, der zur Geldübergabe erschienen war und
verlangte von seinem Onkel die Rückgabe des Tagebuchs. Sollte der Onkel
dem nicht nachkommen, werde er den Komplizen umbringen.

Der Oberste Gerichtshof hat die Gegenwärtigkeit und die Rechtswidrigkeit
des Angriffs bejaht. Er versagte dem Erpressten gleichwohl das Notwehrrecht, „weil er auf diese Weise nicht nur ein gesetzlich geschütztes Recht,
sondern auch seine Freiheit auf unzulässige Weise, d. h. gegen einen legalen
Eingriff der Staatsorgane wegen des Verdachts einer Straftat, verteidigte".[197]
Die Entscheidung ist auch in der Rechtslehre auf Zustimmung gestoßen.[198]
Nach *Novoselec* hat in den Fällen der heimlichen Erpressung die Rechtsbewährung Vorrang vor dem Individualschutzprinzip, deshalb hat der Erpresste
kein Recht, „eine legale Strafanzeigeerstattung und ein legales künftiges
Strafverfahren zu vereiteln".[199] Der heimlich Erpresste muss somit die Er-
pressung anzeigen und ein Strafverfahren gegen sich riskieren.[200]

3. Vereinbarkeit der Notwehreinschränkungen
mit dem Gesetzeswortlaut

Der Gesetzeswortlaut des Art. 21 Abs. 2 krStGB enthält neben der unbedingten Erforderlichkeit keinen Anknüpfungspunkt für Notwehreinschränkungen.[201] Im Einklang mit der deutschen h. M. wird die Notwehreinschränkung unter Berufung auf die Grundprinzipien der Notwehr vorgenommen.[202]
Dabei geht es auslegungstechnisch um eine teleologische Deutung der „un-

---

[195] Die Entscheidung kommentiert *Novoselec*, NStZ 97 (1997), 218 ff. Zur deutschen Rechtslage siehe *Kaspar*, GA 2007, 36 ff.

[196] Siehe genauere Beschreibung bei *Novoselec*, NStZ 97 (1997), 218 f.

[197] VSRH I Kž 996/1993-3 v. 16.02.1994, Übersetzung nach *Novoselec*, NStZ 97
(1997), 218 (219).

[198] *Novoselec*, NStZ 97 (1997), 218 (221).

[199] *Novoselec*, NStZ 97 (1997), 218 (220).

[200] *Novoselec*, NStZ 97 (1997), 218 (221).

[201] *Novoselec*, Opći dio kaznenog prava, S. 162.

[202] *Novoselec*, Opći dio kaznenog prava, S. 163.

bedingten Erforderlichkeit".[203] Für die Einschränkungen der Notwehr bedürfe es nach *Novoselec* keiner zusätzlichen gesetzlichen Verankerung, weil die Notwehreinschränkungen in der Ratio der Notwehr ihre Begründung fänden.[204] Daher werden die Notwehrgrenzen auch aus verfassungsrechtlicher Sicht nicht als problematisch angesehen, obwohl in Art. 31 Abs. 1 Satz 1 der kroatischen Verfassung das Gesetzlichkeitsprinzip verankert ist.[205]

Die Einschränkungen der Notwehr werden somit als mit dem Gesetzeswortlaut vereinbar gesehen.

4. Zusammenfassung

Die Rechtsdogmatik zur Notwehr in Kroatien resultiert meistens aus dem Einfluss der deutschsprachigen Länder. Dies zeigt sich sowohl bei den Grundlagen der Notwehr als auch bei ihren Einschränkungen.

Die Rechtsprechung folgt in der Regel der Dogmatik, es gibt dazu jedoch auch Ausnahmen oder Abweichungen. Notwehreinschränkungen zwischen den Ehegatten werden in Kroatien in der Rechtsprechung explizit abgelehnt. Das Töten oder die gefährliche Körperverletzung zur Verteidigung von geringwertigen Sachwerten wird in Kroatien einstimmig als rechtswidrig angesehen. Bei Angriffen von schuldlosen Personen folgt die Rechtsprechung ebenso nicht explizit der Dogmatik und schränkt nicht einheitlich das Notwehrrecht ein. Das gleiche Bild zeigt sich bei den Notwehrprovokationen.

II. Serbien

1. Das Notwehrrecht und seine Entwicklung

Das Notwehrrecht in Serbien regelt der Art. 19 des serbischen Strafgesetzbuches (serStGB)[206] folgendermaßen:

---

[203] *Novoselec*, Opći dio kaznenog prava, S. 163; auch VSRH I Kž 928/1994-3 v. 18.01.1995, S. 4, das über „eine weite Auslegung der unbedingten Erforderlichkeit" spricht.

[204] *Novoselec*, in: Matovski/Novoselec (Hrsg.), Zbornik na trudovi na Pravniot fakultet „Justinijan Prvi" vo Skopje, 111 (113).

[205] Ustav Republike Hrvatske, Narodne novine, Nr. 56/90, 135/97, 08/98, 113/00, 124/00, 28/01, 41/01, 55/01, 76/10, 85/10, 05/14. Der Art. 31 Abs. 1 Satz 1 der kroatischen Verfassung lautet: „*Niemand darf für eine Handlung bestraft werden, die nicht vor ihrer Begehung gesetzlich oder durch das Völkerrecht als Straftat bestimmt wurde und eine Strafe für diese Handlung vorgesehen wurde.*" (Übers. d. Verf.).

[206] Krivični Zakonik Republike Srbije, Službeni Glasnik Republike Srbije, Nr. 85/2005, 88/2005, 107/2005, 72/2009, 111/2009, 121/2012, 104/2013, 108/2014, 94/2016 (Übers. d. Verf.).

(1) Die Tat, die in Notwehr begangen wird, ist nicht strafbar.

(2) Notwehr ist die Verteidigung, die unbedingt erforderlich ist, um von seinen Rechtsgütern oder den Rechtsgütern anderer einen gegenwärtigen oder unmittelbar bevorstehenden rechtswidrigen Angriff abzuwehren.

(3) Der Täter, der die Grenzen der Notwehr überschritten hat, kann milder bestraft werden; wenn er die Grenzen der Notwehr wegen der starken Gereiztheit oder wegen der Furcht durch den Angriff überschritten hat, kann ihm die Strafe erlassen werden.

a) Grundlagen der Notwehr

Auch in der serbischen Lehre wird als Grundlage der Notwehr neben dem Individualschutz die Rechtsbewährung gesehen.[207] Bei einigen Notwehreinschränkungen kommt ebenso das sozialethische Prinzip zum Tragen.[208]

b) Entwicklung des Notwehrrechts

Das serbische Recht wurde ähnlich wie in anderen Ländern vom römischen Recht geprägt. Auf serbischem Boden sind die ersten Gesetze, die die Notwehr mittelbar regeln, aus den Zeiten des Zaren Stefan Dušan aus dem 14. Jahrhundert bekannt. Im Gesetzesbuch Dušans aus 1349 wurde in Art. 84 Satz 3 der Mord, der dadurch entsteht, dass der Getötete den Kampf angefangen hat, für nicht „strafbar" erklärt.[209] Man kann zwar noch nicht von Notwehr im eigentlichen Sinne sprechen, allerdings wird dabei klar, dass die Verteidigung nur bei Angriffen auf Leib und Leben möglich war.

Im Strafgesetzbuch von Karadjordje aus dem Jahr 1807 ist in Art. 18 eine kasuistische notwehrähnliche Regelung zu finden. Demnach wird jemand wegen Tötung nur bestraft, wenn der Getötete nicht als Erster die Waffe gezogen hat.

Eine moderne Notwehrregelung ist im Strafgesetzbuch des Fürstentums Serbien 1860 entstanden.[210] Dieses Gesetz hat mit mehreren Änderungen bis 1929 auf dem Gebiet Serbiens gegolten.[211] Dabei war in Art. 54 des damali-

---

207 *Stojanović*, Krivično pravo, S. 143; *Jovašević*, Nužna odbrana i krajnja nužda, S. 115.

208 *Stojanović*, Krivično pravo, S. 145, der dies für die Einschränkung bei krassem Missverhältnis der betroffenen Rechtsgüter anführt.

209 *Bosanac/Šoć*, Dušanov zakonik, S. 64.

210 Das Strafgesetzbuch des Fürstentums Serbien basiert auf dem preußischen StGB aus 1851, *Stojanović*, Krivično pravo, S. 49.

211 *Stojanović*, Krivično pravo, S. 49.

gen Strafgesetzbuches die Notwehr so geregelt, dass derjenige nicht schuld war und nicht bestraft wurde, der gegen einen rechtswidrigen Angriff mit notwendiger Verteidigung vorgegangen ist. Der Notwehrexzess wurde in ähnlicher Weise wie heute geregelt.

In Slowenien, Kroatien sowie Bosnien und Herzegowina verlief eine gemeinsame weitere Entwicklung des Strafrechts bis zum Ausstieg Sloweniens aus Jugoslawien.[212] In Serbien war es interessanterweise im damaligen Jugoslawien strittig, ob die Notwehr nur bei Angriffen auf Leib und Leben zulässig ist.[213] Aus diesem Grund wurde der Wortlaut der Notwehrregelung später mit dem Art. 19 Abs. 2 serStGB so verändert, dass statt „*von sich oder einem anderen*" die Wörter „*von seinen Rechtsgütern oder Rechtsgütern anderer*" hinzugefügt wurden.[214]

Nach dem Ausstieg Sloweniens aus Jugoslawien im Jahr 1991 wurde das Strafgesetzbuch auf dem Gebiet Serbiens mehrmals verändert.[215] Das Notwehrrecht ist jedoch im Wesentlichen gleich geblieben.

Nach dem allmählichen Zerfall Jugoslawiens ist in Serbien am 01.01.2006 ein neues Strafgesetzbuch in Kraft getreten. Die Notwehr war schon in Jugoslawien im Wesentlichen die ganze Zeit ähnlich geregelt. Dies hat sich auch mit diesem serStGB fortgesetzt. Eine Ausnahme ist die eben angesprochene Änderung des Wortlautes des Art. 19 Abs. 2 serStGB.

c) Notwehrmerkmale im Überblick

aa) Notwehrlage

Hinsichtlich der Notwehrlage in Serbien gibt es keine Besonderheiten. So muss ein vom Menschen ausgehender gegenwärtiger, objektiv vorhandener und rechtswidriger Angriff auf ein Rechtsgut des Verteidigers oder eines Dritten bestehen.[216] Der Angriff muss nicht schuldhaft verursacht werden.[217] In Notwehr können prinzipiell alle Rechtsgüter der angegriffenen (natürlichen oder juristischen) Person verteidigt werden.[218] *Jovašević* zählt dazu

---

[212] Siehe dazu Teil 3. A. I.

[213] *Stojanović*, in: FS I. Roxin, 103 (110).

[214] *Stojanović*, in: FS I. Roxin, 103 (110).

[215] *Stojanović*, Krivično pravo, S. 52–54.

[216] *M. Đorđević/Đ. Đorđević*, Krivično pravo, S. 59; *Čejović*, Krivično pravo, S. 143; *Jovašević*, Nužna odbrana i krajnja nužda, S. 116–121.

[217] *Jovašević*, Krivično pravo, S. 92.

[218] *Jovašević*, Krivično pravo, S. 91 f.; *M. Đorđević/Đ. Đorđević*, Krivično pravo, S. 59; *Čejović*, Krivično pravo, S. 144, der die Rechtsgüter juristischer Personen nicht ausdrücklich erwähnt.

auch die Staatssicherheit und die staatliche Rechtsordnung, weil diese Rechtsgüter dem Staat als juristische Person gehören.[219] Dies diskutieren andere Autoren jedoch nicht. Die Rechtsgüter der Allgemeinheit wie z. B. Sicherheit im Straßenverkehr werden in der Rechtslehre auch nicht als notwehrfähig diskutiert.

Čejović sieht zudem als Voraussetzung des Angriffs, dass der Angriff nicht provoziert oder schuldhaft durch den Verteidiger verursacht wurde.[220] Auch andere Autoren diskutieren die Notwehrprovokation bei der Rechtswidrigkeit des Angriffs, obwohl es sich dabei trotz Provokation um einen Angriff handelt.[221] Die weiteren Ausführungen zu den Angriffsvoraussetzungen gleichen weitgehend den kroatischen und slowenischen.[222]

bb) Notwehrhandlung

Verteidigung ist jede Handlung des Angegriffenen, die zum Ziel die Beseitigung oder Verhinderung des Angriffs hat.[223] Sie muss gegen die Rechtsgüter des Angreifers gerichtet sein und gleichzeitig mit dem Angriff erfolgen.[224] Laut Gesetz muss sie zudem unbedingt erforderlich sein.[225] Ein Ausweichen wird nicht als Verteidigung angesehen und ist deshalb nicht erforderlich.[226]

Die unbedingte Erforderlichkeit bedeutet zunächst, dass der Angriff nicht mit weniger gefährlichen Mitteln abgewehrt werden konnte.[227] Dabei sind die Intensität des Angriffs und das gefährdete Rechtsgut entscheidend.[228] Wiederum wird nicht verlangt, dass der zugefügte Schaden nicht größer sein darf, als der Schaden, der dem Verteidiger gedroht hat.[229] Dies bedeutet eher, dass die Verteidigung an die Art des Angriffs angepasst werden muss, wobei alle Umstände des Einzelfalles berücksichtigt werden.[230] Hingegen sind auch

---

[219] *Jovašević*, Krivično pravo, S. 92.

[220] *Čejović*, Krivično pravo, S. 144.

[221] Siehe etwa *Jovašević*, Krivično pravo, S. 92.

[222] Zum Angriff siehe *Čejović*, Krivično pravo, S. 143 f.

[223] *Jovašević*, Nužna odbrana i krajnja nužda, S. 121.

[224] *Jovašević*, Nužna odbrana i krajnja nužda, S. 122.

[225] *Jovašević*, Leksikon krivničnog prava, S. 384.

[226] VSS Kž 1355/94, zitiert nach *Jovašević*, Nužna odbrana i krajnja nužda, S. 122.

[227] *Jovašević*, Nužna odbrana i krajnja nužda, S. 124.

[228] *Jovašević*, Nužna odbrana i krajnja nužda, S. 125.

[229] Presuda Savesnog suda Srbije Kž 4/96, zitiert nach *Jovašević*, Nužna odbrana i krajnja nužda, S. 126; auch *Jovašević*, Nužna odbrana i krajnja nužda, S. 126; *M. Đorđević/Đ. Đorđević*, Krivično pravo, S. 60.

[230] *Jovašević*, Nužna odbrana i krajnja nužda, S. 125; *Jovašević*, Free Law Journal 1 (2005), 7 (17).

Urteile zu finden, nach denen das verwendete Mittel der Intensität des Angriffs und dem Wert des angegriffenen Gutes angepasst wird.[231] Die Rechtsprechung kann man somit als nicht ganz konsequent bezeichnen. *Jovašević* verlangt, dass nach dem sozialethischen Prinzip auch die Proportionalität geprüft werden sollte, das heißt, dass die offensichtliche Unverhältnismäßigkeit zwischen den betroffenen Rechtsgütern nicht bestehen darf.[232] Die offensichtliche Unverhältnismäßigkeit zwischen dem drohenden und dem zugefügten Schaden führt somit dazu, dass die Verteidigung unzulässig ist bzw. die Notwehr überschritten ist.[233] Aus welchem Grund die Anwendung des sozialethischen Prinzips bei der Notwehr legitim ist, wird jedoch nicht klargestellt.

cc) Verteidigungswille

Der Verteidigungswille wird in Serbien meistens nicht explizit als Voraussetzung der Notwehr erwähnt.[234] *Vuković* ist diesbezüglich der Meinung, dass das Argument des fehlenden Verteidigungswillens bei Absichtsprovokationen in Serbien nicht greift, weil das Verteidigungsbewusstsein bei der Notwehr nicht gefordert wird.[235] Eine Ausnahme dazu bildet *Stojanović,* der den Verteidigungswillen fordert und dabei bemängelt, dass sich die Rechtsprechung dazu nicht äußert.[236] Somit kann man davon ausgehen, dass in Serbien überwiegend bei der Notwehr kein Verteidigungswille verlangt wird.

dd) Notwehrexzess

Im Falle des Notwehrexzesses gibt das serbische Recht nach Art. 19 Abs. 3 Hs. 1 serStGB den Richtern stets die Möglichkeit, die Strafe zu mildern. Die Milderungsmöglichkeit ist beim Notwehrexzess im Rahmen der gesetzlich vorgeschriebenen Regeln für einen Straftatbestand zwar nach den allgemeinen Regeln der Strafzumessung möglich. Die in Art. 19 Abs. 3 Hs 1 serStGB vorgesehene Milderungsmöglichkeit gibt den Gerichten jedoch zusätzlich die Möglichkeit, das gesetzlich vorgeschriebene Minimum der Strafe nach Art. 56 Nr. 1 serStGB in den Grenzen des Art. 57 Abs. 1 serStGB zu unter-

---

[231] VSS Kž 1960/98 v. 14.11.1999.

[232] *Jovašević*, Nužna odbrana i krajnja nužda, S. 126 f.

[233] *M. Đorđević/Đ. Đorđević*, Krivično pravo, S. 60; *Jovašević*, Free Law Journal 1 (2005), 7 (17).

[234] Siehe *M. Đorđević/Đ. Đorđević*, Krivično pravo, S. 59 f.; *Čejović*, Krivično pravo, S. 144 f.; *Jovašević*, Krivično pravo, S. 93–95.

[235] Siehe *Vuković*, in: Ignjatović (Hrsg.), Kaznena reakcija u Srbiji, 193 (197).

[236] *Stojanović*, Krivično pravo, S. 146.

schreiten. Erwähnenswert ist an dieser Stelle, dass Art 57 Abs. 1 serStGB bei der Milderung den Gerichten nicht so viel Spielraum gibt. Beispielsweise kann eine Strafe für eine Straftat, die mindestens 10 Jahre Freiheitsstrafe beträgt, nicht auf unter 7 Jahre Freiheitsstrafe herabgesetzt werden.

Neben der Strafmilderung ist in Serbien auch ein Absehen von Strafe vorgesehen. Ist es zum Notwehrexzess aufgrund von Gereiztheit oder Furcht gekommen, kann das Gericht gemäß Art. 19 Abs. 3 Hs. 2 serStGB die Strafe erlassen.[237] Der Notwehrexzess wird somit nicht auf asthenische Affekte beschränkt.

Unter Gereiztheit wird „ein pathologischer Affekt des Zornes" verstanden, der durch „das Böse oder das unmittelbar bevorstehende Böse" hervorgerufen wird.[238] Somit handelt es sich dabei um einen sthenischen Affekt. Durch den Zorn wird der Betroffene in seinen intellektuellen und motorischen Fähigkeiten beeinflusst und kann „aggressiv, triebhaft und impulsiv" handeln.[239] Die Furcht ist ein „pathologischer Affekt der starken Angst aufgrund der plötzlichen Bedrohung eines Rechtsguts des Angegriffenen".[240]

Als Notwehrexzess zählt dabei nur die intensive Überschreitung der Notwehrgrenzen.[241] Wenn die zeitlichen Grenzen aufgrund der Aufgeregtheit überschritten wurden und der Angreifer getötet wurde, kann es sich allerdings um einen minder schweren Fall des Totschlags nach Art. 115 serStGB handeln.[242] Es gibt jedoch einen Fall aus der Rechtsprechung, bei dem die Angegriffene in einer besonderen psychischen Situation war und den Angreifer nach der Beendigung des Angriffs erschossen hat.[243] Bei allen gegebenen Voraussetzungen der Notwehr, bis auf die Gleichzeitigkeit von Angriff und Verteidigung, hat ihr das Gericht die Strafe aufgrund der Überschreitung der Notwehr erlassen,[244] was verdeutlicht, dass die Rechtsprechung nicht immer nur den intensiven Notwehrexzess zulässt.

---

[237] *Jovašević*, Nužna odbrana i krajnja nužda, S. 133.

[238] *Jovašević*, Nužna odbrana i krajnja nužda, S. 134 (Übers. d. Verf.).

[239] *Jovašević*, Nužna odbrana i krajnja nužda, S. 134 (Übers. d. Verf.).

[240] *Jovašević*, Nužna odbrana i krajnja nužda, S. 134 (Übers. d. Verf.).

[241] *Jovašević*, Nužna odbrana i krajnja nužda, S. 129 f.; *Čejović*, Krivično pravo, S. 146; a. A. *M. Đorđević/Đ. Đorđević*, Krivično pravo, S. 60; *Stojanović*, Krivično pravo, S. 146 f.

[242] VSS Kž I 635/91, zitiert nach *Jovašević*, Nužna odbrana i krajnja nužda, S. 130.

[243] VSS Kž 1077/95, zitiert nach *Jovašević*, Nužna odbrana i krajnja nužda, S. 133.

[244] VSS Kž 1077/95, zitiert nach *Jovašević*, Nužna odbrana i krajnja nužda, S. 133.

2. Die Grenzen der Notwehr

In der serbischen Literatur finden sich keine explizit ausgebildeten Fallgruppen für die Einschränkung der Notwehr. Im Folgenden werden die Ansichten der Rechtsprechung und der Lehre zu den Fallgruppen der deutschen
Rechtslehre erarbeitet.

a) Missverhältnis zwischen den betroffenen Rechtsgütern

Aus der Rechtsprechung der serbischen höchsten Gerichte und der Lehre
ergibt sich für diese Fallgruppe folgendes Bild. Notwehr besteht auch dann,
wenn das angegriffene Rechtsgut geringwertig im Vergleich zum beschädigten Rechtsgut des Angreifers ist.[245] Eine Gleichwertigkeit der Güter ist somit
nicht erforderlich; wenn aber eine „offensichtliche Unverhältnismäßigkeit"
besteht, ist die Verteidigung nicht zulässig.[246] Dabei wird besonders darauf
geachtet, ob der Charakter und der Wert der Rechtsgüter im offensichtlichen
Missverhältnis stehen.[247] Die Tötung oder schwere Verletzung eines fliehenden Diebes wird daher – unabhängig davon, welchen Wert die gestohlene
Sache hat – eher nicht erlaubt.[248]

b) Angriffe von schuldlos Handelnden

Zu dieser Fallgruppe ist im Schrifttum in Serbien nicht viel zu finden.
Trotzdem wird die Notwehr nach Teilen der Lehre bei Angriffen von schuldlos Handelnden nach dem sozialethischen Prinzip eingeschränkt.[249] Zumindest nach *Jovašević* muss der Angegriffene nach Möglichkeit ausweichen
und sich zunächst defensiv verteidigen, bevor er in die offensive Verteidigung
umschwenkt.[250] Die Rechtsprechung berücksichtigt zum Beispiel die Betrunkenheit des Angreifers und hat in einem Fall verlangt, dass der Verteidiger
dem Angreifer ausweicht.[251] Es ist jedoch nicht klar, ob die Einschränkung

---

[245] Presuda Savesnog suda Srbije Kž 4/96, zitiert nach *Jovašević*, Nužna odbrana
i krajnja nužda, S. 126.

[246] *Jovašević*, Nužna odbrana i krajnja nužda, S. 126 f.

[247] *Jovašević*, Nužna odbrana i krajnja nužda, S. 127.

[248] Siehe *Mijatović/Radosavljević*, Gde su granice nužne odbrane, abrufbar unter
www.novosti.rs/vesti/naslovna/hronika/aktuelno.291.html:436812-Gde-su-granice-
nuzne-odbrane, zuletzt abgerufen am 26.06.2021.

[249] *Jovašević*, Nužna odbrana i krajnja nužda, S. 127; *Vuković*, in: Ignjatović
(Hrsg.), Kaznena reakcija u Srbiji, 193 (201) m.w.N.

[250] *Jovašević*, Nužna odbrana i krajnja nužda, S. 127.

[251] Okružni sud u Nišu, Kž 109/2008 od 29.08.2008, zitiert nach *Vuković*, in:
Ignjatović (Hrsg.), Kaznena reakcija u Srbiji, 193 (201 f. Fn. 47).

im Rahmen der Erforderlichkeit erfolgt.[252] Auf jeden Fall gibt es zu dieser Fallgruppe kein klares Bild in der Rechtsprechung.

c) Notwehr im Rahmen von engen persönlichen Beziehungen

Die Beurteilung der unbedingten Erforderlichkeit wird u. a. auf der Grundlage der vorherigen Beziehung zwischen dem Angreifer und Verteidiger vorgenommen.[253] Allerdings wird die Fallgruppe von engen persönlichen Beziehungen in der Literatur selten explizit diskutiert.[254] In der Rechtsprechung finden sich dazu ebenso keine genauen Ausführungen.

d) Notwehrprovokation

Notwehrprovokationen haben eine bedeutsame Rolle bei der Frage des Notwehrrechts. In Serbien wird demjenigen, der den Angriff absichtlich inszeniert hat, in der Theorie und in der Praxis kein Notwehrrecht zugestanden.[255] Dies wird mit der sozialen Komponente bzw. mit dem Rechtsbewährungsgedanken begründet; da das Recht dem Unrecht nicht zu weichen brauche, ist ein Missbrauch der Notwehr nicht erlaubt.[256]

Ferner hat laut *Čejović* derjenige kein Notwehrrecht, der den Angriff verschuldet hat.[257] Auch die Rechtsprechung spricht manchmal bei den Voraussetzungen des Angriffs von einem unverschuldeten Angriff.[258] Dies kommt wahrscheinlich aus dem Grund vor, dass vor allem die ältere Literatur verlangt hat, dass der Angriff „unverschuldet und nicht provoziert" sein muss.[259] Es finden sich darüber hinaus Stimmen in der Literatur, die bei nicht absichtlichen Provokationen das Notwehrrecht stufenweise einschränken wollen.[260]

---

252 *Vuković*, in: Ignjatović (Hrsg.), Kaznena reakcija u Srbiji, 193 (201 f. Fn. 47).

253 *Jovašević*, Nužna odbrana i krajnja nužda, S. 125.

254 Eine Ausnahme bildet *Vuković*, in: Ignjatović (Hrsg.), Kaznena reakcija u Srbiji, 193 (204), der sich meistens auf die deutsche Literatur beruft.

255 *Čejović*, Krivično pravo, S. 144; *Risimović*, Bezbednost 53 (2011), 168 (176); *Jovašević*, Leksikon krivničnog prava S. 384; *Jovašević*, Nužna odbrana i krajnja nužda, S. 119; VSS Kž 1278/2003 07.10.2003, zitiert nach *Jovašević*, Nužna odbrana i krajnja nužda, S. 119; *Vuković*, in: Ignjatović (Hrsg.), Kaznena reakcija u Srbiji, 193 (198); *Stojanović*, Krivično pravo, S. 144.

256 *Jovašević*, Nužna odbrana i krajnja nužda, S. 119 f.

257 *Čejović*, Krivično pravo. S. 144.

258 Siehe zum Beispiel VSS Kž 4/96 v. 22.05.1996, zitiert nach *Jovašević*, Krivično pravo, S. 90, Rn. 169; Kž 1960/98 v. 14.11.1999.

259 *Risimović*, Bezbednost 53 (2011), 168 (178).

260 *Risimović*, Bezbednost 53 (2011), 168 (177); *Vuković*, in: Ignjatović (Hrsg.), Kaznena reakcija u Srbiji, 193 (200).

Fraglich ist, welche Voraussetzungen diese Verursachung des Angriffs haben muss. Nach der jugoslawischen Rechtsprechung in Serbien wird ein geringerer Anlass für den Angriff nicht zur Einschränkung der Notwehr führen.[261] Im konkreten Fall hatten ein Mann und seine Frau die Anwesenden bei ihrem Auto gefragt, wer die Autolichter kaputt gemacht habe. Daraufhin kam es zum Streit und der Mann wurde rechtswidrig angegriffen, sodass ihn die Frau mit einem Messerstich verteidigte. Der Anlass für den Angriff war laut dem Oberstem Gerichtshof Serbiens gering, sodass die Notwehr aus diesem Grund nicht versagt werden kann. Die Gerichtsentscheidung ist plausibel, da es überhaupt keine rechtswidrige Tat der Angegriffenen gab, die die Notwehr verursacht hat. Man kann darüber hinaus nicht einmal von einer sozial zu missbilligenden Handlung sprechen. Fraglich ist aber, ob die Gerichte für den Notwehrausschluss bzw. die Einschränkung eine rechtswidrige Provokation verlangen. In der serbischen Literatur wird die Meinung bevorzugt, dass die Provokation rechtswidrig sein muss.[262]

Bezüglich der Vorgehensweise des Provokateurs ist in der Literatur eine an die deutsche Dogmatik angelehnte Meinung zu finden, nach der die Verteidigungshandlung bei schuldig proviziertem Angriff vierstufig sein muss.[263] Zuerst muss der angegriffene Provokateur ausweichen, sich dann defensiv und erst danach offensiv mit milderen Mitteln als für die sichere Abwehr notwendig verteidigen; wenn all dies nicht wirkt, hat er das Recht sich uneingeschränkt zu verteidigen.[264] Die Einschränkung der Notwehr ist nach *Risimović* zeitlich begrenzt, d. h. es muss eine „Kontinuität des Streits" bestehen.[265]

Die Folgen des verschuldeten Angriffs sind in der Rechtsprechung nicht sehr klar. Oft wird in der Rechtsprechung die Situation so behandelt, dass die Gerichte nur den Ausschluss der Notwehr diskutieren und keine abgestufte Verteidigung verlangen. So passiert es in der Rechtsprechung oft, dass beide Akteure kein Notwehrrecht bekommen, wenn sie sich gleichzeitig angreifen.[266]

---

[261] VSS Kž 1578/83, Bilten sudske prakse Vrhovnog suda Srbije 4/1984 (1), zitiert nach *Jovašević*, Nužna odbrana i krajnja nužda, S. 127.

[262] *Risimović*, Bezbednost 53 (2011), 168 (176); *Vuković*, in: Ignjatović (Hrsg.), Kaznena reakcija u Srbiji, 193 (196).

[263] *Risimović*, Bezbednost 53 (2011), 168 (177).

[264] *Risimović*, Bezbednost 53 (2011), 168 (177).

[265] *Risimović*, Bezbednost 53 (2011), 168 (179), der die Entscheidung VSS Kž 267/04 v. 25.03.2004 zitiert, bei der das Gericht die Einschränkung der Notwehr verneint hat, da vom Streit bis zum Angriff schon 15 Minuten vergangen sind. Ähnlich *Vuković*, in: Ignjatović (Hrsg.), Kaznena reakcija u Srbiji, 193 (196).

[266] VSS Kž 1643/96 v. 14.05.1998; VSS Kž I 1227/93, zitiert nach *Stojanović*, Krivično pravo, S. 146.

3. Vereinbarkeit der Notwehreinschränkungen mit dem Gesetzeswortlaut

In Serbien wird die Vereinbarkeit der Notwehreinschränkungen mit dem Gesetzeswortlaut nicht besonders thematisiert, obwohl aus dem Gesetz die Einschränkungen der Notwehr nicht unmittelbar ableitbar sind. Ebenso besteht in Art. 34 Abs. 1 der serbischen Verfassung eine Regelung, in der das Gesetzlichkeitsprinzip ähnlich wie in anderen Ländern verankert ist.[267] Dies wird aber im Rahmen der Notwehrauslegung nicht problematisiert.

4. Zusammenfassung

Für Serbien kann man feststellen, dass die Notwehrgrenzen ähnlich verlaufen wie in Slowenien und Kroatien. Insgesamt werden die meisten in Deutschland herausgebildeten Fallgruppen zumindest in der Literatur erwähnt, die Grenzen der Notwehr werden jedoch meistens anders gezogen. Zum einen ist bei der Fallgruppe des krassen Missverhältnisses der betroffenen Güter die Notwehrauslegung enger als in Deutschland. Zum anderen werden die engen persönlichen Beziehungen zwischen dem Angreifer und Verteidiger nicht zu einer besonderen Einschränkung der Notwehr führen.

Bei den Notwehrprovokationen wird von den Gerichten als Folge vor allem die Versagung der Notwehr in Betracht gezogen. Die Notwehreinschränkung bei Angriffen von Schuldlosen wird zumindest in der Literatur anerkannt. Außerdem ist zu beobachten, dass die Gerichte allgemein dazu neigen, die Notwehr als überschritten anzusehen, obwohl es dafür keine guten Gründe gibt.[268]

---

[267] Ustav Republike Srbije, Službeni glasnik RS, Nr. 98/2006. Art. 34 Abs. 1 der serbischen Verfassung lautet: *„Niemand darf wegen einer Handlung für schuldig befunden werden, die nicht davor durch das Gesetz oder eine andere auf dem Gesetz beruhende Regelung als strafbar bestimmt wurde und davor nicht für diese Handlung Strafe vorgesehen wurde."* (Übers. d. Verf.).

[268] Siehe dazu zum Beispiel VSS Kž 1075/99 v. 25.07.2001, bei dem der Angreifer den Motorpflug des Verteidigers umwerfen wollte und er den Verteidiger dabei noch zweimal geschlagen hat. Der jüngere und stärkere Verteidiger hat sich mit Fußtritten verteidigt. Der Angreifer ist dabei so gefallen, dass er schwere Körperverletzungen erlitten hat und später gestorben ist. Siehe auch VSS Kž 1764/2003 v. 23.02.2004.

III. Bosnien und Herzegowina

1. Das Notwehrrecht und seine Entwicklung

Auf dem Gebiet von Bosnien und Herzegowina gelten mehrere Strafgesetzbücher, allerdings müssen alle mit dem Strafgesetzbuch von Bosnien und Herzegowina (bosStGB) vereinbar sein.[269] Hier wird nur das Strafgesetzbuch von Bosnien und Herzegowina behandelt. In Art. 24 bosStGB[270] ist die Notwehr wie folgt geregelt:

(1) Die Tat, die in Notwehr begangen wird, ist nicht strafbar.

(2) Notwehr ist die Verteidigung, die unbedingt erforderlich ist, dass der Verteidiger von sich oder von einem anderen einen gegenwärtigen oder unmittelbar bevorstehenden rechtswidrigen Angriff abwehrt, und die verhältnismäßig zu dem Angriff ist.

(3) Der Täter, der die Grenzen der Notwehr überschritten hat, kann milder bestraft werden; wenn er die Grenzen der Notwehr wegen starker Gereiztheit oder wegen Furcht durch den Angriff überschritten hat, kann von der Strafe abgesehen werden.

a) Grundlagen der Notwehr

Als Grundlage für die Notwehr werden in der Literatur beide Grundgedanken der Notwehr diskutiert.[271] Dabei wird – zumindest von einigen Autoren – der dualistischen Ansicht (mit Priorität des Selbstschutzgedankens) ausdrücklich der Vorzug gegeben.[272] In der Rechtsprechung werden die beiden Prinzipien – zumindest nach der Recherche des Verfassers – nicht diskutiert. Dies kann auch daran liegen, dass die Abwehr zu dem Angriff in Bosnien und Herzegowina dem Gesetz nach verhältnismäßig sein muss, was dazu führt, dass die etwaigen Einschränkungen der Notwehr nicht so stark begründungsbedürftig sind.

---

[269] *Tomić*, Krivično pravo, S. 75.

[270] Krivični zakon Bosne i Hercegovine – KZ BiH, Službeni glasnik BiH, Nr. 03/03, 32/03, 37/03, 54/04, 61/04, 30/05, 53/06, 55/06, 32/07, 47/14, 22/15, 40/15 (Übers. d. Verf.).

[271] Siehe Komentari KZ BiH-*Babić*, Art. 24, S. 138; *Tomić*, Krivično pravo, S. 363 f.

[272] *Tomić*, Krivično pravo, S. 363; siehe auch Komentari KZ BiH-*Babić*, Art. 24, S. 138.

b) Entwicklung des Notwehrrechts

Vor dem Ende des Ersten Weltkrieges ist zum Notwehrrecht auf dem Gebiet Bosniens nicht viel bekannt.[273] Bis zur Verabschiedung des Strafgesetzbuches Jugoslawiens 1930 hat auf dem bosnischen Gebiet österreichisches Strafrecht mit kleineren Änderungen gegolten.[274] Danach hat die Notwehr eine ähnliche Entwicklung genommen wie in anderen Nachfolgestaaten Jugoslawiens.

Während der Unabhängigkeitserklärung im Jahr 1992 und nach dem Ende des Bosnienkrieges im Jahr 1995 kam in der Republik Bosnien im Wesentlichen noch das jugoslawische Strafrecht zur Anwendung.[275] Die Republik Bosnien und Herzegowina ist heute in zwei Entitäten und ein Sonderverwaltungsgebiet geteilt. Nach dem Ende des Bosnienkrieges ist in der Föderation Bosnien und Herzegowina im Jahr 1998 das bosnische Strafgesetzbuch in Kraft getreten.[276] In der Republik Srpska und später noch im Sonderverwaltungsgebiet Brčko sind im Jahr 2000 neue Strafgesetzbücher in Kraft getreten.[277] Notwehr wurde in allen Strafgesetzbüchern ähnlich geregelt. Nur die Notwehrregelung im Strafgesetzbuch der Republik Srpska hat keine zusätzliche Voraussetzung der Proportionalität zwischen der Verteidigung und dem Angriff.

Aufgrund der Gefahr der Zersplitterung wurde danach ein Strafgesetzbuch für die ganze Republik verabschiedet (bosStGB), das 2003 in Kraft getreten ist.[278] Die drei Strafgesetzbücher müssen mit dem bosStGB vereinbar sein, was dazu führt, dass der Allgemeine Teil in allen Gesetzen weitgehend gleich ist.[279]

c) Notwehrmerkmale im Überblick

aa) Notwehrlage

In Bosnien und Herzegowina wird ein rechtswidriger, objektiv bestehender und gegenwärtiger Angriff auf ein geschütztes Rechtsgut als Voraussetzung für das Notwehrrecht gesehen.[280] Der Angriff muss auf ein individuelles

---

[273] Siehe *Tomić*, Krivično pravo, S. 69–72.

[274] *Tomić*, Krivično pravo, S. 69.

[275] *Tomić*, Krivično pravo, S. 73.

[276] *Tomić*, Krivično pravo, S. 74.

[277] *Tomić*, Krivično pravo, S. 74.

[278] *Tomić*, Krivično pravo, S. 74 f.

[279] *Tomić*, Krivično pravo, S. 75.

[280] *Tomić*, Krivično pravo, S. 364 f.; Komentari KZ BiH-*Babić*, Art. 24 Abs. 2, S. 138–140; *Petrović/Jovašević*, Krivično/Kazneno pravo Bosne i Hercegovine, S. 159 f.

Rechtsgut einer Privatperson oder juristischen Person gerichtet sein, worunter auch der Staat zählt.[281] Die einzelnen Voraussetzungen weisen keine Besonderheiten im Vergleich zu den anderen jugoslawischen Ländern auf.

bb) Notwehrhandlung

Die Notwehrhandlung muss mehrere Voraussetzungen erfüllen. Sie muss einerseits den Tatbestand einer Straftat verwirklichen, sich gegen den Angreifer oder seine Rechtsgüter richten und zum Angriff gleichzeitig sein.[282]

Andererseits muss die Verteidigung unbedingt erforderlich und zum Angriff angemessen sein.[283] Unbedingt erforderlich ist die Verteidigung dann, wenn sie „unter Umständen des konkreten Falles bei geringster Verletzung des Rechtsgutes des Angreifers den Angriff erfolgreich abwenden kann".[284] Dabei werden alle konkreten Umstände des Falles – wie zum Beispiel die Intensität und die Richtung des Angriffs, die Gefährlichkeit des Angreifers, die Mittel des Angreifers usw. – in Betracht gezogen.[285] Diese Beurteilung erfolgt nach *Tomić* objektiv und aufgrund einer sozialethischen Betrachtung; die Betrachtung richtet sich demnach darauf, was ein durchschnittlicher Bürger in der konkreten Situation tun würde.[286] Die Verwendung des Begriffes „sozialethisch" an dieser Stelle ist jedoch unnötig, weil die normativen Gesichtspunkte, vor allem in Bosnien und Herzegowina, unproblematisch in die Prüfung der Verhältnismäßigkeit hineinfließen können. Dadurch werden die empirischen und normativen Notwehrmerkmale nicht vermischt und die Prüfung sauberer.

Der Verteidiger muss in Bosnien und Herzegowina zudem bei einem Angriff nicht auszuweichen, weil dies demütigend wäre und seinem Ansehen schaden würde.[287]

---

281 *Tomić*, Krivično pravo, S. 365.

282 *Tomić*, Krivično pravo, S. 367; siehe auch *Petrović/Jovašević*, Krivično/Kazneno pravo Bosne i Hercegovine, S. 161.

283 *Petrović/Jovašević*, Krivično/Kazneno pravo Bosne i Hercegovine, S. 161 f.; Presuda Vrhovnog suda Federacije BiH Kž 95/97 v. 17.11.1998, zitiert nach *Petrović/Jovašević*, Krivično/Kazneno pravo Bosne i Hercegovine, S. 162.

284 *Tomić*, Krivično pravo, S. 368 (Übers. d. Verf.).

285 Komentari KZ BiH-*Babić*, Art. 24 Abs. 2, S. 141; *Tomić*, Krivično pravo, S. 368.

286 *Tomić*, Krivično pravo, S. 368; siehe auch Komentari KZ BiH-*Babić*, Art. 24 Abs. 2, S.141.

287 *Tomić*, Krivično pravo, S. 369; Komentari KZ BiH-*Babić*, Art. 24 Abs. 2, S. 142.

Bezüglich der Verhältnismäßigkeit sticht sofort ins Auge, dass Bosnien und Herzegowina das erste der bisher untersuchten Länder ist, bei dem dies im Gesetz verankert ist. Diese Voraussetzung ist eng mit der unbedingten Erforderlichkeit verbunden und beinhaltet den Sinn und Zweck der Notwehr „als das besondere Institut des Strafrechts und seiner sozialethischen Funktion".[288] Die Verteidigung ist beispielsweise zum Angriff nicht proportional, wenn „ein offensichtliches Missverhältnis" oder „ein großes Missverhältnis" zwischen dem Rechtsgut des Angreifers und des Verteidigers besteht.[289] Für die Begründung werden auch Schlagwörter wie zum Beispiel „Rechtsmissbrauch" benutzt.[290]

cc) Verteidigungswille

Der Verteidigungswille wird in der Literatur in Bosnien und Herzegowina meistens nicht explizit als Voraussetzung der Notwehr diskutiert.[291] *Babić* sieht hingegen den Verteidigungswillen als einen notwendigen Teil der Notwehr, weil dies schon aus dem Sinn und Zweck der Notwehr hervorgehe.[292]

dd) Notwehrexzess

Derjenige, der im intensiven Notwehrexzess handelt, kann nach Art. 24 Abs. 3 Hs. 1 bosStGB milder bestraft werden. Überschreitet der Verteidiger die Notwehrgrenzen aufgrund starker Gereiztheit oder Furcht, kann ihm die Strafe nach Art. 24 Abs. 3 Hs. 2 bosStGB erlassen werden. Dabei sollten Gerichte bei der Strafzumessung grundsätzlich berücksichtigen, ob jemand aufgrund Gereiztheit oder Furcht die Notwehr überschritten hat, da es bei Ersterem um einen sthenischen und bei Letzterem um einen asthenischen Affekt geht.[293]
Die besondere Situation, in der sich der Notwehrübende befindet, wurde somit vom Gesetzgeber auf der Rechtsfolgenseite beachtet.[294] Ein nachzeiti-

---

288 *Tomić*, Krivično pravo, S. 369 (Übers. d. Verf.).

289 *Tomić*, Krivično pravo, S. 369 (Übers. d. Verf.), S. 370, wo der Autor über „ein großes Missverhältnis" spricht; siehe auch Komentari KZ BiH-*Babić*, Art. 24 Abs. 2, S. 142.

290 *Tomić*, Krivično pravo, S. 370.

291 *Stanković*, Krivično pravo, S. 81 f.; *Petrović/Jovašević*, Krivično/Kazneno pravo Bosne i Hercegovine, S. 160–162 und *Tomić*, Krivično pravo, S. 367–371 erwähnen den subjektiven Willen bei den Voraussetzungen der Verteidigung nicht.

292 Komentari KZ BiH-*Babić*, Art. 24 Abs. 2, S. 142.

293 *Tomić*, Krivično pravo, S. 375.

294 *Petrović/Jovašević*, Krivično/Kazneno pravo Bosne i Hercegovine, S. 163; *Tomić*, Krivično pravo, S. 375.

ger Notwehrexzess wird in Bosnien und Herzegowina nicht als Notwehrexzess gesehen, weil der rechtswidrige Angriff schon aufgehört hat.[295] Auch
ein vorzeitiger Exzess wird nicht als Exzess angesehen, weil die Grenzen der
Notwehr nicht überschritten werden können, wenn keine Notwehrlage besteht.[296]

2. Die Grenzen der Notwehr

Aufgrund der obigen Ausführungen kann man schon vermuten, wo die
Grenzen der Notwehr bei den Fallgruppen in Bosnien und Herzegowina liegen.

a) Missverhältnis zwischen den betroffenen Rechtsgütern

In Bezug zum Verhältnis der betroffenen Rechtsgüter im Rahmen der Notwehr ist es zunächst wichtig, dass bei Bagatellangriffen, die eine Tat von
geringer Bedeutung gemäß Art. 23a bosStGB darstellen (zum Beispiel ein
Apfeldiebstahl beim Nachbarn),[297] kein rechtswidriger Angriff besteht. Diese
Fälle scheiden somit schon vorab aus.

Die Notwehrhandlung in Bosnien und Herzegowina muss die Voraussetzung der Proportionalität zwischen dem Angriff und der Verteidigung erfüllen.[298] Die Proportionalität soll sich nicht nach dem individualistischen,
sondern nach dem sozialethischen Prinzip richten.[299] Anscheinend nehmen
die Autoren somit an, dass eine individualistische Notwehrbegründung eine
weitergehende Notwehr zulassen würde. Die Proportionalität bedeutet dabei
nicht die Gleichwertigkeit der betroffenen Rechtsgüter.[300] Allerdings werden
die Notwehrfälle, bei denen die betroffenen Rechtsgüter in einem offensichtlichen bzw. großen Missverhältnis stehen, ohne Weiteres als nicht erlaubt
angesehen.[301] Dies gilt vor allem beim Unterschied in der Art der betroffenen
Rechtsgüter, wenn sich beispielsweise auf der einen Seite das Eigentum und

---

[295] Komentari KZ BiH-*Babić*, Art. 24 Abs. 2, S. 142; *Tomić*, Krivično pravo,
S. 372.

[296] *Tomić*, Krivično pravo, S. 372.

[297] *Stanković*, Krivično pravo, S. 81.

[298] *Petrović/Jovašević*, Krivično/Kazneno pravo Bosne i Hercegovine, 162; Vrhovni
sud Federacije BiH, Kž 95/97 v. 17.11.1998.

[299] *Tomić*, Krivično pravo, S. 370.

[300] Komentari KZ BiH-*Babić*, Art. 24 Abs. 2, S. 142; *Tomić*, Krivično pravo,
S. 370.

[301] *Tomić*, Krivično pravo, S. 369 f.

auf der anderen Seite das Leben gegenüberstehen.[302] Ein Missverhältnis zwischen den Rechtsgütern besteht nach *Tomić* in den Fällen, bei denen eine gefährliche Körperverletzung einem Kind hinzugefügt wird, das eine Süßigkeit in einem Geschäft gestohlen hat.[303] Dies ist jedoch kein gutes Beispiel für das Missverhältnis der betroffenen Rechtsgüter, weil es der Notwehrhandlung der gefährlichen Körperverletzung in solchen Fällen schon an der Erforderlichkeit fehlen wird und zudem wegen des geringen Alters des Kindes ein weiterer Grund zur Notwehreinschränkung vorläge.

Eine Notwehr wird darüber hinaus auch in den Fällen verneint, in denen sich gleichartige Rechtsgüter gegenüberstehen, die sich allerdings in ihrem Wert bzw. in ihrer Menge erheblich unterscheiden.[304]

In Bosnien werden somit die Rechtsgüter abgewogen, was *Tomić* auch explizit anerkennt und mit dem Wortlaut des Gesetzes begründet, sodass man nicht davon sprechen kann, dass ausnahmsweise das Recht hier dem Unrecht weicht.[305] Bosnien und Herzegowina hat somit diesbezüglich ein restriktives Notwehrrecht, was auch im Gesetz verankert ist.

b) Angriffe von schuldlos Handelnden

Die Fallgruppe wird in der Lehre nicht besonders erwähnt. Allerdings wird konstatiert, dass es Angriffe von unterlegenen Personen gibt, bei denen ein Ausweichen nicht demütigend und somit erforderlich ist.[306] Interessanterweise zählt *Babić* dazu nicht nur schuldlos Handelnde, sondern auch ältere Personen.[307] Die Tatsache, dass ein Kind den Angriff verübt, spielt bei der Proportionalität ebenso eine Rolle.[308] Dies deutet darauf hin, dass nicht die Schuldunfähigkeit entscheidend ist, sondern die Intensität des Angriffs und der Verteidigung, die sich entsprechen müssen. Dies wird bei der Proportionalität berücksichtigt.

---

[302] *Tomić*, Krivično pravo, S. 370, der sogar sagt, dass es unverhältnismäßig ist, wenn der Verteidiger bei der Verteidigung eines Sachgutes geringeren Wertes eine hochwertige Sache des Angreifers beschädigt.

[303] *Tomić*, Krivično pravo, S. 370.

[304] *Tomić*, Krivično pravo, S. 370.

[305] *Tomić*, Krivično pravo, S. 370 f.

[306] Komentari KZ BiH-*Babić*, Art. 24 Abs. 2, S. 142.

[307] Komentari KZ BiH-*Babić*, Art. 24 Abs. 2, S. 142.

[308] *Tomić*, Krivično pravo, S. 370.

c) Notwehr im Rahmen von engen persönlichen Beziehungen

Die Angriffe zwischen Personen in Garantenverhältnissen werden in Bosnien und Herzegowina nicht explizit behandelt.

d) Notwehrprovokation

Die Absichtsprovokation bzw. die inszenierte Notwehr führt in Bosnien und Herzegowina dazu, dass die Notwehr ausgeschlossen ist, weil dies rechtsmissbräuchlich wäre.[309] Die Begründung wird nicht näher ausgeführt. Ebenso ist nicht klar, ob die Provokation rechtswidrig sein muss.[310]

Der sonst provozierte Angriff wird in der Literatur nicht als Grund für die Einschränkung genommen bzw. der rechtswidrige Angriff kann auch abgewehrt werden, wenn er durch den Verteidiger verschuldet wurde.[311] *Babić* verlangt hier, dass der sonstige Provokateur dem Angriff ausweicht (wenn dies kein schändliches Ausweichen darstellen würde) und sich dann vorsichtiger verteidigt.[312] Die Rechtswidrigkeit der Provokation wird auch hier nicht diskutiert.

Erwähnenswert ist, dass in Bosnien und Herzegowina der provozierte Angriff meistens bei den Voraussetzungen des Angriffs behandelt wird und nur vereinzelt bei der Proportionalität zwischen dem Angriff und der Verteidigung.[313]

3. Zusammenfassung

Allgemein kann man in Bosnien und Herzegowina starke Ähnlichkeiten zu den anderen jugoslawischen Nachfolgestaaten feststellen. Hierbei gestaltet sich die Notwehrlage in ganz klassischer Weise als ein gegenwärtiger, rechtswidriger Angriff.

Die Notwehrhandlung muss unbedingt erforderlich und verhältnismäßig sein. Dies bedeutet, dass bei der Notwehr auch Rechtsgüter abgewogen wer-

---

309 *Petrović/Jovašević*, Krivično/Kazneno pravo Bosne i Hercegovine, S. 160; Komentari KZ BiH-*Babić*, Art. 24 Abs. 2, S. 140; Odluka Vrhovog suda BiH, Kž 695/88 v. 28.12.1988; *Stanković*, Krivično pravo, S. 82; *Tomić*, Krivično pravo, S. 366.

310 *Tomić*, Krivično pravo, S. 366 sagt nur, dass diese Frage strittig ist.

311 *Petrović/Jovašević*, Krivično/Kazneno pravo Bosne i Hercegovine, S. 160; Komentari KZ BiH-*Babić*, Art. 24 Abs. 2, S. 142.

312 Komentari KZ BiH-*Babić*, Art. 24 Abs. 2, S. 142.

313 Siehe *Tomić*, Krivično pravo, S. 366; *Petrović/Jovašević*, Krivično/Kazneno pravo Bosne i Hercegovine, S. 160; weiter Komentari KZ BiH-*Babić*, Art. 24 Abs. 2, S. 140 und 142, der die Provokation auch bei der Verteidigung behandelt.

den, was in der Literatur explizit so dargestellt wird. Die betroffenen Rechtsgüter dürfen nicht in einem „offensichtlichen" oder „großen" Missverhältnis stehen. Eine Tötung bei einem Angriff auf Sacheigentum wird somit m. E. nicht als rechtmäßig angesehen werden können. Gleichwohl wird das Merkmal der Verhältnismäßigkeit nicht immer in richtiger Weise berücksichtigt, da beispielsweise bei den schuldlos Handelnden immer noch die „Schändlichkeit der Flucht" diskutiert wird.[314]

Ebenso zeigt sich die Ähnlichkeit zu den anderen jugoslawischen Staaten beim Notwehrexzess, bei dem zum einen generell die Strafe gemildert und zum anderen bei besonderen Voraussetzungen von der Strafe abgesehen werden kann.

Bezüglich der Einschränkungen wird bei den Fällen, in denen die betroffenen Rechtsgüter in einem offensichtlichen oder großen Missverhältnis stehen, keine Notwehr gestattet. Bei den Angriffen von schuldlos Handelnden wird keine explizite Einschränkung vorgenommen, es wird aber bei der Intensität des Angriffs und entsprechend bei der erlaubten Verteidigung beachtet werden, ob der Angreifer schuldunfähig ist. Zudem werden absichtliche Notwehrprovokationen die Notwehr des Provokateurs ausschließen. Andere Arten der Provokation werden nicht einheitlich behandelt.

Insgesamt hat Bosnien und Herzegowina eine moderne Notwehrregelung, die sich durch die gesetzliche Verankerung der Verhältnismäßigkeit in Art. 24 Abs. 2 bosStGB von anderen, bisher behandelten Regeln positiv abgrenzt, weil auf diese Weise zumindest für diese wichtige Fallgruppe der Notwehreinschränkungen eine ausdrückliche gesetztliche Basis existiert.

C. Polen

I. Das Notwehrrecht und seine Entwicklung

In Polen ist die Notwehr in Art. 25 des Strafgesetzbuches (polStGB)[315] folgendermaßen geregelt:

§ 1. Keine Tat begeht, wer in Notwehr[316] einen unmittelbaren, rechtswidrigen Angriff auf ein Rechtsgut abwendet.

---

314 Komentari KZ BiH-*Babić*, Art. 24 Abs. 2, S. 142.

315 Kodeks karny, Dziennik Ustaw 1997 Nr. 88, Pos. 553 mit mehreren Änderungen.

316 „Obronia konieczna" bedeutet wörtlich „erforderliche Verteidigung", sodass hier auch eine Übersetzung „in erforderlicher Verteidigung" statt „Notwehr" möglich wäre.

§ 2. Werden die Grenzen der Notwehr überschritten, insbesondere, wenn der Täter sich in Anbetracht des gegebenen Angriffs[317] unverhältnismäßig verteidigt, kann das Gericht die Strafe außerordentlich mildern oder von einer Strafe absehen.

§ 2a. Derjenige ist nicht strafbar, der die Grenzen der Notwehr überschreitet, indem er den Angriff abwehrt, der darin besteht, dass jemand in seine Wohnung, seine Räumlichkeiten, sein Haus oder in einen mit diesen Objekten verbundenen umzäunten Raum gelangen will oder vorher gelangt ist, es sei denn, die Überschreitung der notwendigen Verteidigungsgrenzen war offenkundig.[318]

§ 3. Das Gericht sieht von der Strafe ab, wenn die Grenzen der Notwehr aus Furcht oder Aufregung, die durch die Umstände des Angriffs gerechtfertigt sind, überschritten werden.[319]

Außerdem ist seit der Novellierung 2015 die Notwehr zum Teil im Besonderen Teil des Strafgesetzbuches in Art. 231b polStGB geregelt:

§ 1. Eine Person, die in Notwehr einen unmittelbaren, rechtswidrigen Angriff auf irgendein fremdes Gut abwehrt, um hierdurch ein Rechtsgut, die öffentliche Sicherheit oder Ordnung zu schützen, wird rechtlich wie ein Amtsträger geschützt.

§ 2. Die Vorschrift des § 1 findet keine Anwendung, wenn der gegen eine Person gerichtete Angriff des Täters sich ausschließlich gegen Ehre oder Würde dieser Person gerichtet hat.[320]

1. Grundlagen der Notwehr

Der Gesetzeswortlaut der Notwehrregelung in Polen weicht teilweise stark von anderen Ländern ab. Ebenso ist die Diskussion über die Notwehr anders. In Polen wird traditionell zwischen der Selbstständigkeit und Subsidiarität der Notwehr differenziert.[321] Bei der Diskussion geht es nicht um das „Wie" der Notwehr, sondern um das „Ob" der Notwehr.[322] Innerhalb dieser Diskussion kommt das bekannte Prinzip der Rechtsbewährung ebenfalls zum Tragen.

---

[317] Übersetzung wäre auch mit „der Gefährlichkeit des gegebenen Angriffs" möglich.

[318] Übers. d. Verf.; Art. 25 § 2a polStGB lautet auf Polnisch: *„Nie podlega karze, kto przekracza granice obrony koniecznej, odpierając zamach polegający na wdarciu się do mieszkania, lokalu, domu albo na przylegający do nich ogrodzony teren lub odpierając zamach poprzedzony wdarciem się do tych miejsc, chyba że przekroczenie granic obrony koniecznej było rażące".*

[319] Bis auf § 2a wurde die Übersetzung aus *Eckstein*, Polnisches Strafgesetzbuch, S. 21 übernommen.

[320] Die Übersetzung basiert auf der Übersetzung von *Eckstein*, Polnisches Strafgesetzbuch, S. 21, Art. 25 § 4 und § 5.

[321] *Zoll*, ZStW 90 (1978), 520 (521); dazu auch *Neumann*, in: FS Lüderssen, 215 f.

[322] *J. Kulesza*, in: Paprzycki (Hrsg.), System prawa karnego 4, I § 2 Rn. 163.

Die Vertreter der Selbstständigkeit der Notwehr sehen die Grundlage der Notwehr in dem Satz, dass das Recht dem Unrecht nicht zu weichen brauche.[323] Dieser Grundsatz ist in Polen schon länger bekannt.[324] Die Ansicht über die Selbstständigkeit der Notwehr ist in der Rechtsprechung und Lehre vorherrschend.[325] Neuerdings ist jedoch vor allem in der Rechtsprechung eine gewisse Gegentendenz erkennbar.[326] Das Hauptziel der Notwehr besteht demnach in der Beseitigung des Unrechts.[327] Der Angegriffene hat demgemäß ein Notwehrrecht, unabhängig von anderen Möglichkeiten, den Angriff zu beenden (wie zum Beispiel Ausweichen oder Hilfeholen).[328] Im Zusammenhang mit der Rechtsbewährung wird auch die sogenannte „Aushilfetheorie" erwähnt, die besagt, dass der Bürger dem Staat helfen sollte, rechtswidrige Angriffe abzuwehren.[329] Diese Theorie hat neuerdings in § 231b polStGB Ausdruck gefunden.[330]

Demgegenüber leitet die Meinung der (relativen) Subsidiarität der Notwehr die „Rechtmäßigkeit der Notwehr auf den sozial begründeten Schutz des durch den Angriff bedrohten Gutes" zurück.[331] Somit wird auch hier nicht nur der Individualschutz hervorgehoben. Bei dieser Ansicht werden die Rechtsgüter bzw. die Interessen der beiden Seiten berücksichtigt und abgewogen.[332] Eine Flucht oder das Herbeiführen der staatlichen Hilfe ist erforderlich, wenn dies ohne Gefahr erfolgen kann und den Angriff beendet.[333] Die relative Subsidiarität bedeutet, dass das Herbeiführen staatlicher Hilfe

---

[323] *Zoll*, ZStW 90 (1978), 520 (521); *Bojarski/Giezek/Sienkiewicz*, Prawo karne, Rn. 212; SN IV KK 105/09 v. 16.11.2009, LEX Nr. 598243, zitiert nach *Kilińska-Pękacz*, Studia z Zakresu Prawa, Administracji i Zarządzania 2013, 83 (85).

[324] *E. Weigend*, in: Sieber/Cornils (Hrsg.), Nationales Strafrecht in rechtsvergleichender Darstellung, 310 (317); SN v. 27.07.1973 r. IV KR 153/73; dazu auch *Warylewski*, Prawo karne, Rn. 437.

[325] *Bojarski/Giezek/Sienkiewicz*, Prawo karne, Rn. 212 mit Nachweisen aus der Rechtsprechung; *Gardocki*, Prawo karne, Rn. 205; für die selbstständige Ansicht mit Ausnahmen auch *J. Kulesza*, in: Paprzycki (Hrsg.), System prawa karnego 4, I § 2 Rn. 170; *Krukowski*, Obrona konieczna, S. 72; SN II KR 93/83 v. 14.05.1984; SN IV KR 337/71 v. 04.02.1972; *Marek*, Obrona konieczna, S. 96 m. w. N. aus der neueren Rechtsprechung; a. A. *Zoll*, ZStW 90 (1978), 520 (527); *Grześkowiak*, in: Kodeks karny, Art. 25 Rn. 3.

[326] SA II AKa 201/15 v. 23.9.2015, zitiert nach *J. Kulesza*, in: Paprzycki (Hrsg.), System prawa karnego 4, I § 2. Rn. 166.

[327] *Zoll*, ZStW 90 (1978), 520 (521).

[328] *Marek*, Obrona konieczna, S. 91.

[329] *J. Kulesza*, in: Paprzycki (Hrsg.), System prawa karnego 4, I § 2 Rn. 130.

[330] *J. Kulesza*, in: Paprzycki (Hrsg.), System prawa karnego 4, I § 2 Rn. 132.

[331] *Zoll*, ZStW 90 (1978), 520 (521) (Übers. d. Verf.); auch *Tabaszewski*, Czasopismo Prawa Karnego i Nauk Penalnych 2009, 35 (36).

[332] *Zoll*, ZStW 90 (1978), 520 (521 f.).

[333] *Krukowski*, Obrona konieczna, S. 66 Fn. 1.

notwendig ist, wenn dies das angegriffene Rechtsgut ausreichend schützt.[334] Die Möglichkeit der Flucht muss jedoch nicht genutzt werden, weil ansonsten der Angegriffene den Angriff auf seine Freiheit dulden müsste.[335] Die Möglichkeit der Flucht kann aber Auswirkungen auf die erlaubte Verteidigung haben.[336]

Man kann demnach mit *Neumann* feststellen, dass die beiden Ansichten das Rechtsbewährungsprinzip in ihre Überlegungen einbeziehen.[337] Der Hauptunterschied zwischen den beiden Ansichten besteht aber darin, dass die Vertreter der Subsidiarität der Notwehr in unterschiedlicher Weise die Möglichkeit des Ausweichens bzw. Herbeiführens von staatlicher Hilfe bei der Gestattung der Notwehr beachten.[338]

Neben der Differenzierung zwischen Selbstständigkeit und Subsidiarität der Notwehr muss erwähnt werden, dass in der Literatur und der Rechtsprechung als Grundlage der Notwehr öfters ganz klassisch die beiden Grundprinzipien der Notwehr dargestellt und diskutiert werden.[339]

2. Entwicklung des Notwehrrechts

So wie in anderen Länder hat auch das polnische Notwehrrecht seinen Ursprung im römischen Recht.

Im Mittelalter hat sich die Entwicklung der Notwehr von der kasuistischen Regelung bei den Tötungsdelikten zu einem allgemeinen Rechtfertigungsgrund bewegt.[340] Erst im 17. Jahrhundert findet sich eine allgemeinere Regelung der Notwehr.[341]

Nach dem Ersten Weltkrieg ist in Polen im Jahr 1932 das erste Strafgesetzbuch in Kraft getreten. Die Notwehr wurde in Art. 21 polStGB 1932 sehr liberal geregelt, da es außer der Erforderlichkeit keine zusätzliche Begrenzung der Notwehr gab.[342] Bei der Auslegung der Erforderlichkeit wurden

---

334 *Zoll*, ZStW 90 (1978), 520 (527).

335 *Zoll*, ZStW 90 (1978), 520 (527).

336 *Zoll*, ZStW 90 (1978), 520.

337 *Neumann*, in: FS Lüderssen, 215 (216).

338 *Zoll*, ZStW 90 (1978), 520 (527); siehe auch Teil 3 C. I. 3. b).

339 Siehe zum Beispiel *Bojarski/Giezek/Sienkiewicz*, Prawo karne, Rn. 206; *J. Kulesza*, in: Paprzycki (Hrsg.), System prawa karnego 4, I § 2 Rn. 130; SN IV KR 153/73 v. 27.07.1973, zitiert nach *Marek*, Obrona konieczna, S. 92.

340 Siehe dazu *Marek*, Obrona konieczna, S. 12.

341 *Marek*, Obrona konieczna, S. 12.

342 *J. Kulesza*, in: Paprzycki (Hrsg.), System prawa karnego 4, I § 2 Rn. 173; auch *Marek*, Obrona konieczna, S. 15.

jedoch der Grundsatz des guten Glaubens und der Grundsatz des gesellschaftlichen Zusammenlebens zur einschränkenden Interpretation angewendet.[343]

Nach dem Zweiten Weltkrieg ist im Strafgesetzbuch aus dem Jahr 1969 die Notwehrregelung unter sozialistischem Einfluss entstanden. So wurde in Art. 22 § 1 polStGB 1969 bestimmt, dass Notwehr bei jedem rechtswidrigen und gegenwärtigen Angriff auf ein gesellschaftliches oder individuelles Rechtsgut erlaubt ist. In Art. 22 § 2 polStGB 1969 wurde ferner die Notwehr für denjenigen bestimmt, der die öffentliche Ordnung oder den öffentlichen Frieden verteidigt, unabhängig davon, ob dies seine berufliche Pflicht ist. Der Zweck dieser Vorschrift war laut dem Gesetzgeber die Bekämpfung der Hooligans.[344] Der Notwehrexzess lag nach § Art. 22 § 3 polStGB 1969 vor, wenn die Verteidigung dem Angriff nicht angemessen war. Im Sozialismus wurde die Notwehr nicht nur als Recht, sondern als gesellschaftliche Pflicht betrachtet.[345]

Nach dem Zerfall des Ostblocks ist im Jahr 1997 die heutige Notwehrregelung in Art. 25 polStGB entstanden, die seitdem mehrmals novelliert wurde. Im Jahr 2009 wurde in Art. 25 § 3 polStGB die Rechtsfolge so geändert, dass derjenige, der im Notwehrexzess wegen Furcht oder Erregung handelt, straflos ist.[346]

Im Jahr 2010 wurden dem Art. 25 § 4 und § 5 polStGB hinzugefügt, mit denen die Abwehr bei einem Angriff auf Rechtsgüter anderer mit der Absicht der Verteidigung der öffentlichen Sicherheit, Rechtsordnung oder des fremden Gutes ermöglicht wurde.[347] Später im Jahr 2015 wurden die beiden Paragrafen in einen neuen Art. 231b polStGB verschoben. Außerdem wurde neuerdings im Jahr 2018 dem Art. 25 polStGB der neue § 2a hinzugefügt, durch den das Notwehrrecht für die Angegriffenen in ihren Wohn- oder anderen Räumen zur vollen „Realisierung" kommen sollte.[348]

Insgesamt hatte Polen eine vergleichbare Entwicklung der Notwehr wie andere Länder. In der letzten Zeit ist jedoch viel Bewegung in die Notwehrregelung gekommen und die neueren Novellierungen unterscheiden das Notwehrrecht erheblich von dem der anderen Länder.

---

[343] *Marek*, Obrona konieczna S. 15.

[344] Projekt kodeksu karnego oraz przepisów wprowadzających kodeks karny, Warszawa 1968, S. 103, zitiert nach *Mozgawa*, Annales UMCS, Sectio G (Ius) 60 (2013), 171 (174 Fn. 16).

[345] *Warylewski*, Prawo karne, Rn. 437.

[346] Dziennik Ustaw Nr. 206, Pos. 1589 v. 05.11.2009.

[347] Dziennik Ustaw Nr. 240, Pos. 1602 v. 26.11.2010; siehe mehr dazu Teil 3 C. I. 3. e).

[348] *Limburska*, Czasopismo Prawa Karnego i Nauk Penalnych XXI (2017), 7 (8).

3. Notwehrmerkmale im Überblick

a) Notwehrlage

Eine Notwehrlage ist gegeben, wenn ein gegenwärtiger und rechtswidriger Angriff auf ein Rechtsgut erfolgt.[349] Der Angriff kann sowohl im Handeln als auch im Unterlassen bestehen.[350] Ein Angriff ist eine vom Menschen ausgehende Handlung, die ein Rechtsgut gefährdet.[351]

Notwehrfähig sind alle individuellen Rechtsgüter; die staatlichen und gesellschaftlichen Rechtsgüter fallen grundsätzlich jedoch nicht unter den Schutz des Notwehrrechts.[352] Trotzdem sind in der Literatur Stimmen zu finden, nach denen jedes Rechtsgut – sowohl individuelles als auch gesellschaftliches wie zum Beispiel staatliche Ordnung oder Unabhängigkeit – angegriffen werden kann.[353] Bei diesen Überlegungen spielt die interventionistische Nothilfe nach Art. 231b polStGB bei Autoren, die auch die Notwehrfähigkeit der gesellschaftlichen Güter vertreten, interessanterweise keine Rolle.

Die anderen Voraussetzungen des Angriffs werden in üblicher Weise verstanden. Der Angriff muss objektiv vorhanden sein, ansonsten befindet sich der Handelnde eventuell im Erlaubnistatbestandsirrtum.[354] Gegenwärtigkeit oder Unmittelbarkeit des Angriffs heißt, dass das gefährdete Rechtsgut zeitnah verletzt sein kann; der Verteidiger muss jedoch nicht bis zuletzt mit der Verteidigung warten.[355] Der Angriff ist nicht mehr gegenwärtig, wenn die Gefahr für das Rechtsgut seitens des Angreifers aufhört zu bestehen.[356] Rechtswidrig ist der Angriff, wenn er gegen die Rechtsordnung verstößt; Schuldhaftigkeit wird nicht verlangt.[357]

---

349 *Bojarski/Giezek/Sienkiewicz*, Prawo karne, Rn. 208; *Gardocki*, Prawo karne, Rn. 205.

350 *E. Weigend*, in: Sieber/Cornils (Hrsg.), Nationales Strafrecht in rechtsvergleichender Darstellung, 310 (318); *Gardocki*, Prawo karne, Rn. 206; *Król-Bogomilska*, in: Lüderssen (Hrsg.), Modernes Strafrecht und Ultima-ratio-Prinzip, 207.

351 *Bojarski/Giezek/Sienkiewicz*, Prawo karne, Rn. 208.

352 *E. Weigend*, in: Sieber/Cornils (Hrsg.), Nationales Strafrecht in rechtsvergleichender Darstellung, 310 (318).

353 *Mozgawa*, Annales UMCS, Sectio G (Ius) 60 (2013), 171 (180 f.); *Warylewski*, Prawo karne, Rn. 444 gibt als Beispiel auch die Staatsordnung oder Unabhängigkeit des Staates, u. a. kann man auch gegen die Person in Notwehr vorgehen, die bei roter Ampel die Straße überquert.

354 *Bojarski/Giezek/Sienkiewicz*, Prawo karne, Rn. 208.

355 *Gardocki*, Prawo karne, Rn. 206.

356 SA Krakow v. 21.07.2015 II AKa 124/15 LEX Nr. 1965312.

357 *Gardocki*, Prawo karne, Rn. 207; *Zoll*, ZStW 90 (1978), 520 (524).

b) Notwehrhandlung

Die Notwehrhandlung muss folgende Voraussetzungen haben. Die Verteidigungshandlung muss erstens gegen den Angreifer gerichtet sein.[358] Es kann dabei sowohl um eine aktive Handlung als auch um eine Unterlassung gehen.[359]

Die Art der Verteidigung muss der Gefährlichkeit des Angriffs entsprechen; das bedeutet, dass die Mittel und die Methode für die Abwehr des Angriffs erforderlich sein müssen.[360] Die Erforderlichkeit bedeutet nicht, dass man das angegriffene Rechtsgut mit dem in Notwehr verletzten Rechtsgut abwägen muss.[361] Allerdings wird die Erforderlichkeit bei der starken Disproportionalität nicht mehr im technischen, sondern im gesellschaftsmoralischen Sinne verstanden, so dass in diesen Fällen die Notwehr nicht erlaubt ist.[362] Dabei werden die Erforderlichkeit der Notwehr und die Angemessenheit aus dem Art. 25 § 2 polStGB in der Literatur meistens nicht separat betrachtet.[363] Für die Beurteilung, ob die Verteidigung dem gegebenen Angriff bzw. der Gefährlichkeit des Angriffs angemessen bzw. verhältnismäßig war, werden üblicherweise verschiedene Umstände auf der Seite des Angreifers und des Verteidigers wie zum Beispiel die zur Verfügung stehenden Mittel, die psychische Situation des Angegriffenen und die Dynamik des Geschehens in Betracht gezogen.[364]

In Polen ist nicht ganz unstreitig, ob der Täter die Flucht ergreifen muss, falls er dadurch den Angriff abwenden kann. Zum Beispiel meint *Zoll*, dass die Möglichkeit der Flucht eine Auswirkung auf die Art und Weise der Verteidigung bzw. die notwehrfähigen Rechtsgüter haben wird.[365] Weitere Kriterien dazu, wie genau die Notwehr in solchen Fällen beschränkt werden soll, nennt er allerdings nicht. Im Übrigen sind die Vertreter der (relativen) Subsidiarität der Notwehr in der Regel der Meinung, dass die Rechtfertigung nicht

---

358 *J. Kulesza*, in: Paprzycki (Hrsg.), System prawa karnego 4, I § 2 Rn. 216; *Pohl*, Prawo karne, Rn. 592.

359 *J. Kulesza*, in: Paprzycki (Hrsg.), System prawa karnego 4, I § 2 Rn. 214.

360 *Gardocki*, Prawo karne, Rn. 208.

361 *Gardocki*, Prawo karne, Rn. 209; *Warylewski*, Prawo karne, Rn. 439; a.A. *Zoll*, ZStW 90 (1978), 520 (527 f.).

362 SA Wrocław II AKa 124/12 v. 17.05.2012, LEX Nr. 1165160; ähnlich auch *Gardocki*, Prawo karne, Rn. 209; *Warylewski*, Prawo karne, Rn. 439.

363 Siehe *J. Kulesza*, in: Paprzycki (Hrsg.), System prawa karnego 4, I § 2 Rn. 212.

364 *Marek*, Obrona konieczna, S. 106–118; *J. Kulesza*, in: Paprzycki (Hrsg.), System prawa karnego 4, I § 2 Rn. 219–223; *Grześkowiak*, in: Kodeks karny, Art. 25 Rn. 19; SA Krakow v. 20.11.2012 II AKa 198/12, LEX Nr. 1236879; SN II KR 39/89 v. 06.09.1989.

365 *Zoll*, ZStW 90 (1978), 520 (527).

gegeben ist, wenn das Herbeiführen staatlicher Hilfe möglich ist.[366] Die Nichtausnutzung der Flucht soll sich demnach auf „die Art und Weise der Verteidigung" und den „Umfang der Rechtsgüter" auswirken.[367]

Die überwiegende Mehrheit vertritt jedoch wohl die Ansicht, dass keine Flucht erforderlich ist bzw. dass die Notwehr nicht durch das Prinzip der Subsidiarität bestimmt wird, sondern durch das Prinzip der Selbstständigkeit.[368]

c) Verteidigungswille

Der Notwehrwille muss in Polen für das Notwehrrecht vorhanden sein. Der Handelnde muss nach der h. M. die Kenntnisse oder das Bewusstsein davon haben, dass er rechtswidrig angegriffen wird, zudem muss er mit Verteidigungswillen handeln.[369]

d) Notwehrexzess

Aufgrund der neuesten Änderung des Strafgesetzbuches in Polen ist der Notwehrexzess besonders interessant. Zuerst wird in Art. 25 § 2 polStGB in üblicher Weise bestimmt, dass die Überschreitung der Notwehr milder bestraft werden kann oder dass von der Strafe abgesehen werden kann. Im Wortlaut des Art. 25 § 2 polStGB heißt es, dass die Notwehr insbesondere dann überschritten wird, wenn sich der Verteidiger in einem intensiven Notwehrexzess befindet.[370] Der intensive Notwehrexzess liegt zum Beispiel vor, wenn das angegriffene Rechtsgut einen deutlich geringeren Wert als das beschädigte Rechtsgut aufweist.[371] Aus dem Wortlaut des Art. 25 § 2 polStGB wird abgeleitet, dass neben dem intensiven Notwehrexzess auch der exten-

---

366 *Zoll*, ZStW 90 (1978), 520 (527); *J. Kulesza*, in: Paprzycki (Hrsg.), System prawa karnego 4, I § 2 Rn. 164 m. w. N.

367 *Zoll*, ZStW 90 (1978), 520 (527).

368 *Pohl*, Prawo karne, Rn. 592; *Warylewski*, Prawo karne, Rn. 439 m. w. N. der Rechtsprechung; Kodeks karny Komentarz-*Berent/M. Filar*, Art. 25 Rn. 19; *Gardocki*, Prawo karne, Rn. 205.

369 SN II KR 39/89 v. 06.09.1989; *Bojarski/Giezek/Sienkiewicz*, Prawo karne, Rn. 210; *Warylewski*, Prawo karne, Rn. 440; Kodeks karny Komentarz-*Berent/M. Filar*, Art. 25 Rn. 19; *J. Kulesza*, in: Paprzycki (Hrsg.), System prawa karnego 4, I § 2 Rn. 248; *Zoll*, ZStW 90 (1978), 520 (528); *Wróbel/Zoll*, Polskie prawo, S. 355 f.; *Grześkowiak*, in: Kodeks karny, Art. 25 Rn. 14.

370 *Warylewski*, Prawo karne, Rn. 445.

371 SN IV KK 409/14 v. 15.04.2015, Legalis Nr. 1260063.

sive Notwehrexzess unter diesen Artikel subsumiert werden kann.[372] Dabei finden sich auch Autoren, die zwar den extensiven Exzess anerkennen, allerdings nur, bevor der gegenwärtige rechtswidrige Angriff besteht.[373] Nachdem der rechtswidrige Angriff aufgehört hat, besteht für den Angegriffenen objektiv keine Gefahr eines Angriffs mehr und er kann sich somit nur in einem Irrtum befinden, wenn er die tatsächliche Lage verkennt.[374] Demgegenüber anerkennen einige Autoren nur einen nachzeitigen Notwehrexzess, weil beim vorzeitigen Notwehrexzess kein gegenwärtiger Angriff vorhanden ist.[375] Zustimmungswürdig ist die Ansicht, die die beiden Arten des Notwehrexzesses erlaubt, da dies dem polnischen Wortlaut nach möglich ist und zudem das Gericht zugunsten des Täters mehr Spielraum bei der Verhängung der Strafe hat. Allerdings muss in beiden Fällen der räumlich-zeitliche Zusammenhang gegeben sein.

Wenn der Notwehrexzess aufgrund der durch den Angriff verursachten Furcht oder Aufregung entstanden ist, ist in Art. 25 § 3 polStGB ein obligatorisches Absehen von der Strafe vorgesehen.

Im Januar 2018 ist in Polen die Reform des Strafgesetzbuches in Kraft getreten, die dem Art. 25 polStGB einen neuen Absatz § 2a hinzugefügt hat.[376] Art. 25 § 2a polStGB regelt genauer die Notwehr in eigenen Räumen. Derjenige, der die Notwehr gegen den Angreifer ausübt, der in seine Wohnung, seinen Raum, sein Haus oder in den mit diesen Objekten verbundenen umzäunten Raum gelangen will, und die Notwehrgrenzen dabei überschreitet, wird nach Art. 25 § 2a polStGB nicht bestraft. Das Gleiche gilt, wenn der Angreifer schon in den Raum gelangt ist. Die Überschreitung der Notwehrgrenzen darf jedoch nicht offenkundig sein.

Der Grund für die Novellierung war unter anderem die Nichtanwendung des Art. 25 § 3 polStGB in der Praxis aufgrund der Beweisschwierigkeiten, die entstanden sind, wenn jemand die Voraussetzungen der Erregung oder der Furcht beweisen wollte und in seinen Privaträumen angegriffen wurde.[377] Ferner wird als Argument die öffentliche Meinung aufgeführt, da das Ver-

---

[372] *Warylewski*, Prawo karne, Rn. 445; Kodeks karny Komentarz-*Berent/M. Filar*, Art. 25 Rn. 15; *Pohl*, Prawo karne, Rn. 599; *Gardocki*, Prawo karne, Rn. 212; SA Lublin II AKa 3/10 v. 02.03.2010; SA Warschaw II AKa 138/04 v. 28.04.2004.

[373] *Grudecki*, Problemy Prawa Karnego 2017, 89 (91); *Stalski*, in: Sadowski/Szymaniec (Hrsg.), Ze studiów nad prawem, 279 (288).

[374] *Grudecki*, Problemy Prawa Karnego 2017, 89 (95).

[375] *Burdziak*, Obraz i analiza, S. 83 f.

[376] Diese Änderung wurde schon früher vorgeschlagen: siehe dazu *Warylewski*, Prawo karne, Rn. 451.

[377] Druk Nr. 1871 v. 25.09.2017, S. 1; vgl. *Grześkowiak*, in: Kodeks karny, Art. 25 Rn. 29.

trauen in den Rechtsstaat geschwächt wird, wenn die Bürger in häuslichen Räumen angegriffen und anschließend verurteilt werden.[378] Als Ziel wird angegeben, dass das Notwehrrecht in dieser Weise auch öfters angewendet werden kann, ohne Angst, dabei bestraft zu werden.[379] Es geht also um „die Zusicherung der vollen Realisierung des Notwehrrechts" in für den Bürger besonders empfindlichen Situationen.[380]

Die Novellierung des Gesetzes wurde eher kritisch aufgenommen. Es wird die Erforderlichkeit einer solchen Regelung infrage gestellt, da man schon mit der jetzigen Notwehrregelung solche Situationen ausreichend berücksichtigen kann.[381] Der Oberste Gerichtshof trägt in seiner Stellungnahme zum Gesetz vor, dass der Eigentümer beim Einbruch die Notwehr möglicherweise völlig emotionslos unverhältnismäßig ausüben kann, wenn er weiß, dass ihm keine Strafe droht.[382] Der Oberste Gerichtshof schlägt am Ende vor, dass die Änderung des Wortes „unverhältnismäßig" in die Worte „offensichtlich unverhältnismäßig" in Art. 25 § 2 polStGB ausreichen würde, um das Gewollte zu erreichen.[383] Kritisiert wird auch der Begriff des Raumes, der sehr breit ausgelegt werden kann, sodass Art. § 2a polStGB auch im Gewerbegebiet oder in einem Gemeindeamt Anwendung finden könnte.[384] Problematisch ist ebenso die Rechtsfolge der Nichtstrafbarkeit. Dies bedeutet, dass der Verteidiger in häuslichen Räumen bei Unverhältnismäßigkeit zwar nicht bestraft wird, der Angreifer jedoch das Notwehrrecht gegen ihn hat, weil die Rechtswidrigkeit der Verteidigung gegeben ist.[385] Dies kann eine Eskalationsgefahr zur Folge haben. Dem Eindringling wird jedoch nur ein eingeschränktes Notwehrrecht zustehen, da er die nicht strafbare „Verteidigung" provoziert hat. Ein weiteres Problem ergibt sich aus dem Verhältnis zwischen dem Art. 25 § 2a polStGB und Art. 25 § 3 polStGB.[386] Die Regelungsinhalte der beiden Vorschriften überlappen sich, weil bei häuslichen Angriffen oft auch

---

[378] Druk Nr. 1871 v. 25.09.2017, S. 2.

[379] Druk Nr. 1871 v. 25.09.2017, S. 2 f.

[380] Druk Nr. 1871 v. 25.09.2017, Ocena skutkow regulacji, S. 1 (Übers. d. Verf.).

[381] Raport z konsultacji publicznych i opiniowania projektu ustawy o zmianie ustawy – Kodeks karny, S. 3.

[382] Raport z konsultacji publicznych i opiniowania projektu ustawy o zmianie ustawy – Kodeks karny, S. 5.

[383] Raport z konsultacji publicznych i opiniowania projektu ustawy o zmianie ustawy – Kodeks karny, S. 9.

[384] *Limburska*, Czasopismo Prawa Karnego i Nauk Penalnych XXI (2017), 7 (9).

[385] Siehe *Limburska*, Czasopismo Prawa Karnego i Nauk Penalnych XXI (2017), 7 (13).

[386] *Limburska*, Czasopismo Prawa Karnego i Nauk Penalnych XXI (2017), 7 (15 f.).

die Voraussetzungen des Art. 25 § 3 polStGB vorliegen werden.[387] Daher hat Art. 25 § 2a nicht viel eigenständigen Regelungsgehalt, sondern dient eher der Beweiserleichterung.[388]

Insgesamt lässt sich feststellen, dass die neue Änderung mehr Probleme mit sich gebracht hat, die so wohl nicht bedacht wurden. Wie die Praxis mit dieser Vorschrift umgehen wird, muss die Zukunft zeigen.

e) Interventionistische Nothilfe

Eine besondere Behandlung verdient die in Polen geregelte interventionistische Nothilfe. Im Jahr 2010 wurde in Polen das Notwehrrecht mit Art. 25 § 4 und § 5 polStGB auf die Personen erweitert, die in Notwehr ein fremdes Gut verteidigen, um hierdurch ein Rechtsgut, die öffentliche Sicherheit oder Ordnung zu schützen. Damit findet sich der Gedanke der Selbstständigkeit der Notwehr und die Theorie der Aushilfe im Gesetzestext wieder, da dadurch praktisch jeder zum Beschützer der Rechtsordnung und zum Helfer der Staatsorgane wird.[389] Mit der Gesetzesänderung vom 20.02.2015 wurden diese zwei Absätze in den neuen Art. 231b polStGB versetzt.[390] Die Regelung sollte die Zivilcourage der Bürger fördern und das Sicherheitsgefühl der Bevölkerung erhöhen.[391]

Art. 231b polStGB findet Anwendung, wenn der Handelnde keinen Schutz als öffentlicher Beamter genießt.[392] Dem Gesetzeswortlaut nach muss bei Art. 231b § 1 polStGB ein rechtswidriger, gegenwärtiger Angriff auf ein fremdes Rechtsgut vorliegen und der Handelnde muss mit der Absicht der Beschützung des Rechtsgutes, der öffentlichen Sicherheit oder Rechtsordnung handeln. Das Rechtsgut darf kein alleiniges Rechtsgut des Verteidigers sein.[393] Nach Art. 231b § 2 polStGB muss darüber hinaus beim Angriff auf eine Person ein anderes Rechtsgut als Würde und Ehre angegriffen werden.

Es wird bezweifelt, ob diese Novellierung wirklich viel ändert, da in der Praxis meistens Notwehr und nicht Nothilfe geübt wird.[394] Außerdem kann man schon jetzt Nothilfe nach Art. 25 § 1 polStGB beim Angriff auf fremde

---

[387] *Limburska*, Czasopismo Prawa Karnego i Nauk Penalnych XXI (2017), 7 (15).

[388] *Limburska*, Czasopismo Prawa Karnego i Nauk Penalnych XXI (2017), 7 (16).

[389] *J. Kulesza*, in: Paprzycki (Hrsg.), System prawa karnego 4, I § 2 Rn. 132.

[390] Dziennik Ustaw 2015, Nr. 0, Pos. 396 v. 20.03.2015.

[391] *Bojarski/Giezek/Sienkiewicz*, Prawo karne, Rn. 224.

[392] *J. Kulesza*, in: Paprzycki (Hrsg.), System prawa karnego 4, I § 2 Rn. 285.

[393] *J. Kulesza*, in: Paprzycki (Hrsg.), System prawa karnego 4, I § 2 Rn. 288.

[394] *Mozgawa*, Annales UMCS, Sectio G (Ius) 60 (2013), 171 (183); siehe auch *Bojarski/Giezek/Sienkiewicz*, Prawo karne, Rn. 224.

Rechtsgüter leisten. Nach einigen Autoren handelt es sich eher um eine populistische und letztlich rein deklaratorische Maßnahme.[395] Außerdem steht der Anwendung der Vorschrift die Beweisschwierigkeit entgegen, dass der Verteidiger mit einer bestimmten Absicht handeln muss.[396] Zudem ist die Bekanntheit der strafrechtlichen Vorschriften in der Bevölkerung gering, sodass fraglich ist, ob die Bürger dadurch überhaupt öfters Nothilfe leisten werden.[397]

Insgesamt überzeugt die Regelung der interventionistischen Nothilfe nach Art. 231b polStGB nicht.

II. Die Grenzen der Notwehr

1. Missverhältnis zwischen den betroffenen Rechtsgütern

In Polen wird bei einem offensichtlichen Missverhältnis zwischen den betroffenen Rechtsgütern die Notwehr eingeschränkt.[398] Auch hier wird der gleiche Fall – mit dem älteren Mann, der seinen Obstbaum gegenüber Kindern verteidigt – zur Veranschaulichung der Disproportionalität gebraucht, bei der die Notwehr nicht mehr erlaubt ist.[399]

Fraglich ist, wie die Rechtslage aussieht, wenn die Disproportionalität nicht so ganz offenkundig ist. In der Lehre wird vor allem diskutiert, ob man bei lebensgefährlicher Verteidigung eine Einschränkung vornehmen müsste.[400] Früher wurde die Meinung vertreten, dass die lebensgefährliche Notwehr – selbst bei der Verteidigung von geringwertigen Rechtsgütern – erlaubt sei.[401] Begründungen dafür waren beispielsweise, dass der Verteidiger auch die Idee der Rechtsordnung verteidigt oder dass der Angreifer selbstverantwortlich den Angriff verursacht hat und deshalb keinen Schutz verdient.[402] Daneben findet sich die Meinung, dass bei der Disproportionalität der Rechtsgüter die Erforderlichkeit im moralisch-gesellschaftlichen und nicht

---

[395] *Mozgawa*, Annales UMCS, Sectio G (Ius) 60 (2013), 171 (183); *J. Kulesza*, in: Paprzycki (Hrsg.), System prawa karnego 4, I § 2 Rn. 133.

[396] *Mozgawa*, Annales UMCS, Sectio G (Ius) 60 (2013), 171 (184).

[397] *Kilińska-Pękacz*, Studia z Zakresu Prawa, Administracji i Zarządzania 2013, 83 (98).

[398] *E. Weigend*, in: Sieber/Cornils (Hrsg.), Nationales Strafrecht in rechtsvergleichender Darstellung, 310 (320).

[399] *Gardocki*, Prawo karne, Rn. 209; *J. Kulesza*, in: Paprzycki (Hrsg.), System prawa karnego 4, I § 2 Rn. 227; *Wróbel/Zoll*, Polskie prawo, S. 359.

[400] Siehe *Pohl*, Prawo karne, Rn. 591.

[401] *J. Kulesza*, in: Paprzycki (Hrsg.), System prawa karnego 4, I § 2 Rn. 225 m. w. N.

[402] *J. Kulesza*, in: Paprzycki (Hrsg.), System prawa karnego 4, I § 2 Rn. 225 m. w. N.

im technischen Sinne verstanden werden muss.[403] Des Weiteren wird der gegebene Angriff als weniger gefährlich im Vergleich zur Verteidigung angesehen, wenn das angegriffene Rechtsgut nicht so hochrangig ist, was dazu führt, dass die Verteidigungsmittel beschränkt sind.[404]

Als überwiegend gilt wohl die Meinung, dass eine tödliche Verteidigung nur bei Angriffen auf Leib, Leben und Freiheit im weiteren Sinne möglich ist.[405] Viele Autoren berufen sich dabei auf den Höchstwert des menschlichen Lebens.[406] Ein Anhaltspunkt dafür bietet auch Art. 2 EMRK.[407] Die Rechtsprechung sagt beispielsweise, dass Art. 25 § 1 polStGB so ausgelegt werden muss, dass eine vorsätzliche oder absichtliche Tötung nicht erlaubt ist, wenn nicht ein Angriff auf Leib oder Leben besteht.[408] Das Notwehrrecht hat in diesem Fall sozusagen einen subsidiären Charakter.[409] Für die Weite der Notwehr ist Art. 25 § 2 polStGB entscheidend, nach dem die Verteidigung gegen den Angriff nicht unverhältnismäßig sein darf, damit die Notwehr nicht überschritten wird. Bei den betroffenen Rechtsgütern bedeutet das, dass ein offensichtliches Missverhältnis zwischen dem angegriffenen und dem verletzten Rechtsgut bestehen muss.[410] Beispielsweise ist eine Verteidigung, die den Tod des Angreifers – der einen Koffer stehlen will – zur Folge hätte, nicht rechtmäßig.[411]

Alles in allem kann man feststellen, dass die Notwehr einer Einschränkung beim Missverhältnis der Rechtsgüter unterliegt. Diese umfasst auch das Verbot tödlicher Gewalt im Falle der Sachnotwehr.

2. Angriffe von schuldlos Handelnden

Angriffe schuldlos Handelnder führen in Polen im Rahmen der Erforderlichkeit bzw. der Angemessenheit bei den meisten Autoren zu keiner beson-

---

[403] Siehe oben Teil 3 C. I. 3. b); auch *J. Kulesza*, in: Paprzycki (Hrsg.), System prawa karnego 4, I § 2 Rn. 227.

[404] *J. Kulesza*, in: Paprzycki (Hrsg.), System prawa karnego 4, I § 2 Rn. 228 m. w. N.

[405] Dazu *J. Kulesza*, in: Paprzycki (Hrsg.), System prawa karnego 4, I § 2 Rn. 230 m. w. N.; *Gardocki*, Prawo karne, Rn. 209; *W. Kulesza*, Acta Universitatis Lodziensis. Folia Iuridica 35 (1988), 159 (175 f.); *Marek*, Obrona konieczna, S. 131.

[406] *Buchała*, Palestra 18 (1974), 33 (42); *Marek*, Obrona konieczna, S. 102 f.

[407] *Marek*, Obrona konieczna, S. 102 f.; *Grześkowiak*, in: Kodeks karny, Art. 25 Rn. 3.

[408] SA II Aka 115/10 v. 30.12.2010, S. 1; *Wróbel/Zoll*, Polskie prawo, S. 357.

[409] SA II Aka 115/10 v. 30.12.2010, S. 1; *Wróbel/Zoll*, Polskie prawo, S. 357.

[410] *Wróbel/Zoll*, Polskie prawo, S. 358 f.

[411] *Pohl*, Prawo karne, Rn. 593.

deren Einschränkung bzw. werden nicht erwähnt,[412] obwohl es vereinzelt
dazu abweichende Meinungen gibt.[413] Im Rahmen der Angemessenheit wird
es jedoch möglich sein, diese Umstände auf der Seite des Angreifers zu berücksichtigen. Zumindest bei Kindern und (in eingeschränktem Maße) auch
bei Betrunkenen oder psychisch Gestörten ist der Angriff in der Regel weniger gefährlich, was für den Verteidiger auch ersichtlich ist.[414]

3. Notwehr im Rahmen von engen persönlichen Beziehungen

Das Notwehrrecht im Rahmen von engen persönlichen Verhältnissen wird
in Polen nicht eingeschränkt.

4. Notwehrprovokation

Die schuldhafte Notwehrprovokation wird derzeit in Polen grundsätzlich
nicht zur Einschränkung der Notwehr führen.[415] Trotzdem finden sich Urteile, in denen eine schuldhafte Provokation in die Notwehrbewertung einbezogen wird.[416] Das gilt jedoch nicht für die gezielte Provokation, also die
absichtliche Provokation, mit der der Handelnde die Notwehr mit dem Ziel
provozieren will, später anzugreifen.[417]

Bei Absichtsprovokationen wird die Notwehr versagt. Als Begründung
wird beispielsweise der Rechtsmissbrauch angeführt.[418] Auch das Fehlen des
Verteidigungswillens wird oft zur Begründung verwendet.[419] Die fehlende
Berufung auf die Notwehr hat nach *J. Kulesza* dort ihre Grenzen, wo die
Rechtsgüter völlig außer Verhältnis stehen oder wenn der Provokateur die

---

[412] *E. Weigend*, in: Sieber/Cornils (Hrsg.), Nationales Strafrecht in rechtsvergleichender Darstellung, 310 (320); *Gardocki*, Prawo karne, Rn. 208–211; *Pohl*, Prawo
karne, Rn. 592–595.

[413] Siehe dazu *J. Kulesza*, in: Paprzycki (Hrsg.), System prawa karnego 4, I § 2
Rn. 229 m. w. N.

[414] Siehe beispielsweise SA Krakau v. 18.10.2001, II Aka 18/01; auch *Marek*,
Obrona konieczna, S. 111.

[415] *Warylewski*, Prawo karne, Rn. 449.

[416] SN v. 01.09.1974, zitiert nach *Warylewski*, Prawo karne, Rn. 449.

[417] *J. Kulesza*, in: Paprzycki (Hrsg.), System prawa karnego 4, I § 2 Rn. 251 f.;
Warylewski, Prawo karne, Rn. 449; *Pohl*, Prawo karne, Rn. 600; Kodeks karny Ko-
mentarz-*Berent/M. Filar*, Art. 25 Rn. 11; *Marek*, Obrona konieczna, S. 95.

[418] *Warylewski*, Prawo karne, Rn. 449.

[419] SA Lublin II AKa 111/96 v. 20.05.1996, Prokuratura i Prawo 1997/9, Pos. 15,
zitiert nach *Bojarski/Giezek/Sienkiewicz*, Prawo karne, Rn. 211; *E. Weigend*, in: Sie-
ber/Cornils (Hrsg.), Nationales Strafrecht in rechtsvergleichender Darstellung, 310
(320 f.).

Provokation aufgegeben hat.[420] Hierbei stellt sich jedoch die Frage, woher das Gericht wissen sollte, wann der Provokateur die Provokation aufgegeben hat.

In dem Zusammenhang ist noch zu erwähnen, dass diejenigen kein Notwehrrecht haben, die gleichzeitig Angreifer und Verteidiger sind bzw. in einem einvernehmlichen Kampf gegeneinander vorgehen.[421] Ebenso wird das Notwehrrecht den Beteiligten einer Schlägerei versagt, soweit sie nicht auf aggressive Handlungen verzichten und zur Verteidigung übergehen.[422] Derjenige, der sich jedoch aus dem Kampf zurückzieht, erlangt wieder sein Notwehrrecht.[423]

III. Fazit

In Polen fällt zuerst die gesetzgeberische Aktivität im Bereich der Notwehr ins Auge. Während das Notwehrrecht traditionell als relativ stabile Regelung betrachtet werden kann, ist dies für Polen – zumindest für den Notwehrexzess – nicht der Fall. Zunächst sieht man dies bei der Regelung der interventionistischen Nothilfe in Art. 231b polStGB, die insgesamt als nicht notwendig zu betrachten ist. Außerdem erweist sich der neu hinzugefügte Art. 25 § 2a polStGB als kritisch. Auch diese Änderung verursacht mit der damit verbundenen Kasuistik mehr Probleme bei der Ausübung der Notwehr.

Ferner stellt Polen einen Ausnahmefall bei den Grundlagen der Notwehr dar. Zwar finden sich die Gesichtspunkte der Rechtsbewährung und des Individualschutzes bei der Subsidiarität und der Selbstständigkeit der Notwehr wieder, allerdings werden sie meist auf eigene Art verarbeitet.

Bei den Grenzen der Notwehr werden in Polen zumindest in Ansätzen die gleichen Gruppen bei den Notwehreinschränkungen diskutiert. Eine Ausnahme ist die Notwehreinschränkung bei den Nähebeziehungen, die in der Lehre und Rechtsprechung nicht behandelt wird. Für die anderen Gruppen gilt Folgendes: Das Notwehrrecht wird bei offensichtlicher Disproportionalität der Rechtsgüter eingeschränkt. Die Angriffe von Schuldlosen werden mittelbar bei der Charakterisierung des Angriffs beachtet, führen jedoch nicht automatisch zu einer Notwehreinschränkung. Daneben wird die Notwehr bei

---

420 *J. Kulesza*, in: Paprzycki (Hrsg.), System prawa karnego 4, I § 2 Rn. 252.

421 *Wróbel/Zoll*, Polskie prawo, S. 354; SA Katowice II AKa 344/05 v. 19.10.2005 LEX Nr. 567433.

422 *Wróbel/Zoll*, Polskie prawo, S. 354; SA Katowice II AKa 344/05 v. 19.10.2005 LEX Nr. 567433.

423 SN II KR 289/84 v. 20.12.1984 LEX Nr. 20051, zitiert nach *Kilińska-Pękacz*, Studia z Zakresu Prawa, Administracji i Zarządzania 2013, 83 (90).

den absichtlichen Provokationen versagt bzw. eingeschränkt. Die schuldhaften Provokationen führen dagegen nicht zur Einschränkung der Notwehr.

D. Russland

I. Das Notwehrrecht und seine Entwicklung

Das Notwehrrecht ist in Russland in Art. 37 ruStGB[424] umfassend geregelt:

1. Keine Straftat ist die Herbeiführung eines Schadens bei einer angreifenden Person im Zustand der notwendigen Abwehr, das heißt bei der Verteidigung der Person und der Rechte des sich Verteidigenden oder anderer Personen und von gesetzlich geschützten Interessen von Gesellschaft oder Staat gegen einen gesellschaftsgefährlichen Angriff, wenn dieser Angriff mit einer für das Leben des sich Verteidigenden oder einer anderen Person gefährlichen Gewalt oder der unmittelbaren Drohung mit der Anwendung einer solchen Gewalt verbunden war.

2. Die Verteidigung gegen einen Angriff, der nicht mit einer für das Leben des sich Verteidigenden oder einer anderen Person gefährlichen Gewalt oder der unmittelbaren Drohung mit der Anwendung einer solchen Gewalt verbunden ist, ist rechtmäßig, wenn dabei keine Überschreitung der Grenzen der notwendigen Abwehr erfolgt ist, das heißt vorsätzliche Handlungen vorgenommen wurden, die offensichtlich dem Charakter und der Gefährlichkeit des Angriffs nicht entsprechen.

2.1 Keine Überschreitung der Grenzen der notwendigen Abwehr sind Handlungen der sich verteidigenden Person, wenn diese Person infolge der Unerwartetheit des Angriffs den Grad und den Charakter der Gefährlichkeit des Überfalls nicht objektiv bewerten konnte.

3. Die Regelungen des vorliegenden Artikels erstrecken sich auf alle Personen in gleichem Maße, unabhängig von ihrer beruflichen oder einer sonstigen speziellen Ausbildung und Dienststellung, und auch unabhängig von der Möglichkeit, dem gesellschaftsgefährlichen Angriff auszuweichen oder sich an dritte Personen oder Staatsorgane um Hilfe zu wenden.

1. Grundlagen der Notwehr

Die Grundlage für die Notwehr ist in Russland Art. 45 Abs. 2 der russischen Verfassung, der bestimmt, dass jeder ein Recht darauf hat, seine Grundrechte und -freiheiten mit allen Mitteln zu verteidigen, die vom Gesetz nicht verboten sind.[425] Viele russische Autoren sehen daher die Notwehr als

---

424 Übersetzung nach *Schroeder*, Strafgesetzbuch, S. 63 f.

425 *Plotnikov*, in: Plotnikov (Hrsg.), Ugolovnoe pravo Rossii, Glava 12, 197 (198).

ein „subjektives, natürliches Recht".[426] Die Notwehrregelung ist nach Art. 37 Abs. 3 ruStGB auf alle Personen gleichermaßen anzuwenden. Diese Auffassung deutet auf ein individualistisches Verständnis der Notwehr hin. Nichtsdestotrotz zeigt in Russland schon der Wortlaut der Notwehrregelung, in dem die gesellschaftliche Gefährlichkeit des Angriffs und die Notwehrfähigkeit auch der gesellschaftlichen Güter geregelt wird, dass das Notwehrrecht auch durch überindividuelle Aspekte geprägt wird.

2. Entwicklung des Notwehrrechts

Die erste Rechtsquelle in Russland, in der die Notwehr erwähnt wird, sind die Vereinbarungen der Fürsten Oleg und Igor mit den Griechen aus dem Jahr 911 und 945.[427] Darin wird bestimmt, dass der Besitzer den Dieb am Tatort töten durfte, wenn der Dieb Widerstand leistete.[428] Wenn er keinen Widerstand leistete, durfte ihn der Besitzer nur fesseln.[429]

In Russkaja Prawda aus dem 12. Jahrhundert wurde Notwehr bei Angriffen auf das Eigentum sowie Leib und Leben erlaubt.[430] Wenn man den Dieb zu Hause ertappt hat, durfte man ihn nach Art. 38 Russkaja Prawda töten.[431] Wartete man bis zum Anbruch des Tages, musste man den Dieb zum Gericht bringen.

Im Jahr 1649 wurde die Notwehr in der Gesetzessammlung des Zaren Alexei I mit dem Namen „Sobornoje Uloschenije" (SU) geregelt.[432] Die Notwehr war bei Angriffen auf Personen nach Kapitel X Art. 105, 201 SU und auf den Besitz nach Kapitel X Art. 200 und Kapitel XXI Art. 88, 89 SU möglich. Der Begriff „Notwehr" wurde noch nicht benutzt.[433]

Die nächste Änderung kam mit dem Zaren Peter I im Jahre 1716, der die Notwehrgrenzen enger gezogen und in der Militärrechtlichen Charta bestimmt hat, dass man dem Angriff möglichst ausweichen sollte.[434]

1832 wurde das Strafrecht in Russland kodifiziert und die Notwehr in Art. 133 und 134 des Strafgesetzbuches geregelt. Für die Notwehr mussten

---

[426] *Aghayev*, Russian Criminal Law, S. 252; auch *Paramonova*, in: Sieber et al. (Hrsg), National Criminal Law in a Comparative Legal Context, 126 (134).

[427] *Gerasimova*, Istoriko-pravovyye problemy: novyy rakurs 17 (2016), 36.

[428] *Gerasimova*, Istoriko-pravovyye problemy: novyy rakurs 17 (2016), 36.

[429] *Gerasimova*, Istoriko-pravovyye problemy: novyy rakurs 17 (2016), 36.

[430] *Gerasimova*, Istoriko-pravovyye problemy: novyy rakurs 17 (2016), 36 f.

[431] Siehe *Baranowski*, Die Russkaja Pravda, S. 313.

[432] *Gerasimova*, Istoriko-pravovyye problemy: novyy rakurs 17 (2016), 36 (38).

[433] *Petrishchev*, Molodoy uchonyy 8 (2016), 550 (551).

[434] *Gerasimova*, Istoriko-pravovyye problemy: novyy rakurs 17 (2016), 36 (40).

die Mittel der Verteidigung und des Angriffs verhältnismäßig sein, es musste eine Gefahr bestehen und die Möglichkeit der Flucht durfte nicht mehr gegeben sein.[435]

Später wurde die Notwehr noch einmal im Jahr 1845 mit Regelung geändert, die die Notwehrgrenzen und auch die notwehrfähigen Rechtsgüter erweiterte.[436] Im „Gesetzbuch über Kriminal- und Besserungsstrafen" von 1885 wurde die Notwehr bei Angriffen auf Leben, Gesundheit oder Freiheit als rechtmäßig festlegt; falls möglich, musste der Angegriffene davor aber die Hilfe der öffentlichen Hand in Anspruch nehmen.[437] Die Notwehr war auch bei den Angriffen auf das Eigentum erlaubt, allerdings musste man zuerst den Dieb auffordern, dass er die Sache zurückgibt.[438]

Das nächste wichtige Strafgesetzbuch von 1903 hat sich auf das deutsche Reichsstrafgesetzbuch von 1871 gestützt.[439] Notwehr wurde im Kapitel „Umstände, die die Sozialgefährlichkeit der Handlung ausschließen" geregelt.[440]

Nach der Oktoberrevolution 1917 wurde die Notwehrregelung mehrmals geändert. Im russischen Strafgesetzbuch aus dem Jahr 1919 wurde nach Art. 15 die Notwehr nur bei Gewalttaten unter der Voraussetzung der Erforderlichkeit erlaubt. Bald wurde mit dem Strafkodex der Russischen Sowjetischen Föderalen Sozialistischen Republik von 1922 die Notwehr in Art. 19 auf weitere Rechtsgüter erweitert. Das Strafgesetzbuch von 1926 hat für die Notwehrnorm keine Änderungen gebracht. Später, im Strafgesetzbuch von 1960, wurden die Rechtsgüter noch auf die Staatsgüter und die gesellschaftlichen Interessen erweitert und die Notwehrhandlung wurde nicht mehr als Straftat ohne Strafe wie in den vorigen Gesetzbüchern bezeichnet.[441]

Die moderne Notwehrregelung in Art. 37 ruStGB entstand mit dem Strafgesetzbuch der russischen Föderation von 1997, in dem die Rechtsgüter zwar immer noch weit gefasst sind, die Rechtsgüter der Privatpersonen jedoch an erster Stelle stehen.[442]

---

435 *Gerasimova*, Istoriko-pravovyye problemy: novyy rakurs 17 (2016), 36 (41).
436 *Petrishchev*, Molodoy uchonyy 8 (2016), 550 (551).
437 *Gerasimova*, Istoriko-pravovyye problemy: novyy rakurs 17 (2016), 36 (42).
438 *Gerasimova*, Istoriko-pravovyye problemy: novyy rakurs 17 (2016), 36 (42).
439 *Schroeder*, ZStW 123 (2011), 82.
440 *Schroeder*, ZStW 123 (2011), 82 (83).
441 *Buyevich*, Vestnik Omskoj Ûridičeskoj Akademii 2013, 115 (116 f.).
442 *Buyevich*, Vestnik Omskoj Ûridičeskoj Akademii 2013, 115 (116).

3. Notwehrmerkmale im Überblick

a) Notwehrlage

In Russland werden die Umstände, in denen Notwehr möglich ist, genau geregelt. Die Notwehrlage setzt den Angriff voraus, der gegenwärtig, faktisch vorhanden und gesellschaftlich gefährlich sein muss.[443] Der Angriff ist gegenwärtig, wenn er schon begonnen hat oder kurz vor dem Beginn steht und noch nicht beendet ist.[444] Der Angriff muss tatsächlich vorliegen und eine reale Gefahr für Rechtsgüter darstellen.[445] Während uns diese zwei Merkmale des Angriffs geläufig sind, ist dies bei der sozialen Gefährlichkeit nicht der Fall. Die gesellschaftliche Gefährlichkeit des Angriffs bedeutet, dass der Angriff eine Gefahr für „die rechtlich geschützten und gesellschaftlich wichtigen Rechtsgüter und Interessen darstellt".[446] Es bedarf somit keiner Strafbarkeit der Handlung, um die gesellschaftliche Gefährlichkeit des Angriffs zu bejahen.[447]

Die Notwehr kommt zuerst in Betracht, wenn die Person oder ihre Rechtsgüter angegriffen werden; ferner kann die Notwehr bei Angriffen auf andere Personen und schließlich sowohl bei Angriffen auf gesetzlich geschützte Interessen des Staates als auch der Gesellschaft ausgeübt werden.[448] Die notwehrfähigen Rechtsgüter sind dadurch sehr weit gefasst.

b) Notwehrhandlung

Die Verteidigungshandlung muss wie in allen anderen Ländern auf die Rechtsgüter des Angreifers und darf nicht auf die Rechtsgüter Dritter gerichtet sein.[449] Die Verteidigung muss im Rahmen der Dauer des Angriffs erfolgen. Überdies wird die Verteidigung als Notwehr eingestuft, wenn sie unmit-

---

[443] *Aghayev*, Russian Criminal Law, S. 253; *Paramonova*, in: Sieber et al. (Hrsg), National Criminal Law in a Comparative Legal Context, 126 (135).

[444] *Aghayev*, Russian Criminal Law, S. 253.

[445] *Aghayev*, Russian Criminal Law, S. 254.

[446] *Aghayev*, Russian Criminal Law, S. 253.

[447] *Paramonova*, in: Sieber et al. (Hrsg), National Criminal Law in a Comparative Legal Context, 126 (135).

[448] Kommentarij UKR-*Oreshkina*, Art. 37 Nr. 1; *Aghayev*, Russian Criminal Law, S. 252; *Plotnikov*, in: Plotnikov (Hrsg.), Ugolovnoe pravo Rossii, Glava 12, 197 (210).

[449] *Aghayev*, Russian Criminal Law, S. 254; *Plotnikov*, in: Plotnikov (Hrsg.), Ugolovnoe pravo Rossii, Glava 12, 197 (206).

telbar nach dem Beenden des Angriffs erfolgt und die Person nicht erkennen konnte, dass der Angriff schon beendet war.[450]

Das Ausweichen oder Hilfeholen wird nach Art. 37 Abs. 3 ruStGB vom Verteidiger nicht verlangt. Flucht bedeutet keine Verteidigung.[451]

Aus dem Gesetzeswortlaut des Art. 37 Abs. 1, 2 ruStGB ist ersichtlich, dass zwischen dem Angriff, der sich gegen das Leben der Person richtet, und den anderen Angriffen unterschieden wird. Demnach gibt es in Art. 37 Abs. 1 ruStGB gar keine Notwehrgrenzen bei den Angriffen, die für das Leben des Angegriffenen bzw. eines anderen gefährlich sind oder eine Drohung für das Leben des Angegriffenen oder eines anderen darstellen.[452] Der Angriff muss hierbei eine reale Gefahr für das Leben oder eine reale Drohung für das Leben darstellen, was zum Beispiel bei der Bedrohung mit Waffen, bei Schlägen in die lebenswichtigen Teile des Körpers u. Ä. vorhanden ist.[453] Fraglich ist, ob dies bedeutet, dass bei lebensgefährlichen Angriffen der Notwehr überhaupt keine Grenzen gesetzt sind, was zum Beispiel *Schroeder* annimmt.[454] In der Tat wurde im Plenum des Obersten Gerichts Russlands diese Sichtweise vertreten und dabei betont, dass bei Angriffen im Sinne von Art. 37 Abs. 1 ruStGB die Notwehr unabhängig „vom Charakter und Umfang" erlaubt ist.[455] In dieser Situation kann der Angegriffene somit die Grenzen der Notwehr nicht überschreiten.[456]

Die nachfolgend aufgezeigten Grenzen der Notwehrhandlung sind deshalb nach der Rechtsprechung nur für den Art. 37 Abs. 2 ruStGB bedeutsam. Die Verteidigung muss hier proportional sein. Die Verteidigung ist disproportional, wenn sie „dem Charakter und der Gefährlichkeit" des Angriffs offensichtlich nicht entspricht.[457]

---

[450] Kommentarij UKR-*Oreshkina*, Art. 37 Nr. 12; *Paramonova*, in: Sieber et al. (Hrsg), National Criminal Law in a Comparative Legal Context, 126 (137).

[451] *Plotnikov*, in: Plotnikov (Hrsg.), Ugolovnoe pravo Rossii, Glava 12, 197 (198).

[452] *Plotnikov*, in: Plotnikov (Hrsg.), Ugolovnoe pravo Rossii, Glava 12, 197 (200 f.), der mit dieser Rechtslage jedoch nicht einverstanden ist.

[453] *Russkevich/Dmitrenko*, in: Kadnikov (Hrsg.), Ugolovnoe pravo Rossii, Gl. IV., 190 (196).

[454] *Schroeder*, ZStW 123 (2011), 82 (85).

[455] Plenum des Obersten Gerichtshofes der Russischen Föderation v. 27.09.2012, S. 5.

[456] Kommentarij UKR-*Oreshkina*, Art. 37 Nr. 8, 18; *Plotnikov*, in: Plotnikov (Hrsg.), Ugolovnoe pravo Rossii, Glava 12, 197 (200 f.).

[457] *Paramonova*, in: Sieber et al. (Hrsg), National Criminal Law in a Comparative Legal Context, 126 (137); siehe auch *Plotnikov*, in: Plotnikov (Hrsg.), Ugolovnoe pravo Rossii, Glava 12, 197 (206).

Für den Angriffscharakter ist erstens das Ziel des Angriffs maßgeblich.[458] Dabei muss der Verteidiger bei der Abwehr die Bedeutung des angegriffenen Rechtsgutes und des Schadens beim Angreifer abwägen.[459] *Plotnikov* geht sogar so weit, dass bei einem Angriff auf den Körper generell nur der Körper oder bei einem Angriff auf das Eigentum nur das Eigentum des Angreifers beschädigt werden darf; kleinere Unterschiede sollen jedoch möglich sein.[460] Nach *Oreshkina* kann die Verteidigung auch einen „erheblicheren" Schaden im Vergleich zum angedrohten Schaden verursachen.[461]

Neben dem Charakter des Angriffs ist noch der Grad seiner Gefährlichkeit entscheidend. Die Verteidigung muss der Gefährlichkeit des Angriffs hierbei nicht vollkommen entsprechen.[462] Der Oberste Gerichtshof hat diesbezüglich klargestellt, dass der zugefügte Schaden auch größer als der angedrohte Schaden sein kann.[463] Dabei werden Kriterien wie die Art des Angriffs, die Mittel und die Art ihrer Verwendung, die Zahl der Angreifer oder der Verteidiger und der Raum, die Zeit sowie die Gegend, in der der Angriff stattfindet, berücksichtigt.[464] Beim Gruppenangriff muss der Verteidiger seine Abwehrmaßnahme für jeden Angreifer so auswählen, dass sie der Gefährlichkeit und dem Charakter der Gefährlichkeit für die ganze Gruppe entspricht.[465]

Russland kennt zudem die Nothilfe. Neben dem Angegriffenen kann auch jeder andere die Verteidigungshandlung durchführen.[466]

c) Verteidigungswille

Auf der subjektiven Seite muss der Angegriffene mit dem Ziel handeln, sich zu verteidigen und nicht beispielsweise mit der Absicht der Rache oder

---

458 Kommentarij UKR-*Oreshkina*, Art. 37 Nr. 20; *Plotnikov*, in: Plotnikov (Hrsg.), Ugolovnoe pravo Rossii, Glava 12, 197 (206).

459 *Plotnikov*, in: Plotnikov (Hrsg.), Ugolovnoe pravo Rossii, Glava 12, 197 (206).

460 *Plotnikov*, in: Plotnikov (Hrsg.), Ugolovnoe pravo Rossii, Glava 12, 197 (206 f.).

461 Kommentarij UKR-*Oreshkina*, Art. 37 Nr. 19.

462 Kommentarij UKR-*Oreshkina*, Art. 37 Nr. 19.

463 Plenum des Obersten Gerichtshofes der Russischen Föderation v. 27.09.2012, S. 6.

464 *Plotnikov*, in: Plotnikov (Hrsg.), Ugolovnoe pravo Rossii, Glava 12, 197 (207); *Paramonova*, in: Sieber et al. (Hrsg), National Criminal Law in a Comparative Legal Context, 126 (137); Plenum des Obersten Gerichtshofes der Russischen Föderation v. 27.09.2012, S. 5 f.

465 Plenum des Obersten Gerichtshofes der Russischen Föderation v. 27.09.2012, S. 5.

466 *Plotnikov*, in: Plotnikov (Hrsg.), Ugolovnoe pravo Rossii, Glava 12, 197 (210).

Vergeltung.[467] Somit wird in Russland der Verteidigungswille bei der Notwehr vorausgesetzt.

d) Notwehrexzess

Russland hat keine herkömmliche Regelung bezüglich des Notwehrexzesses. Wenn der Angriff schon aufgehört hat, kann man jedoch keine rechtmäßige Notwehr mehr ausüben, sodass der extensive Notwehrexzess ausscheidet.[468] Eine Ausnahme besteht dann, wenn der Angegriffene nicht erkennen konnte, dass der Angriff schon beendet war, und er sich unmittelbar danach verteidigt.[469]

Eine Art des intensiven Notwehrexzesses oder der erweiterten Notwehrbefugnisse erlaubt Art. 37 Abs. 2.1 ruStGB. Demnach überschreitet die angegriffene Person die Grenzen der Notwehr nicht, wenn sie infolge der Unerwartetheit objektiv nicht erkennen konnte, welchen Grad und Charakter der Gefährlichkeit der Angriff hatte. Die Gründe, die für die objektive Verkennung sprechen können, sind einerseits der Ort, die Zeit und auch die Art des Angriffs; andererseits sind dies aber auch die emotionalen Zustände des Verteidigers.[470] Das heißt, dass der Verteidiger unter Umständen auch bei Überschreitung der Notwehrgrenzen rechtmäßig handelt. In diesem Punkt zeichnet sich das russische Notwehrrecht durch besondere Schneidigkeit aus.[471] Man wird sich fragen müssen, wie es sein kann, dass einerseits der Angriff objektiv vorhanden sein muss und andererseits die Notwehr praktisch grenzenlos existiert, wenn der Angegriffene unter vorgegebenen Voraussetzungen den Angriff falsch eingeschätzt hat. Außerdem ist diese Regelung aus dem Grund der Gesetzessystematik fraglich, weil eine falsche subjektive Einschätzung eher als Irrtum zu behandeln ist. Das russische Strafrecht ist jedoch generell durch mehr Kasuistik geprägt.

Dies bezeugen die folgenden Regelungen. Art. 108 Abs. 1 ruStGB und Art. 114 Abs. 1 ruStGB behandeln in Russland die Situationen, in denen der Angreifer im Notwehrxzess getötet bzw. schwer verletzt wurde. Für die erwähnten Situationen sind mildere Strafen vorgesehen.

---

[467] *Plotnikov*, in: Plotnikov (Hrsg.), Ugolovnoe pravo Rossii, Glava 12, 197 (205 f.).

[468] Kommentarij UKR-*Oreshkina*, Art. 37 Nr. 17; *Plotnikov*, in: Plotnikov (Hrsg.), Ugolovnoe pravo Rossii, Glava 12, 197 (202).

[469] Plenum des Obersten Gerichtshofes der Russischen Föderation v. 27.09.2012, S. 4; a.A. Kommentarij UKR-*Oreshkina*, Art. 37 Nr. 17.

[470] Plenum des Obersten Gerichtshofes der Russischen Föderation v. 27.09.2012, S. 3.

[471] Vgl. *Schroeder*, ZStW 123 (2011), 82 (85), der das ganze russische Notwehrrecht als sehr schneidig einstuft.

II. Die Grenzen der Notwehr

1. Missverhältnis zwischen den betroffenen Rechtsgütern

Obwohl das russische Notwehrrecht bei Angriffen auf das Leben ein sehr schneidiges Recht darstellt, werden die Grenzen in anderen Fällen enger gezogen. Eine Person kann in Russland zunächst keine Notwehr ausüben, wenn der Angriff nur einen minimalen Verstoß gegen das Strafgesetzbuch, jedoch keine gesellschaftliche Gefahr darstellt.[472] Ferner ist die Notwehr bei einem krassen Missverhältnis zwischen den betroffenen Rechtsgütern – wie zum Beispiel Gewaltanwendung beim Diebstahl von Äpfeln oder geringwertigen Sachen im Geschäft – in Russland nicht gestattet.[473] Darüber hinaus wird die Notwehr auch bei weniger krassem Missverhältnis nicht erlaubt, weil das beschädigte Rechtsgut dem angegriffenen Rechtsgut entsprechen muss.[474] Der Wert des angegriffenen Rechtsgutes ist nämlich eines der Kriterien, die den Charakter des Angriffs nach Art. 37 Abs. 2 ruStGB mitbestimmen.[475]

2. Angriffe von schuldlos Handelnden

Die Grenzen der Notwehr in Russland sind grundsätzlich unabhängig von dem Alter oder der Unzurechnungsfähigkeit des Angreifers.[476] Der Angriff kann auch von einer schuldunfähigen Person ausgehen.[477] Bei der zulässigen Verteidigung werden die Angriffe schuldlos Handelnder nicht gesondert behandelt. Möglich ist jedoch, dass sich zumindest bei den Angriffen nach Art. 37 Abs. 2 ruStGB eine ersichtliche Schuldunfähigkeit des Angreifers auf den Charakter und die Intensität des Angriffs auswirkt und insofern die Grenzen der Notwehr beeinflusst.

3. Notwehr im Rahmen von engen persönlichen Beziehungen

In Russland werden sich die engen persönlichen Verhältnisse bei den Grenzen der Notwehr grundsätzlich nicht auswirken. Denkbar ist allenfalls,

---

[472] Plenum des Obersten Gerichtshofes der Russischen Föderation v. 27.09.2012, S. 4; so auch Kommentarij UKR-*Oreshkina*, Art. 37 Nr. 9.

[473] *Plotnikov*, in: Plotnikov (Hrsg.), Ugolovnoe pravo Rossii, Glava 12, 197 (202).

[474] *Plotnikov*, in: Plotnikov (Hrsg.), Ugolovnoe pravo Rossii, Glava 12, 197 (206).

[475] *Plotnikov*, in: Plotnikov (Hrsg.), Ugolovnoe pravo Rossii, Glava 12, 197 (206).

[476] Plenum des Obersten Gerichtshofes der Russischen Föderation v. 27.09.2012, S. 4.

[477] *Paramonova*, in: Sieber et al. (Hrsg), National Criminal Law in a Comparative Legal Context, 126 (135).

dass sie die Bewertung des Angriffs im Rahmen von Art. 37 Abs. 2 ruStGB beeinflussen.

4. Notwehrprovokation

Die Notwehr bei der absichtlichen Provokation wird von einigen in Russland mit der Begründung verneint, dass es sich hier um keinen wirklich vorhandenen Angriff handelt.[478] Andere verneinen den Verteidigungswillen des Provokateurs, da er sich nicht verteidigen, sondern angreifen wollte.[479] Die Rechtsprechung verneint ebenso die Notwehr in diesem Fall.[480]

Die sonstigen Provokationen werden in Russland nicht gesondert behandelt.

III. Zusammenfassung

Die weitere kulturelle und räumliche Entfernung Russlands zu anderen Ländern zeigt sich auch beim russischen Strafrecht und speziell bei der Regelung des Notwehrrechts. Russlands Notwehrrecht ist einerseits bei den Angriffen auf das Leben schrankenlos, andererseits wird bei den Angriffen auf andere Rechtsgüter mehr Proportionalität gefordert.

Die gewöhnlichen Fallgruppen der Notwehreinschränkungen werden in Russland nur teilweise behandelt. Zum einen wird die Notwehr bei Verteidigung von Sachgütern stärker eingeschränkt und zum anderen wird die Notwehr bei der Absichtsprovokation eingeschränkt. Die anderen Fallgruppen werden nicht explizit behandelt. Möglich ist jedoch, dass die Schuldfähigkeit oder die Beziehungen zwischen den betroffenen Personen bei der Beurteilung des Charakters und der Gefährlichkeit des Angriffs bewertet werden, jedoch nur im Rahmen des Art. 37 Abs. 2 ruStGB.

Insgesamt ist das russische Notwehrrecht im Vergleich zu anderen Ländern etwas eigenartig und manchmal widersprüchlich, so zum Beispiel bei der Regelung in Art. 37 Abs. 2.1 ruStGB, in der ein besonderer Fall des Irrtums bei Verkennung der Notwehrlage geregelt wird, obwohl an sich die Notwehrlage objektiv vorliegen muss. Daher wird es im späteren Rechtsvergleich im Teil 5 nur noch am Rande thematisiert.

---

[478] *Aghayev*, Russian Criminal Law, S. 254.

[479] *Plotnikov*, in: Plotnikov (Hrsg.), Ugolovnoe pravo Rossii, Glava 12, 197 (206).

[480] Plenum des Obersten Gerichtshofes der Russischen Föderation v. 27.09.2012, S. 5.

Teil 4

Empirische Untersuchung
der Bevölkerungsansichten in Slowenien

A. Einleitung

Das Strafrecht gilt als ein Rechtsgebiet, das besonders durch die jeweilige Kultur bestimmt ist.[1] Zu der Kultur gehören u. a. die Wertvorstellungen einer Gesellschaft. Die Wertvorstellungen bezüglich des Notwehrrechts wurden in Deutschland schon in der Dresdner Studie untersucht.[2] Da sich die Rechtslage zur Notwehr in den beiden Ländern unterscheidet, hat sich diesbezüglich die Frage gestellt, ob die slowenische Bevölkerung nichtdestotrotz ähnliche Notwehreinstellungen hat. Um dies näher zu untersuchen, wurde im Rahmen dieser Arbeit eine Umfrage zur Notwehreinstellungen der slowenischen Bevölkerung durchgeführt.

Das deutsche Notwehrrecht ist vor allem bei einer Sachnotwehr nach jetziger Rechtslage sehr weitgehend, obwohl dagegen unterschiedliche Bedenken bestehen. Einschränkungen werden nur in den Fällen vorgenommen, bei denen ein Notwehrrecht unerträglich wäre. Als Begründung sowohl für die Reichweite als auch für die Notwehreinschränkungein dient der Rechtsprechung und der herrschenden Lehre hauptsächlich das Rechtsbewährungsprinzip. Demnach verteidigt derjenige, der in Notwehr handelt, neben den individualen Rechtsgütern die Rechtsordnung. Um die Einstellungen der Bevölkerung diesbezüglich zu überprüfen, wurde in Deutschland eine telefonische Befragung durchgeführt.[3] Die Ergebnisse haben gezeigt, dass die deutsche Bevölkerung im Gegensatz zu der Rechtsdogmatik und der Rechtsprechung bei der Notwehr eher von einer Güterabwägung ausgeht.[4]

Da die Notwehr in Slowenien durch die Rechtsprechung u. a. bei der Sachnotwehr enger bewertet wird, stellt sich die Frage, ob die Bevölkerung in Slowenien diese Ansichten grundsätzlich teilt. Dies würde bedeuten, dass die

---

[1] *Kunz*, in: Streng/Kett-Straub (Hrsg.), Strafrechtsvergleichung als Kulturvergleich, 145 (148).

[2] *Kilian*, Notwehrstudie, S. 34–117.

[3] Siehe *Kilian*, Notwehrstudie S. 34–117.

[4] *Kilian*, Notwehrstudie, S. 115; *Amelung/Kilian*, in: FS Schreiber, 3 (5).

Bevölkerungsansichten in Slowenien mit denen aus Deutschland übereinstimmen. Das wäre ein Zeichen dafür, dass das Notwehrrecht als der älteste Rechtfertigungsgrund in den rechtskulturell ähnlichen Gesellschaften unabhängig von der jeweiligen Rechtslage bewertet wird.

Die Kenntnisse über die Gerechtigkeitsvorstellungen in einer Gesellschaft sind wichtig für die Gestaltung der Kriminalpolitik, weil der Konsens zwischen den Normen und den tatsächlichen Vorstellungen die Glaubwürdigkeit des Strafrechts stärkt.[5] Darüber hinaus könnte das ein Indiz dafür sein, dass eine gemeinsame Notwehrregelung in der Europäischen Union bei den gegebenen politischen und rechtlichen Voraussetzungen durchaus sinnvoll wäre und auf eine gemeinsame Basis gestützt werden könnte.

B. Theoretischer Hintergrund

Bei der empirischen Studie handelt es sich um eine interkulturelle Replikation. Unter interkulturellen Umfragen werden „Umfragen in zwei oder mehr Ländern verstanden, bei denen das Konzept der Vergleichbarkeit bzw. Äquivalenz maßgebend für deren Konzeption, Durchführung und Organisation ist".[6] Um dies entsprechend zu berücksichtigen, wird im Folgenden den spezifischen Problemen, die die empirisch grenzüberschreitende Forschung mit sich bringt, besondere Aufmerksamkeit geschenkt.

I. Bevölkerungsansichten und Strafrecht

Die empirische Forschung, die sich mit den Themen des Allgemeinen Teils des Strafrechts beschäftigt, ist erst am Anfang ihrer Entwicklung.[7] Die Gründe dafür liegen vermutlich darin, dass die meisten Strafrechtswissenschaftler und Kriminologen die Trennung zwischen dem Normativen und dem Empirischen für unabdingbar halten.[8]

Dieser Einwand gegen die Einbindung der empirischen Erkenntnisse geht auf *Hume* zurück und besagt, dass man vom Sein nicht auf das Sollen schließen kann (der sogenannte naturalistische Fehlschluss).[9] Die Empirie kann zum einen jedoch argumentativ verwendet werden.[10] Zum anderen können

---

5 *Robinson*, Northwestern University Law Review 111 (2017), 1565 (1580).

6 *Behr/Braun/Dorer*, Messinstrumente in internationalen Studien, S. 1.

7 Für die Anwendung der empirischen Forschung in der zivilrechtlichen Dogmatik siehe: *Hamann*, Evidenzbasierte Jurisprudenz, S. 34–36 m.w.N.

8 *Kaspar*, in: GS für Michael Walter, 83 (89).

9 Dazu *Hamann*, Evidenzbasierte Jurisprudenz, S. 12–15 m.w.N.

10 *Amelung* in: Vorwort zu *Kilian*, Notwehrstudie, S. 7.

die empirischen Tatsachen „*konditionale Empfehlungen*" geben, d. h. „daß [sic!] auf der Basis einer als angestrebt unterstellten Zielsetzung Aussagen über den Einsatz bestimmter Mittel getroffen werden".[11] Die „Rechtswissenschaft als Realwissenschaft" kann mithilfe der Empirie die tatsächlichen Auswirkungen der Rechtsnormen oder die Auswirkungen der hypothetischen Rechtsnormen auf ein vorgegebenes Ziel überprüfen.[12] Die Empirie kann somit methodentechnisch im Rahmen der teleologischen Auslegung benutzt werden.[13] Denkbar ist sowohl die Verwendung der empirischen Erkenntnisse bei der objektiven als auch bei der subjektiven teleologischen Auslegung des Gesetzes.[14]

Außerdem wird das Außerachtlassen der Empirie den tatsächlichen Gegebenheiten nicht gerecht. Die Rechtsprechung und die Gesetzgebung berufen sich bei ihren wertorientieren Entscheidungen nämlich oft auf empirisch überprüfbare Tatsachen.[15] Auch im Allgemeinen Teil des Strafrechts können empirische Forschungsergebnisse gut verwertet werden. Beispielsweise kommen als Untersuchungsgegenstand der Begriff der Sozialadäquanz, die Reichweite der Notwehr oder die Sittenwidrigkeit im Rahmen des § 228 StGB in Betracht.[16] Ein weiteres Beispiel dafür ist die Auslegung des Art. 56 Abs. 3 StGB, nachdem die Strafe dann nicht zur Bewährung ausgesetzt wird, wenn das Vertrauen der Öffentlichkeit in die Rechtsordnung andernfalls erschüttert wäre.[17] Ob das allgemeine Rechtsempfinden und das Vertrauen der Öffentlichkeit in die Unverbrüchlichkeit der Rechtsordnung wirklich erschüttert werden, könnte ebenso Gegenstand einer empirischen Untersuchung sein.[18]

Das Beachten von Gerechtigkeitsvorstellungen der Bevölkerung bei strafrechtlichen Fragen hat zudem folgende Vorteile. Dadurch kann die „Effektivität der Kriminalitätskontrolle" in der Gesellschaft gesteigert werden.[19] Durch die stärkere moralische Glaubwürdigkeit des Strafrechts werden nämlich in der Gesellschaft vier positive Effekte auftreten: die soziale Normenkontrolle wird erhöht; die Selbstjustiz wird verringert; Widerstandshandlun-

---

11 *Eidenmüller*, JZ 54 (1999), 53 (55), der sich auf das Zivilrecht bezieht.

12 *Eidenmüller*, JZ 54 (1999), 53 (55).

13 *Eidenmüller*, JZ 54 (1999), 53 (57 f.); siehe auch *Hamann*, Evidenzbasierte Jurisprudenz, S. 35 f.

14 *Hamann*, Evidenzbasierte Jurisprudenz, S. 35 f.

15 Beispiele dazu *Kaspar*, in: GS für Michael Walter, 83 (93–97).

16 *Kaspar*, in: GS für Michael Walter, 83 (93–97).

17 BGHSt 24, 40 = BGH NJW 1971, 439; BGH NJW 2017, 3011 (3013).

18 Siehe dazu *Eierle*, in: Kaspar/Walter (Hrsg.), Strafen „im Namen des Volkes"?, 163 ff.

19 *Robinson*, Northwestern University Law Review 111 (2017), 1565 (1580).

gen wie zum Beispiel fehlende Informierung der Polizei werden verringert und letztlich werden die Normen eher internalisiert und somit befolgt.[20] Die Abweichung zwischen den moralischen Vorstellungen und rechtlichen Normen erfolgt daher nicht „kostenfrei", sondern geht mit dem Verlust der Glaubwürdigkeit des Systems einher.[21] Aus diesem Grund lohnt sich – zumindest in den meisten Fällen[22] – eine Annäherung der Rechtslage an die Gerechtigkeitsvorstellungen der Bevölkerung.

Dies bestätigt u. a. eine Studie, die gemessen hat, wie sich die Bereitschaft zur Kooperation mit der Polizei verändert, wenn den Untersuchungssubjekten Rechtsprechungsfälle mitgeteilt werden, in denen es aufgrund von Rechtsnormen (aus der Sicht der Mehrheit der Bevölkerung) zu Ungerechtigkeiten gekommen ist.[23] In vielen Fällen hat sich die Bereitschaft zur Kooperation nach der Mitteilung signifikant verringert.[24] Die Normen werden folglich eher internalisiert, wenn sie als gerecht wahrgenommen werden.[25] Dies bedeutet, dass die fehlende Übereinstimmung von nur einer strafrechtlichen Norm mit den Einstellungen der Bevölkerung eine Auswirkung auf das gesamte Strafrechtssystem haben kann. Die Befürchtung, dass die Gerechtigkeitsvorstellungen (zumindest bei der Betrachtung konkreterer Fälle) besonders scharf sind, hat sich übrigens – zumindest in den Vereinigten Staaten von Amerika – als falsch erwiesen.[26] Vielmehr sind die Kernvorstellungen wohl durch die „moralische Proportionalität" geprägt.[27]

Mit anderen Worten könnten die „Vergeltungsbedürfnisse" der Bürger berücksichtigt werden, um den „Rechtsfrieden" nicht zu gefährden[28] und die Gesellschaft nicht zu destabilisieren.[29] Die Kriminalpolitik könnte sich bei den „eindeutig[en] und nachhaltigen[en] Ergebnissen" auf die empirisch ab-

---

[20] *Robinson*, Northwestern University Law Review 111 (2017), 1565 (1581 f.); auch *Robinson*, Intuitions of Justice and the Utility of Desert, S. 153.

[21] *Robinson*, Northwestern University Law Review 111 (2017), 1565 (1586).

[22] Zu den möglichen Ausnahmen siehe *Robinson*, Northwestern University Law Review 111 (2017), 1565 (1588–1594).

[23] *Robinson*, Northwestern University Law Review 111 (2017), 1565 (1582 f.).

[24] *Robinson*, Northwestern University Law Review 111 (2017), 1565 (1584).

[25] *Robinson*, Northwestern University Law Review 111 (2017), 1565 (1582); siehe auch *Robinson*, Intuitions of Justice and the Utility of Desert, S. 158 f.

[26] Siehe etwa *Carlsmith*, Social Justice Research 21 (2008), 119 (135).

[27] *Carlsmith/Darley/Robinson*, Journal of Personality and Social Psychology 83 (2002), 284 (297); siehe auch *Robinson*, Northwestern University Law Review 111 (2017), 1565 (1580); *Carlsmith*, Social Justice Research 21 (2008), 119 (135). Alle Befunde begrenzen sich jedoch auf das amerikanische Volk, sodass zu Deutschland kulturelle Unterschiede bestehen können, *Walter*, ZIS 7 (2011), 636 (643 f.).

[28] *Walter*, ZIS 7 (2011), 636.

[29] *Walter*, in: Kaspar/Walter (Hrsg.), Strafen „im Namen des Volkes"?, 49 (54).

gesicherten Erkenntnisse zum Beispiel bei der Schaffung neuer Straftatbestände stützen.[30] Man könnte dabei nur auf „informierte Bürger" abstellen.[31] Die Berücksichtigung der Vergeltungsbedürfnisse soll ihre Grenze im höherrangigen Recht und in den anderen politisch wichtigeren Zielen haben.[32]

Es liegt dabei auf der Hand, dass eventuelle Strafmilderungen und Abschaffungen einfacher zu legitimieren sind. Fraglich ist aber, ob die Bevölkerungsansichten auch im Falle erhöhter Strafbedürfnisse berücksichtigt werden sollten. Angesichts der heutig wachsenden populistischen Bewegungen wird man sich fragen müssen, ob die Rechtsgefühle auch bei einem erhöhten Strafbedürfnis ohne Weiteres zu berücksichtigen sind. Das Risiko dabei ist, dass die Bevölkerung aufgrund des aktuellen Tagesgeschehens fordert, die Strafen zu schärfen oder neue Straftatbestände zu schaffen. Dies sollte m. E. aber nicht davon abhalten, derartige empirischen Untersuchungen durchzuführen. Diese dürfen und sollen sowieso nur in einem verfassungsmäßigen rechtlichen Rahmen verwertet werden.[33] Deshalb ist die Gefahr, dass hieraus maßlose Gesetzesverschärfungen entstehen, nicht so groß. Die Wehrhaftigkeit der deutschen Verfassung ist aufgrund der Ewigkeitsklausel im Art. 79 Abs. 3 GG stark. Diese umfasst beispielsweise auch das Verbot der Todesstrafe, weil die Todesstrafe gegen die Menschenwürde verstößt.[34] Sollte sich die Meinung der Bevölkerung aber so stark ändern, dass selbst die Ewigkeitsklausel durch das Parlament infrage gestellt wird, kann die Erforschung der Bevölkerungsansichten im Vorfeld dazu genutzt werden, derartige Ansichten rechtzeitig zu erkennen und in die verfassungsmäßige Richtung zu lenken. Die Forschung kann somit auch als ein „Frühwarnsystem" genutzt werden.

Die Erforschung der Meinung der Bevölkerung liefert zudem keine vollendeten rechtlichen Tatsachen und die Rechtsprechung oder die Gesetzgebung werden ihnen nicht blind folgen. Dies wäre auch unmöglich umzusetzen, da die Rechtsprechung immer einen konkreten Fall mit allen Details beurteilen muss und die Gesetzgebung gerade umgekehrt abstrakt-generell formuliert, um alle möglichen Fallgestaltungen zu umfassen.

---

30 *Walter*, ZIS 7 (2011), 636 (646); auch *Walter*, in: Kaspar/Walter (Hrsg.), Strafen „im Namen des Volkes"?, 49 (56 f.).

31 *Walter*, in: GS für Michael Walter, 831 (842).

32 *Walter*, in: Kaspar/Walter (Hrsg.), Strafen „im Namen des Volkes"?, 49 (56); siehe auch *Kaspar*, in: Kaspar/Walter (Hrsg.), Strafen „im Namen des Volkes"?, 61 (79–85).

33 *Kaspar*, in: Kaspar/Walter (Hrsg.), Strafen „im Namen des Volkes"?, 61 (79–85); *Walter*, in: Kaspar/Walter (Hrsg.), Strafen „im Namen des Volkes"?, 49 (56).

34 BGHSt 41, 317 (324 f.); auch *Kaspar*, in: Kaspar/Walter (Hrsg.), Strafen „im Namen des Volkes"?, 61 (79).

Es schadet somit nicht, die allgemeinen Intuitionen der Gerechtigkeit zu erforschen und sie eventuell im verfassungsmäßigen Rahmen zu berücksichtigen. Mehr Wissen über Rechtswirklichkeit ist besser als weniger.[35] Überdies sind die Einstellungen der Bevölkerung für den Gesetzgeber nicht als verbindlich anzusehen, sondern sollten lediglich dazu dienen, die Steuerung der Gesellschaft durch Rechtsnormen zu fördern. Er kann dafür sorgen, dass die allgemeinen Intuitionen mit einem Gesetz bestätigt oder durch Gesetz und andere begleitende Mittel wie zum Beispiel durch Informierung der Bürger über die Kriminalitätsstatistik und Strafzwecke gelenkt werden.[36] Die Einstellungen können somit nur als Ausgangspunkt dienen und müssen mit anderen Zielen staatlichen Handelns in Übereinstimmung gebracht werden.[37]

Greco wendet bei der Anwendung der Bevölkerungsansichten in der Notwehrdogmatik ein, dass die Meinung anderer nicht über die Verteidigung des Rechtsguts einer anderen Person entscheiden könne.[38] Es könne nicht sein, dass andere über das Recht von Dritten entscheiden. Dies ist jedoch gerade der Fall in einer Demokratie. Zudem wird die Bevölkerung nicht unmittelbar über einen konkreten Fall entscheiden, sondern – wenn überhaupt – nur mittelbar durch die Kanäle der Gesetzgebung und der Rechtsprechung.

Die Auslegung der Gesetze beinhaltet u. a. die subjektive teleologische Methode. Da sich der Gesetzgeber bei der Notwehr auf die Bevölkerungsansichten beruft,[39] ist es legitim, diese in der Rechtsprechung zu beachten, wenn sich dies mit anderen Auslegungsmethoden vereinbaren lässt. Im Endeffekt wird dann nicht die Meinung anderer über das Notwehrrecht des einzelnen entscheiden, sondern Gesetze und Richter.

Bei der zukünftigen Gesetzesgestaltung sollten die Bevölkerungsansichten bezüglich der rechtlichen Regelung in einer demokratischen Gesellschaft – soweit dies mit den Verfassungsprinzipien vereinbar ist – ohnehin beachtet werden. Das ist gerade der Sinn einer repräsentativen Demokratie, obwohl dabei über die Rechte anderer lediglich mittelbar durch die gewählten Vertreter entschieden wird.

Es bleibt hier noch die Frage zu erörtern, warum konkret gerade die Bevölkerungsansichten in Slowenien Bedeutung für die Rechtsdogmatik haben sollten. Die Untersuchung der Gerechtigkeitsvorstellungen der deutschen

---

35 Siehe *Hamann*, Evidenzbasierte Jurisprudenz, S. 15.

36 Dabei muss aber bedacht werden, dass die Kern-Intuitionen der Bevölkerung nicht bzw. nicht einfach zu ändern sind, *Robinson*, Northwestern University Law Review 111 (2017), 1565 (1593 f.); siehe auch *Robinson/Darley*, Southern California Law Review 81 (2007), 1 (57).

37 *Walter*, in: Kaspar/Walter (Hrsg.), Strafen „im Namen des Volkes"?, 49 (56).

38 *Greco*, GA 2018, 665 (669 f.).

39 Bundestag Drucksache IV/7650, S. 157.

Bevölkerung im Rahmen der Dresdner Studie hat gezeigt, dass die dogmatischen Annahmen der Rechtsprechung dort nur teilweise Widerhall finden. Die Ansichten der Bevölkerung sind bei der Notwehr gerade deswegen von Bedeutung, weil die Rechtsprechung und der Gesetzgeber den Begriff der „sozialethischen" Notwehreinschränkungen verwenden.[40] Außerdem wird in der deutschen Rechtsprechung dem Täter die Notwehr u. a. versagt, „wenn sein Verhalten völlig maßlos und deshalb mit dem Rechtsempfinden unvereinbar ist".[41] Die Untersuchung der Bevölkerungsansichten in Slowenien versprach nähere Erkenntnisse über die Beziehung zwischen der Rechtslage und den dortigen Bevölkerungsansichten, um auf dieser Grundlage einen Vergleich mit der deutschen Situation zu ermöglichen.

Dabei gilt generell, dass mit dem Einbezug empirischer Erkenntnisse der Rechtsvergleich ein größeres Gewicht bekommt und die fremde Rechtsordnung auf diese Weise besser „in ihrer soziologischen Realität" erfasst werden kann.[42]

II. Theorie der geplanten Verhaltensabsichten

Mit der Replikationsstudie werden nicht nur die Einstellungen der Menschen hinsichtlich bestimmter Notwehrkonstellationen untersucht. Vielmehr wird durch verschiedene Faktoren ermittelt, wie sich die Bevölkerung im Falle einer Notwehrsituation verhalten würde. Um das Verhalten der Bürger in potenziellen Notwehrsituation festzustellen, wurde bei der Konzeption der Dresdner Notwehrstudie die Theorie des geplanten Verhaltens (*Theory of planned behavior*) nach *Ajzen* verwendet.[43] Diese Theorie soll hier kurz dargestellt werden.

Laut *Ajzen* werden unsere Absichten und infolgedessen unser Verhalten durch die Einstellungsdimension, die subjektiven Normen und die wahrgenommene Verhaltenskontrolle bestimmt.[44] Dabei handelt es sich bei der Einstellungsdimension um die Bewertung eines bestimmten zukünftigen Verhaltens als positiv oder negativ, bei den subjektiven Normen um den Druck, sich sozialadäquat zu verhalten, und bei der wahrgenommenen Verhaltenskontrolle um die Frage, ob sich eine Person in der Lage sieht, in einer bestimmten Weise zu handeln.[45] Diese drei Faktoren werden eine Auswir-

---

[40] Bundestag Drucksache IV/7650, S. 157; BGHSt 24, 356; BGHSt 42, 97; BGH NStZ 2016, 526; BGH NStZ 2016, 84.
[41] BGH NJW 1956, 920.
[42] *Jung*, JuS 1998, 1 (2).
[43] *Kilian*, Notwehrstudie, S. 34.
[44] *Ajzen*, Attitudes, Personality and Behavior, S. 117.
[45] *Ajzen*, Attitudes, Personality and Behavior, S. 117 f.

kung auf die Intentionen der Personen haben, die anschließend deren Verhalten maßgeblich beeinflussen.[46] Je mehr die Einstellungen sowie die subjektive Norm ein bestimmtes Verhalten bevorzugen und je größer die wahrgenommene Kontrolle über das Verhalten ist, desto stärker wird die Intention zu diesem Verhalten führen.[47]

Übertragen auf die Notwehr werden unterschiedliche Kriterien bei der jeweiligen Dimension eine Rolle spielen. So wird zum Beispiel bei den Einstellungen zur Notwehr die Bedeutung des angegriffenen Rechtsguts mit entscheidend sein.[48] Bei den subjektiven Normen wird zum Beispiel die soziale Umgebung den Notwehrübenden in der Weise beeinflussen, dass er beispielsweise staatliche Hilfe herbeiführen oder nicht unehrenhaft ausweichen soll.[49] Die wahrgenommene Verhaltenskontrolle äußert sich beispielsweise durch die Wahrnehmung der eigenen realen Möglichkeiten, sich in der Situation zu verteidigen.[50]

III. Die bisherigen Ergebnisse

Bisher wurden die Einstellungen und die Verhaltensintentionen der Bevölkerung zur Notwehr erstmals in der Dresdner Notwehrstudie in Deutschland untersucht.[51] In Litauen ist bald danach eine Replikationsstudie erfolgt.[52] Demgegenüber liegt in Slowenien noch kein empirisches Material zu diesem Thema vor. Um daraus Hypothesen bilden zu können, werden im Folgenden die beiden Studien dargelegt.

1. Die Dresdner Notwehrstudie

Eine der ersten Studien – deren empirische Erkenntnisse im allgemeinen Strafrecht verwertbar sind – ist die von der Volkswagen Stiftung finanzierte Dresdner Notwehrstudie.[53] Bei der empirischen Untersuchung im Rahmen dieser Arbeit handelt es sich um eine Replikation zu dieser Studie. Deswegen werden die Studie und vor allem ihre Ergebnisse kurz dargestellt und bewertet.

---

46 *Ajzen*, OBHDP 50 (1991), 179 (182).
47 *Ajzen*, OBHDP 50 (1991), 179 (188).
48 *Kilian*, Notwehrstudie, S. 37.
49 *Kilian*, Notwehrstudie, S. 38.
50 *Kilian*, Notwehrstudie, S. 38.
51 *Kilian*, Notwehrstudie; *Amelung/Kilian*, in: FS Schreiber, 3 ff.
52 Siehe *Nazaroviene*, Socialniai Mokslai 40 (2003), 97 ff.; *Nazaroviene*, Legal culture in post-soviet Lithuanian society: socio-cultural analysis of self-defence, S. 5 ff.
53 *Amelung/Kilian*, in: FS Schreiber, 3 ff.; *Kilian*, Notwehrstudie.

a) Überblick

In der Dresdner Notwehrstudie wurden im Jahr 2001 mit der CATI-Methode[54] die Annahmen der h. M. bezüglich der Notwehr in der Bevölkerung untersucht. Hierzu wurden den Befragten (n = 3.463) Fälle aus der Rechtsprechung und aus anderen Quellen mit der Frage vorgelegt, ob sie das Verhalten der Personen als gerechtfertigt oder nicht gerechtfertigt beurteilen. Fälle wurden vorwiegend aus der Rechtsprechung gesammelt und aufgrund der Facettentheorie systematisiert.[55] Die Facetten, die abgefragt wurden, waren das angegriffene Rechtsgut, die Überlegenheit der Person und der Schaden beim Angreifer.[56] Die Fälle wurden gekürzt und mit einem Pretest auf Verständlichkeit hin überprüft.

Das Ziel der telefonischen Befragung war, zu untersuchen, wie weit die Ansichten der h. M. in Rechtsprechung und Literatur mit derjenigen der Bevölkerung übereinstimmen.[57] Die Annahmen, die der Arbeit zugrunde lagen, waren u. a., dass die Bevölkerung die „Schneidigkeit" der Notwehr nicht teile, dass die Bevölkerung die Rechtfertigung durch Notwehr aufgrund einer Güterabwägung vornehmen werde, dass der Rechtsbewährungsgedanke für die Bevölkerung eine geringe Rolle spielt, dass die Bevölkerung auch ein unsicheres Mittel zur Abwehr des Angriffs wegen der Unkenntnis der Rechtslage anwenden würde und dass das Ausweichen von der Bevölkerung nicht so kritisch bewertet wird wie von der Rechtsprechung.[58] Außerdem wurden die Fallgruppen der Notwehreinschränkungen, die eigenen Erfahrungen mit Nothilfe und Notwehr, die Korrelationen zwischen den Antworten und den soziodemografischen Besonderheiten untersucht.[59]

b) Die Ergebnisse im Einzelnen

Die Befragung hat ergeben, dass die Schärfe des Notwehrrechts von der Bevölkerung tatsächlich nicht geteilt wird; nur 54 % aller Fälle wurden mehrheitlich in Übereinstimmung mit der Rechtslage beurteilt.[60] Die Bevölkerung stimmt der Rechtfertigung eher zu, wenn Angriffe auf ein bedeu-

---

[54] „Computer Assisted Telephone Interview" (CATI), siehe: *Schnell/Hill/E. Esser*, Methoden, S. 341 f.

[55] *Häder/Klein*, ZUMA-Nachrichten 50 (2002), 86 (92); *Kilian*, Notwehrstudie, S. 55.

[56] *Häder/Klein*, ZUMA-Nachrichten 50 (2002), 86 (92).

[57] *Amelung/Kilian*, in: FS Schreiber, 3.

[58] Hypothesen 1 bis 6 in: *Kilian*, Notwehrstudie, S. 39–44.

[59] *Kilian*, Notwehrstudie, S. 45–53.

[60] *Kilian*, Notwehrstudie, S. 69.

tendes Rechtsgut vorliegen.[61] Der oft diskutierte problematische Fall einer erforderlichen Sachnotwehr mit der Folge der schweren Körperverletzungen oder des Todes wurde von der Bevölkerung im „Scheunenfall" mit 79% überwiegend abgelehnt.[62]

Des Weiteren wurde anhand des „Goetz-Falles" bestätigt, dass die Bevölkerung der Rechtsbewährung weniger Bedeutung zuschreibt.[63] An der Validität dieser Frage ist jedoch auch Kritik geübt worden.[64] Dabei wird bemängelt, dass die Antwortmöglichkeiten den Befragenden die richtigen Antworten suggerieren, weil statt die Antwortmöglichkeiten „gerechtfertigt" und „nicht gerechtfertigt" bei der ersten Antwort auf den hohen Wert des menschlichen Lebens hingewiesen wird und bei der zweiten Antwortmöglichkeit das Wort „Diebe" benutzt wird.[65] Dies sollte die „existenzielle Bedrängung der Person [...] verschleiern".[66] Diese Kritik stimmt teilweise und die Frage könnte man auch besser formulieren, zum Beispiel dass man statt das Wort „Diebe" und „Eigentum" ein anderes, nicht technisches Wort benutzt. Allerdings muss beachtet werden, dass das Wort „gedrängt" nicht unbedingt mit einem gewalttätigen Angriff verbunden wird. Ferner wird bei der zweiten Antwort darauf hingewiesen, dass die Angreifer im Unrecht waren und somit der Angegriffene das Recht hat, sein Eigentum zu verteidigen. Damit wird der Hinweis auf den hohen Rang des Menschenlebens ein wenig ausgeglichen. Die Frage kann somit dennoch als valide gelten.

Die Annahme, dass Laien die Ansicht der Rechtsprechung, wonach sich der Notwehrübende nicht auf das unsichere Mittel beschränken muss, nicht teilen werden, wurde widerlegt.[67]

---

61 *Kilian*, Notwehrstudie, S. 70.
62 *Kilian*, Notwehrstudie, S. 71.
63 *Kilian*, Notwehrstudie, S. 72, 200; siehe auch Teil 8. A. Der „Goetz-Fall" wird in der Dresdner Studie wie folgt formuliert:
„In der Zeitung ist zu lesen, dass ein Mann, der von fünf jungen Männern zur Herausgabe seiner Geldbörse gedrängt wurde, einen der Männer erschossen hat. Welche der folgenden zwei Meinungen dazu kommt Ihrer eigenen am nächsten?
Statt den Angreifer zu erschießen, hätte der Bedrohte die Geldbörse lieber herausgeben sollen – ein Menschenleben ist doch mehr wert als eine Geldbörse, selbst wenn sich ein paar hundert Mark darin befinden.
oder
Es war richtig, wie der Angegriffene gehandelt hat – schließlich waren die Diebe im Unrecht und jeder hat das Recht sein Eigentum zu verteidigen."
64 *Erb*, GA 159 (2012), 747 (749); siehe auch *Hartmann*, ZUMA-Nachrichten 51 (2002), 94 (100 f.).
65 *Erb*, GA 159 (2012), 747 (749).
66 *Erb*, GA 159 (2012), 747 (749).
67 *Kilian*, Notwehrstudie, S. 74.

Ferner hat sich gezeigt, dass die Meinung, dass der Notwehrübende dem Angriff nicht auszuweichen hat, von den Befragten nicht geteilt wird.[68] Ausschlaggebend war der „Steinwerferfall"[69], bei dem der Bundesgerichtshof die Rechtfertigung des Schützen bejaht hat, die Befragten dies aber mit 92% abgelehnt haben.[70] Die Frage, ob der Notwehrübende bei der Möglichkeit der Ausweichung gerechtfertigt war, haben sogar 99% der Befragten verneint.[71] Die Wiedergabe dieses Falles im Fragebogen wurde von *Hartmann* und später *Erb* kritisiert.[72] Die betreffende Frage q5 lautet wie folgt:

„Vor kurzem wurde jemandem nachts sein auf der Straße geparktes Auto zerkratzt. Deshalb musterte er – vor seinem Haus stehend – vier junge Männer, weil er befürchtet, dass sein Auto erneut zerkratzt werde. Die jungen Männer fühlen sich dadurch provoziert. Deshalb beginnen die jungen Männer mit Steinen zu werfen. Als die Steinewerfer näher kommen, gibt der Angegriffene einige ungezielte Schüsse ab. Ein Schuss trifft einen Steinwerfer und verursacht eine Querschnittslähmung. Halten Sie das Verhalten des Schützen für gerechtfertigt oder nicht?"[73]

Die Abwandlung von q5 a hat den folgenden Wortlaut:

„Einmal angenommen, der Vorfall wäre zu verhindern gewesen, hätte sich der Mann in sein Haus zurückgezogen. Dies hat er aber nicht getan. Wie würden Sie dann das Verhalten des Mannes, Schüsse auf die Steinewerfer abzugeben und einen der Steinewerfer so zu verletzen, bewerten? Halten Sie sein Verhalten (auch) dann für gerechtfertigt oder nicht?"

Bemängelt wurden vor allem die nicht angegebenen Einzelheiten, die beim tatsächlich beurteilten Fall aus der Rechtsprechung vorhanden waren. Beispielsweise wurde nicht angegeben, dass der Notwehrübende mit den Steinen (mit einem Gewicht von 600 Gramm) einmal am Bein und einmal am Rücken getroffen worden war.[74] Dadurch sollte die Validität der Messung infrage gestellt werden. Die Befragten, so der Einwand, würden bei richtiger Angabe in viel höherem Maß die Handlung als gerechtfertigt ansehen.[75] Die Autoren der Studie sind der Auffassung, dass die genannten Umstände nur die Schuld betreffen und nicht die Rechtswidrigkeit.[76] Das mag zum Teil stimmen, allerdings könnte m.E. die Kenntnis über das Gewicht der Steine und das beinahe Treffen am Kopf des Schützen durch einen Stein die

---

68 *Kilian*, Notwehrstudie, S. 74 f.

69 BGH GA 1965, S. 147–149.

70 *Kilian*, Notwehrstudie, S. 74.

71 *Kilian*, Notwehrstudie, S. 75.

72 *Hartmann*, ZUMA-Nachrichten 51 (2002), 94 (98–100); *Erb*, GA 159 (2012), 747 (749).

73 *Kilian*, Notwehrstudie, S. 193.

74 *Hartmann*, ZUMA-Nachrichten 51 (2002), 94 (99).

75 *Hartmann*, ZUMA-Nachrichten 51 (2002), 94 (100).

76 *Amelung/Kilian*, in: Häder/Klein, ZUMA-Nachrichten 51 (2002), 104 (113).

Gefährlichkeit des Angriffs und somit die Erforderlichkeit der Verteidigung in den Augen der Befragten erheblich erhöhen. Fraglich ist aber, ob die Validität der Messung deswegen wesentlich beeinträchtigt ist. Das dürfte für die Aussage – die Befragten lehnen die Rechtsprechung des BGH ab – zutreffen.[77] Gleichwohl werden die Ergebnisse der Befragung bei diesem Fall jedoch nicht nutzlos. Der oben angegebene Fall sollte messen, inwieweit ein Ausweichen bei dem gegenwärtigen, rechtswidrigen Angriff als zumutbar angesehen wird.[78] Dafür ist die Frage in angegebener Form – unabhängig davon, ob die Ansicht der Rechtsprechung geteilt wird oder nicht – dennoch durchaus geeignet.

Die Hypothese, dass die Ausweichpflicht vor allem von jüngeren Männern aus der unteren Bevölkerungsschicht eher auf die „Schändlichkeit der Flucht" als auf den Rechtsbewährungsgedanken gestützt wird, wurde nicht bestätigt.[79] Hierzu wurde der „Berufsschulfall" nach BGH NJW 1980, 2263 benutzt. In dem Fall wurde ein Berufsschüler von einem Mitschüler gewalttätig schikaniert. Nach einigen Tagen wird er wieder angegriffen, er benutzt bei seiner Verteidigung jedoch ein Messer und verletzt den Angreifer tödlich. Die große Mehrheit der Befragten hat die Rechtfertigung des Schülers abgelehnt (91 %) und zudem die potenzielle Hilfeherbeiführung noch deutlicher als „nicht feige" bezeichnet (99 %).[80]

Die Hypothesen von 7 bis 11 betreffen die – meistens in der Rechtsprechung – gebildeten und in der Lehre diskutierten Gruppen von Notwehreinschränkungen.[81] Dabei hat sich gezeigt, dass die Bevölkerung in den Fallgruppen die Grenzen der Notwehr durch die Rechtsprechung vorwiegend akzeptiert. So wird bei der Hypothese 7 beim „Seitenspiegelfall" mit Variationen gegen einen Angriff von Minderjährigen und Betrunkenen (schuldlos Handelnden) die Abwehr mit großer Mehrheit als nichtgerechtfertigt angesehen.[82]

Bezüglich der Notwehrprovokation wurde die Ansicht der Rechtsprechung und der herrschenden Lehre, dass sich derjenige, der den Angriff mit rechtswidrigem Verhalten provoziert hat, „nur vorsichtig wehren" darf, von den Befragten zu 79 % akzeptiert.[83]

---

[77] *Hartmann*, ZUMA-Nachrichten 51 (2002), 94 (100).
[78] *Kilian*, Notwehrstudie, S. 42.
[79] *Kilian*, Notwehrstudie, S. 77.
[80] *Kilian*, Notwehrstudie, S. 76 f.
[81] *Kilian*, Notwehrstudie, S. 45–49.
[82] *Kilian*, Notwehrstudie, S. 78.
[83] *Kilian*, Notwehrstudie, S. 79.

Die Einschränkung der Notwehr zwischen Ehegatten wurde ebenso untersucht. In dem Ausgangsfall haben 68 % der Befragten die tödliche Verteidigung der Frau mit dem Messer gegen einen angreifenden Mann als gerechtfertigt angesehen.[84] In der Variation, bei der die Beteiligten im Eheverhältnis standen, haben nur noch 52 % das Verhalten der Frau als gerechtfertigt bewertet.[85] In einer weiteren Variante, bei wiederholten Gewalttätigkeiten des Ehemannes, wurde die Verteidigung von 65 % der Befragten als gerechtfertigt bewertet.[86] Damit wurde die Hypothese 9, dass die Notwehr zwischen Ehegatten begrenzt ist, teilweise bestätigt.[87] Die Reihenfolge der Fälle wurde zwar zufällig permutiert,[88] bei diesem Fall handelt es sich jedoch um eine Variation, die sich auf den Grundfall bezieht, sodass hier die Permutation nicht möglich war. Deshalb sind etwaige Reihenfolgeeffekte bei der Ausgestaltung in der Form „Grundfall-Variation" nicht ganz auszuschließen.[89]

Anschließend wurde bestätigt, dass eine gewaltsame Verteidigung eines immateriellen Rechtsgutes nicht gerechtfertigt ist.[90] Dabei ging es um den Fall, bei dem ein Mann einen anderen mit der Aussage beleidigt hat, dass dieser selbst an seiner Gefangenschaft in der Sowjetunion nach dem Krieg schuld ist.[91] Ferner wurde die heimliche Notwehr gegen den Erpresser im Falle der sog. Chantage von der Bevölkerung wie von der Rechtsprechung mit überwiegender Mehrheit abgelehnt.[92]

Am Ende ging es um die die Einstellungen der Bevölkerung zur Notwehr beeinflussenden Faktoren. Dabei helfen Frauen öfter als Männer den Kindern und behinderten Menschen im Rahmen der Nothilfe.[93]

Schließlich sind noch einige Besonderheiten der Einstellungen zur Notwehr im Zusammenhang mit demografischen Besonderheiten interessant. Demnach stimmen männliche, höher gebildete, notwehrerfahrene Personen

---

[84] *Kilian*, Notwehrstudie, S. 80.

[85] *Kilian*, Notwehrstudie, S. 80.

[86] *Kilian*, Notwehrstudie, S. 80.

[87] *Kilian*, Notwehrstudie, S. 80.

[88] *Häder/Klein*, ZUMA-Nachrichten 50 (2002), 86 (95).

[89] Die Reihenfolgeeffekte sind dabei die Effekte, die dadurch entstehen, dass die Befragten bei der Beantwortung der Frage zur Fallvariante durch die Frage zum Grundfall beeinflusst werden, siehe dazu beispielsweise *Braunecker*, How to do Empirie, S. 87.

[90] *Kilian*, Notwehrstudie, S. 82.

[91] *Kilian*, Notwehrstudie, S. 47 und 196, nach BGHSt 3, 217.

[92] *Kilian*, Notwehrstudie, S. 83.

[93] *Kilian*, Notwehrstudie, S. 84.

sowie potenzielle CDU/CSU-Wähler, Personen mit höherem Einkommen und Bewohner größerer Gemeinden eher der Rechtfertigung zu.[94]

Gegenstand der Dresdner Notwehrstudie waren zudem eine Aktenanalyse sowie eine Expertenbefragung. Diese sind allerdings nicht Gegenstand der vorliegenden Arbeit.

2. Die Replikationsstudie in Litauen

Neben der Untersuchung in Deutschland wurden die Notwehransichten in einer Replikationsstudie in Litauen erforscht. Es handelt sich um ein ähnliches Projekt, sodass die Studie von besonderem Interesse für diese Arbeit ist. Trotzdem bestehen einige nicht zu vernachlässigende Unterschiede. Deswegen folgt hier ein kurzer Überblick.

a) Methodisches Vorgehen

Das Notwehrrecht in Litauen wurde im Jahr 1993 prinzipiell ähnlich wie in Deutschland geregelt. So muss der Angriff objektiv vorhanden und gegenwärtig sein.[95] Die Notwehr wird in den Fällen eingeschränkt, in denen die Verteidigung die Intensität des Angriffs deutlich überschreitet.[96] Zum Zweck der Studie wurden die Urteile von deutschen Gerichten einem litauischen Richter zum Lösen gegeben. Daraus hat sich ergeben, dass die Beurteilung der Notwehr durch die Rechtsprechung in beiden Ländern ähnliche Ergebnisse liefert.[97] Ein wesentlicher Unterschied ist, dass der Grundsatz der Verhältnismäßigkeit eine größere Rolle spielt.[98] Demnach ist die Notwehr nicht gestattet, wenn ein geringeres Rechtsgut wie zum Beispiel das Eigentum bei der Verteidigung auf ein höherwertiges Rechtsgut wie das Leben trifft. Zu erwähnen ist des Weiteren die in Litauen wegen der großen unbewohnbaren Flächen entwickelte Rechtsprechung, nach der die Notwehr gegen einen Angriff auf den Wohnraum grundsätzlich nicht eingeschränkt wird.[99]

Aufgrund dieser Ähnlichkeiten wurde in der Studie von der funktionalen Äquivalenz des Notwehrkonstruktes ausgegangen, sodass der Fragebogen der Dresdner Notwehrstudie im Ganzen übernommen wurde.[100]

---

[94] *Kilian*, Notwehrstudie, S. 87.

[95] *Nazaroviene*, Socialniai Mokslai 40 (2003), 97 (99).

[96] *Nazaroviene*, Socialniai Mokslai 40 (2003), 97 (99).

[97] *Nazaroviene*, Socialniai Mokslai 40 (2003), 97 (99).

[98] *Nazaroviene*, Socialniai Mokslai 40 (2003), 97 (99).

[99] *Nazaroviene*, Socialniai Mokslai 40 (2003), 97 (99).

[100] *Nazaroviene*, Socialniai Mokslai 40 (2003), 97 (101); zum Begriff „Funktionale Äquivalenz" siehe Teil 4 B. V. 2. a).

Wegen zu geringer Telefondichte in Litauen ist die Studie mittels schriftlicher Befragung erfolgt.[101] Die Grundgesamtheit bestand aus allen volljährigen Personen, die in Privathaushalten leben; die repräsentative Stichprobe umfasste n = 600 Personen.[102]

b) Ziel und Fragestellung der Studie

In der Studie ging es darum, den Unterschied zwischen dem Rechtsverhalten und dem Rechtsbewusstsein einer westlichen und einer postsowjetischen Gesellschaft herauszufinden.[103]

Bei Litauen handelt es sich um einen Staat, der nach dem Zerfall der Sowjetunion aus einer autoritären gesellschaftlichen Ordnung in einen demokratischen Staat übergegangen ist. Laut *Nazarovienė* gelten daher die neue Rechtsordnung und die neuen sozialen Werte in dem Bewusstsein und dem Verhalten der Bevölkerung noch nicht umfassend, sodass es tatsächlich zu einer fehlenden faktischen Geltung der Rechtsnormen im Bewusstsein der Bevölkerung komme.[104] Wegen der grundsätzlich ähnlichen Regelung und der Rechtsprechung zur Notwehr wird der Unterschied in den Einstellungen der deutschen und litauischen Bevölkerung auf andere soziale Gegebenheiten zurückzuführen sein.[105]

Außerdem soll die Studie neue Interpretationsmöglichkeiten der Dresdner Notwehrstudie eröffnen und neue Erkenntnisse zum Übergang von einem Rechtssystem in ein neues Rechtssystem liefern.[106]

c) Ergebnisse

Interessanterweise hat sich gezeigt, dass die litauische Bevölkerung großzügiger bezüglich der Grenzen der Notwehr als die deutsche ist und noch deutlicher von der Rechtsprechung abweicht als die deutsche Bevölkerung. Anders gesagt, erlaubt die Bevölkerung eine weitergehende Verteidigung von Sachwerten oder Leben.[107] Die Autorin führt dies auf verschiedene Gründe zurück: unterschiedliche Erfahrungen mit Demokratie, unterschiedliche Kul-

---

101 *Nazaroviene*, Socialniai Mokslai 40 (2003), 97 (100).
102 *Nazaroviene*, Socialniai Mokslai 40 (2003), 97 (100).
103 *Nazaroviene*, Socialniai Mokslai 40 (2003), 97 (101).
104 *Nazaroviene*, Socialniai Mokslai 40 (2003), 97 (101).
105 *Nazaroviene*, Socialniai Mokslai 40 (2003), 97 (100).
106 *Nazaroviene*, Socialniai Mokslai 40 (2003), 97 (100).
107 *Nazaroviene*, Legal culture in post-soviet Lithuanian society: socio-cultural analysis of self-defence, S. 18.

turkontexte, die Unterschiede in der Stabilität des Rechtssystems und die unterschiedlichen Kenntnisse der Rechtsnormen.[108] Zudem hat die Studie gezeigt, dass die Evaluierung der Sachverhalte von soziodemografischen Faktoren abhängt.[109] Die Gruppen mit höherem Sozialstatus und höherer Bildung bewerten das Notwehrverhalten tendenziell rechtskonformer als die Gruppen mit niedrigerem Sozialstatus.[110]

3. Zusammenfassung

Abschließend lässt sich zum Forschungsstand anmerken, dass die Untersuchung der Bevölkerungsansichten hinsichtlich dogmatischer strafrechtlicher Fragen erst am Anfang der Entwicklung steht. Trotz der Neuheit des Forschungsfelds ist das methodische Vorgehen in der Dresdner Studie und der Litauischen Notwehrstudie insgesamt als gut zu bewerten.

IV. Kultur und Rechtskultur

Dass die Notwehr eine „Kulturerscheinung" ist, hat sich durch die Entwicklung ihrer Grenzen im 20. Jahrhundert eindeutig gezeigt.[111] Die Studien, die interkulturell erfolgen, werfen die Frage auf, welchen Einfluss der kulturelle Kontext auf die Befragungsergebnisse haben wird. Deswegen ist an dieser Stelle die Auseinandersetzung mit dem Begriff „Kultur" erforderlich. Kultur ist ein komplexer, diffuser Begriff, der nicht einheitlich gebraucht wird.[112] Deswegen haben sich verschiedene Definitionen dafür herausgebildet.[113] Hier wird vor allem auf die Aspekte der Kultur und Rechtskultur eingegangen, von denen angenommen wird, dass sie sich möglicherweise auf die Umfrageergebnisse auswirken könnten.

1. Dimensionen der Kultur

Eine einzige Definition hilft bei der genaueren Bestimmung eines so komplexen und vielschichtigten Betriffs wie dem der „Kultur" nicht weiter. Aus

---

108 *Nazaroviene*, Legal culture in post-soviet Lithuanian society: socio-cultural analysis of self-defence, S. 18.
109 *Nazaroviene*, Legal culture in post-soviet Lithuanian society: socio-cultural analysis of self-defence, S. 21.
110 *Nazaroviene*, Legal culture in post-soviet Lithuanian society: socio-cultural analysis of self-defence, S. 21.
111 Siehe dazu etwa *Heller*, Nothilfe, S. 24 m. w. N.
112 *Rippl/Seipel*, Methoden, S. 13; *Bachleitner*, Methodik, S. 15.
113 Siehe beispielsweise die Tabelle bei *Rippl/Seipel*, Methoden, S. 15.

diesem Grund haben verschiedene Wissenschaftler versucht, Kulturdimensionen festzusetzen, anhand derer verschiedene Kulturen miteinander verglichen werden können.

Das erste kulturelle Rahmenmodell wurde von *Hofstede* entwickelt.[114] *Hofstede* definiert die Kultur kurz als „die *kollektive Programmierung des Geistes, die die Mitglieder einer Gruppe oder Kategorie von Menschen von einer anderen unterscheidet*".[115] In einer weltweit erfolgten Untersuchung hat er anfangs vier und später fünf Dimensionen der Kultur entwickelt, nach denen er die einzelnen Kulturen unterscheidet.[116] Diese Dimensionen sind: Machtdistanz, Kollektivismus vs. Individualismus, Feminität vs. Maskulinität, Unsicherheitsvermeidung und langfristige vs kurzfristige Orientierung.[117]

Machtdistanz bedeutet „das Ausmaß, bis zu welchem die weniger mächtigen Mitglieder von Institutionen bzw. Organisationen eines Landes erwarten und akzeptieren, dass Macht ungleich verteilt ist".[118] Die Länder mit hoher Machtdistanz sind dadurch gekennzeichnet, dass die Vorgesetzten einen autokratischen bzw. patriarchalischen Führungsstil haben, die Arbeitnehmer ihnen in der Regel nicht widersprechen und die Hierarchien ausgeprägter sind.[119] Bei den Ländern mit niedriger Machtdistanz sind die Hierarchien flacher, Entscheidungen werden in einem „konsultativen" Stil getroffen und die Arbeitnehmer werden weniger von ihren Vorgesetzten eingeschränkt.[120]

Die Dimension Individualismus gegenüber Kollektivismus betrifft die „Macht der Gruppe" und ihre Bedeutung für das Individuum.[121] Kollektivistisch sind dabei die Gesellschaften, „in denen das Interesse der Gruppe dem Interesse des Individuums übergeordnet ist".[122] Umgekehrt sind individualistisch die Gesellschaften, „in denen das Interesse des Individuums Vorrang vor den Interessen der Gruppe genießt".[123] Mit anderen Worten wird diese Dimension so beschrieben:

---

[114] Siehe *G. Hofstede*, Culture's Consequences; *G. Hofstede/G. J. Hofstede*, Lokales Denken.

[115] *G. Hofstede/G. J. Hofstede*, Lokales Denken, S. 4; *G. Hofstede*, Culture's Consequences, S. 9.

[116] *G. Hofstede/G. J. Hofstede*, Lokales Denken, S. 30, 37–39.

[117] *G. Hofstede/G. J. Hofstede*, Lokales Denken, S. 30, 39; *G. Hofstede*, Culture's Consequences, S. 29.

[118] *G. Hofstede/G. J. Hofstede*, Lokales Denken, S. 59.

[119] *G. Hofstede/G. J. Hofstede*, Lokales Denken, S 58, siehe auch Tabelle auf S. 71.

[120] *G. Hofstede/G. J. Hofstede*, Lokales Denken, S. 58 f.

[121] *G. Hofstede/G. J. Hofstede*, Lokales Denken, S. 100; auch *G. Hofstede*, Culture's Consequences, S. 209.

[122] *G. Hofstede/G. J. Hofstede*, Lokales Denken, S. 100.

[123] *G. Hofstede/G. J. Hofstede*, Lokales Denken, S. 101.

„Individualismus beschreibt Gesellschaften, in denen die Bindungen zwischen den Individuen locker sind; man erwartet von jedem, dass er für sich selbst und für seine unmittelbare Familie sorgt. Sein Gegenstück, der Kollektivismus, beschreibt Gesellschaften, in denen der Mensch von Geburt an in starke, geschlossene Wir-Gruppen integriert ist, die ihn ein Leben lang schützen und dafür bedingungslose Loyalität verlangen."[124]

Die nächste Dimension ist Maskulinität vs. Feminität. Diese Dimension beschäftigt sich mit der Rollenverteilung von Frauen und Männern.

„Eine Gesellschaft bezeichnet man als maskulin, wenn die Rollen der Geschlechter emotional klar gegeneinander abgegrenzt sind: Männer haben bestimmt, hart und materiell orientiert zu sein, Frauen dagegen müssen bescheidener, sensibler sein und Wert auf Lebensqualität legen. Als feminin bezeichnet man eine Gesellschaft, wenn sich die Rollen der Geschlechter emotional überschneiden: sowohl Frauen als auch Männer sollen bescheiden und feinfühlig sein und Wert auf Lebensqualität legen."[125]

Die Unsicherheitsvermeidung ist die vierte Dimension nach Hofstede und wird bestimmt als „der Grad, bis zu dem die Mitglieder einer Kultur sich durch nicht eindeutige oder unbekannte Situationen bedroht fühlen".[126] Die Kulturen mit höheren Werten der Unsicherheitsvermeidung wollen Vorhersehbarkeit und zum Beispiel klar festgelegte Regeln.[127]

Später kam die fünfte Dimension hinzu, die kurzfristige vs. langfristige Orientierung.[128] Die Werte für diese Dimension existieren jedoch noch nicht für viele Ländern (u. a. auch nicht für Slowenien), deswegen sei es an dieser Stelle ausreichend, sie nur zu erwähnen.

Weiterentwicklungen von Kulturdimensionen finden sich beispielsweise im Modell von *Schwartz*, der aufgrund von Daten aus 46 Ländern sieben Kulturdimensionen entwickelt hat, die denen von *Hofstede* ähneln und mit ihnen meistens korrelieren.[129]

Eine andere, auf den Modellen von *Hofstede* und *Schwartz* aufbauende Kulturstudie ist die Studie GLOBE, an der Manager aus 62 Ländern teilgenommen haben.[130] Der Hauptunterschied dieser Studie ist, dass sie methodisch zwischen den Praktiken bzw. dem kulturellen Verhalten und den Werten

---

[124] *G. Hofstede/G. J. Hofstede*, Lokales Denken, S. 102.

[125] *G. Hofstede/G. J. Hofstede*, Lokales Denken, S. 165.

[126] *G. Hofstede/G. J. Hofstede*, Lokales Denken, S. 233.

[127] *G. Hofstede/G. J. Hofstede*, Lokales Denken, S. 233.

[128] *G. Hofstede/G. J. Hofstede*, Lokales Denken, S. 292 f.

[129] *Schwartz*, in: Kim et al. (Hrsg.), Individualism and Collectivism, 85 ff.; *Schwartz*, in: Vinken et al. (Hrsg.), Comparing Cultures, 43 ff.

[130] *Rothlauf*, Interkulturelles Management, S. 64.

unterscheidet und sie getrennt untersucht.[131] Im Wesentlichen ist die Studie zu ähnlichen Dimensionen gelangt wie die beiden vorher genannten.[132]

Zur Bestimmung der relevanten Kulturdimensionen wird im Rahmen dieser Arbeit das Modell von *Hofstede* angewendet.

2. Rechtskultur: Normen, Wertvorstellungen

Ein Teil der nationalen Kultur ist die Rechtskultur, der hier besondere Aufmerksamkeit zu schenken ist. Auch „Rechtskultur" ist ein unscharfer Begriff, der uneinheitlich benutzt wird. Eine Definition liefert *Raiser,* der unter Rechtskultur „alle Erscheinungen des Rechts und Rechtslebens" versteht.[133] Genauer versteht er darunter „den *empirisch erforschbaren Inbegriff der in einer Gesellschaft bestehenden, auf das Recht bezogenen Wertvorstellungen, Normen, Institutionen, Verfahrensregeln und Verhaltensweisen".[134] Viele Definitionen der Rechtskultur deuten darauf hin, dass die Rechtskultur ein relativ vager Begriff ist und man ihm deshalb nicht ganz zu Unrecht eine gewisse „Wieseligkeit" vorwirft.[135]

Um die Rechtskultur einer Gesellschaft umfassend zu beschreiben, müsste man „die Leitgedanken der in einer Gesellschaft verankerten religiösen und profanen Gerechtigkeitsvorstellungen, die Grundregeln des in ihr geltenden Rechts, die Hauptmerkmale der Organisation und Praxis von Rechtsetzung, Verwaltung und Rechtsprechung, die Denkmethoden und technischen Kunstregeln der Juristen, die Grundzüge des Gerichtsverfahrens, nicht zuletzt auch Rechtskenntnisse, Rechtsbewusstsein und Rechtsverhalten der Bevölkerung" untersuchen.[136]

Eine allumfassende Berücksichtigung von diesen Aspekten ist nahezu unmöglich, deshalb wird im Folgenden nur auf den relevantesten Teil der Rechtskultur Deutschlands und Sloweniens näher eingegangen.

3. Die slowenische und deutsche (Rechts-)Kultur

Wie oben gezeigt wurde, ist die (Rechts-)Kultur ein sehr weiter Begriff und es wäre kaum möglich, die Kultur in all ihren Einzelheiten umfassend

---

131 *Bosau,* Arbeitszufriedenheitsmessung im interkulturellen Vergleich, S. 39.

132 *Rothlauf,* Interkulturelles Management, S. 65.

133 *Raiser,* Grundlagen, S. 330.

134 *Raiser,* Grundlagen, S. 330.

135 *Blankenburg,* in: Hoffmann-Nowotny et al. (Hrsg.), Kultur und Gesellschaft: gemeinsamer Kongreß der Deutschen, der Österreichischen und der Schweizerischen Gesellschaft für Soziologie, 292.

136 *Raiser,* Grundlagen, S. 331.

bei der Studie zu berücksichtigen. Um die Untersuchungen sinnvoll gestalten zu können, muss man sich auf einzelne relevante Aspekte beschränken.[137] Im Folgenden werden aus diesem Grund nur die Aspekte der slowenischen Kultur dargestellt, die bei der Hypothesenbildung und Deutung der Ergebnisse relevant sein könnten.

a) Das slowenische Strafgesetzbuch und seine Entstehung

Das Strafrecht wird sicherlich als ein Teil der Rechtskultur gesehen. Wegen der bisherigen nationalen Ausrichtung ist es besonders geeignet, die Rechtskultur einer Nation zu erfassen.[138] Das Strafgesetzbuch eines Landes kann man auch als eine negative Widerspiegelung der Werte dieses Landes bezeichnen.[139] Aus diesem Grund ist an der Stelle zu erwähnen, dass das slowenische StGB von 1994 auf der Grundlage der vorigen Strafgesetzbücher Jugoslawiens mit Berücksichtigung der rechtsvergleichenden Erkenntnisse über den allgemeinen Verbrechensbegriff – bestehend aus Tatbestand, Rechtswidrigkeit und Schuld – entstanden ist.[140] Traditionell ist das slowenische materielle Strafrecht vor allem durch das deutsche Strafrecht und die deutsche Strafrechtsdogmatik geprägt.[141] Im Jahr 2008 wurde erneut ein Strafgesetzbuch verabschiedet, das zwar einige wesentliche Veränderungen brachte (zum Beispiel Bestimmungen über Notstand, Mittäterschaft und Teilnahme usw.), im Großen und Ganzen ist die Konzeption aber gleich geblieben.[142] So kann man das StGB wie in Deutschland in den Allgemeinen und den Besonderen Teil aufteilen. Im Allgemeinen Teil werden die klassischen Strafrechtsinstitute festgelegt.

Außerdem folgt die slowenische Rechtsprechung und Dogmatik in Strafsachen der Behandlung vieler Strafrechtsinstitute der deutschen Strafrechtsdogmatik.[143] In der Dresdner Notwehrstudie wurde zwar angedeutet, dass die Bewertung der Notwehrsituationen durch die Bürger unabhängig von der Rechtsprechung erfolgt, allerdings spiegeln die Rechtsprechung und die Rechtsnormen – zumindest teilweise und mittelbar – einen Grundkonsens in der Gesellschaft wider. Aus alledem folgt, dass die Ähnlichkeit des sloweni-

---

[137] Vgl. *Raiser*, Grundlagen, S. 331.

[138] *Jung*, JuS 1998, 1.

[139] Siehe etwa *Tiedemann*, JZ 51 (1996), 647.

[140] *Bavcon et al.*, Kazensko pravo, S. 94.

[141] *Korošec/Ambrož*, ZStW 118 (2006), 489 (490).

[142] *Bavcon et al.*, Kazensko pravo, S. 94 f.

[143] *Korošec*, JOR 42 (2001), 111 (112); *Korošec/Ambrož*, ZStW 118 (2006), 489 (490).

schen und des deutschen Strafrechts auf eine ähnliche Rechtskultur zwischen den beiden Staaten hindeutet.

b) Dimensionen der Kultur nach Hofstede in Slowenien und Deutschland

In der schon erwähnten Studie über die Kulturdimensionen wurde für Slowenien Folgendes festgestellt. Die Machtdistanz hat in Slowenien den Wert 71.[144] Dies bedeutet, dass in Slowenien Hierarchien akzeptiert werden. Deutschland besitzt dabei den Wert 35.[145] In der Dimension Individualismus vs. Kollektivismus hat Slowenien den Wert 27.[146] Das heißt, dass Slowenien eine kollektivistische Gesellschaft darstellt. Hingegen ist Deutschland mit dem Punktwert von 67 eher eine individualistische Gesellschaft. Hier ist noch anzumerken, dass sich die Gesellschaften mit wachsendem Wohlstand mehr in die individualistische Richtung bewegen und hier höchst wahrscheinlich eine kausale Wirkung besteht.[147] Das Bruttoinlandsprodukt in Slowenien ist seit der Unabhängigkeit gestiegen, sodass anzunehmen ist, dass sich dieser Punktwert für Slowenien ebenso erhöht hat. Demgegenüber sind die kulturellen Merkmale fest in der Gesellschaft verankert und über Jahrhunderte entstanden, sodass diese Veränderung nicht besonders groß sein wird.[148] Mit dem Punktwert von 19 ist zudem Slowenien eine feminine Gesellschaft, während Deutschland mit dem Punktwert von 66 maskulin ist.[149] Slowenien hat außerdem einen hohen Punktwert von 88 in der Dimension der Unsicherheitsvermeidung.[150] Deutschland gehört mit dem Wert von 65 zu den Gesellschaften mit einem mittleren Maß der Unsicherheitsvermeidung.[151] Für die Lang- vs. Kurzorientierung gibt es für Slowenien keine Werte, sodass diese Dimension hier nicht berücksichtigt werden kann. Die oben genannten Werte werden – soweit relevant – bei der Erstellung der Hypothesen berücksichtigt.

c) Religionsvorstellungen und Religionsausübung in Slowenien

Rechtskultur bzw. genauer die auf das Recht bezogenen Wertvorstellungen der Gesellschaft haben oft ihre Quelle in der Religion.[152] Die Religion ist ein

---

[144] *G. Hofstede/G. J. Hofstede*, Lokales Denken, S. 56.
[145] *G. Hofstede/G. J. Hofstede*, Lokales Denken, S. 56.
[146] *G. Hofstede/G. J. Hofstede*, Lokales Denken, S. 105.
[147] *G. Hofstede/G. J. Hofstede*, Lokales Denken, S. 151.
[148] *G. Hofstede*, Culture's Consequences, S. 73.
[149] *G. Hofstede/G. J. Hofstede*, Lokales Denken, S. 166.
[150] *G. Hofstede/G. J. Hofstede*, Lokales Denken, S. 234.
[151] *G. Hofstede/G. J. Hofstede*, Lokales Denken, S. 234 f.
[152] *Mankowski*, JZ 64 (2009), 321 (322); *Mankowski*, Rechtskultur, S. 12 m. w. N.

wesentlicher Teil jeder Kultur und hat Auswirkungen nicht nur auf die religiösen Handlungen, sondern auch auf die moralischen Einstellungen der Bevölkerung, Politik usw.[153] Bei der Befragung werden sich daher die allgemeinen Werte der Bevölkerung und somit auch die Religionsvorstellungen in den Ergebnissen widerspiegeln.

Dafür spricht unter anderem, dass in der Forschung zur Deliktschwereeinschätzung ein negativer Zusammenhang zwischen der Religiosität und Haltungen gegenüber der Delinquenz festgestellt wurde.[154] Ähnliche Effekte könnten mithin auch bei der Notwehr festgestellt werden, zumal es bei den Notwehrsituationen auch um unterschiedlich schwere Angriffe geht. Von Interesse dabei ist vor allem, dass Slowenien wie Deutschland in hohem Maße christlich geprägt sind.[155] In Slowenien sind beispielsweise 66,0 % der Bevölkerung Mitglied der katholischen Kirche, 0,4 % gehören der protestantischen Religionsgemeinschaft und 1,8 % der orthodoxen Religionsgemeinschaft an. In Deutschland sind dagegen 22,7 % katholisch, 28,4 % protestantisch und 0,5 % orthodox. Christlich geprägt sind somit in Slowenien 68,2 % und in Deutschland 51,6 %. Die nächste starke Religion in beiden Staaten ist der Islam, dem jedoch in Slowenien nur 1,5 % und in Deutschland 1,3 % der Bevölkerung angehören.[156] Daraus ergibt sich eine stark christlich geprägte Kultur in beiden Ländern.

Für die Werteermittlung ist ebenfalls von Bedeutung, ob die Bürger tatsächlich in die Religionsgemeinschaften integriert sind. Ein guter Indikator dafür ist die Häufigkeit des Kirchgangs.[157] „Kirchenbesuche" sind in Slowenien wie folgt verteilt: 25,9 % gehen einmal im Monat oder häufiger in die Kirche, 38,7 % gehen seltener als einmal im Monat und 34,7 % der Bevölkerung nie.[158] In Deutschland besuchen 15,8 % der Bevölkerung einmal im Monat oder öfters die Kirche, 35,8 % seltener als einmal im Monat und 47,8 % nie.[159]

---

153 *Gerhards*, Kulturelle Unterschiede, S. 57.
154 *Brezing*, Einschätzung, S. 68 f.
155 Nach den Daten der Europäischen Wertestudie, EVS 2008. Die Daten sind erhältlich unter www.gesis.org/en/services/data-analysis/international-survey-programs/european-values-study, zuletzt abgerufen am 08.05.2020.
156 Die Anzahl der Muslime ist mittlerweile in Deutschland auf 5,4 % bzw. 5,7 % gestiegen. Mit einer weiteren Steigerung ist zu rechnen, siehe *Bundesministerium des Innern, für Bau und Heimat*, Islam in Deutschland, abrufbar unter www.bmi.bund.de/DE/themen/gesellschaft-integration/staat-und-religion/islam-in-deutschland/islam-in-deutschland-node.html;jsessionid=C008D837BEF789A789E97E0E64B46BFE.1_cid287, zuletzt abgerufen am 26.06.2021.
157 *Gerhards*, Kulturelle Unterschiede, S. 67.
158 EVS 2008.
159 EVS 2008.

Zusammenfassend kann man feststellen, dass die Bevölkerung in Slowenien und Deutschland überwiegend christlich geprägt ist. Der Kirchengang bzw. die tatsächlich praktizierte Religiosität unterscheidet sich ebenso nicht wesentlich zwischen den beiden Ländern.

V. Einige methodische Fragen in interkulturellen Replikationsstudien

Die empirische Untersuchung hat vorliegend nur in Slowenien stattgefunden. Das Ziel der Untersuchung ist, die Ansichten der slowenischen Bevölkerung mit den Ansichten der deutschen Bevölkerung aus der Dresdner Notwehrstudie zu vergleichen. Aus diesem Grund sind dabei einige methodologische Besonderheiten zu berücksichtigen. Die Befragung in Slowenien ist als Replikationsstudie konzipiert, d.h., dass der schon existierende Fragebogen als Grundlage für den Fragebogen in Slowenien benutzt wird.[160]

Die Definition und die Einteilung von Replikationsstudien sind in der Forschung nicht einheitlich.[161] Üblicherweise lassen sich Replikationsstudien aber in exakte und systematische Replikationsstudien aufteilen.[162] Während die exakte Replikation alle Bedingungen der Originalstudie möglichst gleich zu wiederholen versucht, werden bei den systematischen Replikationen einige Variablen geändert.[163] Vorliegend werden, wie sogleich noch erläutert wird, nicht alle Variablen gleich bleiben (Zeitpunkt der Untersuchung, Untersuchungsobjekt und teilweise Untersuchungsmethode), sodass es sich um eine systematische Replikation handelt.

Die exakten Replikationen haben das Ziel, die gefundenen Ergebnisse bezüglich des Untersuchungsobjektes zu sichern.[164] Bei der hier vorliegenden systematischen Replikation geht es auch darum, neue Erkenntnisse zu gewinnen.[165]

Bei interkulturellen empirischen Studien kann es grundsätzlich zu den gleichen Fehlern kommen wie bei empirischen Studien innerhalb der gleichen Kultur. Einige Fehlerquellen sind jedoch besonders zu berücksichtigen. Mit der Entwicklung der vergleichenden Kulturforschung haben sich die

---

[160] *Bortz/Döring*, Forschungsmethoden, S. 188 f.

[161] Zu den verschiedenen Konzepten der Replikationen vgl. *Schweizer*, Archiv für Psychologie 141 (1989), 85 (87–89).

[162] *Bortz/Döring*, Forschungsmethoden, S. 189.

[163] *Bortz/Döring*, Forschungsmethoden, S. 189 f.

[164] *Bortz/Döring*, Forschungsmethoden, S. 189.

[165] *Bortz/Döring*, Forschungsmethoden, S. 189.

maßgeblich zu beachtenden Einflussfaktoren herausgestellt. Das erste Problem ist die Vergleichbarkeit der jeweiligen Konstrukte.

1. Notwehr als kulturabhängiges oder kulturunabhängiges Konstrukt

Da es bei dieser Arbeit um eine kulturvergleichende Studie geht, ist an dieser Stelle noch kurz die Möglichkeit eines solchen Vergleiches zu erwähnen. In der Soziologie wird einerseits davon ausgegangen, dass bestimmte Konstrukte nur aus der Kultur selbst heraus betrachtet werden können.[166] Andererseits gibt es die Ansicht, dass die Gesetze des menschlichen Handelns universell gelten.[167]

In anderen Wissenschaften haben sich ähnliche Ansätze entwickelt. In der Psychologie haben sich beispielsweise für die interkulturelle Vergleichbarkeit von Konstrukten im Grunde zwei Ansätze herausgebildet, der Etic- und der Emic-Ansatz.[168] Der Etic-Ansatz geht hierbei davon aus, „dass es Universalien menschlicher Handlungen gibt".[169] Nach dem Emic-Ansatz ist es nicht möglich, die Konstrukte einfach zu übertragen und zu messen. Im Gegenteil, es lassen „sich soziales Handeln sowie Einstellungen und Werte von Akteuren nur kulturimmanent beschreiben".[170] Allgemein kann man auch vom kulturimmanenten und kulturübergreifenden Ansatz reden.[171]

Mit der empirischen Untersuchung werden primär die Einstellungen und Werte, aber auch das Handeln der Bevölkerung bezüglich der Notwehr untersucht. Bei der Notwehr handelt es sich um einen strafrechtlichen Begriff, der in dieser oder anderer Form in jeder Rechtsordnung zu finden ist und dem deswegen häufig ein universeller bzw. naturrechtlicher Charakter zugesprochen wird.[172] Sie gilt auch als ein dem Menschen als solches zustehendes Recht. Somit ist die Annahme der Arbeit, dass es sich bei den Notwehreinstellungen um eine „Universalie des menschlichen Handelns" oder ein „universell gültiges Konzept" handelt, sodass diese Studie dem Etic-Ansatz bzw. dem Universalismus zuzuordnen ist. Aus diesem Grund ist es möglich, die

---

[166] *Rippl/Seipel*, Methoden, S. 35.
[167] *Rippl/Seipel*, Methoden, S. 35.
[168] *Berry*, Int. J. Psychol. 4 (1969), 119 (123), der die Begriffe „Emic" und „Etic" aus der linguistischen Wissenschaft nach *Pike* übernommen hat. Im Englischen wird hierbei zwischen „phonemics" und „phonetics" unterschieden, wobei die Phonemik die Sprachlaute in einer Sprache und die Phonetik universelle Sprachlaute untersucht.
[169] *Rippl/Seipel*, Methoden, S. 43.
[170] *Rippl/Seipel*, Methoden, S. 43.
[171] *Rippl/Seipel*, Methoden, S. 52.
[172] Siehe etwa *Kühl*, AT § 7 Rn. 1, siehe auch *Greco*, GA 2018, 665 (677 f.).

Untersuchung mithilfe des gleichen Fragebogens ebenso in Slowenien durchzuführen.

2. Problem der Äquivalenz

Die Äquivalenz oder die Gleichwertigkeit wird in der kulturvergleichenden Forschung als notwendige Voraussetzung der Vergleichbarkeit für jede Studie gesehen und ist deshalb Gegenstand einer lebhaften Diskussion. Dementsprechend haben sich in der Literatur verschiedene Definitionen und Ausdifferenzierungen gebildet.[173] Grob kann man die Äquivalenz auf der theoretischen und praktischen Ebene unterscheiden. Hier wird der Einteilung von *Rippl/Seipel* gefolgt, die zwischen der funktionalen bzw. konzeptuellen Äquivalenz, der prozeduralen bzw. operationellen Äquivalenz und der Durchführungsäquivalenz unterscheiden.[174]

a) Funktionale Äquivalenz

In empirischen Studien wird die Realität nicht unmittelbar, sondern erst mittelbar durch die Spezifizierung des Konstruktes anhand von Indikatoren für dieses Konstrukt gemessen.[175]

Ausgangspunkt jeder empirischen interkulturellen Studie ist, dass die zu messenden Konzepte des jeweiligen Landes äquivalent sind, d.h.: „Sinnvoll kann in jedem Fall nur dann verglichen werden, wenn in den unterschiedlichen Ländern dieselbe zugrundeliegende Dimension erfasst wird."[176] Dabei ist die notwendige Voraussetzung für die Vergleichbarkeit die funktionale Äquivalenz der Konzepte, d.h. die Konzepte müssen in beiden Kulturen die gleiche Funktion haben.[177] Zudem sollten einzelne Dimensionen des Konzeptes ebenso ähnlich funktionieren und die gleiche Relevanz für die Vergleichbarkeit haben.[178] Daraus ergibt sich, dass nicht völlige Gleichheit verlangt wird, sondern die Sachverhalte in dem jeweiligen kulturellen Kontext müssen generell zu den gleichen Effekten führen.[179]

Das Notwehrrecht in Deutschland und Slowenien ist weitgehend ähnlich im Gesetz verankert und beruht, wie oben erläutert wurde, dogmatisch auf

---

[173] Dazu mehr bei *Rippl/Seipel*, Methoden, S. 67 f.
[174] *Rippl/Seipel*, Methoden, S. 67–75.
[175] Vgl. *Schnell/Hill/Esser*, Methoden der empirischen Sozialforschung, S. 128 f.
[176] *Braun*, Funktionale Äquivalenz, S. 17 f.
[177] *Rippl/Seipel*, Methoden, S. 69.
[178] *Bachleitner*, Methodik, S. 69.
[179] *Bachleitner*, Methodik, S. 41.

ähnlichen Fundamenten. Überdies unterliegt das Notwehrrecht ähnlichen Grundlinien in beiden Rechtsordnungen und wird im Ansatz in ähnlichen Fallgruppen eingeschränkt.[180] Am deutlichsten sind vor allem die Unterschiede bezüglich der Reichweite der Sachnotwehr bemerkbar. Aus diesem Grund kann man sowohl in Deutschland als auch in Slowenien der Notwehr eine vergleichbare Funktion zuschreiben. Überdies gibt es prima facie keine Anhaltspunkte dafür, dass die slowenische Bevölkerung der Notwehr bzw. den Notwehrsituationen eine andere Funktion als die deutsche Bevölkerung beimessen würde. Folglich kann man von einer konzeptuellen bzw. funktionalen Äquivalenz der Notwehr in beiden Kulturen ausgehen.

b) Prozedurale Äquivalenz

Die prozedurale Äquivalenz bedeutet, dass die Art und Weise der Messung gleichwertig sein sollte. Dies setzt die Gleichwertigkeit von Indikatoren voraus, das heißt, „das jeweilige Item sollte in jeder Kultur in gleicher Weise verstanden werden und die gleiche Relevanz für das zu messende Konstrukt aufweisen".[181] Probleme können dabei auf verschiedenen Ebenen entstehen, zum Beispiel kann es schon auf der Theorieebene zu Problemen kommen oder die Übersetzung kann schwierig sein, weil die Begriffe unterschiedliche Assoziationen bei den Befragten erwecken können.[182] Für die Vergleichbarkeit von Items war entscheidend, dass bei der Erstellung des Originalfragebogens in den meisten Fällen die Facettentheorie angewendet wurde, sodass die relevanten Dimensionen bei den einzelnen Items leicht zu erkennen waren.[183]

Von zentraler Bedeutung für die Übernahme des Fragebogens ist seine Übersetzung. Bei der Übersetzung des Fragebogens muss man gewährleisten, dass die Items in ihrer semantischen Bedeutung von den Befragten in beiden Ländern so weit wie möglich gleich verstanden werden, um damit Verzerrungen bei einzelnen Fragen zu vermeiden.[184] Einfluss auf das Verstehen und die Beantwortung der Fragen kann u. a. der jeweilige kulturelle Kontext haben. Hierbei muss bei der Übersetzung berücksichtigt werden, wie einzelne Fragen in einem bestimmten kulturellen Kontext verstanden werden.[185] Die grundsätzlichen Anforderungen an die Übersetzung sind, dass diese korrekt

---

[180] Siehe oben Teil 2 C. und Teil 3 A. II.
[181] *Rippl/Seipel*, Methoden, S. 74.
[182] *Rippl/Seipel*, Methoden, S. 74, mit Beispielen.
[183] Auf diesen Vorteil der facettentheoretischen Vorgehensweise wurde schon hingewiesen. Siehe *Häder/Klein*, ZUMA-Nachrichten 50 (2002), 86 (94).
[184] *Bachleitner*, Methodik, S 69.
[185] *Rippl/Seipel*, Methoden, S. 104.

und vollständig ist, der Fragebogen in gleicher Weise funktioniert, die Sprache klar und eindeutig ist usw.[186]

Für die Übersetzung der Fragebögen kommen verschiedene Verfahren infrage, auf die kurz einzugehen ist.

Bei der „back translation" wird der Fragenbogen zuerst in die Zielsprache übersetzt, anschließend wird er in die Quellsprache zurückübersetzt.[187] Danach wird der Ausgangsfragebogen mit dem rückübersetzten Fragenbogen verglichen. Dabei sollen sich durch die Rückübersetzung die Unterschiede bei der jeweiligen Version zeigen, die im Anschluss verbessert werden können. Hinterher kann das Verfahren nochmals wiederholt werden. Diese Methode wird oft deshalb kritisiert, weil sich selbst gelungene Rückübersetzungen oft als problematisch erweisen.[188]

Als derzeit bestmögliche Methode der Fragebogenübersetzung in den Sozialwissenschaften gilt die Methode TRAPD oder der „Team-Ansatz".[189] TRAPD ist ein Akronym und besteht im Idealfall aus den folgenden Schritten:

- „T" (Translation): zuerst sollte man zwei unabhängige Übersetzungen durchführen;

- „R" (Review): die Übersetzungen sollten danach zwischen den beiden Übersetzern und einer dritten Person diskutiert werden;

- „A" (Adjucation): die noch bestehenden Unklarheiten werden mit einem Umfrageexperten („Adjudicator") geklärt;

- „P" (Pretest): der Fragebogen wird an einer kleinen Stichprobe getestet;

- „D" (Dokumentation): der gesamte Prozess soll dokumentiert werden.[190]

Durch die Beteiligung verschiedener Personen am Prozess und das Durchlaufen mehrerer Schritte wird das Risiko der persönlichen Prägung der Fragen durch eine Person vermieden.[191] Ferner werden die Risiken der fehlerhaften Übersetzung minimiert.[192] Aufgrund der Vorteile dieser Methode

---

186 *Behr/Braun/Dorer*, Messinstrumente in internationalen Studien, S. 7.

187 *Behr/Braun/Dorer*, Messinstrumente in internationalen Studien, S. 8.

188 Siehe dazu beispielsweise *Harkness*, in: Harkness/van de Vijver/Mohler (Hrsg.), Cross-cultural survey methods, 35 (42); auch *Behr/Braun/Dorer*, Messinstrumente in internationalen Studien, S. 8.

189 *Behr/Braun/Dorer*, Messinstrumente in internationalen Studien, S. 7.

190 *Behr/Braun/Dorer*, Messinstrumente in internationalen Studien, S. 8; *Harkness*, in: Harkness/van de Vijver/Mohler (Hrsg.), Cross-cultural survey methods, 35 (38); *Bachleitner*, Methodik, S. 102.

191 *Behr/Braun/Dorer*, Messinstrumente in internationalen Studien, S. 7.

192 *Behr/Braun/Dorer*, Messinstrumente in internationalen Studien, S. 7.

wird in dieser Arbeit die TRAPD-Vorgehensweise als Grundlage der Übersetzung des Fragebogens aus der deutschen in die slowenische Sprache dienen.

c) Durchführungsäquivalenz

Ein weiterer Aspekt der Äquivalenz ist die Durchführungsäquivalenz, die
sich auf verschiedene Störfaktoren bei der Datenerhebung bezieht. Damit die
Vergleichbarkeit bzw. Äquivalenz der Untersuchungen in höchstem Maße
erreicht wird, ist es notwendig, die Störfaktoren, die das Ergebnis auf dieser
Ebene verzerren können, zu berücksichtigen und zu minimieren.

Erstens ist es an dieser Stelle wichtig zu erwähnen, dass die Äquivalenz,
vor allem die Durchführungsäquivalenz, nicht das oberste Ziel des Vergleiches ist.[193] Demzufolge ist es nicht notwendig, dass die Datenerhebung
vollkommen identisch erfolgt. Dies gilt vor allem für den Befragungsmodus.
Die Gründe sind öfters vor allem pragmatisch, etwa die Tatsache, dass eine
Erhebungsmethode in einem anderen Land nicht so gut funktioniert oder die
Begrenzung von finanziellen Ressourcen oder aufgrund von rechtlichen Einschränkungen.[194] Es ist zudem wichtig, dass diese Studie zwar die Vergleichbarkeit anstrebt, aber keine klassische interkulturell vergleichbare Studie darstellt, weil die Datenerhebung nicht gleichzeitig wie in der Dresdner
Notwehrstudie erfolgt. Deshalb kann die vollkommene Durchführungsäquivalenz zum Beispiel beim Zeitpunkt der Datenerhebung gar nicht erreicht
werden.

Für die Durchführungsäquivalenz ist förderlich, wenn die Stichprobenziehung in ähnlicher Art und Weise erfolgt.[195] Wichtig ist zudem, dass man die
häufigsten Fehler bezüglich der Stichprobenziehung vermeidet. Bei der
Stichprobenziehung besteht die Gefahr von folgenden Fehlern: Stichproben-
fehler („sampling error"), Abdeckungsfehler („coverage error") und Non-
Response-Fehler („non-response-error").[196]

Beim „sampling error" handelt es sich um die Art, wie die Stichprobe im
jeweiligen Land gezogen wurde.[197] Zu einem Fehler kann es dabei zum
Beispiel kommen, wenn in einem Land die Stichprobe auf eine nicht vergleichbare Weise mit dem anderen Land gezogen wurde.[198] Ein „coverage

---

193 *Bachleitner*, Methodik, S. 85.
194 *Bachleitner*, Methodik, S. 86, 95.
195 *Rippl/Seipel*, Methoden, S. 83.
196 *Bortz/Döring*, Forschungsmethoden, S. 383–385.
197 *Rippl/Seipel*, Methoden, S 75.
198 *Rippl/Seipel*, Methoden, S. 75 f.

error" entsteht, „wenn nicht alle Einheiten der zu untersuchenden Population eine von Null verschiedene Wahrscheinlichkeit haben, in die Stichprobe zu gelangen".[199] Zum „non-response-error" kommt es, wenn Teile der Grundgesamtheit in der Untersuchung nicht erreicht werden können oder die Beantwortung des Fragebogens im Ganzen („Unit-Non-Response") oder zum Teil („Item-Non-Response") ablehnen.[200] Dies wirkt sich bei den Ergebnissen aus, wenn ein systematisches Non-Response vorliegt, d. h. wenn beispielsweise eine bestimmte soziale Gruppe bei der Stichprobe gänzlich wegfällt.[201] Bei der Notwehr handelt es sich jedoch nicht um ein solch kontroverses Thema, bei dem man erwarten müsste, dass bestimmte soziale Gruppen in Slowenien überhaupt nicht antworten werden. Nichtsdestotrotz kann Non-Response zwar nicht ganz vermieden werden, es sollte aber versucht werden, sie zu minimieren.[202]

Von entscheidender Bedeutung für die kulturvergleichenden Untersuchungen ist darüber hinaus, dass die Stichprobe repräsentativ ist, d. h., dass die Stichprobe nach dem „Prinzip der Zufallsauswahl" gezogen worden ist oder die Repräsentativität auf andere Weise gewährleistet wurde.[203]

Die Vergleichbarkeit kann ferner durch Störfaktoren beim Messen beeinträchtigt werden. Störfaktoren können die Antworten auf verschiedenen Ebenen verzerren. Dies kann auf der Ebene der Messinstrumente, der Interviewer und der Befragten passieren.

Auf der Ebene der Befragten sind vor allem die soziale Erwünschtheit der Antworten und die Zustimmungstendenz zu beachten. Bei der sozialen Erwünschtheit handelt es sich um die Frage, inwieweit die Befragten ihre Antworten an ihre soziale Umgebung anpassen.[204] Dies kann insbesondere bei interkulturellen Studien zu Antwortverzerrungen führen, da in den verschiedenen Kulturen die Tendenz, sozial erwünscht zu antworten, unterschiedlich ausgeprägt ist.[205] Neben der Kultur beeinflusst ebenfalls der Inhalt des Fragebogens die Verzerrung der Antworten durch sozial erwünschtes Antworten.[206] Diesbezüglich ist interessant, dass in der Forschung davon ausgegangen wird, dass in kollektivistisch ausgeprägten Ländern eine erhöhte Neigung

---

[199] *Braun*, Funktionale Äquivalenz, S. 19.
[200] *Schnell/Hill/E. Esser*, Methoden, S. 279 f.
[201] *Rippl/Seipel*, Methoden, S. 90.
[202] *Bachleitner*, Methodik, S. 125.
[203] Dazu *Schnell/Hill/E. Esser*, Methoden, S. 278 f.
[204] *Bachleitner*, Methodik, S. 68.
[205] *Johnson/van de Vijver*, in: Harkness/van de Vijver/Mohler (Hrsg.), Cross-Cultural Survey Methods, 195 (203 f.).
[206] *Rippl/Seipel*, Methoden, S. 111.

zur sozialen Erwünschtheit besteht.[207] Dies liege daran, dass die Menschen in kollektivistischen Ländern besser erkennen, was sozial erwünscht ist und sich dementsprechend – aufgrund des größeren Bedarfs an sozialer Anerkennung und Konformität – anpassen.[208] Zur sozialen Erwünschtheit ist noch anzumerken, dass der Befragungsmodus ebenso einen großen Einfluss darauf hat.[209] In diesem Sinne hat die mündliche oder telefonische Befragung mehr Auswirkung als eine schriftliche oder Online-Befragung, da bei den zuletzt genannten Befragungsmodi der Interviewer nicht anwesend ist.[210]

Die Zustimmungstendenz bedeutet eine (schematisch) positive Antwort der Befragten auf die Frage ungeachtet von deren Inhalt.[211] Als Erklärung wird zum einen die niedrige „Ich-Stärke" der Befragten und zum anderen die erlernte Behauptungsstrategie von im Alltag unterprivilegierten Personen herangezogen.[212] Auch für die Zustimmungstendenz haben verschiedene Studien gezeigt, dass diese teilweise kulturabhängig ist.[213]

Auf der Ebene der Interviewer kann es ebenso zu Verzerrungen kommen, diese werden hier jedoch vermieden, weil die Befragung online durchgeführt wurde.

VI. Untersuchungsleitende Fragestellung und Hypothesen

Aufgrund der bisherigen theoretischen Ausführungen und der Forschungsfrage werden im Folgenden die zu prüfenden Hypothesen entwickelt. Die untersuchungsleitende Frage lautet, wie weit sich die Ansicht der Bevölkerung über verschiedene Notwehrsituationen in Deutschland und in Slowenien unterscheidet. Die Hauptannahme der Arbeit hierzu ist, dass die slowenische Bevölkerung Notwehrsituationen sehr ähnlich beurteilen wird wie die deutsche. Daraus ergibt sich bereits die folgende Hypothese.

Hypothese 1:

Die Ansichten über die Notwehr der slowenischen Bevölkerung stimmen überwiegend mit denen der deutschen Bevölkerung überein.

Begründung: Die Dresdner Studie ist zu dem Ergebnis gekommen, dass die Bevölkerung die Notwehrsituationen unabhängig von der Rechtsprechung

---

[207] *Braun*, Funktionale Äquivalenz, S. 22; *Rippl/Seipel*, Methoden, S. 111 m. w. N.

[208] *Braun*, Funktionale Äquivalenz, S. 22 m. w. N.; *Rippl/Seipel*, Methoden, S. 111 m. w. N.

[209] Siehe dazu *Braun*, Funktionale Äquivalenz, S. 22.

[210] Siehe *Braun*, Funktionale Äquivalenz, S. 22; siehe dazu auch Teil 4 C. II.

[211] *Schnell/Hill/E. Esser*, Methoden, S. 323.

[212] *Schnell/Hill/E. Esser*, Methoden, S. 323 m. w. N.

[213] *Rippl/Seipel*, Methoden, S. 113.

beurteilt und die Beurteilung der Notwehr nicht durch die Rechtslage, sondern durch andere Kriterien beeinflusst wird.

Die Wertvorstellungen, die sich in der Verfassung und dem Strafgesetzbuch niederschlagen, sind in Slowenien und Deutschland sehr ähnlich, da einerseits Slowenien das deutsche materielle Strafrecht in großem Maße rezipiert hat. Andererseits sind die Religiosität und die Häufigkeit des Kirchengangs in Deutschland und Slowenien vergleichbar.[214] Die deutschen und die slowenischen Dimensionen der Kultur unterscheiden sich nach dem Modell von *Hofstede* zwar, die meisten sind aber nicht unmittelbar für die Notwehreinstellungen maßgeblich. Beispielsweise wird die Machtdistanz keine Auswirkungen auf die Notwehrbeurteilung haben. Die Frage Feminität vs. Maskulinität spielt keine unmittelbare Rolle, da es bei den Items nicht um Geschlechterrollen geht. Möglich ist aber, dass die slowenische Bevölkerung die Fälle mit den männlichen Verteidigern seltener als gerechtfertigt angesehen werden, weil die Geschlechterrollen in einer femininen Gesellschaft laut *Hofstede* nicht klar definiert sind. Die deutsche Bevölkerung als maskuline Gesellschaft müsste demgegenüber die Notwehrfälle, in denen sich Männer verteidigen, öfter als gerechtfertigt einstufen. Dies könnte unter Umständen Auswirkungen auf die Bewertung der Fälle haben. Die Tendenz der Antworten wird m. E. dadurch aber nicht entscheidend beeinträchtigt. Auswirkungen könnte zudem die Dimension Individualismus vs. Kollektivismus haben. In der Tat ist Slowenien nach *Hofstede* stärker kollektivistisch geprägt, allerdings ist das slowenische Bruttonationalprodukt gestiegen. Dies führte wahrscheinlich dazu, dass Slowenien mittlerweile individualistischer ist. Nichtsdestotrotz wird bei der nächsten Hypothese die stärkere kollektive Prägung beachtet. Hier ist noch anzumerken, dass im Vergleich zwischen West- und Ostdeutschland keine wesentlichen Unterschiede bei den Notwehrvorstellungen gefunden wurden.[215] Slowenien war bis 1991 ein Teil von Jugoslawien und hatte bis zur Unabhängigkeit ähnlich wie Ostdeutschland ein kommunistisches Regime. Daraus folgt, dass diese Umstände vermutlich keinen größeren Einfluss auf die Ergebnisse haben werden.

Aus diesen Gründen bleibt es bei der Gesamtannahme, dass die slowenische Bevölkerung die Notwehr im Grunde nicht wesentlich anders als die deutsche Bevölkerung beurteilen wird. Diese Annahme wird mithilfe aller Fragen überprüft.

---

[214] Siehe oben Teil 4 B. IV. 3. c).

[215] *Kilian*, Notwehrstudie, S. 91.

Hypothese 2:

Die slowenische Bevölkerung wird die überindividuellen Interessen bzw. das Rechtsbewährungsprinzip der Notwehr mehr betonen.

Begründung: Slowenien hat in dem kulturellen Rahmenmodell von *Hofstede* den Punktwert von 27 erreicht.[216] Im Vergleich dazu hat Deutschland den Punktwert von 67 erzielt. Slowenien ist demnach eine kollektivistische Gesellschaft. Das bedeutet, dass sich die Bevölkerung in ihrem Selbstbild mehr mit „Wir" als mit „Ich" identifiziert und somit der Gruppe eine höhere Bedeutung als dem Einzelnen beimisst. Zudem sind die Einzelnen in größeren Familien oder Gruppen organisiert, die sich helfen und durch Loyalität geprägt sind. Somit hat der Gemeinnutzen eine größere Bedeutung in Slowenien. Übertragen auf das Notwehrrecht liegt es deshalb nahe, dass die überindividuellen Interessen eine größere Rolle spielen werden. Daher sollte die Rechtsbewährung bei den Antworten mehr zum Ausdruck kommen.

Diese Hypothese wird hauptsächlich mithilfe des Falles in der Frage q19 überprüft. Der Sachverhalt wurde dem Fall Goetz aus den USA entnommen.[217]

Hypothese 3:

Die Notwehrsituationen werden anhand einer Güterabwägung beurteilt. Je höherrangig das angegriffene Rechtsgut ist, desto eher wird die Handlung als gerechtfertigt beurteilt.

Begründung: Die Dresdner Notwehrstudie ist zu dem Ergebnis gekommen, dass die Bevölkerung bei der Notwehreinschätzung den Rang der betroffenen Rechtsgüter automatisch miteinbezieht. In Litauen wurden die Notwehrsituationen, außer bei einem Angriff auf ein immaterielles Rechtsgut, unabhängig von den Folgen und der Stärke von einzelnen Akteuren positiv, d. h. als gerechtfertigt, bewertet.[218] Die Autorin führt dieses Ergebnis auf mangelnde demokratische Erfahrung und mangelnde Stabilität des Rechtssystems in Litauen zurück. In Slowenien sind die Demokratieerfahrung und die Stabilität des Rechtssystems mit dem litauischen vergleichbar. Seit der litauischen Studie im Jahr 2004 ist allerdings mehr Zeit vergangen und das Rechtsbewusstsein dürfte sich in Slowenien geändert haben. Zudem weist aufgrund der bei Hypothese 1 ausgeführten Umstände in Slowenien die Rechtskultur ähnliche Züge wie die deutsche Rechtskultur auf, sodass eine Orientierung der slowenischen Bevölkerung an dem Rechtsgüterprinzip eher zu erwarten

---

216 Siehe zum Rahmenmodell und den Werten für Slowenien und Deutschland oben Teil 4 B. IV. 1. und 3. b)

217 Zum Fall *Fletcher*, Notwehr als Verbrechen; siehe auch unten Teil 8 A.

218 *Nazaroviene*, Legal culture in post-soviet Lithuanian society: socio-cultural analysis of self-defence, S. 18; siehe hierzu auch Teil 4 B. III. 2.

wäre. Deswegen wird die Güterabwägung in Slowenien ebenso wie in Deutschland ein maßgebliches Kriterium für die Beurteilung der Notwehr sein.

Zur Überprüfung werden vor allem die Fragen q4 („Scheunenfall"), q6 und q6 a („Wohnungsfall") und q10 („Ferienhausfall") dienen.[219]

Hypothese 4:

Je stärker der Angreifer bzw. der Angriff ist, desto häufiger wird die Notwehrsituation durch die Bevölkerung als gerechtfertigt angesehen. Je schwächer er ist, desto seltener wird die Notwehr bejaht.

Begründung: Nach der Dresdner Studie spielt die physische Stärke des Angreifers oder des Verteidigers bei der Beurteilung der Notwehr eine maßgebliche Rolle. Die litauische Bevölkerung beurteilt die Notwehrsituationen unabhängig von der Stärkerelation zwischen dem Angriff und der Verteidigung.[220] In Slowenien sollte mangels erheblicher Kulturunterschiede das Ergebnis ähnlich wie in Deutschland sein. Dies gilt trotz der nicht besonders lange zurückliegenden Erfahrungen mit dem kommunistischen Regime. Die Befragten unterscheiden zudem nicht akribisch zwischen der Stärke des Angriffs und dem Rang der Rechtsgüter, sodass das Ergebnis ähnlich sein wird wie bei der Hypothese 3.

Zur Überprüfung dienen – so wie bei der Dresdner Notwehrstudie – der „Fahrraddiebfall" und der „Boxerfall". Zusätzlich werden die Fragen q6 bis q7 a, q9 bis q9 a und q12 bis q12 a der Überprüfung maßgeblich sein.[221]

Hypothese 5:

Die Fallgruppen der Einschränkungen der Notwehr wird die slowenische Bevölkerung überwiegend bestätigen.

Begründung: In der Dresdner Studie wurden die Einschränkungen der Notwehr durch die Bevölkerung überwiegend bestätigt. Die slowenische Rechtsprechung und Lehre bestimmen die Grundzüge der Notwehr ähnlich. Ebenso wird bei den Einschränkungen der Notwehr ähnlich verfahren, in den meisten Fällen werden die Grenzen der Verteidigung jedoch enger gezogen.[222] Die Vermutung ist jedoch, dass die Bevölkerung keine genauen Vorstellungen hat, wie die Rechtslage bzgl. der Notwehr in Slowenien ist und deshalb diese Einschränkungen aufgrund aller relevanten Umstände des

---

[219] Siehe dazu auch *Kilian*, Notwehrstudie, S. 40 f.; *Amelung/Kilian*, in: FS Schreiber, 3 (5 f.); auch unten Teil 8 A.

[220] *Nazaroviene*, Legal culture in post-soviet Lithuanian society: socio-cultural analysis of self-defence, S. 18; siehe auch Teil 4 B. III. 2.

[221] Siehe Teil 8 A.

[222] Siehe dazu Teil 3 A.

Einzelfalls vornimmt (die Stärke des Angriffs, die Bedeutung der Rechtsgüter usw.). Da bei den Grenzen der Notwehr in Slowenien diese Umstände in verschiedenem Maße gewichtet werden und sie auch im Rahmen der Proportionalitätsprüfung beachtet werden, wird auch die Mehrheit der Bevölkerung zu den gleichen Ergebnissen kommen. Die Überprüfung der Hypothese erfolgt aufgrund der Fragen q13 bis q18 a.[223]

Hypothese 6:

Die Personen, die mit Notwehr oder Nothilfe schon Erfahrungen gemacht haben, werden die Grenzen der Notwehr weiter bestimmen.

Begründung: In der Dresdner Studie hat sich erwiesen, dass ein deutlicher Zusammenhang zwischen der eigenen Notwehrerfahrung und der subjektiven Bewertung der Notwehr besteht.[224] Die Personen, die schon Erfahrung mit der Notwehr hatten, ziehen die Grenzen der Notwehr weiter. Dies könnte daran liegen, dass man sein eigenes Verhalten rationalisiert oder durch das Erleben der Situation als Opfer ein anderes Verständnis von der Situation hat. Die realen Erfahrungen einer Person bei der Notwehr sind subjektiv für die einzelnen Personen unabhängig von der Nationalität ähnlich, sodass anzunehmen ist, dass die Notwehrerfahrungen der in Slowenien betroffenen Personen die gleiche Wirkung haben werden und zwischen den subjektiven Notwehrerfahrungen und den bewerteten Grenzen der Notwehr ein Zusammenhang unabhängig von der Norm und der Rechtskultur besteht. Daher wäre es interessant, dieses Ergebnis zu überprüfen und eventuell abzusichern. Zur Überprüfung werden die Notwehr- und Nothilfeerfahrungen der Bürger im Zusammenhang mit der generellen Zustimmung zur Rechtfertigung dienen.

C. Methodenwahl

I. Forschungsdesign

Mit der Befragung, die mithilfe eines Online-Fragebogens durchgeführt wurde, wurde das Unternehmen Mediana d.o.o. beauftragt. Die Grundgesamtheit sind alle Personen, die in der Republik Slowenien in Privathaushalten wohnen und zum Zeitpunkt der Befragung volljährig waren. Die Stichprobe umfasst insgesamt 755 Personen und wurde aus dem Access-Panel[225] von Mediana d.o.o. gezogen, das fast 8.000 Leute umfasst. Sie ist gewichtet und nach Geschlecht, Alter und Region für Slowenien repräsentativ. Die Er-

---

223 Siehe Teil 8 A.
224 *Kilian*, Notwehrstudie, S. 87.
225 Zum Online-Access-Panel siehe *Gräf*, Online-Befragung, S. 24–27.

hebung dauerte zwei Tage: vom 6. bis 7. Dezember 2017. Die Daten wurden mithilfe des Programmes SPSS statistisch ausgewertet.

II. Auswahl des Erhebungsinstrumentes

Beim Erhebungsinstrument handelt es sich um eine nicht zu vernachlässigende Frage, vor allem in Bezug zur Vergleichbarkeit der Ergebnisse.[226] Vorliegend kam eine telefonische, eine schriftliche oder eine Online-Befragung infrage. Die Entscheidung ist auf die Online-Befragung (auch CAWI: „computer-assisted web interview")[227] gefallen. Ausschlaggebend waren die Vorteile dieser Befragung. Der erste große Vorteil der Online-Befragungen – was zu immer größerer Beliebtheit der Online-Forschung führt – ist, dass sie kostengünstig sind und schnell durchgeführt werden können.[228]

Manchmal wird bei den Online-Befragungen bemängelt, dass sie wegen der Verbreitung des Internets nicht repräsentativ seien.[229] Hier ist jedoch die Online-Befragung gerade deswegen vertretbar, weil 71 % der Haushalte in Slowenien einen Internetanschluss besitzen.[230] Der Festnetzanschluss ist mit einem Wert von 72 % ungefähr gleich verbreitet.[231] Man muss darüber hinaus beachten, dass viele Personen nur mobile Telefonie benutzen und per Festnetz gar nicht erreichbar sind, selbst wenn ihr Haushalt über einen Festnetzanschluss verfügt. Als mögliche Fehlerquelle kommt ferner die Überrepräsentativität der gebildeten, jüngeren und berufstätigen Menschen, die das Internet nutzen, in Betracht.[232] Diese Fehlerquelle wurde durch Gewichtung eingegrenzt, sie kann aber nicht vollkommen ausgeschlossen werden. Man kann allerdings davon ausgehen, dass die Unterschiede vernachlässigbar sind, denn bei nicht internetspezifischen Themen wurde mehrmals die Vergleichbarkeit der Ergebnisse festgestellt.[233] Vorliegend ist die Stichprobe nach Gewichtung nach Geschlecht, Alter und Region repräsentativ.

---

[226] Siehe oben Teil 4 B. V. 2. c).

[227] *Bortz/Döring*, Forschungsmethoden, S. 414–416.

[228] *Gräf*, Online-Befragung, S. 11; *Schnell/Hill/E. Esser*, Methoden, S. 343.

[229] *Bortz/Döring*, Forschungsmethoden, S. 415; *Maurer/Jandura*, in: Jackob/ Schoen/Zerback (Hrsg.), Sozialforschung im Internet, 61 (64 f.). Gegen die Anwendung in interkultureller Forschung *Bachleitner*, Methodik, S. 93, der die Anwendung jedoch aufgrund der mangelnden Infrastruktur in schlechter entwickelten Ländern ablehnt.

[230] *Europäische Kommission*, Spezial Europabarometer 438, S. 55.

[231] *Europäische Kommission*, Spezial Europabarometer 438, S. 46.

[232] *Gräf*, Online-Befragung, S. 31 f.

[233] *Gräf*, Online-Befragung, S. 34 mit Angaben der relevanten Studien.

Abschließend ist bei der Online-Befragung noch vorteilhaft, dass keine Interviewer-Effekte bestehen und die Befragten deshalb weniger geneigt sind, sozial erwünscht zu antworten. Die Nichtanwesenheit des Interviewers hat jedoch zur Folge, dass die Situation nicht kontrolliert werden kann. Insgesamt geht man von geringeren Effekten der Befragungsmethode aus.[234]

III. Instrumentenentwicklung

In kulturvergleichender Forschung kommt es grundsätzlich in Betracht, das Erhebungsinstrument neu zu entwickeln oder zu übernehmen. Bei der vorliegenden Untersuchung wird der Fragebogen der Dresdner Studie zum größeren Teil übernommen. Für die Übernahme sprechen verschiedene Gründe wie beispielsweise die schon geprüfte Funktionsfähigkeit des Fragebogens, zeitliche und finanzielle Vorteile und darüber hinaus die Möglichkeit zur Prüfung der Äquivalenz der Studie in jeder Hinsicht.[235] Selbstverständlich geschieht die Übernahme nicht blindlings, sondern nach dem dafür besonders entwickelten Verfahren. Die Grundlage zur Überprüfung von Variablen in der Dresdner Notwehrstudie war die Facettentheorie. Das hat sich bei der Operationalisierung der Items als sehr hilfreich erwiesen, weil man dadurch bei der Übersetzung des Fragebogens gewusst hat, worauf es ankommt.

Für die Übersetzung wurde möglichst in weitem Maße der TRAPD-Methode gefolgt. Zuerst haben der Verfasser und ein slowenisches Übersetzungsbüro den Fragebogen unabhängig voneinander übersetzt. Es hat sich gezeigt, dass sich die beiden Übersetzungen nicht wesentlich unterscheiden. Anschließend wurde der Fragebogen noch von einer Befragungsexpertin von Mediana d.o.o. durchgesehen, um eventuelle Unklarheiten zu beseitigen. Am Ende wurde noch ein Pretest durchgeführt, nach dem ebenso keine wesentlichen Änderungen erforderlich waren, der jedoch wichtige Einblicke in das unterschiedliche Verständnis der Fragen durch Testpersonen gewährt hat. Die Beschreibung des Pretests folgt im nächsten Kapitel.

Anzumerken ist noch, dass die Demografie der Befragten im Access-Panel schon enthalten ist, sodass der Fragebogen nur die Fragen enthält, die nicht verfügbar waren wie zum Beispiel zur Religion, zu Parteien usw. Diese Fragen wurden selbstverständlich an die slowenischen Gegebenheiten angepasst. Der benutzte Fragebogen befindet sich im Anhang.[236]

---

234 *Bortz/Döring*, Forschungsmethoden, S. 416.
235 *Rippl/Seipel*, Methoden, S. 100.
236 Siehe Teil 8 B.

IV. Pretest

Vor der Datenerhebung wurde ein Pretest durchgeführt. Da der Original-fragebogen aus der Dresdner Notwehrstudie schon umfassend geprüft wurde und die Replikationsstudie hinsichtlich der Umänderung relativ beschränkt ist, wurde hier vor allem berücksichtigt, ob die Übersetzung der Fragen verständlich war und die Facetten des Falles richtig verstanden wurden. Für den Pretest diente als Vorbild die Konzeption des Pretests in der deutschen Studie, vor allem bezüglich des kognitiven Pretests.[237] Der Standardpretest war nicht erforderlich, da die Befragten in einem Panel sind und mehrmals an den Befragungen teilnehmen, sodass sie mit dieser Art der Befragung vertraut sind. Zudem wurde der kognitive Pretest mit dem schon programmierten Online-Fragebogen durchgeführt, sodass bei diesem Test auch die Technik des Online-Befragens getestet wurde.

Zum Zweck des Pretests wurden fünf 30 bis 45 Minuten lange Interviews durchgeführt. Dabei wurde bei den Items q1 bis q19 den Befragten die Frage zuerst am Computer zum Vorlesen und Beantworten gegeben. Danach wurde nach eventuellen Unklarheiten bzw. Bemerkungen gefragt. Anschließend haben die Testpersonen die Frage mit eigenen Worten wiedergegeben. Wenn die für den Fall wichtigen Facetten bzw. relevante Umstände nicht erkannt wurden, wurde noch einmal gezielt nachgefragt. Am Ende wurde noch allgemein nach Anmerkungen gefragt.

Die Ergebnisse des Pretests haben ergeben, dass die Facetten bei den einzelnen Items durchaus gesehen wurden. Interessant ist allerdings, dass darüber hinaus den Fällen manchmal etwas hinzugefügt wurde, die Möglichkeiten des Angegriffenen unterschiedlich bewertet wurden und oft der Zweck der Verteidigung bzw. der Vorsatz des Verteidigers thematisiert wurden. Daraus kann man den Schluss ziehen, dass es zur größeren Klarheit besser wäre, bei möglichen Folgeuntersuchungen den von Verteidiger und Angreifer verfolgten Zweck hinzuzufügen. Das würde auf der anderen Seite allerdings den Fragebogen zu sehr verlängern, sodass man dann eventuell einige Fragen streichen müsste.

Bei den Items q21 bis q21 o geht es um eine Skalenfrage, sodass dieser Teil den Testpersonen nur zum Beantworten mit der Frage gegeben wurde, ob etwas unklar ist. Dabei haben sich keine Probleme gezeigt.

---

[237] *Kilian*, Notwehrstudie, S. 64 f.; siehe auch *Hartmann*, ZUMA-Nachrichten 51 (2002), 94 (96 f.)

D. Ergebnisse der eigenen Studie

I. Überprüfung der Forschungshypothesen

1. Generelle Übereinstimmung der Ansichten der slowenischen und deutschen Bevölkerung – Hypothese 1

Aufgrund von einzelnen Merkmalen der slowenischen und der deutschen Kultur wird vermutet, dass die Fälle in den Fragen q1 bis q19 ähnlich beurteilt werden. Die Übereinstimmung zwischen den Bevölkerungsansichten in beiden Ländern liegt vor, wenn die Mehrheit der Befragten in beiden Ländern den gleichen Fall tendenziell gleich beurteilt, d. h. wenn die Mehrheit der Befragten gleich antwortet. In der folgenden Tabelle 1 finden sich die Ergebnisse zu den einzelnen Fällen.

Tabelle 1

Vergleichbarkeit der Beurteilung der Fälle durch die Bevölkerung als gerechtfertigt oder nichtgerechtfertigt in Slowenien und Deutschland

Frage (q)	Gerechtfertigt/ nicht gerechtfertigt (Slowenien) (%)	Gerechtfertigt/ nicht gerechtfertigt (Deutschland) (%)[238]	Übereinstimmung (Mehrheit der Befragten antwortet gleich)
1	6/90	3/97	Ja
2	74/22	89/11	Ja
2 a	92/6	96/4	Ja
3	64/29	70/29	Ja
3 a	35/53	43/56	Ja
4	38/51	21/79[239]	Ja
5	12/80	8/90[240]	Ja
5 a	6/90	1/99	Ja

(Fortsetzung nächste Seite)

---

[238] Ergebnisse der Dresdner Notwehrstudie finden sich bei *Kilian*, Notwehrstudie, S. 69–85 und S. 175–179.

[239] *Kilian*, Notwehrstudie, S. 71, bei der man jedoch in der Tabelle als ungerechtfertigt die Angabe 77% und später im Text 79% findet.

[240] Bei *Kilian*, Notwehrstudie, S. 74 steht 92%, in der Tabelle jedoch 90%.

(Fortsetzung Tabelle 1)

Frage (q)	Gerechtfertigt/ nicht gerechtfertigt (Slowenien) (%)	Gerechtfertigt/ nicht gerechtfertigt (Deutschland) (%)	Übereinstimmung (Mehrheit der Befragten antwortet gleich)
6	50/37	45/52	Nein
6 a	78/14	85/15	Ja
7	57/32	41/57[241]	Nein
7 a	31/56	14/83	Ja
8	6/88	5/94	Ja
9	11/80	9/89	Ja
9 a	6/87	k.A./97	Ja
10	62/31	31/68	Nein
11	83/13	78/22	Ja
12	14/73	24/73[242]	Ja
12 a	7/83	13/85	Ja
14	23/66	9/91	Ja
15	38/52	8/91	Ja
15 a	27/61	5/94	Ja
15 b	21/66	2/96	Ja
17	72/20	68/31	Ja
17 a	64/25	52/48	Ja
17 b	81/21	65/34	Ja
18	7/87	2/97	Ja
18 a	9/85	4/96	Ja

Die Tabelle 1 zeigt, dass in den 25 von 28 Fällen tatsächlich die gleiche Tendenz bei der Bewertung der Fälle vorliegt.

---

[241] *Kilian*, Notwehrstudie, S. 74, wobei im Text mit „Gaststättenfall" eigentlich „Messerstecherfall" gemeint ist.

[242] Bei *Kilian*, Notwehrstudie, S. 82 steht 76 %, in der Tabelle allerdings 73 %.

Zu den übereinstimmenden Antworten gibt es jedoch wichtige und zum Teil überraschende Ausnahmen. So wird das Verhalten im „Ferienhausfall" (q10)[243] im Gegensatz zu Deutschland überwiegend als gerechtfertigt angesehen.[244] Außerdem überrascht der „Wohnungsfall" (q6),[245] bei dem die Befragten in der Grundversion das Verhalten des Eigentümers überwiegend als gerechtfertigt gesehen haben. Hier könnte der Grund jedoch darin liegen, dass die Befragten noch einen Angriff auf Leib und Leben angenommen haben.

Auch bei den Fragen, die nicht mit „gerechtfertigt" oder „ungerechtfertigt" zu beantworten waren und für die Daten zu finden sind, ist in der Mehrzahl der Fälle Übereinstimmung vorhanden.

Beim Item q13,[246] bei dem es um die Frage geht, ob die Verteidigung laut Gesetz zulässig ist oder es zumutbar ist, dass sich der Angegriffene ins Lokal zurückzieht, haben 44 % der Befragten es für zulässig gehalten, dass er sich laut Gesetz verteidigen darf und 34 % haben geantwortet, dass es ihm zumutbar ist, dass er sich zurückzieht. 22 % haben mit „weiß nicht" gestimmt. In der Dresdner Notwehrstudie haben 63 % dafür gestimmt, dass es zumutbar ist, sich in das Lokal zurückzuziehen.[247] Damit liegt keine Übereinstimmung vor.

Bei der Frage q13 a[248] haben von denen, die bei der Frage q13 die Verteidigung als zulässig angesehen haben, 23 % von allen Befragten geäußert,

---

243 Der „Ferienhausfall" wurde wie folgt formuliert: *„In ein Ferienhaus wurde bereits 13-mal eingebrochen. Der Besitzer stellt daraufhin ein mit Zündpulver versehenes Radio sowie Schilder, die vor Bomben warnen, auf. Bei einem erneuten Einbruch explodiert das Radio und der Einbrecher verliert dadurch seine Hand. Halten Sie das Vorgehen des Ferienhausbesitzers für gerechtfertigt oder nicht?"*, Kilian, Notwehrstudie, S. 195 und unten Teil 8 A.

244 Die Benennung dieser und weiterer Fallfragen ist der Dresdner Studie entnommen worden, siehe dazu *Kilian*, Notwehrstudie, S. 175–179.

245 Die Grundversion des „Wohnungsfalls" lautet wie folgt: *„Ein Fremder dringt in eine Wohnung ein. Der Wohnungsinhaber verteidigt seine Räumlichkeiten zunächst vergeblich mit einem Spazierstock, danach wehrt er den Eindringling durch einen tödlichen Messerstich ab. Halten Sie das Verhalten des Wohnungsinhabers für gerechtfertigt oder nicht?"*, Kilian, Notwehrstudie, S. 193 und unten Teil 8 A.

246 Die Frage q13 wird wie folgt formuliert: *„Ein Mann gerät mit einem anderen in einem Wirtshaus in Streit. Nachdem der andere das Lokal verlassen hat, wartet der Mann vorsichtshalber eine Stunde, bis er das Lokal ebenfalls verlässt. Als er dann vor die Tür tritt, stürzt sich sein Kontrahent mit den Worten ‚Ich bring dich um' auf ihn. Was glauben Sie, ist laut Gesetz zulässig?"*, Kilian, Notwehrstudie, S. 196 und unten Teil 8 A.

247 *Kilian*, Notwehrstudie, S. 75.

248 Die Frage q13 a lautet: *„Ist es laut Gesetz zulässig sich so zu wehren, dass der Angreifer nicht schwer verletzt wird oder ist es laut Gesetz zulässig, sich mit al-*

dass es laut Gesetz nur zulässig ist, sich so zu verteidigen, dass der Angegriffene nicht schwer verletzt wird. 18 % haben gesagt, dass man sich verteidigen darf, selbst wenn der Angreifer schwer verletzt wird. In der Dresdner Studie waren 22 % für eine nicht gefährliche Verteidigung und 15 % für die Verteidigung auch mit gefährlichen Mitteln,[249] sodass hier wiederum eine tendenzielle Übereinstimmung besteht.

Das Herbeiholen von Hilfe durch einen Lehrer im Fall q14 a[250] haben erwartungsgemäß 91 % der Befragten als nicht feige gesehen. In Deutschland wurde das Verhalten sogar von 99 % der Befragten als nicht feige beurteilt.[251] Dafür, dass ein Ausweichen als unehrenhaft oder als „schimpfliche Flucht" empfunden wird, gibt es somit auch in Slowenien heutzutage keine Anzeichen. Diesbezüglich liegt eine Übereinstimmung vor.

Bei dem Fall q16[252] mit der Absichtsprovokation haben 9 % der Befragten dem Provokateur volle Notwehr, 62 % nur weniger gefährliche und 9 % gar keine Verteidigung gestattet. Die Werte bei der Dresdner Studie fallen ähnlich aus (12 % gestatten volle, 80 % weniger gefährliche und 8 % gar keine Verteidigung),[253] sodass hier eine Übereinstimmung besteht.

Bei dem „Goetz-Fall" (q19)[254] Fall haben 71 % der Befragten das Übergeben des Geldbeutels statt Erschießen befürwortet. 19 % haben geantwortet,

---

len erforderlichen Mitteln zu wehren, selbst wenn der Angreifer dabei schwer verletzt wird?", *Kilian*, Notwehrstudie, S. 197 und unten Teil 8 A.

[249] *Kilian*, Notwehrstudie, S. 75.

[250] Die Grundfall q14 lautet: *„Ein 18-jähriger Berufsschüler wird seit längerem von einem Mitschüler gewalttätig schikaniert und gehänselt. Eines Tages wird er wieder brutal angegriffen. Diesmal zieht er jedoch zu seiner Verteidigung ein Messer und verletzt seinen Peiniger tödlich. Ist es Ihrer Meinung nach gerechtfertigt, dass der Berufsschüler seinen Peiniger tödlich verletzt, oder nicht?"*
Die Fallfrage q14 a dazu lautet: *„Einmal angenommen, der Berufsschüler hätte sich nicht selbst zur Wehr gesetzt, sondern Lehrer oder Mitschüler um Hilfe gebeten. Würden Sie ein solches Verhalten bei einem 18-jährigen Berufsschüler für feige halten oder nicht?"*, *Kilian*, Notwehrstudie, S. 179 und unten Teil 8 A.

[251] *Kilian*, Notwehrstudie, S. 77.

[252] Die Frage q16 wurde wie folgt formuliert: *„Ein Autofahrer verursacht einen Verkehrsunfall und flieht zu Fuß. Der Geschädigte verfolgt ihn und ruft, er werden den Unfallverursacher umbringen. Als der Geschädigte den Unfallverursacher einholt, schlägt er mit Fäusten auf den Unfallverursacher ein. Was glauben Sie, welches Verhalten des angegriffenen Unfallverursachers ist laut Gesetz zulässig?"*, *Kilian*, Notwehrstudie, S. 198 und unten Teil 8 A.

[253] *Kilian*, Notwehrstudie, S. 79.

[254] Der „Goetz-Fall" wurde wie folgt formuliert: *„In der Zeitung ist zu lesen, dass ein Mann, der von fünf jungen Männern zur Herausgabe seiner Geldbörse gedrängt wurde, einen der Männer erschossen hat. Welche der folgenden zwei Meinungen dazu kommt Ihrer eigenen am nächsten?"*, *Kilian*, Notwehrstudie, S. 200 und unten Teil 8 A.

dass das Vorgehen des Verteidigers rechtens war. In der Dresdner Studie haben 92 % für das Übergeben des Geldbeutels, nur 8 % für die Rechtfertigung des Erschießens votiert.[255] Übereinstimmung liegt trotzdem vor.

Bei der Frage q9 b – bei der es um den Fall geht, bei dem im Park ein Pärchen durch einen Beobachter belästigt wird und sich anschließend der Mann durch lebensgefährliche Verteidigung wehrt[256] – haben 41 % das Verhalten für ungerechtfertigt wegen des Eingriffs in die Intimsphäre gehalten. 56 % haben die Verteidigung als ungerechtfertigt wegen anderer Gründe eingestuft.[257] In der Dresdner Studie gibt es bei dieser Frage keine Antwort. Hinsichtlich der Ähnlichkeit lässt sich somit keine Aussage treffen.

Weil auch bei diesen Fragen bei vier von fünf Fällen ähnlich geantwortet wurde, kann man von einer Übereinstimmung ausgehen. Auf die Frage, aus welchem Grund die Befragten das Verhalten des beobachteten Liebhabers als gerechtfertigt gesehen haben, gibt es in der Dresdner Studie keine Information.

Ferner sind zur Betrachtung der Ähnlichkeit noch die Antworten auf die skalierten Fragen q21 bis q21 o zu berücksichtigen. Dabei geht es um Aussagen über die Notwehr, die sich auf unterschiedliche Umstände der Notwehr beziehen.[258] Antworten auf diese Fragen zeigen die Tabelle 2 und Tabelle 3. Dabei sind auch die Werte der Notwehrstudie in Deutschland angegeben, insofern sie vorliegen.

Beim ersten Teil der skalierten Fragen liegt eine Übereinstimmung zwischen den Ansichten der slowenischen Bevölkerung im Vergleich zu der deutschen Bevölkerung bei sechs von neun Fragen vor. Für die restlichen zwei Fragen sind der Dresdner Studie keine eindeutigen Daten zu entnehmen.

Bei der Frage q21 haben 83 % der Befragten in Slowenien der Aussage zugestimmt, dass jemand, der ohne Grund angreift, keines Schutzes bedarf und er selbst für seinen Schaden verantwortlich ist. In Deutschland hat ebenso die Mehrheit mit 70 % der Aussage zugestimmt.

---

255 *Kilian*, Notwehrstudie, S. 72.

256 Die Grundversion der Frage q9 wurde wie folgt formuliert: „*Jemand schaut nachts in einem öffentlichen Park einem Pärchen beim Liebesspiel zu. Als der Liebhaber den kleineren, deutlich schwächeren Zuschauer zum Verschwinden auffordert, meint dieser, er habe das gleiche Recht, sich in dem Park aufzuhalten wie das Paar. Als der Liebhaber daraufhin den Zuschauer angreift, kann er sich nur mit einem Messer wehren und verletzt dabei den Liebhaber lebensgefährlich. Halten Sie das Verhalten des Zuschauers, sich mit dem Messer zu wehren, für gerechtfertigt oder nicht?*", *Kilian*, Notwehrstudie, S. 194 und unten Teil 8 A.

257 3,8 % haben „weiß nicht" geantwortet.

258 Die genauen Formulierungen der Fragen finden sich bei *Kilian*, Notwehrstudie, S. 201 f. und unten Teil 8 A.

Tabelle 2

Antworten auf die skalierten Fragen q21 bis q21 k

Frage (q)	Slowenien 4 (Stimme voll zu)/ 3/ 2/ 1 (Stimme überhaupt nicht zu) Angaben in%	Deutschland 4 (Stimme voll zu)/ 3/ 2/ 1 (Stimme überhaupt nicht zu) Angaben in%[259]	Über-einstim-mung
21	46/37/9/5	50/20/k.A./k.A.	Ja
21 a	43/41/9/2 (84% stimmen zu)	15% stimmen zu	Nein
21 b	37/38/16/5 (76% stimmen zu)	65% stimmen zu	Ja
21 c	33/33/19/11 (66% stimmen zu)	57% stimmen zu	Ja
21 d	22/39/26/10 (60% stimmen zu)	32% stimmen zu	Nein
21 e	3/11/26/58	7/8/k.A./69	Ja
21 f	43/34/10/8	67/17/k.A./k.A.	Ja
21 g	61/23/8/3 (84% stimmen zu)	78% stimmen zu	Ja
21 h	18/27/27/27	k.A.	k.A.
21 j	14/24/26/29	17% der Ostdeutschen, 15% der Westdeutschen stimmen voll zu	k.A.
21 k	44/38/10/3	47% stimmen zu/ 10% stimmen überhaupt nicht zu	Nein

Bei der nächsten Frage q21 a haben 84% der Befragten der Aussage zugestimmt, dass unerwartete Situationen wie zum Beispiel ein Überfall einen völlig überfordern. In Deutschland haben dagegen nur 15% der Befragten dieser Aussage zugestimmt.

---

[259] Ergebnisse bei *Kilian*, Notwehrstudie, S. 77–91.

In der Frage q21 b wurde danach gefragt, ob es immer Mittel und Wege gibt, um sich zu wehren. Die Befragten in Slowenien haben dem mit 76% zugestimmt und die Befragten in Deutschland mit 65%.

Der Aussage, dass jeder Reizgas bei sich tragen müsste, um auf Angriffe vorbereitet zu sein (q21 c), haben in Slowenien 66% und in Deutschland 57% zugestimmt. Somit liegt auch hier eine Übereinstimmung vor.

Der Behauptung, dass man im Falle eines Angriffs Einfluss auf das Geschehen hat (q21 d), haben in Slowenien 60% der Befragten zugestimmt, während in Deutschland nur 32% der gleichen Meinung waren.

Die Frage q21 e hat die Bedeutung der Aussage überprüft, ob man sich des Ansehens wegen bei einem Angriff lieber verteidigen sollte. In beiden Staaten hat die Mehrheit dem Ansehen bei einem Angriff keine große Bedeutung zugemessen. In Slowenien haben 14% und in Deutschland 15% der Befragten der Aussage zugestimmt. Dies zeigt, dass eine Argumentation mit der Unzumutbarkeit eines „schändlichen" Zurückziehens, das nicht zumutbar ist, in der Bevölkerung kein Widerhall findet. Die Argumentation ist somit nicht mehr zeitgemäß.

Interessant ist die nächste Aussage, die überprüft, ob die Angegriffenen sich im Falle eines Angriffs im Interesse ihrer Familie lieber zurückziehen sollten (q21 f). In beiden Ländern hat dem die Mehrheit der Befragten zugestimmt. In Slowenien waren es 77% und in Deutschland sogar 84%. Ein Zurückziehen wird somit in beiden Ländern als nicht besonders feige betrachtet.

Die nächste Frage q21 g hat die Aussage überprüft, ob die Angegriffenen bei einem Überfall lieber die Polizei anrufen sollten. In Slowenien haben dem 84% und in Deutschland 78% zugestimmt.

Die slowenische Bevölkerung hat der Aussage, wonach man bei einem auf frischer Tat ertappten Dieb eher an sein Eigentum kommt, wenn man selbst handelt (q21h), nur in 45% der Fälle zugestimmt. Für Deutschland gibt es dafür keine Ergebnisse.

Die nächste Frage hat sich damit beschäftigt, ob die Befragten daran glauben, dass eine häufige Verteidigung bei Überfällen zu weniger begangenen Verbrechen führt (q21 j). Dies nehmen 38% der Befragten in Slowenien an. In Deutschland stimmen der Aussagen 15% der West- und 17% der Ostdeutschen zu. Weitere Daten dazu sind nicht ersichtlich.

Schließlich ging es bei der nächsten Frage darum, ob man dem Angreifer einen besonders schweren Schaden bei einem Angriff zufügen kann. In Slowenien haben dem 82% und in Deutschland 44% der Befragten zugestimmt. Eine Übereinstimmung liegt hier somit nicht vor.

Tabelle 3

Antworten auf die skalierten Fragen q21 l bis q21 o

Frage	Slowenien 4 (Sehr wichtig)/ 3/ 2/ 1 (Überhaupt nicht wichtig) Angaben in%	Deutschland 4 (Sehr wichtig)/ 3/ 2/ 1 (Überhaupt nicht wichtig) Angaben in%	Übereinstimmung
21 l	71/23/4/1	k.A.	k.A.
21 m	26/35/27/10	70% der Ostdeutschen, 58% der Westdeutschen wichtig[260]	Ja
21 n	61/27/7/2	69% der Ostdeutschen wichtig; 63% der Westdeutschen wichtig[261]	Ja
21 o	23/30/26/16	k.A.	k.A.

Bei dem zweiten Teil der skalierten Fragen mussten die Befragten die jeweilige Aussage nach ihrer Wichtigkeit einordnen. Bei der ersten Frage q21 l finden es fast 94% der Befragten wichtig oder sehr wichtig, dass man sich bei einem Überfall nicht zusätzlich in Gefahr bringt. Für Deutschland gibt es dazu keine Daten.

Dass man nach dem Diebstahl sein Eigentum schnell zurückbekommt (q21 m), bewerten 61% der Befragten als wichtig. In Deutschland sind es 70% bzw. 58%, sodass hier von einer ähnlichen Tendenz ausgegangen werden kann.[262]

Auch bei der Frage, ob die Bürger etwas dafür tun sollten, dass es weniger Verbrechen gibt (q21 n), finden das in Slowenien 89% der Teilnehmenden wichtig oder sehr wichtig. Zum Vergleich: In Ostdeutschland sehen es 69% und in Westdeutschland 63% als wichtig oder sehr wichtig an, dass man selbst etwas gegen Verbrechen unternimmt. Dieser Unterschied begründet sich vermutlich durch eine stärker ausgeprägte kollektivistische Kultur in Slowenien.[263]

---

260 *Kilian*, Notwehrstudie, S. 91.
261 *Kilian*, Notwehrstudie, S. 90.
262 *Kilian*, Notwehrstudie, S. 91.
263 Siehe dazu Teil 4 B. IV. 3. b).

Dass dem Angreifer bei der Abwehr möglichst wenig passiert (21q o), haben immerhin 53 % der Befragten als wichtig erachtet. Die Daten aus der Dresdner Studie zum Vergleich für diese Fragen fehlen.

Für die Frage 3 kann man somit bei zwei Fällen von einer ähnlichen Tendenz ausgehen. Für zwei Items bestehen keine Daten.

Insgesamt sind die Antworten der Befragten in Slowenien in einigen Fällen anders ausgeprägt, die Tendenz ist jedoch bei der überwiegenden Anzahl der Fragen (38 von 45) gleich. Für vier Fragen fehlen die Daten aus Deutschland. Die Hypothese 1 gilt somit als bestätigt.

2. Rechtsbewährungsprinzip – Hypothese 2

Bei der Hypothese 2 wurde wegen der stärker ausgeprägten Kollektivität in Slowenien[264] angenommen, dass das Prinzip der Rechtsbewährung mehr zum Ausdruck kommen wird. Beim Rechtsbewährungsprinzip werden zur Begründung der Notwehr überwiegend die überindividuellen Interessen herangezogen.

Zur Überprüfung wurde zuerst die Frage q19 (Goetz-Fall) berücksichtigt. In der slowenischen Befragung haben 71 % der Befragten die Übergabe des Geldbeutels statt des Schießens bevorzugt. 19 % haben dafür gestimmt, dass der Angegriffene richtig gehandelt hat, weil er im Recht war. In Deutschland waren es dagegen 92 % der Befragten, die für die Übergabe des Geldbeutels gestimmt haben, und nur 8 %, die das Verhalten für richtig gehalten haben.[265] Somit haben in Slowenien die Befragten öfters im Einklang mit dem Grundgedanken der Rechtsbewährung gestimmt, wenn man diesen Gedanken im Sinne interpretiert, dass man sich unabhängig von den Folgen verteidigen darf. Allerdings muss man betonen, dass immer noch die Mehrheit die Übergabe des Geldbeutels bevorzugt und somit die Bedeutung des Lebens beachtet. Interessant ist, dass in Slowenien 11 % der Befragten mit „weiß nicht" geantwortet haben, während in Deutschland anscheinend keine solche Antwort zu finden war. Dies kann jedoch daran liegen, dass die Interviewer-Effekte bei der Internetbefragung geringer sind und die Befragten beim Beantworten der Fragen länger nachdenken konnten.

Des Weiteren sind für die Hypothese 2 die folgenden Ergebnisse von Bedeutung. Bei der Frage q21 haben der Meinung, dass der Angreifer selbst schuld ist und keinen Schutz verdient, 83 % der Befragten zugestimmt. In Deutschland waren es demgegenüber 70 %.[266] Die gesellschaftlichen Inte-

---

264 Siehe dazu Teil 4 B. IV. 3. b).
265 *Kilian*, Notwehrstudie, S. 72.
266 *Kilian*, Notwehrstudie, S. 74.

ressen werden somit in Slowenien über die Interessen des Angreifers gestellt. Die Frage q21 o zeigt auf der anderen Seite jedoch eine gewisse Solidarität mit dem Angreifer. Mehr als die Hälfte finden es wichtig oder sehr wichtig, dass dem Angreifer bei der Notwehr weniger passiert. In Deutschland gibt es für diese Frage keine Ergebnisse.

Dass die private Rechtsdurchsetzung jedoch vor allem dann nicht zu bevorzugen ist, wenn sich der Verteidiger durch die Verteidigung in Gefahr bringen würde, zeigt die Frage q21 g. Demnach wird der Ruf nach der Polizei von 84 % der Befragten bevorzugt, selbst wenn man in der Lage ist, sich selbst zu verteidigen. In Deutschland waren es dagegen nur 78 %, die den Anruf bei der Polizei bevorzugen. Daraus folgt, dass eine private Verteidigung um jeden Preis keine Anerkennung in der (slowenischen) Bevölkerung findet. Somit ist in diesem Teil der Rechtsbewährungsgedanke in Slowenien ausgeprägter, als dies in der Lehre der Fall ist.

Dass die Bevölkerung die überindividuellen, gesellschaftlichen Interessen höher bewertet, zeigt auch die Frage q21 n, nach der 89 % der Befragten es für wichtig halten, dass die Bürger selbst etwas gegen die Verbrechen tun. In Ostdeutschland (69 %) und Westdeutschland (63 %) waren es demgegenüber weniger mit der gleichen Meinung.

Zudem ist an dieser Stelle erwähnenswert, dass die slowenische Bevölkerung in vielen Fällen wie beispielsweise im „Ferienhausfall" eher für die Rechtfertigung stimmt, was auch eine gewisse Nähe zum Rechtsbewährungsprinzip indiziert. Außerdem stimmte die slowenische Bevölkerung für die Rechtfertigung in vielen anderen Fällen in höherem Maße als die deutsche Bevölkerung (in 19 von 28 Fällen). Dies ist anhand der Tabelle 1 ersichtlich.

Da die überindividuellen Interessen in der Tat vor allem bei der Frage q19 stärker zum Ausdruck kommen, ist die Hypothese 2 als bestätigt anzusehen.

3. Güterabwägungsgedanke – Hypothese 3

Die Frage der Hypothese 3 ist, ob sich die Befragten bei der Bewertung der Notwehrsituationen an einer Güterabwägung orientieren. Zur Überprüfung dient zuerst die folgende Tabelle 4, die auf der Facettentheorie beruht und die Ergebnisse zu den Fragen q1 bis q12 a enthält.[267] Hierbei sollten sich die Antworten „nicht gerechtfertigt" erhöhen, wenn das Verhältnis zwischen dem angegriffenen und dem beschädigten Rechtsgut größer ist.

---

[267] Die Tabelle beruht auf *Kilian*, Notwehrstudie, S. 71.

Tabelle 4

**Ergebnisse zu den Fragen von q1 bis q5 und q6 bis q12 a
unter Berücksichtigung der Facetten des konkreten Falles**

Frage (q)	*Angegriffenes Rechtsgut*	*Schaden beim Angreifer*	*Bewertung als „nicht gerechtfertigt" (%)*	*Spricht für die Güterabwägung*
1	Immaterielles Rechtsgut	Leichte Verletzung	90	Ja
2	Sachwert	Leichte Verletzung	22	–
2 a	Sachwert	Leichte Verletzung	28	–
3	Leib und Leben	Leichte Verletzung	29	–
3 a	Leib und Leben	Leichte Verletzung	53	–
4	Sachwert	Schwere Verletzung	51	Ja
5	Leib und Leben	Schwere Verletzung	80	–
6	Sachwert	Tod	37	Nein
6 a	Sachwert	Tod	14	Nein
7	Leib und Leben	Tod	32	–
7 a	Leib und Leben	Tod	56	–
8	Immaterielles Rechtsgut	Leichte Verletzung	88	Ja
9	Immaterielles Rechtsgut	Schwere Verletzung	80	Ja
9 a	Immaterielles Rechtsgut	Schwere Verletzung	87	Ja
10	Sachwert	Schwere Verletzung	31	Nein
11	Leib und Leben	Schwere Verletzung	13	–
12	Immaterielles Rechtsgut	Tod	73	Ja
12a	Immaterielles Rechtsgut	Tod	83	Ja

Für diese Hypothese sind am aussagekräftigsten vor allem die Fallfragen, bei denen ein großer Unterschied zwischen den betroffenen Rechtsgütern besteht. Das sind der Fall q4 („Scheunenfall"), die Fälle q6 und q6 a („Wohnungsfall")[268] und q10 („Ferienhausfall").[269] Zusätzlich sind die Fälle q12 und q12 a („Beleidigungsfall")[270] näher zu betrachten. Während im „Scheunenfall" das Ergebnis wie erwartet ausgefallen ist, ist dies beim „Wohnungsfall" in der Grundversion und bei dem „Ferienhausfall" anders. Fraglich ist, was die Gründe dafür sein könnten. Bei dem „Wohnungsfall" (q6) ist nicht auszuschließen, dass die Befragten mehr als nur einen Angriff auf die Sachwerte vermutet haben, da sich das Geschehen in der Wohnung abwickelt und somit ein Angriff auf das Hausrecht und eventuell auf Leib und Leben vorliegen könnte. Die Frage beinhaltet zudem keine Absicht des Angreifers, was die Sache noch erschwert. Es liegt jedoch der Hinweis vor, dass der Wohnungsbesitzer sein Eigentum verteidigt hat. Obwohl in der Tabelle bzw. nach dem facettentheoretischen Ansatz hier von einem Angriff auf Sachwerte ausgegangen wird, spricht dennoch viel dafür, dass schon ein Angriff auf das Hausrecht oder Leib und Leben durch die Befragten vermutet wurde und die Ergebnisse deswegen so ausfallen. Dies gilt vor allem für die Abwandlung in q6 a, weil man bei einer Schusswaffe in der Hand wohl von einer Gefahr für das Leben ausgehen muss.

---

[268] Die Grundversion des „Wohnungsfalls" (q6) lautet wie folgt: *„Ein Fremder dringt in eine Wohnung ein. Der Wohnungsinhaber verteidigt seine Räumlichkeiten zunächst vergeblich mit einem Spazierstock, danach wehrt er den Eindringling durch einen tödlichen Messerstich ab. Halten Sie das Verhalten des Wohnungsinhabers für gerechtfertigt oder nicht?"* Die Variation lautet wie folgt: *„Einmal angenommen, der Eindringling wäre bewaffnet gewesen. Wie würden Sie das Verhalten des Wohnungsinhabers dann bewerten. Halten Sie sein Verhalten, den Eindringling zu töten, dann für gerechtfertigt oder nicht?"*, siehe *Kilian*, Notwehrstudie, S. 193 und unten Teil 8 A.

[269] Der „Ferienhausfall" wurde wie folgt formuliert: *„In ein Ferienhaus wurde bereits 13-mal eingebrochen. Der Besitzer stellt daraufhin ein mit Zündpulver versehenes Radio sowie Schilder, die vor Bomben warnen, auf. Bei einem erneuten Einbruch explodiert das Radio und der Einbrecher verliert dadurch seine Hand. Halten Sie das Vorgehen des Ferienhausbesitzers für gerechtfertigt oder nicht?"*, *Kilian*, Notwehrstudie, S. 195 und unten Teil 8 A.

[270] Der „Beleidigungsfall" (q12) in der Grundversion lautet wie folgt: *„Ein kräftiger Mann beleidigt einen anderen, schwächeren, indem er ihm vorwirft, er sei an seiner Kriegsgefangenschaft in der Sowjetunion selbst schuld. Obwohl der Beleidigte deutlich schwächer ist, hindert er den anderen am weitersprechen, indem er ihm einen Stoß versetzt. Der fällt dabei so unglücklich, dass er schwerwiegende Verletzungen erleidet und stirbt. Halten Sie es für gerechtfertigt oder nicht, dass der Beleidigte sich mit einem solchen Stoß gewehrt hat?"* Die Variation lautet: *„Einmal angenommen, der Mann, der die Beleidigung ausgesprochen hat, wäre schwächer gewesen. Halten Sie es (auch) dann für gerechtfertigt oder nicht, dass der Beleidigte sich so wehrt, dass der andere stirbt?"*, siehe *Kilian*, Notwehrstudie, S. 196 und Teil 8 A.

Beim „Ferienhausfall" sind die Gründe für das Ergebnis schwer zu ermitteln. Möglicherweise hat hier die wiederholte Begehung der Tat eine Rolle gespielt. Dass die Bevölkerung wegen der mangelnden Effektivität der Polizei die Selbstjustiz bevorzugt, ist eher abzulehnen, da das Vertrauen in die Polizei und ihre Arbeit in Slowenien hoch ist.[271] Das kann jedoch nur vermutet werden.

Ferner stützt der „Beleidigungsfall" wieder die These, dass die Güterabwägung bei der Beurteilung eine Rolle spielt, sowohl in der Grundversion, als auch in der Abwandlung.

Des Weiteren stützt die Güterabwägungshypothese auch die Fallfragen q9 und q9 a; ebenso q3 und q3 a, bei denen jedoch die Unterschiede zwischen den Rechtsgütern geringer sind, sodass diese Ergebnisse weniger aussagekräftig sind.

Vor allem aufgrund der Ergebnisse zu den Fragen q6 und q10 ergibt sich, dass die Hypothese 3 lediglich teilweise bestätigt werden kann.

4. Bedeutung der physischen Stärke des Angreifers – Hypothese 4

Man vermutet, dass die Bevölkerung unabhängig von der Rechtslage eher aufgrund der tatsächlichen Umstände die Notwehrfälle beurteilt. Dazu gehört auch die physische Stärke des Verteidigers und des Angreifers. Die Tabelle 5 zeigt im Überblick die Überprüfung der Hypothese 4.

Tabelle 5
Physische Überlegenheit des Angreifers

Frage (q)	*Gerechtfertigt (%), wenn der Angreifer nicht überlegen bzw. der Verteidiger überlegen ist*	*Gerechtfertigt (%), wenn der Angreifer überlegen bzw. der Verteidiger nicht überlegen ist*	*Unterstützung der Hypothese 4*
2 und 2 a	74	92	Ja
3 und 3 a	35	64	Ja
6 und 6 a	50	78	Ja
9 und 9 a	6	11	Ja
12 und 12 a	7	14	Ja

---

271 Siehe oben Teil 4 D. I. 2.

In dem „Fahrradfall" (q2 und q2 a) – bei dem ein Dieb beim Versuch des Diebstahls durch den Eigentümer leicht verletzt wird – sehen 74 % der Befragten das Verhalten des Eigentümers als gerechtfertigt an. Wenn der Dieb stärker als der Eigentümer des Fahrrads ist, wird das Verhalten von 92 % als gerechtfertigt angesehen. Hier soll jedoch angemerkt werden, dass in der Fallfrage der Abwandlung erwähnt wird, dass der Dieb den Eigentümer angegriffen hat, während dies in der Grundversion nicht der Fall ist. Dies könnte gewisse Auswirkungen auf die Antworten haben. Die Fallfrage in der Abwandlung wurde dennoch nicht geändert, um die Vergleichbarkeit der Studien zu erreichen.

Bei dem „Boxerfall" (q3 und q3 a) haben 64 % der Befragten das Verhalten des Boxers gegen vier Angreifer zuerst als gerechtfertigt angesehen. Wenn der Angreifer nur einer wäre, haben lediglich 35 % der Befragten sein Verhalten als gerechtfertigt betrachtet.

Bei dem „Wohnungsfall" (q6 und q6 a) ging es zuerst um einen unbewaffneten Eindringling in die Wohnung und danach um einen bewaffneten Angreifer. Bei der ersten Version haben das Verhalten des Eigentümers 50 % und bei der zweiten 76 % der Befragten als gerechtfertigt gesehen.

Auch der Fall (q9 und q9 a) mit dem Paar im Park stützt – wenn auch weniger deutlich – die Hypothese 4. Hier sehen beim schwachen Verteidiger das Handeln des Verteidigers 11 % als gerechtfertigt an; wenn der Verteidiger stärker ist, betrachten das Handeln nur noch 6 % als gerechtfertigt.

Ferner wirkt sich die Stärke der Personen in dem „Beleidigungsfall" (q12 und q12 a) aus. Wenn der Angreifer stärker ist, sehen die Handlung des Verteidigers 14 % als gerechtfertigt an. Wenn er schwächer ist, dann stimmen mit „gerechtfertigt" nur noch 7 % der Befragten.

Somit sprechen alle Fälle dafür, dass sich die Stärke bzw. andere Umstände auf der Seite des Angreifers auf das Beantworten der Fragen auswirken. Hypothese 4 gilt somit als bestätigt.

5. Einschränkungen der Notwehr – Hypothese 5

Mit der Hypothese 5 wurden die Fallgruppen der Einschränkungen überprüft. Die Annahme ist, dass diese durch die slowenische Bevölkerung anerkannt werden.

Für die Fallgruppe des krassen Missverhältnisses haben der „Scheunenfall" (q4) und der „Beleidigungsfall" (q12) gezeigt, dass diese Grenze der Notwehr von der Bevölkerung akzeptiert wird. Im ersten Fall haben 51 % das Schießen auf den Dieb als ungerechtfertigt betrachtet. Wenn schon bei den hochwertigen Rechtsgütern das Notwehrrecht abgelehnt wird, wird dies erst recht bei den geringwertigen Rechtsgütern der Fall sein.

Außerdem haben bei dem „Beleidigungsfall" (q12) 73 % den Todesstoß als ungerechtfertigt wahrgenommen, bei dem der Angriff auf ein immaterielles Rechtsgut tödlich abgewehrt wurde.

Ein wenig relativiert werden diese Erkenntnisse durch den „Ferienhausfall" (q10), in dem die Mehrheit (62 %) für eine Rechtfertigung gestimmt hat, obwohl der Angriff auf ein Sachgut und das Hausrecht mit einer schweren Verletzung abgewehrt wurde.

Damit zeigt sich, dass eine Notwehr von der Bevölkerung beim Angriff auf ein wenig bedeutendes Rechtsgut eher abgelehnt wird. Es existiert zwar keine eindeutige Bestätigung dieser Einschränkung. Man muss jedoch beachten, dass der Wert der Sachgüter in beiden erwähnten Fällen höher als der Wert ist, der nach der deutschen Rechtsprechung für eine sozialethische Einschränkung notwendig ist.[272]

Die Akzeptanz der Notwehreinschränkung bei den Angriffen von schuldlos Handelnden wurde anhand des „Seitenspiegelfalls" (q15 bis q15 b) überprüft. Bei dem Fall hat der Angreifer den Autospiegel eines dabeistehenden Fahrers verbogen. Der Fahrer hat sich mit dem Feuerlöscher verteidigt. Wenn der Angreifer voll schuldfähig war, haben 53 % der Befragten das Verhalten des Fahrers für ungerechtfertigt gehalten, beim betrunkenen Angreifer waren es 61 % und bei einem 15-jährigen Jugendlichen 66 %. Das Verhalten des Verteidigers wird aufgrund dessen bei schuldunfähigen bzw. vermindert schuldfähigen Personen sowie jüngeren Person eher als ungerechtfertigt angesehen. Ebenso gilt dies für minderjährige Personen. Diese Fallgruppe stößt somit in der slowenischen Bevölkerung auf Akzeptanz.

Zur Notwehr zwischen Ehegatten (q17 bis q17 b) wurde Folgendes festgestellt: Wenn die Frau von einem unbekannten Mann angegriffen wird, halten ihre Verteidigung mit dem Messer 72 % für gerechtfertigt. Beim Angriff durch ihren Ehegatten sehen die Verteidigung 64 % der Befragten als gerechtfertigt an. Wenn die Frau schon mehrmals davor angegriffen wurde, erachten ihre Handlung 73 % der befragten Personen als gerechtfertigt. Obwohl die Ehebeziehung somit zuerst eine Auswirkung bei der Bewertung hat, wird die Rechtfertigung der Frau überwiegend angenommen. Die Einschränkung der Notwehr zwischen Ehegatten wird von der Bevölkerung somit nicht bestätigt. Bei dieser Frage hat sich zudem herausgestellt, dass – im Gegensatz

---

[272] In LG München NJW 1988, 1860 (1862) wurde die Notwehr beim Diebstahl eines Autoradios eingeschränkt. In den oben genannten Fällen geht es jedoch um wertvolle Maschinen bzw. um das Eigentum im Ferienhaus, bei denen der Wert weit darüber liegen dürfte.

zu anderen Fallfragen – die Frauen in den Fragen q17 und q17 a signifikant häufiger als Männer der Rechtfertigung zustimmen.[273] Dies dürfte daran liegen, dass sich die Frauen eher mit den Frauen identifizieren können. Bei der Fallfrage, bei der die Frau schon länger geschlagen wurde, wurden jedoch keine signifikanten Unterschiede zwischen Männern und Frauen gefunden.

Zum Fall der Notwehrprovokation in Frage q16 – in dem es darum geht wie sich ein Autounfallverursacher beim Angriff eines am Unfall Beteiligten verteidigen darf – wurden die folgenden Ergebnisse gefunden.[274] Die slowenische Bevölkerung geht davon aus, dass sich der Provokateur nur vorsichtig verteidigen darf. So haben nach dem provozierenden Verhalten dem Verteidiger 9% volle, 62% vorsichtige und 9% überhaupt keine Verteidigung zugebilligt. Obwohl nicht alle Fälle der Notwehrprovokationen getestet wurden, deutet dies auf eine Akzeptanz der Notwehreinschränkung in den Provokationsfällen hin. Wenn schon bei der fahrlässig verursachten Provokation nur vorsichtige Verteidigung gestattet wird, wird dies vermutlich erst recht für eine Absichtsprovokation gelten. Die Frage, ob die Notwehr dabei vollkommen versagt wird oder nicht, kann jedoch nicht beantwortet werden.

Die in der Literatur gelegentlich diskutierte Einschränkung der Notwehr bei der Chantage wurde von der Befragten unmissverständlich bejaht. So bewerten das Verhalten des Erpressten beim Grundfall (q18) 87% der Befragten als ungerechtfertigt. Wenn der Erpresste glücklich verheiratet und engagierter Vater wäre (q18 a), sehen sogar 92% das Erschießen des Erpressers als ungerechtfertigt an. Die Notwehr wird dem Erpressten von der slowenischen Bevölkerung somit nicht zuerkannt.

Insgesamt lässt sich feststellen, dass die Einschränkungen der Notwehr in den Fallgruppen des krassen Missverhältnisses, der Angriffe schuldlos Handelnder, der Notwehrprovokation und der heimlichen Erpressung bestätigt werden. Nur die sehr umstrittene Einschränkung in engen Eheverhältnissen wurde abgelehnt. Die Hypothese 5 hat sich somit teilweise bestätigt.

---

[273] Bei der Frage q17 beträgt die Signifikanz nach dem Mann-Whitney-U-Test: 0,008 und die Effektstärke r = 0,096. Bei der Frage q17 a liegt die Signifikanz nach dem Mann-Whitney-U-Test bei 0,005 und die Effektstärke beträgt r = 0,104.

[274] Der Fall q16 lautet wie folgt: *„Ein Autofahrer verursacht einen Verkehrsunfall und flieht zu Fuß. Der Geschädigte verfolgt ihn und ruft, er werde den Unfallverursacher umbringen. Als der Geschädigte den Unfallverursacher einholt, schlägt er mit Fäusten auf den Unfallverursacher ein. Was glauben Sie, welches Verhalten des angegriffenen Unfallverursachers ist laut Gesetz zulässig?"*, Kilian, Notwehrstudie, S. 198 und Teil 8 A.

6. Erfahrungen mit der Notwehr und Befürwortung der Rechtfertigung – Hypothese 6

In der Dresdner Studie wurde ein starker Zusammenhang zwischen den subjektiven Notwehr- oder Nothilfeerfahrungen und der Bewertung als gerechtfertigt gefunden. Die Annahme diesbezüglich ist, dass dieser Zusammenhang ebenso im slowenischem Datensatz besteht. Für die Überprüfung wurde eine Variable mit dem Mittelwert von allen Fragen gebildet, die mit „gerechtfertigt" oder „ungerechtfertigt" zu beantworten waren. Damit konnte man den „Rechtfertigungsindex" für die jeweiligen Befragten ermitteln.

Die Tabelle 6 zeigt, dass auch in Slowenien ein signifikanter Zusammenhang zwischen den Notwehr- und Nothilfeerfahrungen und der Befürwortung der Rechtfertigung besteht. Der Zusammenhang ist bei der Notwehr etwas stärker. Möglicherweise liegt das daran, dass die Personen eine Situation viel intensiver erleben, wenn sie sich selbst verteidigen. Im Vergleich dazu ist das Erleben der Situation weniger intensiv, wenn eine dritte Person angegriffen wird. Auf jeden Fall deutet sich aber an, dass die subjektive Erfahrung bei der Bewertung länderübergreifend und rechtslageunabhängig von Bedeutung für die Notwehreinstellungen der Bevölkerung ist.

Am Ende kann man festhalten, dass die Zusammenhänge zwischen der Notwehr- und Nothilfeerfahrung zwar nicht so stark wie in Deutschland sind, sie liegen jedoch unzweifelhaft vor. Die Hypothese 6 kann deshalb angenommen werden.

Tabelle 6

Notwehrerfahrungen im Zusammenhang mit der Befürwortung der Rechtfertigung

Erfahrungen mit ...	Signifikanz	Effektstärke
Notwehr[275]	,001	Klein (r = 0,12)
Nothilfe[276]	,014	Klein (r = 0,08)
Nothilfe und Notwehr[277]	,000	Klein (r = 0,10)

---

[275] Berechnet mit Mann-Whitney-U-Test.

[276] Berechnet mit Mann-Whitney-U-Test.

[277] Mit Kendall-Tau-b-Koeffizient berechnet.

7. Fazit

Insgesamt wurden vier Hypothesen ganz und zwei teilweise bestätigt. Im Großen und Ganzen beurteilt die slowenische Bevölkerung die Notwehrfälle ähnlich wie die deutsche Bevölkerung (Hypothese 1). Die Überprüfung der Ausprägung der Rechtsbewährung (Hypothese 2) hat aber gezeigt, dass – im Gegensatz zur deutschen Bevölkerung – die slowenische Bevölkerung die überindividuellen Interessen der Gesellschaft mehr in die Notwehrvorstellungen einfließen lässt. Dies wahrscheinlich aus dem Grund, dass die slowenische Kultur in großem Ausmaß durch Kollektivität geprägt ist. Die Ähnlichkeit der Ansichten deutet darauf hin, dass die Rechtslage weniger Einfluss auf die Vorstellungen der Bevölkerung hat und dass ein gemeinsames Gerechtigkeitsgefühl in beiden Staaten vorliegt.

Bei der Beurteilung werden eher andere Umstände berücksichtigt. Dazu zählen einerseits zum Teil die Rechtsgüterabwägung (Hypothese 3) und andererseits die physische Stärke bzw. andere Umstände auf der Seite des Verteidigers oder Angreifers (Hypothese 4).

Die Fallgruppen der Notwehreinschränkungen werden fast in allen Fällen bestätigt, und zwar bei dem krassen Missverhältnis, der Notwehrprovokationen, bei den schuldlos Handelnden und bei den heimlichen Erpressungen (Hypothese 5). Die Einschränkung der Notwehr in den engen persönlichen Beziehungen wurde abgelehnt.

Es besteht zudem ein signifikanter Zusammenhang zwischen den subjektiven Notwehrerfahrungen und der Zustimmung zur Rechtfertigung (Hypothese 6). Der Zusammenhang ist allerdings nur gering.

Aus den Daten lassen sich möglicherweise noch andere Erkenntnisse ableiten, sodass im Folgenden die Verbindung zwischen den soziodemografischen Merkmalen und den Notwehransichten untersucht wird. Davor werden die Diskrepanzen zwischen der Rechtsprechung und den Notwehransichten erörtert und die Daten zu den Notwehr- und Nothilfeerfahrungen dargelegt.

II. Diskrepanz zwischen den Notwehransichten und der Rechtslage im Vergleich

An dieser Stelle werden die Ergebnisse im Lichte der nationalen Rechtsprechung erörtert.

Aus der Dresdner Studie ist bekannt geworden, dass die Notwehr nur in 54 % der Fälle rechtskonform beurteilt wird.[278] Wenn man die Antworten auf

---

[278] *Kilian*, Notwehrstudie, S. 69.

die einzelnen Fragen mit „gerechtfertigt"/„nicht gerechtfertigt" anschaut, hat die Mehrheit der Befragten nur in 13 von 28 Fällen im Einklang mit der Rechtsprechung oder Rechtslehre abgestimmt.

In Slowenien ist die Lage anders. Die Übereinstimmung mit der Rechtsprechung ist in 24 von 28 Fällen gegeben.[279] Die Bevölkerung antwortet somit häufiger rechtskonform als in Deutschland. Die untere Tabelle 7 zeigt die Ergebnisse zu dieser Frage.

Tabelle 7
**Übereinstimmung der nationalen Notwehransichten
mit der jeweiligen Rechtslage**

Frage (q)	*Gerechtfertigt/ nicht gerechtfertigt (Slowenien) (%)*	*Übereinstimmung mit der slowenischen Rechtsprechung*	*Gerechtfertigt/ nicht gerechtfertigt (Deutschland) (%)*	*Übereinstimmung mit der deutschen Rechtsprechung*
1	6/90	Ja	3/97	Ja
2	74/22	Ja	89/11	Ja
2 a	92/6	Ja	96/4	Ja
3	64/29	Ja	70/29	Ja
3 a	35/53	Nein	43/56	Nein
4	38/51	Ja	21/79	Nein
5	12/80	Ja	8/90	Nein
5 a	6/90	Ja	1/99	Nein
6	50/37	Nein	45/52	Nein
6 a	78/14	Ja	85/15	Ja
7	57/32	Nein	41/57	Nein
7 a	31/56	Ja	14/83	Nein
8	6/88	Ja	5/94	Nein
9	11/80	Ja	9/89	Nein
9 a	6/87	Ja	K.A./97	Nein

(Fortsetzung nächste Seite)

---

[279] Die Rechtsprechung wurde in einigen Fällen durch den Verfasser eingeschätzt.

(Fortsetzung Tabelle 7)

Frage (q)	Gerechtfertigt/ nicht gerechtfertigt (Slowenien) (%)	Übereinstimmung mit der slowenischen Rechtsprechung	Gerechtfertigt/ nicht gerechtfertigt (Deutschland) (%)	Übereinstimmung mit der deutschen Rechtsprechung
10	62/31	Nein	31/68	Nein
11	83/13	Ja	78/22	Ja
12	14/73	Ja	24/73	Ja
12 a	7/83	Ja	13/85	Ja
14	23/66	Ja	9/91	Nein
15	38/52	Ja	9/91	Nein
15 a	27/61	Ja	5/94	Ja
15 b	21/66	Ja	2/96	Ja
17	72/20	Ja[280]	68/31	Ja
17 a	64/25	Ja	52/48	Nein
17 b	81/21	Ja	65/34	Nein
18	7/87	Ja	2/97	Ja
18 a	9/85	Ja	4/96	Ja

Diesbezüglich stellt sich die Frage, wie sich die Wechselwirkung zwischen der Rechtslage und den Bevölkerungsansichten gestaltet.

Einerseits kann man zuerst denken, dass die Rechtslage die moralischen Wertungen der Bevölkerung beeinflusst. Es ist jedoch schwierig zu sagen, ob die strafrechtliche Rechtslage in Slowenien der Bevölkerung bekannt ist. Dies geht aus Frage q26 hervor, nach der sich nur 11 % der Befragten mit den rechtlichen Fragen der Notwehr beschäftigt haben. Für Deutschland ist dieses Ergebnis nicht bekannt, man geht jedoch davon aus, dass die Bekanntheit der strafrechtlichen Regelungen auch hier nicht wesentlich höher ist.[281]

---

[280] Bei der Frage q17, q17 a und q17 b ist nicht ausgeschlossen, dass die slowenische Rechtsprechung zu einem anderen Ergebnis kommen würde, allerdings nicht aufgrund der Nähebeziehung, sondern aufgrund der Gefährlichkeit der Verteidigung, siehe zum Beispiel VS Kp 5/2010 v. 17.03.2011.

[281] Siehe zum Beispiel *Schroeder*, in: FS Maurach, 127 (140).

Andererseits könnte man umgekehrt spekulieren, dass die Bevölkerungsansichten oder die gesellschaftlichen Wertungen sich auf die Rechtsprechung
auswirken. Die Entwicklung der Notwehr in Deutschland indiziert eher eine
solche Wirkung, da die Rechtsprechung im Wandel der Zeit die Grenzen des
Notwehrrechts immer weiter eingeschränkt hat.

Abschließend kann man somit davon ausgehen, dass die Gerechtigkeitsintuitionen der Bevölkerung bezüglich der Notwehr weitgehend unabhängig
von der Rechtslage sind. Sie sind jedoch eine Widerspiegelung der gegenwärtigen moralischen Werte und beeinflussen auch die Rechtsprechung. Dass
diese Vorstellungen im europäischen Gebiet somit unabhängig von der
Rechtslage sind, geht auch aus der Tatsache hervor, dass die Bevölkerungsansichten und die Bewertungen der Notwehrfälle in Deutschland und Slowenien weitgehend gleich sind.

III. Notwehr- und Nothilfeerfahrungen

1. Allgemein

In Slowenien sind die Erfahrungen mit der Notwehr oder Nothilfe recht
häufig. Die Tabelle 8 zeigt, wie viele der Befragten schon Erfahrung mit
Notwehr oder Nothilfe hatten.

Tabelle 8
Notwehr- und Nothilfeerfahrungen

Erfahrung mit:	Prozent der Befragten (%)	Zahl der Befragten:
Notwehr	24 (davon 16% Männer und 8% Frauen)	181 von 755 (davon 118 Männer und 63 Frauen)
Nothilfe	18 (13% Männer und 5% Frauen)	134 von 755 (davon 99 Män-ner und 35 Frauen)
Notwehr und Nothilfe	10 (davon 8% Männer und 2% Frauen)	78 von 755 (davon 59 Män-ner und 19 Frauen)
Notwehr und/ oder Nothilfe[282]	32 (davon 21% Männer und 11% Frauen)	238 von 755 (davon 159 Männer und 79 Frauen)

---

[282] Die Befragten, die entweder mit Notwehr oder mit Nothilfe oder mit beiden
schon Erfahrung gemacht haben.

Demnach sind die Erfahrungen mit Notwehr und Nothilfe in Slowenien sehr häufig, allerdings nicht so häufig wie in Deutschland.[283] 32 % der Befragten haben schon mit der Notwehr und/oder Nothilfe Erfahrungen gemacht. Die Rechtslage zur Notwehr ist bereits aus diesem Grund von entscheidender Bedeutung, da es sich um etwas Alltägliches handelt.

2. Notwehrerfahrungen

Diejenigen, die mit der Notwehr schon Erfahrungen hatten, haben sich durchschnittlich 2,4-mal verteidigt. Die untere Tabelle 9 zeigt noch genauer, was in der Notwehrsituation angegriffen wurde und welche Mittel (Tabelle 10) dabei verwendet wurden.

Tabelle 9

Angegriffenes Rechtsgut in Notwehrsituationen

Angriff auf	Anzahl	Prozent (%)	Prozent von allen Befragten (%)
Leib/Leben	96	53	13
Eigentum	38	21	5
Ehre	33	18	4
Andere Rechtsgüter	15	8	2
Gesamt	181	100	24

Tabelle 10

Verwendetes Mittel bei Verteidigung in Notwehrsituationen

Verwendete Mittel	Anzahl	Prozent (%)
Schusswaffe	1	1
Messer o. Ä.	2	1
Reizgas o. Ä.	5	3
Hund	3	2

---

[283] In Deutschland hatten ungefähr 42 % schon Erfahrungen mit Notwehr oder Nothilfe gemacht, siehe *Kilian*, Notwehrstudie, S. 94.

Verwendete Mittel	Anzahl	Prozent (%)
Andere Mittel	27[284]	15
Kein Mittel	145	80
Gesamt	183	102

Dabei zeigt sich, dass bei der Notwehr typischerweise ein Angriff auf Leib oder Leben vorliegt und dieser meistens ohne Hilfsmittel abgewehrt wird. Auf der Verteidigerseite befindet sich außerdem in ungefähr zwei von drei Fällen ein Mann. Dazu ist anzumerken, dass der Angreifer selten einen Schaden erleidet; nach Angaben der Befragten nur bei 18% bzw. bei 33 von 181 Fällen. Eine Anzeige wurde nur in 7% der Fälle erstattet, bei denen der Angreifer einen Schaden erlitten hat bzw. bei denen die Befragten nicht gewusst haben, ob der Angreifer einen Schaden erlitten hat. Das deutet darauf hin, dass in vielen Verteidigungssituationen, selbst wenn beim Angreifer ein Schaden entstanden ist, keine Anzeige erstattet wird.

Durch die Analyse ist zudem erkannt worden, dass sich Männer signifikant öfters in Situationen befinden, in denen sie Notwehr ausüben; der Zusammenhang ist jedoch schwach.[285]

3. Nothilfeerfahrungen

Die Nothilfeerfahrenen haben im Durchschnitt 1,6-mal Nothilfe geleistet. Die folgende Tabelle 11 zeigt, welche Rechtsgüter bei der Nothilfe angegriffen wurden und welche Mittel (Tabelle 12) die Betroffenen eingesetzt haben.

Dabei zeigt sich wiederum, dass auch bei der Verteidigung fremder Personen typischerweise ein Angriff auf Leib oder Leben besteht und der Angriff ohne Mittel abgewehrt wird. Außerdem wird der Verteidiger häufiger ein Mann sein. Der Angreifer hat in 13% oder in 18 von 134 der Fälle einen körperlichen oder sachlichen Schaden erlitten[286] und es ist fast nie zu einer Anzeige gegen den Nothelfer (97% der Fälle) gekommen. Zu einer Gerichtsverhandlung ist es bei der einzigen Person, die angezeigt wurde, nicht gekommen.

---

[284] Verwendet wurde zum Beispiel Auto, Baseballschläger, Schlüssel zum Reifenwechsel, Besen, Zähne und Nägel, Stab, Aschenbecher, Stuhl, Tisch usw. Hier ist zu beachten, dass einige der Befragten die Anwendung von Mitteln nicht richtig verstanden haben, weil sie oft als Mittel Hände, Fäuste oder einen besonderen Griff angegeben haben. Die Zahl aller Mittel ist über 100%, weil einige Befragte mehrere unterschiedliche Mittel angegeben haben.

[285] Mann-Whitney-U-Test: Signifikanz: ,000 und Effektstärke: r = 0,161.

[286] 11,3% der Nothelfer wussten nicht, ob der Angreifer einen Schaden erlitten hat.

Tabelle 11

Angegriffenes Rechtsgut in Nothilfesituationen

Angriff auf	Anzahl	Prozent (%)	Prozent von allen Befragten (%)
Leib/Leben	75	56	10
Eigentum	18	14	2
Ehre	36	27	5
Andere Rechtsgüter	5	4	1
Gesamt	134	101	18

Tabelle 12

Verwendetes Mittel bei Verteidigung in Nothilfesituationen

Verwendete Mittel	Anzahl	Prozent (%)
Schusswaffe	0	0
Messer o. Ä.	2	2
Reizgas o. Ä.	5	4
Hund	1	1
Andere Mittel	13[287]	10
Kein Mittel	116	87
Gesamt	137	104

Für die Nothilfe wurden noch Fragen bezüglich der Bekanntheit der angegriffenen Personen gestellt. Dabei ging es bei 63 % der Fälle um eine dem Nothilfeleistenden bekannte Person. Diese bekannte Person war meistens – in 71 % der Fälle – ein Freund oder eine andere bekannte Person. Bei den hilfsbedürftigen Personen handelte es sich am häufigsten (in 37 % der Fälle) um eine Frau. In 35 % der Fälle war die hilfsbedürftige Person jedoch keine

---

[287] Die Personen haben Folgendes angegeben: physische Kraft, Stock, Fäuste oder Hände, Körper, spezieller Griff. Interessant ist wieder, dass die Körperteile oder Griffe als Mittel verstanden wurden, obwohl das Wort „Mittel" in das Slowenische wörtlich übersetzt werden kann und auch die gleiche Bedeutung hat. Wenn man diese außer Acht lässt, wurde nur in drei Fällen etwas anderes benutzt und nicht in 13 Fällen.

von den in der Frage aufgezählten Personen, sodass es sich um einen Mann im mittleren Alter handeln musste.

Wieder haben die Männer signifikant öfters als die Frauen Nothilfe geleistet.[288]

IV. Notwehransichten im Zusammenhang mit soziodemographischen Merkmalen

Mit der Hypothese 6 wurde untersucht, ob die Notwehr- oder Nothilfeerfahrenen häufiger der Rechtfertigung zustimmen. Darüber hinaus ist die Frage interessant, ob Gruppen mit bestimmten soziodemographischen Merkmalen signifikant häufiger der Rechtfertigung zustimmen. Dazu wurde eine neue Variable berechnet, die den Mittelwert von allen Fragen repräsentiert, die die Antwortmöglichkeit „gerechtfertigt" oder „ungerechtfertigt" enthalten. Die folgende Tabelle 13 veranschaulicht die Ergebnisse.

Tabelle 13
Soziodemographische Merkmale und Zustimmung zur Rechtfertigung

Soziodemographisches Merkmal	Signifikanz	Zusammenhang (klein, mittel, stark)[289]	Erklärung
Geschlecht	0,007[290]	0,09 (klein)	Männer stimmen häufiger der Rechtfertigung zu
Alter	,000[291]	0,15 (klein)	Jüngere Menschen stimmen häufiger der Rechtfertigung zu
Persönliches Einkommen	–	–	–
Haushaltseinkommen	–	–	–
Parteimitgliedschaft	–	–	–

(Fortsetzung nächste Seite)

---

288 Mann-Whitney-U-Test: Signifikanz: ,000 und Effektstärke: r = 0,212.

289 Nach der Einteilung von Cohen: r < 0.3 – kleiner Effekt, 0.3 < r < 0.5 – mittlerer Effekt, r > 0.5 – starker Effekt, siehe *Bortz/Döring*, Forschungsmethoden, S. 669.

290 Berechnet mit dem Mann-Whitney-U-Test.

291 Berechnet mit dem Spearman-Koeffizient.

(Fortsetzung Tabelle 13)

Soziodemographisches Merkmal	Signifikanz	Zusammenhang (klein, mittel, stark)[289]	Erklärung
Wahlabsicht	0,001[292]	–	Die potenziellen Wähler der Slowenischen Nationalpartei stimmen häufiger der Rechtfertigung als die potenziellen Wähler der Sozialdemokratischen Partei zu
Religionszugehörigkeit	–	–	–
Kirchengang	–	–	–

Bei der Variable Geschlecht hat sich herausgestellt, dass die Männer generell signifikant häufiger der Rechtfertigung zustimmen. Der Zusammenhang ist bei allen Fällen jedoch gering. Interessant ist jedoch, dass die Frauen gerade und einzeln beim Fall mit dem Angriff auf die Frau durch einen unbekannten Mann (q17) und durch ihren Ehemann (q17 a) signifikant häufiger als Männer der Rechtfertigung zustimmen.[293] Der Zusammenhang ist zwar klein, jedoch zeigt sich, dass die Tatsache, dass in den Fällen meistens Männer angegriffen werden, möglicherweise einen Einfluss auf die Antworten hat. Auf der anderen Seite sprechen sich Männer im Fall q1 – bei dem auch eine Frau angegriffen wird – häufiger für die Rechtfertigung aus. Im Fall q17 b – bei dem der Mann die Frau schon länger geschlagen hat – wurde hingegen kein signifikanter Unterschied zwischen den Antworten von Männern und Frauen gefunden.

Außerdem hat das Alter einen signifikanten Einfluss auf die generelle Zustimmung zur Rechtfertigung. Die jüngeren Menschen stimmen der Rechtfertigung generell öfters zu.

Zudem stimmen die potenziellen Wähler der Slowenischen Nationalpartei häufiger der Rechtfertigung zu als die potenziellen Wähler der Sozialdemokratischen Partei zu. Bei den anderen Variablen ist kein signifikanter Zusammenhang vorhanden.

---

[292] Berechnet mit dem Kruskal-Wallis-Test.
[293] Siehe dazu oben Teil 4 D. I. 5.

E. Zusammenfassung und Diskussion

I. Zusammenfassung der Ergebnisse

Die Hauptfrage der empirischen Untersuchung war, ob sich die Ansichten bezüglich der Notwehr in der slowenischen und deutschen Bevölkerung überlappen, obwohl die Rechtslage zur Notwehr in Slowenien und Deutschland unterschiedlich ist. Diese Hauptannahme hat sich bestätigt. Des Weiteren hat sich herausgestellt, dass die Bevölkerung ihre Notwehrbewertungen teilweise mit Güterabwägungen und der Beurteilung der physischen Stärke sowie anderen Umständen auf der Seite des Angreifers und des Verteidigers vollzieht. Wie erwartet, bewegen sich die Antworten der slowenischen Bevölkerung mehr in die Richtung der Rechtsbewährung aufgrund der stärker ausgeprägten Kollektivität. Die Notwehr- und Nothilfeerfahrungen haben zudem einen signifikanten Einfluss auf die Zustimmung zur Rechtfertigung, jedoch ist dieser Zusammenhang im Gegensatz zur Dresdner Studie lediglich gering.

Abschließend kann man somit feststellen, dass in Slowenien ein ähnliches Gerechtigkeitsgefühl wie in Deutschland herrscht, obwohl sich die Rechtslage in beiden Staaten teilweise unterscheidet.

II. Diskussion der Ergebnisse

Der Studie liegt die Frage zugrunde, ob und wie weit sich die Notwehreinstellungen in zwei europäischen Ländern unterscheiden. Die Ergebnisse sind meistens wie erwartet ausgefallen, da bei 38 von 45 Fragen tatsächlich Übereinstimmung besteht.

Im Folgenden werden mögliche Fehlerquellen diskutiert, die bei dem Forschungsverfahren auftreten können.

Als erste Fehlerquelle kommt die Anwendung der Online-Befragung in Betracht. Bei Online-Befragungen ist in der Regel vor allem die Repräsentativität problematisch, allerdings ist die Vergleichbarkeit der Online-Befragungen mit anderen Befragungsmethoden meistens dennoch gegeben.[294] In dieser Studie wurde dies dem Unternehmen Mediana d.o.o. überlassen, das für die professionelle Ausführung der Studie gesorgt hat. Man muss zudem beachten, dass die Telefondichte in Slowenien ungefähr gleich wie die des

---

[294] Siehe etwa *Gräf*, Online-Befragung, S. 30–34; siehe auch *Bieber/Bytzek*, Methoden – Daten – Analysen 6 (2012), 185 (207), die sich jedoch auf die Wahlumfragen beziehen.

Internets ist.[295] Darüber hinaus haben viele jüngere Bürger gar kein Festnetz oder benutzen es nicht, sodass bei einer telefonischen Befragung hier die Gefahr eines systematischen Fehlers bestehen würde.

Zweitens könnten einige Fragen nicht so wie beabsichtigt verstanden werden. Dies wurde durch den Pretest nach dem Lesen von einzelnen Fragen an den spontanen Reaktionen der Testenden erkennbar. So haben sie nicht immer gewusst, was der Angreifer beabsichtigt hat. Ein Beispiel dafür ist der „Wohnungsfall", bei dem nicht ganz klar ist, was der Eindringling beabsichtigt. Für die Befragten wäre es leichter, den Personen in den Items bestimmte Absichten zuzuschreiben, damit ganz deutlich wird, was angegriffen wird.

Ferner hat sich bei den Fragen über die verwendeten Mittel in den Notwehr- und Nothilfesituationen herausgestellt, dass die Befragten darunter auch Hände oder körperliche Kraft verstehen. Dies könnte man ebenso verbessern.

Wie schon oben erwähnt, sind Verzerrungen durch sozial erwünschtes Antworten nicht zu erwarten. Gerade aufgrund der Online-Untersuchung ist es noch weniger wahrscheinlich, dass die Befragten sozial erwünscht antworten. Zudem waren keine Interviewer-Effekte möglich.

Die kurzen Antwortzeiten für einzelne Items – was bei der deutschen Studie kritisch betrachtet wurde[296] – konnten hier keinen Einfluss auf die Antworten gehabt haben, weil die Befragten beliebig viel Zeit für einzelne Antworten aufwenden konnten. Aus dem Grund, dass die Antworten meistens ähnlich ausgefallen sind, kann man somit auch für die deutsche Dresdner Studie annehmen, dass längere Bedenkzeit keine Auswirkung hätte.[297]

In Bezug zu den Hypothesen gab es einige Items, deren Ergebnisse auffallen. Hier ist zuerst der „Wohnungsfall" interessant. 49,8 % der Befragten haben hier das Verhalten des Eigentümers als gerechtfertigt angesehen. Hier könnte gerade die Erkenntnis aus dem Pretest eine Rolle spielen, dass die Befragten beim Angreifer nicht nur einen Angriff auf das Hausrecht und das Eigentum sahen, sondern auch auf Leib und Leben. Das Problem ist folglich, dass man aus der Frage nicht herauslesen kann, was der Angreifer beabsichtigt. Daher wäre es in Zukunft sinnvoll, solche Fragen mit der Absicht des Angreifers auszustatten.

Überraschend war zudem das Ergebnis beim „Ferienhausfall", bei dem 61,7 % der an der Befragung teilnehmenden Personen die Rechtfertigung

---

[295] Siehe dazu Teil 4 C. II.

[296] *Hartmann*, ZUMA-Nachrichten 51 (2002), 94 (95).

[297] An den Auswirkungen der längeren Bedenkzeit zweifelt auch *Kilian*, Notwehrstudie, S. 114.

bestätigt haben. Die Gründe für dieses Ergebnis sind jedoch schwer zu deuten. Man könnte an mangelndes Vertrauen in die Polizei denken und von Zweifeln der Bürger, dass die Polizei ihre Aufgaben effektiv durchführt, ausgehen. Dem widerspricht jedoch das Ergebnis der Befragung, nach der die Mehrheit der slowenischen Bevölkerung großes Vertrauen in die Polizei hat.[298]

Aufgrund dieser Überlegungen wäre es wünschenswert, in künftigen Forschungsarbeiten dieser Art bei den Items die Absicht des Angreifers genauer anzugeben.

III. Fazit

Am Ende ist nochmals festzuhalten, dass die Bevölkerungsansichten zwar keinen unmittelbaren Beitrag zur Auslegung der Notwehr leisten können. Mittelbar werden diese Ansichten jedoch auf die eine oder andere Weise dennoch in die Rechtsprechung einfließen, da die Richter schließlich nicht in einem Elfenbeinturm leben, in den die gesellschaftlichen Werte nicht eindringen können. Deshalb sollte man sich nicht davor scheuen, derartige Befragungen durchzuführen, um genauere Erkenntnisse darüber zu erlangen, was die Bevölkerung über die Notwehr denkt. Somit muss der Richter bei den Urteilen nicht nach eigenem Gutdünken entscheiden, welche Werte die Bevölkerung hat.

Sollte es eventuell zur mehr Integration auch in strafrechtlicher Sicht in Europa kommen, ist die Studie zusammen mit der Dresdner und der litauischen Studie ein gewichtiges Indiz dafür, das Notwehrrecht in der EU verhältnismäßiger auszugestalten. Im Teil 6 wird auf diese Punkte noch näher einzugehen sein. Um der Aussagekraft noch mehr Gewicht zu verleihen, wäre eine europaweite Studie wünschenswert.

---

[298] *Policija*, Ocene in stališča prebivalcev Slovenije o delu policije 2016, S. 17 f.

Teil 5

Rechtsvergleichende Betrachtung

Die strafrechtliche Rechtsvergleichung entstand in Europa mit vielen Kodifikationen im 19. Jahrhundert und erfreut sich im Rahmen des „Internationalisierung des Rechts" einer immer größer werdenden Beliebtheit und gewinnt auch in der Strafrechtsausbildung an Bedeutung.[1] Auch der Allgemeine Teil und damit auch das Notwehrrecht wird in mehreren Publikationen mithilfe der rechtsvergleichenden Methode untersucht.[2] Diese Entwicklung ist zu begrüßen.

In dieser Arbeit wird der Ansatz des Strukturvergleichs gewählt. Das bedeutet, dass es das Ziel des Vergleichs ist, herauszufinden, „wie die betreffende Rechtsordnung mit einem bestimmten Problem, Interessen- oder Prinzipienkonflikt umgeht".[3] Es empfiehlt sich hierbei eine Ausrichtung an typischen Fallkonstellationen, was jedoch eine abstraktere Betrachtung im Vorfeld nicht ausschließt.[4] Das Forschungsobjekt der Rechtsvergleichung sind nicht nur die rechtlichen Normen, sondern auch die dazu gehörenden soziologischen Gegebenheiten.[5] Das rechtsvergleichende Objekt muss in seiner Gesamtheit untersucht werden.[6]

Die rechtsvergleichende Betrachtung kann für die nationale Rechtsentwicklung eine Bereicherung darstellen. In einigen Fällen lassen sich die eigenen nationalen Rechtslösungen dadurch bestätigen, in anderen werden dadurch neue Ideen und Anregungen für Ergänzungen oder Änderungen der

---

[1] *Jung*, JuS 1998, 1; siehe auch *Eser*, in: Eser/Perron (Hrsg.), Strukturvergleich strafrechtlicher Verantwortlichkeit und Sanktionierung, 929 (950–954); *A. Koch*, in: FS Frisch, 1483 (1487 f., 1498).

[2] *Wittemann*, Notwehr in Europa; *Wössner*, Die Notwehr und ihre Einschränkungen in Deutschland und in den USA; *Perron*, in: FS Eser, 1019 ff.; *Lührmann*, Tötungsrecht.

[3] *Jung*, JuS 1998, 1 (2).

[4] *Jung*, JuS 1998, 1 (3).

[5] *Perron*, ZStW 109 (1997), 281 (286), der als Beispiel die Waffenverbreitung in Deutschland im Vergleich zu den Vereinigten Staaten und die Auswirkung auf das Notwehrrecht angibt.

[6] *Eser*, in: Eser/Perron (Hrsg.), Strukturvergleich strafrechtlicher Verantwortlichkeit und Sanktionierung, 929 (981).

nationalen Regelungen entstehen.[7] Schließlich hilft die strafrechtliche Rechtsvergleichung – so wie die Strafrechtsgeschichte –, eine kritische Distanz gegenüber der eigenen Rechtsordnung zu entwickeln.[8]

In den vorhergehenden Teilen dieser Arbeit wurde der Fokus auf die einzelnen Länder sowohl in rechtlicher als auch – für Slowenien – in tatsächlicher Sicht gelegt. Nach den Länderberichten geht es jetzt darum, die Erkenntnisse rechtsvergleichend gegenüber zu stellen und die vergleichbaren Konturen der Notwehr festzustellen.

A. Das Notwehrrecht und seine Entwicklung

I. Grundlagen der Notwehr

Mit Ausnahme Russlands werden für alle behandelten Länder als Grundlage der Notwehr das Individualschutz- und das Rechtsbewährungsprinzip gesehen.

Eine teilweise besondere Behandlung dieser Prinzipien zeigt sich in Polen, wo die Diskussion über die Selbstständigkeit und die Subsidiarität der Notwehr aktuell ist. Dabei geht es um die Frage, ob der Verteidiger in manchen Fällen die Notwehr nur subsidiär ausüben darf. Die überwiegende Ansicht geht von einer Selbstständigkeit der Notwehr aus.[9]

In Russland wird die Diskussion über die Grundgedanken der Notwehr nicht explizit geführt; ein Ausweichen des Verteidigers ist jedoch auch dort nicht erforderlich. Nichtsdestotrotz gibt es bestimmte Andeutungen, die dafür sprechen, dass die Notwehr nicht rein individualistisch verstanden wird. Dazu gehört zum Beispiel die Voraussetzung der gesellschaftlichen Gefährlichkeit des Angriffs und die Möglichkeit der Verteidigung von gesellschaftlichen und staatlichen Interessen.[10]

Für den Rechtsvergleich ist jedoch nicht entscheidend, auf welcher Grundlage das Notwehrrecht beruht; viel wichtiger ist, wie die Grenzfälle in der jeweiligen Rechtsordnung entschieden werden.[11]

---

[7] *Jescheck*, Entwicklung, Aufgaben und Methoden der Strafrechtsvergleichung, S. 28 f.; *Jung*, JuS 1998, 1 (5); siehe auch *Eser*, in: FS Kaiser, 1499 (1511).

[8] *Eser*, in: FS Kaiser, 1499 (1516); siehe auch *A. Koch*, in: FS Frisch, 1483 (1496).

[9] Siehe Teil 3 C. I. 1.

[10] Siehe Teil 3 D. I. 1.

[11] *Perron*, in: FS Eser, 1019 (1021).

II. Entwicklung des Notwehrrechts

Die Notwehrentwicklung ist prinzipiell in allen behandelten Ländern ähnlich verlaufen. Die Entwicklung verlief vom speziellen Rechtfertigungsgrund zum allgemeinen Rechtfertigungsgrund, der heute in allen Ländern im Allgemeinen Teil des Strafrechts geregelt ist. Eine Ausnahme davon gibt es in Polen in Art. 231b polStGB und in Russland in Art. 108 Abs. 1 und Art. 114 Abs. 1 ruStGB, wo die Notwehrmaterie jeweils teilweise im Besonderen Teil geregelt wird.

Die Entwicklung veranschaulichen folgende Beispiele. Aus dem Zwölftafelgesetz ist bekannt, dass der Dieb getötet werden konnte, wenn er in der Nacht erwischt wurde.[12] In Deutschland findet sich eine nichtkasuistische Notwehrregelung zunächst im Allgemeinen Landrecht für die Preußischen Staaten aus dem Jahr 1794.

In Slowenien ist eine kasuistische Regelung aus der Krainer Gerichtsordnung für die Landgerichte bekannt.[13] Später mit der Constitutio Criminalis Theresiana im Jahr 1768 hat sich dies geändert und die Notwehr wurde allgemeiner geregelt.[14] In Kroatien und Bosnien und Herzegowina hat sich eine ähnliche Entwicklung vollzogen. Auf dem Gebiet Serbiens wurde die Notwehr im Gesetzbuch *Dušans* 1349 bei Mord geregelt.[15] Mit dem Strafgesetzbuch des Fürstentums Serbien ist 1860 eine allgemeinere Regelung in Kraft getreten.[16] In Polen ist eine allgemeine Regelung zur Notwehr im 17. Jahrhundert zu finden.[17] In Russland ist eine erste Rechtsquelle mit der Notwehrregelung Russkaja Prawda vorhanden, in der das Töten des zu Hause ertappten Diebes in der Nacht erlaubt war.[18] Im Jahr 1832 ist auch in Russland eine allgemeinere Regelung der Notwehr entstanden.[19] Somit ging in allen Ländern die Entwicklung von der speziellen zur allgemeinen Regelung vonstatten.

Ferner sind die Grenzen der Notwehr im Wandel der Zeit unterschiedlich verlaufen. Diese Entwicklung erfolgte nicht linear von einer härteren Notwehr zur verhältnismäßigeren. Die meisten Ländern haben immer Proportionalitätserwägungen in den Notwehrregelungen beachtet.

---

[12] *Flach*, Das Zwölftafelgesetz, S. 181.
[13] *Kambič*, in: Rajšp/Bruckmüller (Hrsg.), Vilfanov zbornik, 263 (264).
[14] Siehe Teil 3 A. I. 1.
[15] Siehe Teil 3 B. II. 1. a).
[16] Siehe Teil 3 B. II. 1. a).
[17] *Marek*, Obrona konieczna, S. 12.
[18] Siehe dazu Teil 3 D. I. 1.
[19] Siehe dazu Teil 3 D. I. 1.

Außerdem wurde Notwehr zuerst nur bei einem Angriff auf einzelne Güter gestattet. Mit der Zeit hat sich der Kreis der notwehrfähigen Rechtsgüter in allen behandelten Ländern erweitert.

Zusammenfassend kann man somit sagen, dass die Entwicklung vom Besonderen zum Allgemeinen verlief, die Proportionalität meistens beachtet wurde und die notwehrfähigen Rechtsgüter mit der Zeit erweitert worden sind.

III. Notwehrmerkmale im Überblick

1. Notwehrlage

Für die Notwehrlage ist im Grunde entscheidend, dass ein Angriff auf relevante Rechtsgüter besteht. Im Folgenden wird die Notwehrlage rechtsvergleichend näher betrachtet.

a) Angriff

Die erste Voraussetzung der Notwehrlage ist in den gesetzlichen Regelungen der gesamten behandelten Länder der Angriff. Inhaltlich wird der Angriff in Deutschland als eine Bedrohung der notwehrfähigen Rechtsgüter, die von einem Menschen ausgeht, definiert. Im Prinzip verstehen alle Länder den Angriff auf diese Weise.

Daneben muss der Angriff rechtswidrig und gegenwärtig sein. Rechtswidrigkeit ist bei fast allen Staaten im Gesetz verankert und wird so verstanden, dass ein Verstoß gegen die Rechtsordnung vorliegen muss. Trotzdem finden sich auch Autoren zum Beispiel in Serbien, die für den Angriff zusätzlich verlangen, dass dieser nicht provoziert und nicht schuldhaft verursacht sein darf.[20]

Eine Ausnahme stellt die russische Regelung dar, bei der die Rechtswidrigkeit des Angriffs nicht im Gesetzeswortlaut des Art. 37 ruStGB zu finden ist. Es wird jedoch ein gesellschaftlich gefährlicher Angriff gefordert. Gesellschaftliche Gefährlichkeit bedeutet dabei eine Gefahr für wichtige und rechtlich geschützte Rechtsgüter.[21] Diese Formulierung deutet auf die noch präsente Wirkung der sozialistischen Vergangenheit in der Russischen Föderation hin.

---

20 *Čejović*, Krivično pravo, S. 144.
21 *Aghayev*, Russian Criminal Law, S. 253.

Die Gegenwärtigkeit der Notwehr äußert sich im Gesetz in den zu vergleichenden Ländern unterschiedlich. Während in Deutschland und Slowenien im Wortlaut des Gesetzes nur die Gegenwärtigkeit zu finden ist, haben die anderen Staaten dies genauer formuliert. Kroatien, Serbien und Bosnien und Herzegowina haben dem Wortlaut noch den unmittelbar bevorstehenden Angriff hinzugefügt. Polen setzt in zeitlicher Sicht dem Wortlaut nach nur den unmittelbaren Angriff voraus. Russland erwähnt gar keine zeitlichen Voraussetzungen beim Angriff im Wortlaut des Art. 37 ruStGB.

Trotz dieser unterschiedlichen zeitlichen Grenzen der Notwehr in den Gesetzen der Länder werden diese inhaltlich ähnlich bestimmt. In diesem Sinne ist in Deutschland und Slowenien auch ein unmittelbar bevorstehender Angriff ausreichend, um die Notwehr ausüben zu können.[22] Ebenso ist in Polen die Unmittelbarkeit des Angriffs so zu verstehen, dass auch eine eventuelle zeitnahe Verletzung des Rechtsgutes schon ausreicht, um die Notwehr ausüben zu können.[23] Sogar in Russland wird die Gegenwärtigkeit des Angriffs verlangt, sodass Notwehr nur möglich ist, wenn der Angriff bevorsteht, begonnen hat oder noch nicht beendet ist.[24] Darüber hinaus wird in Russland die Verteidigung noch unmittelbar nach dem Angriff erlaubt sein, wenn der Angegriffene aufgrund der konkreten Umstände nicht erkennen konnte, dass der Angriff schon beendet war.[25]

Insgesamt lassen sich recht ähnliche Konturen des Angriffs feststellen. Um dem Bürger die Verteidigung zu erleichtern, wäre es jedoch angebracht, die Gegenwärtigkeit genauer zu bestimmen. Im allgemeinen sprachlichen Gebrauch wird die Gegenwärtigkeit nämlich nicht auch das „unmittelbar Bevorstehende" umfassen, sodass die Bürger zu dem Schluss kommen könnten, dass man sich erst gegen einen bereits laufenden Angriff verteidigen darf. Allerdings ergibt sich aus den empirischen Erkenntnissen, dass die Bürger eher nach ihren intuitiven Gerechtigkeitsvorstellungen handeln und die Rechtslage wenig Einfluss auf ihr Handeln hat. Die genaue Regelung des Angriffs wird somit keine zu große Auswirkung auf die Notwehrausübung haben. Nichtsdestotrotz wäre diesbezüglich eine Klarstellung wichtig.

---

[22] *Bavcon et al.*, Kazensko pravo, S. 234; MüKo-StGB-*Erb*, § 32 Rn. 104.

[23] *Gardocki*, Prawo karne, Rn. 206.

[24] *Aghayev*, Russian Criminal Law, S. 253; *Paramonova*, in: Sieber et al. (Hrsg), National Criminal Law in a Comparative Legal Context, 126 (136).

[25] *Paramonova*, in: Sieber et al. (Hrsg), National Criminal Law in a Comparative Legal Context, 126 (137).

b) Notwehrfähige Rechtsgüter

Die Länder unterscheiden sich teilweise bei dem Umfang der durch Notwehr geschützten Rechtsgüter. In einen gemeinsamen Kreis kann man dabei die Länder einordnen, die im Gesetz auf den ersten Blick alle Rechtsgüter als notwehrfähig einstufen, die allerdings auf individuelle Rechtsgüter begrenzt bleiben. Dazu kann man Deutschland,[26] Slowenien,[27] Kroatien,[28] sowie Bosnien und Herzegowina[29] zählen. Bei diesen Ländern reicht somit nicht aus, dass ein allgemeines Interesse an der Notwehrübung besteht. Es muss ein individuelles Rechtsgut und damit der Individualschutz für die Legitimation der Abwehr betroffen sein.

In Serbien können dagegen neben den individuellen Rechtsgütern auch die staatliche Rechtsordnung und die Staatssicherheit verteidigt werden.[30] In der Praxis sind Beispiele, bei denen diese kollektiven Rechtsgüter verteidigt werden, im Rahmen meiner Recherche jedoch nicht anzutreffen.

Ein weites Verständnis der notwehrfähigen Rechtsgüter haben auch Polen und Russland. In Polen sind zumindest nach einigen Autoren ähnlich wie in Serbien die staatliche Rechtsordnung und die Unabhängigkeit des Staates notwehrfähig, was nach *Warylewski* sogar bedeutet, dass man gegen eine Person, die die Verkehrsregeln nicht beachtet, Nothilfe üben kann.[31] Diese Sicht wird zusätzlich mit der Regelung der interventionistischen Nothilfe nach Art. 231b polStGB verstärkt, nachdem jemand – der kein öffentlicher Beamter ist – ein fremdes Gut auch mit der Absicht der Verteidigung der öffentlichen Sicherheit oder Rechtsordnung schützen kann. In der Praxis ist die Anwendung dieser Regelung bisher ausgeblieben, was auch nicht verwundert, da die allgemeine Nothilferegelung nach Art. 25 § 1 polStGB ausreichend erscheint, um alle in der Praxis vorkommenden Fälle abzudecken.

In Russland werden die notwehrfähigen Rechtsgüter am deutlichsten sehr weit geregelt. Beim Angriff können nach Art. 37 Abs. 1 ruStGB sowohl die individuellen Rechtsgüter als auch die rechtlich geschützten Interessen der Gesellschaft und des Staates verteidigt werden.[32]

---

26 Schönke/Schröder-*Perron/Eisele*, § 32 Rn. 5 f.

27 *Bavcon et al.*, Kazensko pravo, S. 236.

28 *Mršić*, Hrvatska pravna revija 3 (2003), 71; VSRH I Kž 799/76 v. 20.05.1976; *Pavlović*, Kazneni zakon, S. 66; *Novoselec*, Opći dio kaznenog prava, S. 154.

29 *Tomić*, Krivično pravo, S. 365.

30 *Jovašević*, Krivično pravo, S. 92, siehe hierzu Teil 3 B. II. 1. c) bb).

31 *Warylewski*, Prawo karne, Rn. 444; *Mozgawa*, Annales UMCS, Sectio G (Ius) 60 (2013), 171 (180 f.), siehe auch Teil 3 C. I. 3. a).

32 Siehe Teil 3 D. I. 3. a).

Eine so weite Fassung der notwehrfähigen Rechtsgüter ist aufgrund von zwei Punkten fragwürdig. Zum einen verwischen sich dabei die Grenzen des staatlichen Gewaltmonopols, weil nicht deutlich wird, wann eine Person zum Beispiel ein so abstraktes Rechtsgut wie die Rechtsordnung als solche verteidigen kann.[33] Zum anderen ist es vorstellbar, dass sich „Hilfspolizisten" finden, die das Recht in die eigenen Hände nehmen und auf eigene Faust zum Beispiel Ordnungswidrigkeiten verhindern wollen.[34] Dies kann zu einem gefährlichen Eskalationspotenzial führen. Man kann sich leicht vorstellen, dass jemand einen anderen am unrechtmäßigen Überqueren der Straße hindern will, diese Person möglicherweise gereizt reagiert und den „Verteidiger der Rechtsordnung" physisch angreift.

2. Notwehrhandlung

Im Folgenden wird auf die Notwehrhandlung rechtsvergleichend eingegangen. Zunächst werden die Rechtsnormen der jeweiligen Länder betrachtet, um sodann auf die inhaltlichen Vorgaben auf die Notwehrhandlung einzugehen.

Allen Rechtsordnungen ist zunächst gemeinsam, dass die Abwehr gegen den Angreifer gerichtet sein muss. Betrachtet man den Wortlaut der Notwehrregelung, fällt ins Auge, dass Deutschland das einzige Land ist, das lediglich die „Erforderlichkeit" in § 32 Abs. 2 StGB für die Notwehrhandlung verlangt. Die ehemaligen jugoslawischen Länder sind hier vom Wortlaut her ähnlich vorgegangen und haben in ihren Strafgesetzbüchern die Wörter „unbedingt erforderlich" aufgenommen.[35] Die einzige Ausnahme ist Bosnien und Herzegowina, das neben der unbedingten Erforderlichkeit zusätzlich die Verhältnismäßigkeit der Verteidigung zum Angriff regelt. Eine unterschiedliche Gesetzgebungstechnik findet sich in Polen und Russland. In Polen wird in Art. 25 § 1 polStGB nach der Übersetzung von *Eckstein* nur die Abwendung eines unmittelbaren, rechtswidrigen Angriffs vorausgesetzt.[36] Allerdings können die Wörter *„obronie koniecznej"* auch mit den Worten „erforderliche Verteidigung" übersetzt werden. Außerdem ergibt sich die Notwehrhandlung mittelbar aus dem Art. 25 § 2 polStGB, in dem bestimmt wird, dass sich der Täter in Anbetracht des gegebenen Angriffs nicht unverhältnismäßig verteidigen darf.

---

[33] *Roxin/Greco*, AT I § 15 Rn. 1.
[34] Vgl. *Scherenberg*, Notwehr, S. 32 f.
[35] Siehe dazu Teil 3 A. und B.
[36] *Eckstein*, Polnisches Strafgesetzbuch, S. 21.

Das russische StGB unterscheidet in Art. 37 Abs. 1 und 2 ruStGB zwischen den lebensgefährlichen oder lebensdrohenden Angriffen und anderen Angriffen. Nach Art. 37 Abs. 1 ruStGB ist die Verteidigungshandlung in den zuerst genannten Fällen nicht begrenzt. Demgegenüber muss die Verteidigung nach Art. 37 Abs. 2 ruStGB an den Charakter und die Gefährlichkeit des Angriffs angepasst werden.

Betrachtet man die inhaltlichen Vorgaben der Notwehrregelungen, ergibt sich folgendes Bild. In Deutschland wird unter Erforderlichkeit das mildeste Mittel verstanden, das den Angriff noch sicher abwehren kann. Dies verlangt eine *ex ante* Beurteilung und soll sich nach der „konkreten Kampflage" richten.[37] Diese Auffassung kommt mehr oder minder auch in allen ehemaligen jugoslawischen Ländern vor. Die Erforderlichkeit wird jedoch öfters umfangreicher verstanden. Außerdem wird die Notwehr in Deutschland durch das Merkmal der Gebotenheit zusätzlich in den Fällen eingeschränkt, in denen ansonsten ein unerträgliches Ergebnis entstünde. Das Gebotenheitsmerkmal ist dabei eine Ausnahme.

Slowenien teilt die Prüfung der unbedingt erforderlichen Abwehr in zwei Teile. Zuerst muss der Angriff nicht auf andere Weise mit milderen Mitteln abgewehrt werden können.[38] Ferner muss die Proportionalität zwischen der Verteidigung und dem Angriff vorliegen, wobei alle Umstände des Einzelfalles gewertet werden.[39] Darunter werden auch Umstände berücksichtigt, die nach der deutschen Rechtslage schon bei der Erforderlichkeit bewertet werden, zum Beispiel die physische Stärke des Angreifers und des Verteidigers, die Absichten der beiden und die zur Verfügung stehenden Mittel.[40] Eine Ausweichpflicht oder ein Hilfeherbeiführen gehört in Slowenien nicht zu den Pflichten des Verteidigers. Darüber hinaus werden sekundär bei dieser Voraussetzung auch die Rechtsgüter abgewogen, vor allem wenn sie eine große Disproportionalität aufweisen.[41] Man sieht somit, dass in Slowenien unter der unbedingten Erforderlichkeit nicht nur die Erforderlichkeit verstanden wird, sondern dabei auch normative Kriterien wie die Werte der Rechtsgüter berücksichtigt werden.

Ähnlich ist die Rechtslage in Kroatien. Die Erforderlichkeit der Verteidigung wird zuerst ganz ähnlich verstanden, unterdessen wird aber auch die Proportionalität des Angriffs zur Verteidigung verlangt.[42] Diese Proportionalität wird in Kroatien jedoch nicht als eine zusätzliche Voraussetzung wahr-

---

37 BGH NStZ 1983, 117.
38 *Bavcon et al.*, Kazensko pravo, S. 237.
39 VSRS I Ips 196/2006 v. 15.06.2006.
40 *Bavcon et al.*, Kazensko pravo, S. 237; *Selinšek*, Kazensko pravo, S. 122 f.
41 *Bavcon et al.*, Kazensko pravo, S. 237 f.
42 *Bačić*, Kazneno pravo, S. 154.

genommen. Obwohl die Rechtsgüterabwägung nicht notwendig ist, wird eine Verteidigung des Eigentums mit tödlichen Mitteln nicht gestattet.[43] Zur Begründung wird hier der Art. 2 Abs. 2 lit. a) EMRK herangezogen.[44]

Der kroatischen Rechtslage ist die serbische am ähnlichsten. Dort wird zuerst unter der unbedingten Erforderlichkeit das Gleiche verstanden.[45] Ebenso wird zusätzlich die Proportionalität zwischen der Verteidigung und dem Angriff verlangt, was nichts anderes bedeutet, als dass hier alle Umstände des konkreten Falles berücksichtigt werden.[46] Auch in Serbien wird die Eigentumsverteidigung mit tödlichen Mitteln nicht erlaubt bzw. es darf kein offensichtliches Missverhältnis zwischen den betroffenen Rechtsgütern bestehen, was mit dem sozialethischen Prinzip begründet wird.[47]

Einen anderen Weg ist Bosnien und Herzegowina – zumindest auf den ersten Blick – gegangen. Hier wird unter der unbedingten Erforderlichkeit das Gleiche wie in anderen Ländern verstanden, obwohl auch ein „sozialethisches Kriterium" bei der Prüfung der erforderlichen Verteidigung in Betracht gezogen werden soll.[48] Zudem soll die ausdrücklich im Gesetz verankerte Verhältnismäßigkeit die sozialethische Funktion der Notwehr berücksichtigen; sie ist nicht gegeben, wenn ein offensichtliches Missverhältnis zwischen den Rechtsgütern besteht.[49] Man sieht, dass mit der Verhältnismäßigkeit hier nichts anderes gemeint ist als in vergleichbaren Rechtsordnungen. Aus dem Blickwinkel des Gesetzlichkeitsprinzips ist jedoch positiv zu bewerten, dass diese Voraussetzung klar im Gesetz steht.

Vergleicht man die deutsche Betrachtung der Notwehrhandlung und die der ehemaligen jugoslawischen Länder, kann man feststellen, dass die Notwehrhandlung in jedem Fall erforderlich sein muss. Obwohl in Slowenien, Kroatien und Serbien die Verhältnismäßigkeit der Verteidigung zu dem Angriff nicht unmittelbar zu den gesetzlichen Voraussetzungen gehört, wird diese verlangt. Sie bedeutet zuerst jedoch nichts anderes als die Erforderlichkeit in Deutschland, wo auch alle Umstände oder die „konkrete Kampflage" beachtet werden. Zusätzlich erfolgt dabei in den Fällen, wo die Rechtsgüter in einer zu weiten Diskrepanz stehen, eine bedingte Rechtsgüterabwägung,

---

[43] *Bačić*, Kazneno pravo, S. 155; *Grozdanić et al.*, Kazneno pravo, S. 116; *Novoselec*, Opći dio kaznenog prava, S. 161.

[44] *Novoselec*, Opći dio kaznenog prava, S. 161.

[45] *Jovašević*, Nužna odbrana i krajnja nužda, S. 124.

[46] *Jovašević*, Nužna odbrana i krajnja nužda, S. 125; *Jovašević*, Free Law Journal 1 (2005), 7 (17).

[47] *Jovašević*, Nužna odbrana i krajnja nužda, S. 126 f.

[48] *Tomić*, Krivično pravo, S. 368.

[49] *Tomić*, Krivično pravo, S. 369.

die aber in der Regel nur klare Disproportionalitäten ausschließt und daher der deutschen Rechtslage bis zu einem gewissen Grad ähnelt.

In Polen ist die Notwehrhandlung zuerst durch die Erforderlichkeit im herkömmlichen Sinne bestimmt. Die betroffenen Rechtsgüter müssen demnach nicht im Verhältnis zueinander stehen; bei starker Disproportionalität soll die Erforderlichkeit jedoch im sozialen oder humanistischen Sinne verstanden und Notwehr abgelehnt werden.[50] Im Ergebnis ist die polnische Regelung der Erforderlichkeit denen der anderen untersuchten Länder vergleichbar.

Im Gegensatz zu anderen Staaten ist in Polen die Ausweichpflicht nicht ganz unstrittig. Dies entspringt dem immer noch aktuellen Streit in Polen, ob das Notwehrrecht einen subsidiären oder einen selbstständigen Charakter hat.[51]

In Russland wird die Notwehrhandlung nicht in gleicher Weise bestimmt wie in Deutschland oder anderen Staaten. Vollkommen einzigartig wird in Russland zwischen den lebensgefährlichen oder mit Lebensgefahr drohenden Angriffen und sonstigen Angriffen differenziert. Bei den Ersteren wird die Überschreitung der Notwehr nicht als Notwehrexzess angesehen, was zu Recht auf Kritik in der Literatur gestoßen ist.[52]

Insgesamt lässt sich feststellen, dass an die Notwehrhandlung im Vergleich zu Deutschland in allen Staaten im Regelfall ähnliche Anforderungen gestellt werden. Allerdings erfolgen fast durchweg größere Einschränkungen des Notwehrrechts im Bereich der Disproportionalität der betroffenen Rechtsgüter.

3. Verteidigungswille

In Deutschland muss der Wille des Notwehrübenden auf die Abwehr gerichtet sein.[53] In Slowenien, Kroatien, Polen und Russland wird ebenso explizit gefordert, dass der Notwehrübende bewusst zur Abwehr gehandelt hat.[54] Diese Anforderung kommt in Serbien und Bosnien und Herzegowina dagegen meistens nicht explizit zum Ausdruck. In Serbien wird der Verteidi-

---

50 *Gardocki*, Prawo karne, Rn. 209; *Warylewski*, Prawo karne, Rn. 439.
51 Siehe dazu oben Teil 3 I. C. 1.
52 *Plotnikov*, in: Plotnikov (Hrsg.), Ugolovnoe pravo Rossii, Glava 12, 197 (201).
53 BGH NJW 2013, 2133.
54 *Bavcon et al.*, Kazensko pravo, S. 235; *Novoselec*, Opći dio kaznenog prava, S. 162; *Bojarski/Giezek/Sienkiewicz*, Prawo karne, Rn. 210; *Plotnikov*, in: Plotnikov (Hrsg.), Ugolovnoe pravo Rossii, Glava 12, 197 (205 f.).

gungswille nicht als eine Voraussetzung für die Notwehr gesehen.[55] In Bosnien und Herzegowina sieht den Verteidigungswillen als Voraussetzung der Notwehr nur *Babić*,[56] bei den anderen Autoren wird der Verteidigungswille jedoch nicht erwähnt.[57] Hier zeigt sich, dass von den ehemaligen jugoslawischen Ländern Slowenien und Kroatien das deutsche Strafrecht stärker als die anderen Staaten rezipiert haben. Anzumerken ist jedoch, dass das Fehlen des Verteidigungswillens in der Praxis sehr selten vorkommt und es somit auch sein kann, dass in Serbien und Bosnien dieses Problem keine dringliche Auseinandersetzung gefordert hat.

4. Notwehrexzess

Beim Notwehrexzess kann man zuerst den allen Staaten gemeinsamen Punkt hervorheben, dass dem Wortlaut nach der Notwehrexzess in der Überschreitung der Notwehrgrenzen besteht. Abgesehen davon unterscheiden sich sowohl die Voraussetzungen des Notwehrexzesses als auch seine Folgen stark voneinander.

Deutschland hat für den Notwehrexzess in § 33 StGB – zumindest bezüglich der Voraussetzungen – eine vergleichsweise enge Regelung. In Deutschland liegt der Notwehrexzess vor, wenn das Maß der erforderlichen oder gebotenen Verteidigung überschritten wird – in Betracht kommt nach h.M. nur ein intensiver Notwehrexzess – und dies aus einem sthenischen Affekt wie Angst, Furcht oder Verwirrung passiert.[58] Sind diese Voraussetzungen erfüllt, ist der Täter nicht schuld, d. h. es liegt keine Straftat vor.[59] Diese Regelung lässt den Richtern im Gegensatz zu anderen sehr wenig Spielraum.[60]

Hinsichtlich der Voraussetzungen und der Rechtsfolgen kann man in eine Gruppe wieder die jugoslawischen Länder einordnen. Der Wortlaut des Notwehrexzesses ist in diesen Staaten annähernd gleich.[61] In allen Ländern wird der Notwehrexzess im gleichen Artikel wie die Notwehr geregelt. Die

---

[55] Siehe *Vuković*, in: Ignjatović (Hrsg.), Kaznena reakcija u Srbiji, 193 (197), der bei den Provokationsfällen das Argument mit dem fehlenden Verteidigungswillen nicht anerkennt, weil in Serbien kein Verteidigungswille bei Notwehr verlangt wird.

[56] Komentari KZ BiH-*Babić*, Art. 24 Abs. 2, S. 142.

[57] *Stanković*, Krivično pravo, S. 81 f.; *Petrović/Jovašević*, Krivično/Kazneno pravo Bosne i Hercegovine, S. 160–162; *Tomić*, Krivično pravo, S. 367–371.

[58] Siehe dazu oben Teil 2 A. II. 4.

[59] Siehe dazu oben Teil 2 A. II. 4.

[60] Kritisch dazu *Herceg Pakšić*, Hrvatski ljetopis za kazneno pravo i praksu 22 (2015), 125 (130).

[61] Siehe dazu oben Teil 3 A. und B.

erste Variante für den Notwehrexzess liegt vor, wenn die Grenzen der Notwehr überschritten werden. Alle Länder erkennen grundsätzlich nur einen intensiven Notwehrexzess an.

In Serbien wird von einigen angenommen, dass die Gefährlichkeit der Tat auch bei der zeitlichen Überschreitung der Notwehr vermindert ist; diverse Autoren bejahen auch den extensiven Notwehrexzess.[62] Die anderen sehen im extensiven Notwehrexzess keinen Notwehrexzess, möglicherweise handelt es sich jedoch um einen privilegierten Totschlag nach Art. 115 serStGB.[63]

Bei der einfachen Überschreitung der Notwehr können die Richter die Strafe in den behandelten ehemaligen jugoslawischen Ländern fakultativ mildern.

Als zweite Variante des Notwehrexzesses kommt eine der deutschen ähnlichere Regelung in Betracht, die neben der Überschreitung der Notwehr noch eine bestimmte psychische Verfassung des Handelnden voraussetzt. Interessanterweise werden bei Slowenien, Serbien und Bosnien nicht so wie in Deutschland nur die asthenischen Affekte gezählt, sondern neben dem asthenischen Affekt der Furcht noch der sthenische Affekt der starken Gereiztheit.

Die Richter haben einen weiten Ermessensspielraum in den drei Ländern, denn sie können die Strafe verhängen, mildern oder sogar erlassen, wenn die zweite Variante des Notwehrexzesses vorliegt. Zu den genauen Richtlinien für die Strafbemessung findet sich nur in Bosnien die Ansicht, dass die Richter beachten sollten, ob es zur Notwehrüberschreitung aufgrund des sthenischen oder asthenischen Affektes gekommen ist.[64]

Kroatien hat sich bei der zweiten Variante des Notwehrexzesses mit der Gesetzesänderung aus dem Jahr 2011 dem deutschen § 33 StGB angenähert. Darin wird nur die Furcht als einziger Affekt anerkannt und die Schuld des Täters wird bei gegebenen Voraussetzungen verneint.

Polen hat schon vom Wortlaut her eine andere Regelung des Notwehrexzesses als die bisherigen Länder. Zunächst befindet sich die allgemeinere Regelung des Notwehrexzesses in Art. 25 § 2 polStGB, wo die Notwehrüberschreitung als die Unverhältnismäßigkeit der Notwehr in Anbetracht des gegebenen Angriffs definiert wird. Darunter wird in Polen explizit sowohl der intensive als auch der extensive Notwehrexzess verstanden.[65] Den Richtern gibt das polnische Strafgesetzbuch schon bei dieser Variante am meisten

---

[62] *M. Đorđević/Đ. Đorđević*, Krivično pravo, S. 60.

[63] *Jovašević*, Nužna odbrana i krajnja nužda, S. 130 f.

[64] *Tomić*, Krivično pravo, S. 375.

[65] Siehe oben Teil 3 C. I. 2. d).

Spielraum, da sie von der vollen Bestrafung bis zum Absehen von der Strafe urteilen können.

Eine spezielle (Beweislast-)Regelung hat Polen für Angriffe in heimischen Räumlichkeiten mit dem Art. 25 § 2a polStGB geschaffen. Diese Regel zeigt, dass die Notwehr nicht nur durch die eigentliche Notwehrregel schärfer gemacht werden kann, sondern auch durch die Regelung des Notwehrexzesses bzw. der Umkehr der Beweislast. Während Polen im Vergleich zu Deutschland mit der Forderung nach einer verhältnismäßigen Notwehr nach Art. 25 § 2 polStGB restriktiver vorgeht, ist mit dem Art. 25 § 2a polStGB ein Schritt in die Richtung faktisch sehr scharfer Notwehr getan worden. Für eine solche Regelung spricht das besondere Schutzbedürfnis der Bürger, wenn sie in ihren Räumen angegriffen werden. Man wird sich jedoch fragen müssen, ob nicht die Räumlichkeiten zu weitgehend und zu vage bestimmt sind.[66] Nachvollziehbar ist, dass beispielsweise die intimsten Räume besonders schutzwürdig sein sollen, allerdings ist zweifelhaft, ob die Räumlichkeiten wie zum Beispiel der umzäunte Gartenbereich gleich stark geschützt werden sollten.

Wie bei allen bisherigen Ländern wird auch in Polen eine besondere psychische Situation des Angegriffenen in Art 25 § 3 polStGB berücksichtigt, in dem ein obligatorischer Straferlass vorgesehen ist, wenn die Notwehr aus Furcht oder Aufregung überschritten wurde. Diese Regel ähnelt der deutschen, allerdings wird neben der Furcht noch der Affekt der Aufregung bzw. Erregung berücksichtigt.

Russland hat den Notwehrexzess eigentlich nicht geregelt. Es gibt einerseits den Art. 37 Abs. 2.1 ruStGB, der keine Überschreitung der Notwehr bei Unerwartetheit des Angriffs bestimmt. Andererseits gibt es kasuistische Regelungen für die Tötung und schwere Körperverletzung im Notwehrexzess im Besonderen Teil des Strafrechts. Die Überschreitung der Notwehr durch leichte Körperverletzung ist nicht geregelt, da es normalerweise proportional sein wird, wenn man den Gegner leicht körperlich verletzt.[67] Diese Regel wird man als zu kasuistisch eher negativ ansehen müssen. Zum einen werden die besonderen psychischen Umstände des Angegriffenen innerhalb der Notwehr nur unzureichend berücksichtigt. Zum anderen wird man kaum annehmen können, dass die Überschreitung der Notwehr nur bei der schweren Körperverletzung und Tötung möglich ist. Wenn der Angriff eher gering ist wie zum Beispiel eine Beleidigung o. Ä., kann auch eine leichte Körperverletzung oder Beschädigung einer wertvollen Sache disproportional nach Art. 37 Abs. 2 ruStGB sein. Die Möglichkeit des Notwehrexzesses wäre auch

---

[66] Siehe Teil 3 C. I. 2. d).

[67] *Aghayev*, Russian Criminal Law, S. 255.

in diesen Fällen eine adäquate Lösung für die Berücksichtigung der geringen kriminellen Energie des Täters bzw. „Notwehrübenden".

Im Vergleich zu anderen Ländern fällt auf, dass in Deutschland der Notwehrexzess den Voraussetzungen nach sehr eng geregelt ist. Die Rechtsfolge lässt in Deutschland ebenso keinen Spielraum. Während die Notwehrvoraussetzungen vergleichsweise weit geregelt sind, ist dies beim Notwehrexzess nicht der Fall. Dies lässt den spekulativen Gedanken zu, dass die anderen Länder möglicherweise die engeren Grenzen der Notwehr mit weitgehenden Regelungen des Notwehrexzesses kompensiert haben. Dafür gibt es jedoch keine explizite Hinweise.

5. Interventionistische Nothilfe in Polen

An dieser Stelle ist nochmals die interventionistische Nothilfe in Polen nach Art. 231b polStGB zu erwähnen. Diese stellt im Vergleich zu allen anderen Strafgesetzbüchern eine Eigenartigkeit dar. Aus oben genannten Gründen ist die interventionistische Nothilfe jedoch abzulehnen.[68]

B. Die Grenzen der Notwehr

Während die Notwehr zunächst durch ihre allgemeinen Merkmale begrenzt wird, werden in vielen Fällen besondere Situationen in allen Rechtsordnungen erkannt, in denen die Notwehr noch weiterer Einschränkungen bedarf. Oft ist hier gerade die deutsche Strafrechtsliteratur von Bedeutung, da sich viele Autoren darauf berufen. Während viele europäischen Staaten dies kasuistisch schon im Gesetz beachten,[69] ist dies für die hier behandelten Staaten nicht der Fall. In den Gesetzestexten von Polen, Russland und Bosnien und Herzegowina findet sich jedoch eine allgemeinere Klausel, die Verhältnismäßigkeit oder Angemessenheit beinhaltet.

I. Missverhältnis zwischen den betroffenen Rechtsgütern

Das deutsche Notwehrrecht wurde durch die Entwicklung in den Fällen eingeschränkt, bei denen die betroffenen Rechtsgüter in einem besonders krassen oder unerträglichen Missverhältnis stehen. Die erste Feststellung diesbezüglich ist, dass in vergleichbaren Fällen wie zum Beispiel dem Apfeldiebstahl-Fall in den gesamten untersuchten Ländern dem Angreifer ebenso

---

[68] Siehe dazu Teil 3 C. 2. e).
[69] Siehe *Wittemann*, Notwehr in Europa, S. 236.

das Notwehrrecht verwehrt wird.[70] Somit liegt hier ein Konsens von allen Ländern vor.

Darüber hinaus empfiehlt sich die Frage zu behandeln, wie andere Länder den Fall beurteilen, in dem ein Angriff auf das Eigentum mit einer schweren Körperverletzung oder Tötung abgewehrt wird. Vom Ergebnis her ist hier deutlich, dass im Gegensatz zu Deutschland kein einziges Land eine Tötung im Falle der Sachnotwehr zulässt.[71] Die Begründungen dafür unterscheiden sich von Land zu Land.

Zunächst ist Bosnien und Herzegowina zu erwähnen. Hier begründet sich diese Lösung mit dem Wortlaut des Gesetzes, denn die Notwehr muss nach Art. 24 Abs. 2 bosStGB verhältnismäßig sein.[72] Dies bedeutet, dass die Rechtsgüter bei der Bewertung auch abgewogen werden. Ähnlich berufen sich auf den Wortlaut des Art. 25 § 2 Pol-StGB die Autoren in Polen, wonach die Notwehrhandlung im Verhältnis zum Angriff verhältnismäßig sein muss, was im sozialen Sinne zu verstehen ist.[73] Unmittelbar aus dem Gesetz leitet sich ebenso in Russland ab, dass eine schwere Verletzung oder Tötung im Falle der Sachnotwehr nicht erlaubt ist, da nach Art. 37 Abs. 2 ruStGB die Verteidigung an den Charakter und die Intensität des Angriffs angepasst werden muss.[74]

In Slowenien wird die Proportionalität der Verteidigung zum Angriff als zweite Voraussetzung der Notwehrhandlung auch aus dem Wortlaut abgeleitet, wobei sich die Rechtslehre dabei öfters auf den Art. 2 Abs. 2 lit. a) EMRK oder auf den Schutz des Menschenlebens nach Art. 17 sloGG bezieht.[75] Auf die EMRK berufen sich außerdem Kroatien[76] und Polen.[77] In der

---

[70] *Ambrož*, in: Bavcon (Hrsg.), Pravne razsežnosti človekovih pravic, 103 (104); *Bačić*, Kazneno pravo, S. 155; *Novoselec*, Opći dio kaznenog prava, S. 164; *Jovašević*, Nužna odbrana i krajnja nužda, S. 126 f.; *Tomić*, Krivično pravo, S. 370 f.; *Gardocki*, Prawo karne, Rn. 209; *Plotnikov*, in: Plotnikov (Hrsg.), Ugolovnoe pravo Rossii, Glava 12, 197 (202).

[71] *Bele*, Kazenski zakonik, Art. 11 Rn. 8; *Novoselec*, in: Matovski/Novoselec (Hrsg.), Zbornik na trudovi na Pravniot fakultet „Justinijan Prvi" vo Skopje, 111 (112 f.); *Grozdanić et al.*, Kazneno pravo, S. 116; *Jovašević*, Nužna odbrana i krajnja nužda, S. 126 f.; *Tomić*, Krivično pravo, S. 370; *Gardocki*, Prawo karne, Rn. 209; SA II Aka 115/10 v. 30.12.2010, S. 1; *Plotnikov*, in: Plotnikov (Hrsg.), Ugolovnoe pravo Rossii, Glava 12, 197 (206).

[72] *Tomić*, Krivično pravo, S. 370 f.

[73] *Gardocki*, Prawo karne, Rn. 209.

[74] *Plotnikov*, in: Plotnikov (Hrsg.), Ugolovnoe pravo Rossii, Glava 12, 197 (206).

[75] *Bele*, Kazenski zakonik, Art. 11 Rn. 8; *Ambrož*, in: Bavcon (Hrsg.), Pravne razsežnosti človekovih pravic, 103 (104 f.).

[76] *Novoselec*, Opći dio kaznenog prava, S. 161.

[77] *Marek*, Obrona konieczna, S. 102 f.

polnischen Rechtsprechung und Rechtslehre wird die Verhältnismäßigkeit zwischen der Verteidigung und dem Angriff im moralisch-gesellschaftlichen Sinne verstanden.[78] Auf das sozialethische Prinzip bei der Auslegung beruft sich bei dieser Frage auch Serbien.[79]

Während es fraglich ist, ob die EMRK einen unmittelbaren Einfluss auf die Verhältnisse der Bürger untereinander hat, ist es plausibel, den Höchstwert des Menschenlebens hervorzuheben und die Auslegung an das humanistische Prinzip diesbezüglich anzupassen. Diese objektive Werteordnung ist bei allen Ländern schon aus der Verfassung abzuleiten. Am positivsten ist jedoch die Rechtslage dort zu bewerten, wo man sich bezüglich dieser Frage unmittelbar auf das Gesetz berufen kann wie zum Beispiel in Bosnien, Polen und Russland.

Im Vergleich zu Deutschland haben somit alle anderen Ländern in Bezug zu dieser Fallgruppe ein engeres Notwehrverständnis.

II. Angriffe von schuldlos Handelnden

Während sich für das Missverhältnis zwischen den betroffenen Rechtsgütern in jedem Land die Rechtslage ermitteln lässt, ist das bei Angriffen von schuldlos Handelnden nicht der Fall.

Zuerst ist hervorzuheben, dass der Angriff in allen Ländern rechtswidrig sein muss und somit auch von einer schuldlosen Person ausgehen kann.[80] Während in Slowenien,[81] Kroatien,[82] Serbien,[83] und Polen[84] hierbei zumindest ein Teil des Schrifttums oft ähnlich wie in Deutschland von einer Einschränkung der Notwehr und einer stufenweisen Vorgehensweise ausgeht, erfolgt dies in der Rechtsprechung in diesen Ländern nicht. Die konkreten Umstände, die sich auf die Schuld des Angreifers beziehen, wie zum Beispiel die Alkoholisierung, werden jedoch oft bei der Intensität des Angriffs in Be-

---

[78] *Gardocki*, Prawo karne, Rn. 209; *Warylewski*, Prawo karne, Rn. 439.

[79] *Jovašević*, Nužna odbrana i krajnja nužda, S. 126 f.

[80] Siehe dazu oben Teil 3. Obwohl in Slowenien zum Beispiel auch bei einem Angriff von Kindern schon der Angriff oder die Erforderlichkeit verneint wird, siehe *Bele*, Kazenski zakonik, Art. 11 Rn. 6.

[81] *Baucon*, Pravna praksa 35 (2016), 18 (19).

[82] *Novoselec*, Opći dio kaznenog prava, S. 163; *Novoselec*, in: Matovski/Novoselec (Hrsg.), Zbornik na trudovi na Pravniot fakultet „Justinijan Prvi“ vo Skopje, 111 (116–118).

[83] *Jovašević*, Nužna odbrana i krajnja nužda, S. 127; *Vuković*, in: Ignjatović (Hrsg.), Kaznena reakcija u Srbiji, 193 (201 f.).

[84] *Marek*, Obrona konieczna, S. 111 f.

tracht gezogen.[85] Diese Betrachtungsweise kommt noch deutlicher in der bosnischen Literatur zum Ausdruck, wo nicht nur Angriffe von schuldlosen Personen, sondern ebenso von Älteren als weniger gefährlich eingestuft werden.[86] Bei diesen Personen sei ein Ausweichen nicht demütigend und daher erforderlich.[87]

Für Russland wird betont, dass die Grenzen der Notwehr unabhängig vom Alter oder von der Unzurechnungsfähigkeit des Angreifers sind.[88] Außerdem werden zumindest bei einem nichtlebensgefährlichen Angriff nach Art. 37 Abs. 2 ruStGB der Charakter und die Gefährlichkeit des Angriffs berücksichtigt, sodass hier zum Beispiel die Alkoholisierung auf jeden Fall eine Rolle spielen wird.

Insgesamt ist festzustellen, dass die gleiche Vorgehensweise der Rechtspraxis wie in Deutschland in keinem Land zu finden ist. Die Merkmale, die die Schuld betreffen, werden sich allerdings in der Beurteilung der Notwehrgrenzen wiederfinden. Dies erfolgt jedoch nicht systematisch.

III. Notwehr im Rahmen von engen persönlichen Beziehungen

Die Garantenverhältnisse haben sehr selten eine Einschränkung oder überhaupt irgendeine Folge für die Notwehrgrenzen in den verglichenen Staaten. Unter Berufung auf die deutsche Diskussion wird diese Fallgruppe zwar im Schrifttum von Slowenien,[89] Kroatien,[90] vereinzelt auch in Serbien[91] erwähnt, allerdings folgt die Rechtsprechung diesen Ausführungen nicht explizit.[92] In Bosnien und Herzegowina, Polen und Russland findet diese Gruppe keine besondere Erwähnung. Im Vergleich zu Deutschland findet mithin diese Fallgruppe wesentlich weniger Beachtung und wird vor allem

---

[85] Siehe dazu beispielsweise für Slowenien VSK II Kp 21017/2014 v. 24.06.2015, für Kroatien Okrožni sud u Zagrebu Kž 1659/81 v. 20.10.1981, zitiert nach *Garačić*, Kazneni zakon u sudskoj praksi, S. 137, und für Serbien Okružni sud u Nišu, Kž 109/2008 v. 29.08.2008, zitiert nach *Vuković*, in: Ignjatović (Hrsg.), Kaznena reakcija u Srbiji, 193 (201 f. Fn. 47).

[86] Komentari KZ BiH-*Babić*, Art 24 Abs. 2, S. 142.

[87] Komentari KZ BiH-*Babić*, Art 24 Abs. 2, S. 142.

[88] Plenum des Obersten Gerichtshofes der Russischen Föderation v. 27.09.2012, S. 4.

[89] *Baucon*, Pravna praksa 35 (2016), 18 (19).

[90] Siehe zum Beispiel *Novoselec*, Opći dio kaznenog prava, S. 164.

[91] *Vuković*, in: Ignjatović (Hrsg.), Kaznena reakcija u Srbiji, 193.

[92] Obwohl in Kroatien für das Urteil VSRH I Kž-131/1995-3 v. 01.07.1998 das Gegenteil beteuert wird, siehe *Novoselec*, Opći dio kaznenog prava, S. 164; *Novoselec*, Hrvatska pravna revija 10 (2010), 79 (82); auch Komentar Kaznenog zakona-*Pavišić*, Art. 29, Rn. 29.

von der Rechtsprechung in keinem der anderen Länder ausdrücklich als Fallgruppe anerkannt.

IV. Notwehrprovokation

Bei der Notwehrprovokation muss man zwischen den absichtlichen Provokationen und den sonst provozierten Angriffen unterscheiden.

Bei den absichtlichen Provokationen herrscht die einhellige Meinung in allen Rechtsordnungen, dass die Berufung auf Notwehr versagt wird. Dies wird meistens auf den Rechtsmissbrauch zurückgeführt.[93] Eine genauere Herleitung dieses Prinzips ist nicht ersichtlich. Seltener wird dabei auch auf das Fehlen des Verteidigungswillens hingewiesen.[94] Das Notwehrrecht lebt jedoch in einigen Staaten wieder auf, wenn der provozierte Angriff das Maß übersteigt, das der Provokateur beabsichtigt hat.

Bei den sonstigen Provokationen ist die Lage im Gegensatz zu Deutschland in einzelnen Staaten nicht so klar zu erkennen. In Slowenien wird beispielsweise geprüft, ob wegen der Provokation die Verteidigung dem Angriff angemessen ist.[95] Bei anderen wird in der Literatur die deutsche Dogmatik bei den schuldhaft verursachten Angriffen herangezogen, wonach eine abgestufte Vorgehensweise bevorzugt wird.[96]

Bezüglich der Rechtswidrigkeit der Provokation findet man bei den Staaten keine oder keine eindeutigen Aussagen. Zumindest in Kroatien finden sich in der Rechtsprechung jedoch Anhaltspunkte, dass die Provokation rechtswidrig sein muss.[97] Die Rechtswidrigkeit wird auch in der Rechtslehre von Serbien[98] verlangt. Bei den anderen Staaten wird dies nicht explizit gefordert. Dies kann jedoch auch daran liegen, dass sie die Notwehr vor allem bei den Absichtsprovokationen behandeln und im Ergebniss aufgrund des fehlenden Verteidigungswillens verneinen.

---

[93] Siehe zum Beispiel für Slowenien: VSRS I Ips 94/1998 v. 21.03.2002; für Kroatien: *Bojanić*, Prekoračenje granica nužne obrane, S. 37; für Serbien: *Jovašević*, Nužna odbrana i krajnja nužda, S. 119 f.; für Bosnien und Herzegowina: *Stanković*, Krivično pravo, S. 82; *Tomić*, Krivično pravo, S. 366; für Polen: *Warylewski*, Prawo karne, Rn. 449.

[94] Siehe *Plotnikov*, in: Plotnikov (Hrsg.), Ugolovnoe pravo Rossii, Glava 12, 197 (206).

[95] VSL I Kp 691/1999 v. 06.10.1999.

[96] Siehe beispielsweise *Risimović*, Bezbednost 53 (2011), 168 (177), der sogar eine vierstufige Vorgehensweise vorschlägt.

[97] VSRH I Kž 927/2006 v. 25.01.2007.

[98] *Risimović*, Bezbednost 53 (2011), 168 (176); *Vuković*, in: Ignjatović (Hrsg.), Kaznena reakcija u Srbiji, 193 (196).

An dieser Stelle muss noch hervorgehoben werden, dass in Slowenien,[99] Kroatien[100] und Polen[101] die Rechtsprechung bei einer wechselseitigen physischen Auseinandersetzung manchmal pauschal allen Beteiligten das Notwehrrecht versagt, weil alle Angreifer seien. Dabei wird jedoch zum Beispiel in Slowenien das Notwehrrecht wieder gewährt, wenn das erwartete Maß der Auseinandersetzung überschritten ist.[102] Dies ähnelt im Ergebnis der Bewertung in der deutschen Rechtsprechung, in der die Notwehr ausgeschlossen wird, wenn beide Beteiligte Angreifer und Verteidiger gleichzeitig sind und somit eine Einwilligung nach § 228 StGB vorliegt.[103] Dies lässt jedoch die Rechtswidrigkeit des Angriffs entfallen und stellt keine Einschränkung der Notwehr aufgrund der Provokation dar.[104] Wird das Maß der vorgesehenen Auseinandersetzung überschritten, entsteht möglicherweise wieder eine Notwehrlage.[105]

V. Schweigegelderpressung oder Chantage

Die heimliche Notwehr in den Fällen der sog. Chantage wird außerhalb Deutschlands lediglich in Kroatien erwähnt. Der Anlass dazu war der Fall aus der Rechtsprechung VSRH I Kž 996/1993-3 v. 16.02.1994. Die heimliche Notwehr wird dabei sowohl in Kroatien als auch in Deutschland in diesem Fall nicht gestattet.

C. Vereinbarkeit der Notwehreinschränkungen mit dem Gesetzeswortlaut

Bei der Vereinbarkeit der Notwehrgrenzen mit dem Wortlaut des Gesetzes kann man die Länder in zwei Gruppen aufteilen. Bei der ersten Gruppe muss die Notwehr schon dem Gesetzeswortlaut nach über die Erforderlichkeit hinaus eingeschränkt werden. Dazu gehören Bosnien und Herzegowina, Polen und Russland.

Bei der zweiten Gruppe wird die Notwehr über die (unbedingte) Erforderlichkeit hinaus nicht unmittelbar aus dem Gesetzeswortlaut heraus eingeschränkt. Dazu gehören Deutschland, Slowenien, Kroatien und Serbien.

---

99 Siehe zum Beispiel VSC Kp 111/2000 v. 21.03.2000.
100 VSRH I Kž 1177/1992-3 v. 10.02.1993.
101 *Wróbel/Zoll*, Polskie prawo, S. 354.
102 VSRS I Ips 26/2007 v. 18.10.2007.
103 BGH NStZ-RR 2006, 376; BGH NJW 1990, 2263.
104 Schönke/Schröder-*Perron/Eisele*, § 32 Rn. 23.
105 BGH MDR 1966, 23.

Deutschland könnte man hierbei bedingt noch unter die erste Gruppe einordnen, weil die Notwehreinschränkungen durch das Merkmal der Gebotenheit
erfolgen. Außerhalb Deutschlands wird dieses Problem nicht sehr ausführlich
behandelt. Dies zeigt, dass der Wortlaut bei der Begründung der Notwehrgrenzen im Vergleich zu Deutschland nicht in gleichem Maße als problematisch gesehen wird. Auch wenn sich Slowenien, Kroatien und Serbien sehr
häufig an die deutsche Strafrechtsdogmatik anlehnen, wird in keinem von
diesen Ländern mit Hinweis auf den Wortlaut der Notwehrregeln gefordert,
dass eine Tötung auch im Falle eines Angriffs auf Vermögen erlaubt sein
muss. Dies trotz der Tatsache, dass in allen drei Ländern eine ähnliche gesetzliche Regelung wie Art. 103 Abs. 2 GG in Deutschland besteht.

D. Fazit

Die rechtsvergleichenden Erkenntnisse kann man folgendermaßen zusammenfassen. Bei den Grundlagen der Notwehr spielen in den gesamten Ländern sowohl die individuellen als auch die überindividuellen Interessen eine
Rolle. Die Auseinandersetzung mit den Grundlagen ist jedoch weit davon
entfernt, das Ausmaß der Diskussion in Deutschland zu erreichen. Ebenso ist
die Bedeutung für die Entscheidung in konkreten Fällen gering.

Bei der Entwicklung der Notwehr sind gemeinsame Konturen hervorzuheben. Zum einen erfolgt die Entwicklung von einer kasuistischen Regelung zu
einer allgemeinen Regelung. Zum anderen ist eine Erweiterung der notwehrfähigen Rechtsgüter zu verzeichnen. Die Grenzen der Notwehr sind nicht linear von einer schärferen zu einer verhältnismäßigen Notwehr verlaufen.

Die Notwehrlage gestaltet sich in allen Staaten ähnlich. Eine Ausnahme ist
Russland, wo nach lebensgefährlichen und nicht lebensgefährlichen Angriffen unterschieden wird.

Bei der Notwehrhandlung ist zuerst feststellbar, dass sie meistens im herkömmlichen Sinne erforderlich sein muss. Eine Ausnahme ist wiederum
Russland bei den Angriffen auf das Leben.

Ferner wird in den meisten Ländern eine Art Angemessenheit oder Verhältnismäßigkeit der Verteidigung zum Angriff verlangt. Dies drückt sich jedoch nur ausnahmsweise in einer generellen Rechtsgüterabwägung aus.

Der Verteidigungswille wird nur in Serbien und Bosnien nicht immer explizit verlangt.

Der Notwehrexzess ist in allen Ländern im Vergleich zu Deutschland aus-
führlicher geregelt. So haben die Nachfolgestaaten Jugoslawiens immer die
Möglichkeit der Strafrahmenverschiebung. Ähnlich ist es in Polen, wo von
der Strafe sogar immer abgesehen werden kann. Auch in Deutschland ist es

möglich, den Umstand der überschrittenen Notwehr (soweit § 33 StGB nicht erfüllt ist) bei der Strafzumessung nach § 46 Abs. 1 und 2 StGB zu berücksichtigen. Eine Strafrahmenverschiebung kann jedoch nach § 49 Abs. 1 StGB nur erfolgen, wenn eine Strafmilderung im Gesetz vorgesehen ist. Beim Notwehrexzess aus Affekt ist bemerkenswert, dass in einigen Ländern die sthenischen Affekte ebenso zum Straferlass führen können. Erwähnenswert ist auch die ganz neue Regel in Polen, die bei der Notwehr in heimlichen Räumen die Beweislast umkehrt und daher keinen Notwehrexzess vorsieht, wenn der Täter die Grenzen der Notwehr überschritten hat. Hinsichtlich des extensiven Notwehrexzesses ist anzumerken, dass dieser vor allem in Polen als möglich angesehen wird.

Bei den in Deutschland gebildeten Fallgruppen kann man konstatieren, dass die Grenzen der Notwehr unterschiedlich gezogen werden.

Die engeren Grenzen der Notwehr kann man eindeutig für die Fallgruppe des krassen Missverhältnisses feststellen. Eine Tötung des fliehenden Diebes wird in keinem anderen Land als erlaubt angesehen. Das Gleiche kann man bedingt für die Angriffe schuldlos Handelnder behaupten, bei denen manchmal schon der Angriff verneint wird. Die Notwehr in engen Nähebeziehungen wird dagegen meist nicht zur Einschränkung führen. Die absichtlichen Provokationen werden in den meisten Ländern zur Notwehrversagung führen, während die vorsätzlichen und sonstigen Provokationen nur selten zur Einschränkung der Notwehr führen werden. Das Notwehrrecht in den heimlichen Erpressungsfällen wird auch in Kroatien abgelehnt bzw. eingeschränkt.

Das Problem der Vereinbarkeit der Notwehreinschränkungen mit dem Gesetzeswortlaut stellt sich vor allem in den Ländern, die auf den ersten Blick nur eine (unbedingt) erforderliche Notwehr im Gesetz stehend haben. Dabei werden die Notwehreinschränkungen entweder aus den Grundprinzipien, aus der Verfassung oder der EMRK abgeleitet.

Im Großen und Ganzen hat das Notwehrrecht in allen behandelten Staaten viele Gemeinsamkeiten und einige Unterschiede. Das Auffälligste im Vergleich zu Deutschland ist, dass eine Tötung zur Verteidigung von Sachwerten in keinem Land erlaubt wird.

Teil 6

Schlussfolgerungen

Die Befragung in Slowenien hat in Teil 4 darauf hingedeutet, dass die Bevölkerung die Notwehrfälle länderübergreifend nach ähnlichen Prinzipen beurteilt. In den meisten Fällen entscheidet die Bevölkerung sowohl in Deutschland als auch in Slowenien mehrheitlich in gleicher Weise, wenn sie konkrete Notwehrfälle vor sich hat. Im Folgenden wird dieses Ergebnis und seine möglichen Auswirkungen auf die slowenische und auf die deutsche Gesetzgebung und Rechtsprechung diskutiert.

Im vorigen Kapitel hat sich zudem gezeigt, welche Unterschiede und Gemeinsamkeiten in der Regelung der Notwehr und Rechtspraxis bei den behandelten Ländern bestehen. Deutschland fällt hierbei vor allem durch die grundsätzliche Zulässigkeit der tödlichen Notwehr bei der Verteidigung von Sachwerten auf. Überdies besteht auch beim Notwehrexzess eine vergleichsweise unterschiedliche Regelung. In diesem Kapitel geht es u. a. darum, das deutsche Notwehrrecht unter diesen Gesichtspunkten zu erörtern, um mögliche Verbesserungen des aufzuzeigen.

Da ähnliche Notwehreinstellungen der Bevölkerung in zwei europäischen Staaten auf vergleichbare in der Bevölkerung verankerte Gerechtigkeitsvorstellungen hindeuten, wird am Ende eine neue Gestaltungsmöglichkeit der Notwehr im europäischen Modellstrafgesetzbuch betrachtet.

A. Die empirisch basierten Erkenntnisse in Bezug auf die Notwehrgrenzen in Slowenien und Deutschland

Bisher hat sich herausgestellt, dass die empirisch basierte Strafrechtswissenschaft eine nützliche Rolle bei der Legitimierung des Rechtssystems spielen kann. Dies gilt vor allem für das Notwehrrecht, weil dieses *nolens volens* eine über den Schutz des Individualrechtsgutes hinausgehende Bedeutung hat. Diese soziale, humanistische oder rechtsbewährende Funktion der Notwehr wird in vielen Rechtsordnungen als Grundlage der Notwehr diskutiert. Unter dem Begriff der Rechtsordnung wird u. a. auch die positive Generalprävention verstanden. Demnach stärkt die Notwehrübung das Vertrauen der Bevölkerung in die Rechtsordnung. Dies geschieht jedoch nur, wenn die Gestaltung der Notwehr mit den Bevölkerungsansichten weitgehend übereinstimmt. Andernfalls entsteht eher ein Missvertrauen in die Rechtsordnung. Zudem hat der Gesetzgeber selbst auf die soziale Funktion der Notwehr hingewiesen, da er bei der Begründung der Notwehreinschränkungen die „Rechtsüberzeugung der Allgemeinheit" als Argument verwendet.[1]

Selbst wenn die rein individualistischen Auffassungen mit dem Gesellschaftsvertrag oder dem Naturrecht argumentieren,[2] ist es denkbar, dass diese Grundwerte der Gesellschaft berücksichtigt werden. Der Gesellschaftsvertrag ist zwar eine Fiktion, allerdings ist er aufgrund der vermeintlichen Interessen der Bürger geschaffen worden.

Ebenso erscheint die Verwertung der Erkenntnisse im Rahmen einer naturrechtlichen Ansicht möglich, da das in den Menschen verankerte „Recht" durch die Ermittlung ihrer Gerechtigkeitsgefühle untersucht werden kann. Dies gilt vor allem, wenn der naturrechtliche Charakter der Notwehr nicht als vollkommen vom Gesetz unabhängig gesehen wird, sondern als in § 32 StGB verankerte allgemeine Überzeugung, dass man sich bei rechtswidrigen Angriffen verteidigen darf.[3]

I. Exkurs: Sind die slowenischen Gerechtigkeitsvorstellungen für die Auslegung des Art. 25 sloStGB von Bedeutung?

In Slowenien sind die Rechtsprechung und die Lehre trotz der ähnlichen gesetzlichen Vorschriften den Bevölkerungsansichten näher als in Deutschland. Eine Diskrepanz ergibt sich lediglich in vier Fällen. Die von der Rechtsprechung abweichenden Ergebnisse können bei der Fallgruppe beachtet werden, in der sich das Eigentum und das Leben oder der Körper entgegenstehen.

Der „Ferienhausfall" zeigt, dass sich die slowenische Bevölkerung einerseits ein härteres Notwehrrecht wünscht. Dieses Ergebnis wird wohl auch nicht auf das mangelnde Vertrauen in die Polizei zurückgeführt können werden, weil die Bevölkerung der Polizei in Slowenien vertraut.[4] Andererseits zeigen der „Scheunenfall" und der „Goetz-Fall", dass nicht gebilligt wird, dass bei der Verteidigung einer Sache der Angreifer schwer verletzt wird. Es stellt sich die Frage, ob der Gesetzgeber oder sogar die Rechtsprechung dies beachten sollen. Da vorliegend die Meinung der Bevölkerung nicht einheitlich ist, ist hier eher Zurückhaltung geboten. Zudem sollte beachtet werden, dass beim „Ferienhausfall" und „Wohnungsfall" neben dem Eigentum noch

---

[1] Bundestag Drucksache IV/7650, S. 157.
[2] Siehe dazu Teil 2 B. II. 1.
[3] *Kühl*, AT § 7 Rn. 1; siehe auch *Scherenberg*, Notwehr, S. 8.
[4] *Policija*, Ocene in stališča prebivalcev Slovenije o delu policije 2016, S. 17 f.

das Hausrecht angegriffen wurde, was dazu führen könnte, dass manche der Befragten das Verhalten vor allem deshalb als ungerechtfertigt ansahen.

Dazu sei angemerkt, dass die Ergebnisse keine deutliche Orientierung zeigen, sondern sich eher im Grenzbereich befinden, sodass sie auch aus diesem Grund mit Vorsicht zu genießen sind. Die empirischen Erkenntnisse können nur eine unterstützende argumentative Rolle haben und sollten ihre Schranken in der verfassungsmäßigen Rechtsordnung finden.

Mit diesem Hintergedanken ist zuerst die Ebene der Rechtsfortbildung zu betrachten. In Slowenien fehlt der Bezug des Gesetzgebers, der sich auf die sozialethischen Einschränkungen der Notwehr berufen würde. Allerdings setzt die Rechtsprechung auch voraus, dass in Slowenien das Recht dem Unrecht nicht zu weichen brauche. Wenn man den Begriff der Rechtsordnung u. a. als positive Generalprävention versteht, wonach die Verteidigung der Rechtsordnung das Rechtsvertrauen der Allgemeinheit stärkt, könnte man die empirischen Erkenntnisse somit methodentechnisch bei der teleologischen Auslegung benutzen. Da das Vertrauen der Bevölkerung sinkt, wenn man die Notwehr zum Beispiel bei dem „Ferienhausfall" nicht zulässt, könnte man meinen, dass die teleologische Auslegung die Notwehr als geboten erscheinen lässt. Problematisch sind die Spaltung bei der Rechtfertigung des Verhaltens und ein nicht einheitliches Ergebnis bezüglich der Sachnotwehr. Deshalb müssten für eine definitive Anwendung in der Rechtsprechung noch weitere Untersuchungen durchgeführt werden, in denen vor allem die Verteidigung des Eigentums näher untersucht würde. Der Wortlaut des sloStGB wäre dabei kein Hindernis für eine weite Auslegung. Allerdings spricht der Art. 17 sloGG dagegen, nach dem das Menschenleben unantastbar ist.[5]

Die Abweichungen könnten jedoch auf der Rechtssetzungsebene von Bedeutung sein, denn für den Gesetzgeber haben sie einen hohen Informationswert und geben ihm Anlass, sich nähere Gedanken über die Notwehrbefugnisse zu machen, damit das Strafrechtssystem seine demokratische Legitimierung in einem nicht nur formalen Sinn behält. Aufgrund der Undeutlichkeit müssten weitere Studien erfolgen, vor allem mit Bezug zur Verteidigung von Sachwerten. Außerdem ist im Hinblick auf die Verfassung eine zu weitgehende Notwehr nicht erwünscht. Denkbar sind hier daher andere informelle Ansätze, die die Bevölkerung mehr zum Umdenken bringen wie zum Beispiel Informationskampagnen oder eine bessere Prävention derartiger Straftaten.

Am Ende sei nochmals anzumerken, dass der Gesetzgeber und vor allem die Rechtsordnung nicht nur den Zweck haben, alle Wertvorstellungen der

---

[5] *Bele*, Kazenski zakonik, Art. 11 Rn. 7.

Bevölkerung in ein Gesetz oder die Rechtspraxis umzuwandeln. Die Rechtsnormen haben unterdessen den Zweck, die Wertungen der Bevölkerung in eine verfassungsmäßige Richtung zu lenken. So sollte der Gesetzgeber seinen Blick zwischen den Bevölkerungsansichten und der Verfassung hin- und herbewegen und dabei sicherstellen, dass sich die Gesetze nicht zu weit von den allgemeinen Gerechtigkeitsvorstellungen entfernen.

II. Bedeutung der Notwehreinstellungen für die deutsche Rechtslage

Im Vergleich zu Slowenien ist die Abweichung zwischen der Rechtsprechung und den Bevölkerungsansichten in Deutschland viel deutlicher. Fraglich ist, in welchen Fällen die Rechtsprechung schon jetzt dies beachten könnte oder sogar sollte.

Unter den Fallgruppen der Notwehreinschränkungen, sind für Deutschland vor allem die Fallgruppen des (krassen) Missverhältnisses und die Notwehr innerhalb von Nähebeziehungen anzusprechen. Schaut man sich die erste Fallgruppe an, wäre die Beachtung der Notwehreinstellungen bei der Gefahr der Tötung und schweren Verletzung im Falle der Sachnotwehr möglich. Die Ablehnung der deutschen Bevölkerung ist mit 79 % der Befragten im „Scheunenfall" sehr deutlich.[6] Auch der „Ferienhausfall" und der „Goetz-Fall" bestätigen diese Sichtweise, sodass die Ablehnung einheitlich zu sein scheint.[7]

Hier kann man einwenden, dass es nicht verkehrt ist, dass die moralischen Vorstellungen der Bevölkerung oder die Ethik die Menschen dazu führt, dass sie die Notwehr enger als im Gesetz erlaubt, ausüben würden.[8] Allerdings ist erwähnenswert, dass die Bekanntheit der Notwehr in der Bevölkerung niedrig ist und die Menschen ihre moralischen Einstellungen möglicherweise ändern würden, wenn sie die Grenzen der Notwehr kennen würden. Außerdem ist trotz des niedrigen Einflusses der Rechtsprechung auf die Notwehrgrenzen denkbar, dass durch die Zeit die Bekanntheit steigt und damit auch die Bereitschaft, sich scharf gegen Angriffe auf das Vermögen zu verteidigen. Die rechtlichen Befugnisse können nämlich auch die allgemeine Moral der Bevölkerung beeinflussen.[9] Deswegen ist es gerade zu diesem Zeitpunkt empfehlenswert, die Notwehrgrenzen an die Einstellungen der Bevölkerung anzupassen, bevor sich die Werte der Allgemeinheit in eine andere Richtung bewegen. Damit könnte man die Internalisierung der ethischen Vorstellungen mit dem Strafgesetzbuch verbinden.

---

[6] *Kilian*, Notwehrstudie, S. 71.

[7] *Kilian*, Notwehrstudie, S. 72.

[8] *Rückert*, Notwehrrecht, S. 475.

[9] *Robinson*, Intuitions of Justice and the Utility of Desert, S. 286 f.

Ferner ist die Erschütterung des Vertrauens in die Rechtsordnung zu be-
fürchten, wenn sich jemand bei Sachangriffen so scharf verteidigt, ein Un-
verständnis bei den meisten Bürgern erweckt und somit die Abweichung der
Rechtsprechung von den moralischen Einstellungen der Bevölkerung nicht
ohne Kosten bleibt. Dies kann nämlich dazu führen, dass die Bürger dem
Strafrecht weniger Glauben schenken. Die angeschlagene Glaubwürdigkeit
des Strafrechtssystems führt schließlich zu weniger Normbefolgung, was
nicht im Interesse der Gesellschaft sein kann.[10] Nebenbei wäre auch der Tatsache Rechnung getragen, dass die Straftäter in den meisten Fällen keine
„ganz andersartigen Kreaturen" sind, sondern fast jeder in seinem Leben
schon Straftaten begangen hat.[11] Jeder kann mithin unter gewissen Umständen zum Täter werden und verdient daher (und auch aus verfassungsrechtlichen Gründen) eine gewisse Schonung.

Der historische Gesetzgeber in Deutschland beruft sich gerade bei den
Notwehreinschränkungen direkt auf die „Rechtsüberzeugung der Allgemeinheit",[12] was darauf hindeutet, dass die allgemeine Rechtsüberzeugung der
Bürger nach der teleologischen Auslegung eine Rolle spielen könnte und
sollte.[13] Wenn die Ratio der Notwehr im Rahmen des Rechtsbewährungsprinzips auch in der positiven Generalprävention besteht, können die Bevölkerungsansichten bei der Auslegung der Weite der Notwehr berücksichtigt
werden. Aus diesem Grund wäre es in diesem Fall schon jetzt legitim, die
Ergebnisse – mindestens bei der starken Abweichung von der Rechtsprechung – wie im Falle der tödlichen Sachnotwehr zu berücksichtigen. Dafür
spricht vor allem auch, dass die Bevölkerungsansicht hier nicht „in Widerspruch zu anerkannten Prinzipien der Rechtsordnung" steht.[14] Da am Ende
immer noch dem Richter als Fachmann die Entscheidung obliegt, müsste er
die Wertvorstellungen zumindest feststellen und begründen, warum er sie
nicht berücksichtigen wird.[15]

Es ist auch nicht auszuschließen, dass bei der Beurteilung eines solchen
Falles die höchstrichterliche Rechtsprechung das Notwehrrecht weiter einschränken würde. Dies kann man vor allem aus dem Umstand schließen,
dass die moralischen gesellschaftlichen Vorstellungen auch in die Rechtsprechung hineinwirken können.

---

10 *Robinson*, Northwestern University Law Review 111 (2017), 1565 (1581).

11 *Kaspar*, in: A. Koch/Rossi (Hrsg.), Gerechtigkeitsfragen in Gesellschaft und
Wirtschaft, 103 (124).

12 Bundestag Drucksache IV/7650, S. 157.

13 Siehe zur Nutzung der Rechtswissenschaft als Realwissenschaft bei der teleologischen Auslegung auch *Eidenmüller*, JZ 54 (1999), 53 (57 f.); auch *Hamann*, Evidenzbasierte Jurisprudenz, S. 35 f.

14 *Rehbinder*, Rechtssoziologie, Rn. 17.

15 *Rehbinder*, Rechtssoziologie, Rn. 17.

Betrachtet man die Ergebnisse bei den Nähebeziehungen, ist die Ablehnung der Notwehreinschränkung mit 52 % in der Fallfrage q17 a nicht eindeutig.[16] Eindeutiger ist jedoch die Ablehnung in dem Fall q17 b, in dem die Frau wiederholte Male von ihrem Mann angegriffen wurde.[17] Diese Ergebnisse werden jedoch bereits beachtet. Um mit Sicherheit sagen zu können, ob die Aufhebung der Einschränkung hier angeraten wäre, müsste man m. E. noch weitere Untersuchungen durchführen.

Wenn man sich auf die Ebene des Gesetzgebers begibt, sprechen ähnliche Gründe dafür, die Notwehrregelung im Falle der Sachnotwehr zu überdenken und eventuell neu zu gestalten, um die Akzeptanz der Notwehr und somit die Effektivität der Kriminalitätskontrolle zu steigern.

Wenn man die Kriterien von *Walter* als Hilfe heranzieht, wäre jedoch in beiden Fällen noch weitere Forschung notwendig, um die Eindeutigkeit und Nachhaltigkeit der Ansichten festzustellen sowie die Informiertheit der Bürger mit in die Forschung einzubeziehen.[18]

III. Fazit

Am Ende kann man das Fazit ziehen, dass die abweichenden Notwehransichten der Bevölkerung bei der slowenischen Rechtsprechung nur bedingt beachtet werden können. Der Grund dafür ist vor allem, dass sie im Falle der Abweichung von der Rechtsprechung zum Beispiel bei der Sachnotwehr nicht eindeutig festzustellen sind und die slowenische Verfassung dagegen spricht. Das Gleiche gilt für den Gesetzgeber Sloweniens.

In Deutschland ist dagegen die Abweichung der Bevölkerungsansichten von der Rechtsprechung deutlicher und diese Ergebnisse legitimieren schon jetzt eine stärkere Notwehreinschränkung durch die Rechtsprechung, erst recht eine evidenzbasierte Änderung der Notwehrregelung durch den Gesetzgeber. Nichtsdestotrotz wären weitere empirische Studien von Vorteil, damit die Ergebnisse abgesichert werden können.

B. Die Grenzen der Notwehr in Deutschland

In den vorangehenden Kapiteln ist deutlich geworden, dass die Rechtslage in Deutschland von den Bevölkerungsansichten sowohl in Slowenien als

---

16 *Kilian*, Notwehrstudie, S. 80.
17 *Kilian*, Notwehrstudie, S. 80.
18 *Walter*, ZIS 7 (2011), 636 (646); *Walter*, in: GS für Michael Walter, 831 (842); siehe auch oben Teil 4 B. I.

auch in Deutschland stark abweicht. Es wurde auch gezeigt, welchen Stellenwert die Legitimation des Strafrechts in den Gerechtigkeitsvorstellungen der Bevölkerung hat. Jetzt gilt es, die deutsche Rechtslage mithilfe der rechtsvergleichenden Erkenntnisse zu erörtern. Bisher hat sich gezeigt, dass es zumindest in Deutschland wünschenswert und im Sinne der Wertvorstellungen der meisten europäischen Länder wäre, mindestens bei der Sachnotwehr die Notwehr stärker einzugrenzen. Es stellt sich jetzt die Frage nach dem Wie. Dabei können die rechtsvergleichenden Erkenntnisse zum Einsatz kommen.

I. Konsequenzen für die Auslegung des § 32 StGB?

Die rechtsvergleichende Untersuchung hat mit der jetzigen Rechtslage in Deutschland viele Unterschiede zutage gebracht. Hier geht es nicht darum, die rechtsvergleichenden Erkenntnisse als verbindlich anzusehen, sondern eher um die durch diese Erkenntnisse eröffnete Möglichkeit, über das eigene Recht zu reflektieren.[19]

1. Einschränkungen der Notwehr und der Wortlaut des § 32 StGB

Bezüglich der Notwehreinschränkungen stellt es sich zunächst als problematisch dar, dass die Notwehreinschränkungen im Wortlaut nicht ausdrücklich erwähnt werden.[20] Die Auslegung der Notwehr in vielen untersuchten Ländern hat gezeigt, dass es dort anscheinend ganz selbstverständlich ist, dass man im Rahmen der (unbedingten) Erforderlichkeit nicht nur das mildeste, sichere Mittel, sondern darüber hinaus auch die Verhältnismäßigkeit zwischen der Verteidigung und dem Angriff heranzieht.[21] Dabei hat sich gezeigt, dass darunter nichts anderes zu verstehen ist als in Deutschland unter der „Erforderlichkeit", mit der Ausnahme, dass innerhalb der Fallgrupe des krassen Missverhältnisses die Notwehr stärker begrenzt ist. In Polen, Russland und Bosnien ist die Angemessenheit jedoch im Gesetz verankert. In Deutschland wird bei den Einschränkungen auf die Gebotenheit abgestellt, mit der man die Notwehrzwecke zur Einschränkung der Notwehr benutzt, was angesichts der Tatsache, dass der Gesetzgeber selbst diesen Begriff beibehalten hat, mit Art. 103 Abs. 2 GG vereinbar ist.[22] Diese Lösung ist somit m. E. akzeptabel, obwohl eine noch deutlichere Ausdrucksweise im Gesetzeswortlaut denkbar wäre, die das Notwehrrecht bürgerfreundlicher gestalten würde.

---

[19] Siehe dazu Teil 5.
[20] Siehe dazu Teil 2 D.
[21] Siehe dazu Teil 5 C.
[22] Siehe dazu Teil 2 D.

2. Missverhältnis zwischen den betroffenen Rechtsgütern

Üblicherweise wird die potenziell tödliche Notwehr bei der Verteidigung von Sachwerten nur bei krassem Missverhältnis eingeschränkt.[23] Darüber hinaus stellt sich aber die Frage, ob Angriffe nur auf Vermögenswerte überhaupt mit potenziell tödlich wirkender Gewalt abgewehrt werden dürfen. Dies ist m. E. zu verneinen. Die Werteordnung des Grundgesetzes ist dabei aus Art. 14 Abs. 1 GG, Art. 2 Abs. 2 GG sowie ergänzend auch dem Art. 2 Abs. 2 lit. a) EMRK ableitbar, obwohl diese nicht direkt die horizontalen Bürgerverhältnisse regeln. Das Menschenleben stellt das höchste Gut der deutschen Rechtsordnung dar und sollte deshalb beachtet werden. Nichtsdestotrotz soll man jedoch im Normalfall der Notwehr an der fehlenden Güterabwägung festhalten. Aus der rechtsvergleichenden Betrachtung hat sich ergeben, dass eine potenziell tödliche Notwehr bei Angriffen auf Sachwerte im Ergebnis nicht erlaubt wird.[24] Dies auch in den Ländern, die keine unmittelbare Grenze in der Notwehrregelung haben. Vorzugswürdig ist jedoch die Notwerregel wie in Polen oder Bosnien und Herzegowina, bei denen dies aus dem Wortlaut eindeutiger hervorgeht.

Somit müsste das Notwehrrecht in diesen Fällen eingeschränkt werden. Der Wortlaut der Notwehr müsste hierzu idealerweise geändert werden.[25]

3. Angriffe von schuldlos Handelnden

Die Angriffe schuldlos Handelnder werden in der Bevölkerung als Grund zur Einschränkung des Notwehrrechts akzeptiert und in den Rechtsordnungen der slawischen Länder auf unterschiedliche Weise beachtet. Dies ist auch nicht zu beanstanden. Der Einschränkung fehlen in der Rechtsprechung anderer Länder die eindeutigen Konturen. In Deutschland werden diese allerdings genauer bestimmt. Deshalb sollte man diese Einschränkungen weiterhin im Rahmen der Auslegung berücksichtigen.

4. Notwehr im Rahmen von engen persönlichen Beziehungen

Bei der Fallgruppe der nahen Beziehungen ist auffällig, dass eine Einschränkung grundsätzlich in keinem anderen Land als Deutschland vertreten wird.[26] Zudem wurde diese Einschränkung durch die Bevölkerung in beiden Studien abgelehnt. Dies deutet darauf hin, dass diese Einschränkung nicht

---

23 Siehe dazu Teil 2 C. I.
24 Siehe dazu Teil 5 B. I.
25 S. dazu den eigenen Regelungsvorschlag unten Teil 6 B. III.
26 Siehe dazu Teil 5 B. III.

vom länderübergreifenden „Rechtsgefühl" getragen wird. So ist auch die deutsche Literatur sehr strittig in dieser Frage und es bestehen gewichtige Argumente gegen eine Einschränkung in diesen Fällen. Aus diesem Grund ist eine generelle Einschränkung aufgrund der Garantenstellung eher abzulehnen, obwohl es denkbar ist, dass der Angriff bei einem bekannten Angreifer besser eingeschätzt werden kann und somit andere Anforderungen an die Verteidigung zu stellen sind. Es kann jedoch nicht verlangt werden, dass man leichtere Körperverletzungen hinnehmen muss.

5. Notwehrprovokation

Was die Provokationen betrifft, besteht Einigkeit, dass die absichtlichen Provokationen in jedem Land zur Notwehreinschränkung führen. In den meisten wird die Notwehr vollkommen versagt, in anderen lebt das Notwehrrecht wieder auf, wenn sich der Angriff intensiver als beabsichtigt zeigt.[27] Diese Ansicht ist vorzugswürdig, weil auch der Provokateur nicht vollkommen rechtlos gestellt werden kann, wenn der tatsächliche Angriff deutlich den in Provokationsabsicht prognostizierten übersteigt. Diese Fälle werden jedoch selten anzutreffen sein, weil man die Absicht schwierig nachweisen kann.

Die vorsätzlichen Provokationen müssen m. E. ebenso beachtet werden, obwohl dies in den slawischen Ländern unterschiedlich oder gar nicht behandelt wird. Die Lösung, die eine stufenweise Vorgehensweise vorschlägt, ist vorzugswürdig.

Die fahrlässigen Provokationen führen demgegenüber nicht zur Einschränkung der Notwehr. Da sich der fahrlässige Provokateur auf die Notwehr gar nicht einstellen kann, sollte in diesem Fall keine Notwehreinschränkung erfolgen. Der Angreifer muss sich des Angriffs enthalten und die Verantwortung für seine Handlung übernehmen.

Bei allen Provokationen muss deren Rechtswidrigkeit gegeben werden, damit man sie berücksichtigen kann.

II. Neue Ausgestaltung des Notwehrrechts?

1. Neugestaltung des § 32 StGB

Eine treffsichere Möglichkeit der legitim beschränkten Notwehr wäre eine neue Regel, die zum Beispiel wie in Bosnien und Herzegowina eine Verhältnismäßigkeitsklausel beinhalten würde.[28] Obwohl die deutsche Rechtspre-

---

[27] Siehe dazu Teil 5 B. IV.
[28] Siehe dazu oben Teil 3 B. III.

chung schon jetzt davon ausgeht, dass die Notwehr zumindest bei krasser Disproportionalität eingeschränkt wird, hätte eine solche neue Regel den Vorteil, dass das Gesetzlichkeitsprinzip zweifellos berücksichtigt wäre und für den Bürger deutlicher wird, welchen Grenzen die Notwehr unterliegt. Eine derartige Ausgestaltung würde auch nicht dazu führen, dass bei der Notwehr regelmäßig eine Rechtsgüterabwägung erfolgen würde; dies wäre vor allem bei der lebensgefährlichen Verteidigung von Sachwerten der Fall. Dies vor dem Hintergrund, dass das Leben im Vergleich zum Eigentum einen Höchstwert in der deutschen Rechtsordnung hat, was bei der Auslegung der Verhältnismäßigkeit berücksichtigt werden müsste. Dies ist jedoch nur eine Ausnahme. Aufgrund der Tatsache, dass der rechtswidrige Angriff vom Angreifer kommt, ist dieser weniger schutzwürdig und somit ist die Waagschale ansonsten in der Regel auf der Seite des Verteidigers.

2. Neugestaltung des § 33 StGB

Darüber hinaus wäre es m. E. notwendig, den § 33 StGB zu ändern. Dafür gibt es viele Beispiele in dieser Untersuchung. Die Tötung eines Diebes wäre dann immer noch rechtswidrig und in Übereinstimmung mit den Gerechtigkeitsvorstellungen inakzeptabel. Die Einschränkung der Notwehr zwischen zwei Garanten wäre immer noch anwendbar. Der weitere Spielraum beim Notwehrexzess könnte jedoch dazu genutzt werden, dass das geringere Unrecht bzw. die geringere Schuld in jedem Fall berücksichtigt werden kann.[29]

Durch diese Lösung könnte man bei der Bestrafung die relevanten Umstände besser in die Beurteilung einbeziehen. Man kann die Rechtswidrigkeit des Täters feststellen, allerdings kann man aufgrund des geringeren Unrechts bzw. der geringeren Schuld immer noch den Strafrahmen verschieben oder in einzelnen Fällen sogar von Strafe absehen. So wären die Rechtswerte der Bevölkerung immer noch berücksichtigt und die Tötung eines Diebes kann rechtswidrig bleiben, allerdings haben die Richter bei Berücksichtigung aller Umstände des Einzelfalles immer noch genug Spielraum, eine gerechte Strafe zu erlassen. Diesbezüglich würde sich anbieten, neben der Akzeptanz der Verteidigung noch die Akzeptanz der Bestrafung in einzelnen Notwehrfällen zu untersuchen.[30] So wie die Wirklichkeit nicht immer schwarz-weiß ist, ist es auch in den Notwehrfällen nicht gerecht, dass sich die richterliche Beurteilung nur in der Frage „gerechtfertigt oder ungerechtfertigt" (bzw. im Falle des § 33 StGB: „schuldhaft" oder „schuldlos") erschöpft. Man kann

---

[29] Eine ähnliche Vorgehensweise schlägt auch vor: *Bernsmann*, ZStW 104 (1992), 290 (324–326).

[30] Ein Beispiel für eine solche Studie findet sich bei *Robinson*, Intuitions of Justice and the Utility of Desert, S. 278–293.

zwar schon jetzt die verschiedenen Umstände (wie zum Beispiel Irrtümer des Verteidigers) berücksichtigen, allerdings ist die allgemeine Möglichkeit, den Strafrahmen zu verschieben, nicht gegeben.

Mit dieser Lösung wäre auch der Einwand, dass die Schwächeren beim Verbot der tödlichen Sachnotwehr benachteiligt werden,[31] aus dem Weg geräumt. Der gelähmte Familienvater, dem die Plünderbande das Haus abbrennen will, kann sich somit immer noch mit Waffeneinsatz verteidigen, ohne Angst zu haben, bestraft zu werden.[32] Im konkreten Fall müsste er dafür zumindest billigend in Kauf nehmen, dass die Angreifer tödlich getroffen werden. Das Gericht kann somit hier das tödlich wirkende Schießen immer noch als zu missbilligend betrachten und dem Angreifer in so einem grenzwertigen Fall dennoch ausnahmsweise die Strafe erlassen.

Einige Vorschläge für dieses Problem gibt es schon. Manche plädieren dafür, dass § 33 StGB großzügiger ausgelegt werden müsste.[33] Dies ist zwar besser als nichts, allerdings fehlen die Regelungen der milderen Bestrafung, wenn die Schwelle zur Bejahung der erforderlichen Affekte Verwirrung, Furcht oder Schrecken nicht überschritten wurde.

Die Lösung dafür könnte so aussehen, dass man bei § 33 StGB die asthenischen Affekte um die sthenischen erweitert.[34] Ein Argument dafür ist nach manchen Autoren die Nichtbeherrschbarkeit der Affekte, unabhängig davon, ob sie sthenisch oder asthenisch sind.[35] Da die Affektreaktion meistens nicht unmittelbar dem Willen des Handelnden unterliegt, sei es richtiger, auch die sthenischen Affekte beim Notwehrexzess zu berücksichtigen.[36] Allerdings ist eine solche Änderung abzulehnen. Wenn man dies einführe, würde es dazu kommen, dass derjenige, der wütend agiert und jemanden dabei tötet, für sein aggressives, aufbrausendes Verhalten mit Straffreiheit belohnt wird.[37]

Es wäre deshalb vorzuziehen, dass man eine allgemeinere Regel einführt, nach der die Gerichte bei der Notwehrüberschreitung es immer in der Hand hätten, den Strafrahmen der konkreten Straftat zu mildern oder von Strafe sogar vollständig abzusehen.[38] Dies ist sachgerechter, weil damit die not-

---

31 *Rückert*, Notwehrrecht, S. 455.
32 Der Beispielfall stammt von *Rückert*, Notwehrrecht, S. 471.
33 *Nusser*, Notwehr zur Verteidigung von Sachwerten, S. 227 f.
34 *Bernsmann*, ZStW 104 (1992), 290 (324–326).
35 *Bernsmann*, ZStW 104 (1992), 290 (325).
36 *Bernsmann*, ZStW 104 (1992), 290 (325).
37 Ablehnend auch *Roxin/Greco*, AT I § 15 Rn. 48; *Nusser*, Notwehr zur Verteidigung von Sachwerten, S. 223.
38 Denkbar wäre auch eine „entschuldigende Notwehr", siehe *Nusser*, Notwehr zur Verteidigung von Sachwerten, S. 224.

wendige Flexibilität ins Notwehrrecht kommen würde. Sie würde es den Gerichten erlauben, die Tatsache, dass der in Notwehr Handelnde weniger Unrecht bzw. Schuld verwirklicht hat im Vergleich zu einem normalen Täter, angemessen zu berücksichtigen. Damit wäre die Entscheidung nicht „alles oder nichts", sondern mit einer zusätzlichen Breite an Möglichkeiten ausgestattet, die den tatsächlichen Umständen gerecht werden könnte. Diese Lösung würde übrigens den Wertvorstellungen der Bevölkerung Rechnung tragen, weil das Töten eines fliehenden Diebes als nicht gerechtfertigt angesehen wird. Lohnenswert wäre hiermit im Zusammenhang noch die Untersuchung, ob die Bevölkerung den Täter in diesem Fall als weniger strafwürdig ansieht bzw. welche Umstände für die Strafwürdigkeit in den Gerechtigkeitsintuitionen eine Rolle spielen.[39]

III. Regelungsvorschlag

Am Ende ist festzustellen, dass die deutsche Rechtsprechung schon jetzt die Möglichkeit hat, die Notwehr in den Fällen, in denen sich das Leben und eine Sache entgegenstehen, stärker einzuschränken. Außerdem ist die Notwehreinschränkung in den Nähebeziehungen fragwürdig, eindeutig kann man sich jedoch dabei nicht auf die Überzeugung der Allgemeinheit berufen. Gegen die Notwehreinschränkung in diesem Fall sprechen u. a. die rechtsvergleichenden Erkenntnisse.

Die Rechtssicherheit und die bürgerfreundliche Ausgestaltung der Notwehr wären jedoch mehr gefördert, wenn man die Notwehrregel anpasst. Die beste Lösung dafür wäre zum einen die Änderung des § 32 StGB, mit der man die Notwehrgrenzen deutlicher bestimmt, und zum anderen wäre die Änderung des § 33 StGB erforderlich, um der spezifischen Situation der Notwehr Rechnung zu tragen und die Täter, die nicht das gleiche Unrecht bzw. die gleiche Schuld wie übliche Täter verwirklichen, entsprechend milder zu bestrafen oder ihnen die Strafe zu erlassen. Dabei kann bei § 33 zur Klarstellung noch der Umstand berücksichtigt werden, dass die h. M. § 33 StGB als einen Entschuldigungsgrund sieht.[40] Dies ergibt den folgenden Gesetzesvorschlag:

§ 32 StGB:

(1) Wer eine Tat begeht, die durch Notwehr geboten ist, handelt nicht rechtswidrig.

---

[39] Siehe ein Beispiel bei *Robinson*, Intuitions of Justice and the Utility of Desert, S. 277–293.
[40] Siehe dazu Teil 2 A. II. 4.

(2) Notwehr ist die Verteidigung, die erforderlich ist, um einen gegenwärtigen rechtswidrigen Angriff von sich oder einem anderen abzuwenden. Die Verteidigung darf dabei zu dem Angriff nicht offensichtlich außer Verhältnis stehen.

§ 33 StGB:

(1) Überschreitet der Täter die Grenzen der Notwehr, insbesondere wenn er sich in Anbetracht des gegebenen Angriffs unverhältnismäßig verteidigt, kann das Gericht die Strafe mildern oder von Strafe absehen.

(2) Überschreitet er die Grenzen der Notwehr aus Verwirrung, Furcht oder Schrecken, handelt er ohne Schuld.

C. Schlussfolgerungen für die Harmonisierung des europäischen Strafrechts

Die Europäisierung des Strafrechts gewinnt in der letzten Zeit an Bedeutung und wird in der Literatur häufig diskutiert.[41] Da die meisten behandelten Länder schon Mitgliedstaaten der EU sind oder dies zumindest anstreben (mit Ausnahme Russlands), lohnt es, abschließend noch einen kurzen Blick auf das EU-Strafrecht zu werfen und die Bedeutung der Ergebnisse in dieser Hinsicht zu erörtern.

Hierbei wird zuerst kurz die Frage angeschnitten, ob die EU überhaupt einen Allgemeinen Teil des Strafrechts braucht. Anschließend wird die mögliche Ausgestaltung des Notwehrrechts dargelegt.

I. Europäisierung des Strafrechts in den Mitgliedstaaten

Bisher ist die Europäisierung des Strafrechts nur vereinzelt erfolgt. Es wird allerdings auch diskutiert, ob man ein Modellstrafgesetzbuch für die europäischen Staaten braucht. Die Harmonisierung hat zunächst nur den Besonderen Teil des Strafrechts umfasst,[42] es gibt zwischenzeitlich jedoch auch für die Institute des Allgemeinen Teils des Strafrechts einige Vorschläge, die für das Modellstrafgesetzbuch der Europäischen Union (EU) unterbreitet wurden.[43]

---

[41] *Rosenau*, ZIS 2008, 9 ff.; *Satzger*, ZIS 11 (2016), 771 ff.; *Zieschang*, ZStW 113 (2001), 255 ff.; *Kubiciel*, GA 2010, 99 ff.

[42] *Dannecker*, in: FS Hirsch, 141; *Vogel*, in: Zieschang (Hrsg.), Strafrecht und Kriminalität in Europa, 29 (33).

[43] Siehe etwa *Dannecker*, in: FS Hirsch, 141; *Schubert*, Der Versuch, S. 289; *Wittemann*, Notwehr in Europa, S. 270; *Brockhaus*, Die strafrechtliche Dogmatik, S. 519 f.

Aktuell könnte sich der Gedanke aufdrängen, dass ein europäisches StGB oder ein Allgemeiner Teil des EU-StGB keine gute Idee ist, da in vielen Ländern der EU der europäische Gesetzgeber und die europäische Verwaltung kein großes Ansehen genießen. Allerdings ist nach dem Austritt Großbritanniens vielleicht der Zeitpunkt gekommen, in dem die Möglichkeit eines europäischen StGB oder wenigstens eines Modellstrafgesetzbuches wieder an Aktualität gewinnen kann.[44] Die Europäische Union ist zudem in den letzten 15 Jahren von 15 Mitgliedstaaten auf 28 angewachsen. Die Grundfreiheiten ermöglichen den Bürgern und damit auch den potenziellen Verbrechern, über die nationalen Grenzen in andere Mitgliedstaaten zu reisen oder umzuziehen. Straftäter können diese Möglichkeit ausnutzen. Von dieser Verflechtung sind auch die Bürger betroffen, die beispielsweise in anderen Mitgliedstaaten im Urlaub sind und potenzielle Opfer einer Straftat sein können. Daher ist eine Diskussion der weiteren Harmonisierung angebracht.

Gegen die weitere Vereinheitlichung des Strafrechts wird Folgendes vorgebracht. Zuerst sei die „gesellschaftliche Akzeptanz" bedroht, wenn man ein allgemeines StGB anstreben würde.[45] Vernachlässigt man die „sozial-ethischen Wertvorstellungen" der EU-Bürger, kann dies „die Akzeptanz europäischen Rechts" beeinträchtigen.[46] Das Strafrecht müsse demokratisch legitimiert sein, um die Rechtstreue und den Rechtsfrieden nicht zu gefährden.[47] Da die europäischen Staaten eine unterschiedliche Strafrechtskultur haben, sei derzeit ein universelles europäisches Strafrecht noch nicht möglich.[48] Die Strafrechtsgesetze müssen indes der „Natur und Eigenart des Volkes" entsprechen.[49] Dem nationalen Strafrecht liegen u. a. Traditionen, Wertvorstellungen, Ängste, aber auch andere irrationale Umstände zugrunde.[50]

Das Strafrecht wird zudem als wesentliches Merkmal der nationalen Souveränität gesehen.[51] Die Staaten möchten dabei den Ausdruck ihrer staatlichen Macht nur ungern an supranationale Organisationen abgeben.[52] Da die EU nur ein Verbund mehrerer Staaten ist und keine echte demokratische

---

[44] *Fesefeldt*, Brexit, Ein Glücksfall für das europäische Strafrecht?, abrufbar unter www.lto.de/recht/hintergruende/h/brexit-europaeisches-strafrecht-haftbefehl-schuld prinzip-strict-liability/, zuletzt abgerufen am 26.06.2021.

[45] *Rüter*, ZStW 105 (1993), 30 (41).

[46] *Rosenau*, ZIS 2008, 9 (19).

[47] *Rüter*, ZStW 105 (1993), 30 (41).

[48] *Rosenau*, ZIS 2008, 9 (19).

[49] *Noltenius*, Die Europäische Idee, S. 53.

[50] *Rüter*, ZStW 105 (1993), 30 (35).

[51] *Jung/H.-J. Schroth*, GA 1983, 241 (242, 253); *Noltenius*, Die Europäische Idee, S. 53; BVerfGE 123, 267 (359 f.); *Rosenau*, ZIS 2008, 9 (19).

[52] *Jung/H.-J. Schroth*, GA 1983, 241 (242).

Repräsentation stattfindet, könne die EU das genuine Strafrecht nicht regeln.[53] Das Demokratiedefizit der EU erlaube es mithin nicht, ein gemeinsames Strafrechts zu verabschieden.[54] Dabei ist jedoch zu bedenken, dass die nationale Souveränität nur relativ ist und dynamisch verstanden werden kann, sodass das Argument nicht zwingend gegen eine weitere Harmonisierung des Strafrechts spricht.[55]

Für die weitere Harmonisierung sprechen m.E. bessere Gründe. Die Kriminalität wird in dem globalisierten Europa immer mehr Grenzen überschreiten und die partikularen Nationalstrafgesetze können dieser Herausforderung nicht effizient begegnen.[56] Außerdem basieren die Strafrechtskulturen der Mitgliedstaaten auf dem Schutz der Menschenrechte und es besteht mithin ein Konsens bezüglich der Grundwerte, was auch durch die Europäische Menschenrechtskonvention bestätigt wird.[57] Durch weitere Harmonisierung kann das Strafrecht zusätzlich die gemeinsame Identität der Mitgliedstaaten fördern, da es eine „identitätsbildende Funktion" hat.[58] Auch wenn der Besondere Teil noch viele kulturelle Unterschiede aufweist, ist der Allgemeine Teil des StGB davon weniger betroffen, weil er politisch neutraler als der Besondere Teil ist.[59] Weitere Harmonisierung würde auch die europäische strafrechtliche Wissenschaft fördern, weil Wissenschaftler aus allen (auch kleineren) EU-Staaten die gemeinsamen Erkenntnisse nutzen könnten.[60] Dies wäre vor allem für die kleineren Staaten der EU wie zum Beispiel die hier behandelten Nachfolgestaaten des ehemaligen Jugoslawiens von Vorteil, da sie dadurch gesicherte Erkenntnisse von anderen Staaten bekommen könnten, die vergleichsweise viel mehr Universitäten haben und somit auch mehr Forschung betreiben.

Momentan verfügt die EU nach Art. 83 AEUV über eine nur begrenzte strafrechtliche legislative Kompetenz und aufgrund des Demokratiedefizits wäre es zurzeit am förderlichsten, nur ein Modellstrafgesetzbuch zu verfassen.[61] Aufgrund der Flexibilität können die Mitgliedstaaten nach Bedarf davon abweichen oder es gar ignorieren.[62] Den Beitrittskandidaten wie

---

[53] *Rosenau*, ZIS 2008, 9 (18 f.).

[54] *Rosenau*, ZIS 2008, 9 (18 f.).

[55] *Satzger*, Die Europäisierung des Strafrechts, S. 158.

[56] *Jung/H.-J. Schroth*, GA 1983, 241 (242 f.).

[57] *Jung/H.-J. Schroth*, GA 1983, 241 (252); *Sieber*, ZStW 103 (1991), 957 (976).

[58] *Sieber*, ZStW 103 (1991), 957 (976).

[59] *Jung/H.-J. Schroth*, GA 1983, 241 (249 f.).

[60] *Sieber*, JZ 1997, 369 (375).

[61] Auch *Schubert*, Der Versuch, S. 33; *Syrrothanassi*, Die Regelung der Anstiftung, S. 27 f.

[62] *Sieber*, JZ 1997, 369 (378).

zum Beispiel Serbien würden dadurch erprobte Lösungen für ihr nationales Strafrecht zur Verfügung stehen.[63]

Festzustellen ist, dass zumindest ein Modellstrafgesetzbuch somit durchaus empfehlenswert wäre, weil sich die EU-Staaten oder die Kandidaten daran orientieren können und somit die Veränderung von innen kommen kann. Die Mitgliedstaaten können somit selbst entscheiden, inwieweit sie das nationale Strafrecht an das Modellstrafgesetzbuch anpassen. Durch den wissenschaftlichen Diskurs kann man zu den plausibelsten Lösungen kommen,[64] die sich idealerweise aufgrund ihrer „Richtigkeit" mit der Zeit auch durchsetzen werden. Dies gilt insbesondere für den Allgemeinen Teil des Strafgesetzbuches, weil hier schon sehr viele Ähnlichkeiten zwischen den Staaten bestehen. Zudem wäre es für die Glaubwürdigkeit und Akzeptanz des Modellstrafgesetzbuches von großem Nutzen, wenn die Wertüberzeugungen der europäischen Bevölkerung empirisch untersucht würden. Damit wäre dem Argument der kulturellen Verschiedenheit der Staaten von den Gegnern einer weiteren Harmonisierung Rechnung getragen. Mit diesem Verfahren würden sich „echte kulturelle oder historische Besonderheiten"[65] eines Staates mit mehr Klarheit herauskristallisieren. Folglich wäre es angebracht, den von *Sieber* vorgeschlagenen Aktionsplan für die Entwicklung des europäischen Modellstrafgesetzbuches um eine weitere auf empirisch-überprüfbare Wertüberzeugungen der Allgemeinheit spezialisierte Gruppe zu erweitern.

II. Das Notwehrrecht im EU-Strafrecht

Wie schon erwähnt, spiegelt das Strafrecht die sozialethischen Wertüberzeugungen der Gesellschaft wider. Die Ähnlichkeit der Wertüberzeugungen der Mitgliedstaaten ist die notwendige Voraussetzung für ein gemeinsames Strafrecht. Die empirischen Ergebnisse aus Slowenien zeigen bei manchen Fragen eine gespaltene Haltung. Sie zeigen aber, welche Kriterien durch die Intuition der Bevölkerung bei der Notwehr berücksichtigungswert sind und würden der Notwehrregelung zusammen mit den Ergebnissen aus der Dresdner Notwehrstudie in einem europäischen Modellstrafgesetzbuch mehr Legitimation geben. Die wichtige Folge dessen wäre die stärkere Glaubwürdigkeit des Strafrechts, die sich positiv auf die Kriminalitätskontrolle auswirkt.

Ein Argument gegen ein Modellstrafgesetzbuch ist u.a., dass die Rechtskulturen in den EU-Staaten zu unterschiedlich sind.[66] Wenn man jedoch die

---

[63] Auf die Hilfsfunktion des Modellstrafgesetzbuches hat schon *Sieber*, JZ 1997, 369 (378 f.) verwiesen.

[64] Vgl. *Sieber*, JZ 1997, 369 (378).

[65] *Sieber*, JZ 1997, 369 (375).

[66] *Rüter*, ZStW 105 (1993), 30.

„soziale Voraussetzung" des Rechts in den „Wertüberzeugungen und Interessen" sieht, kann man bezüglich der Notwehr feststellen, dass die Ergebnisse zeigen, dass die Kernfragen in der Überzeugung der Allgemeinheit länderübergreifend in ähnlicher Weise verankert sind. Nichtsdestotrotz wäre weitere Forschung erforderlich, um in manchen Fragen EU-weit sichere Erkenntnisse zu erlangen. Außerdem wäre eine Erforschung in mehreren Mitgliedstaaten notwendig.

III. Fazit

Berücksichtigt man alle Ergebnisse, wäre ein ähnlicher Vorschlag der Notwehrregelung wie oben auch für das EU-Modellstrafgesetzbuch eine gute Lösung. Dabei wären sowohl die bisherigen empirischen als auch die normativen Erkenntnisse berücksichtigt. Zukünftig wäre es notwendig, die Bevölkerungseinstellungen und die Strafrechtskulturen der einzelnen EU-Staaten weiter zu untersuchen, um die Kernvorstellungen herauszuarbeiten, die der europäischen Bevölkerung gemeinsam sind. Damit könnte man die Grundlage schaffen, um die Harmonisierung des Strafrechts voranzutreiben, ohne dabei die verankerten Wertvorstellungen und Interessen der EU-Bürger außer Acht zu lassen.

Teil 7

Schlussbetrachtung und Ausblick

Ziel dieser Arbeit war es, die Grenzen der Notwehr in Deutschland jenen von ausgewählten slawischen Ländern gegenüberzustellen, um das Notwehrrecht in Deutschland zu reflektieren. Daneben sollte die Möglichkeit einer einheitlichen europäischen Notwehrregelung erforscht werden. Zu diesem Zweck wurden die Wertvorstellungen der Bevölkerung in Deutschland und Slowenien bezüglich der Notwehr verglichen.

Die rechtsvergleichende Untersuchung hat gezeigt, dass das Notwehrrecht über viele Gemeinsamkeiten in diesen Ländern verfügt. Dazu bestehen jedoch auch wesentliche Unterschiede. Das deutsche Notwehrrecht kann dabei in einigen Punkten, wie zum Beispiel bei der konsequenten Beurteilung der Erforderlichkeit aus der *ex ante* Sicht, überzeugen, allerdings zeigen sich auch Schwachpunkte.

Im Hinblick auf die Notwehrgrenzen sticht vor allem die Behandlung der Sachnotwehr ins Auge. Die tödliche Gewalt zur Verteidigung von Sachwerten scheint bis auf Deutschland in keinem anderen Land auf Zuspruch zu stoßen. Auch bei ähnlichem Gesetzeswortlaut in Slowenien, Kroatien und Serbien im Vergleich zu Deutschland wird diese Einschränkung bzw. Auslegung der Notwehrregelung als selbstverständlich angenommen.

Bedenken in Bezug auf diese Rechtslage bestehen ebenso in der Bevölkerung Deutschlands, die einer Rechtfertigung der tödlichen Sachnotwehr überwiegend kritisch gegenüber steht. Die Bevölkerungsansichten nehmen in diesem Rahmen bei der Gestaltung des Strafrechts einen hohen Wert ein, weil die Übereinstimmung letztlich darüber entscheidet, ob ein Strafrechtssystem glaubwürdig ist. Dies wirkt sich wiederum auf die Normbefolgung aus. Außerdem erachtet der Gesetzgeber selbst die allgemeinen Überzeugungen der Bevölkerung bei den Notwehreinschränkungen als wichtig.

Darüber hinaus führte die rechtsvergleichende Betrachtung hinsichtlich des Notwehrexzesses zu folgenden Ergebnissen: Während der Notwehrexzess in Deutschland auf der Voraussetzungsseite am engsten geregelt ist, verfügen die anderen Staaten in größerem Umfang über die Möglichkeit, die Strafe zu mildern oder sogar von Strafe abzusehen, auch wenn die Notwehr nicht aus asthenischen Affekten überschritten wurde. Dies gibt den Gerichten mehr Spielraum bei der Strafzumessung zu Gunsten des Täters.

Um dabei das Gesetzlichkeitsgebot nicht zu missachten und einen Mittelweg einzuschlagen, hat es sich *de lege ferenda* am günstigsten erwiesen, neben dem § 32 StGB noch den § 33 StGB zu ändern. Durch die Änderung des § 32 StGB kann die Wertung der Rechtsordnung, nach welcher das Leben nach Art. 2 Abs. 2 GG den Höchstwert hat, angemessen berücksichtigt werden. Zugleich wird durch die Änderung des § 33 StGB den Gerichten der notwendige Spielraum gegeben, die unrechts- und schuldmildernden Umstände des „Notwehrübenden" angemessen zu berücksichtigen.

Bezüglich des Notwehrrechts auf europäischer Ebene hat die Arbeit gezeigt, dass einer Regelung der Notwehr im Europäischen Modellstrafgesetzbuch nichts im Wege steht. Das Europäische Modellstrafgesetzbuch lässt sich nach dem Austritt Großbritanniens wiederum als eine reale Option ansehen, da es vor allem aufgrund seiner Flexibilität eine gute Option für zukünftige Harmonisierungsbestrebungen darstellt. Dabei hat die Arbeit die rechtsvergleichenden Untersuchungen zur Notwehr um die Länderberichte der slawischen Länder und um die Notwehrwertungen der slowenischen Bevölkerung erweitert. Die empirischen Ergebnisse dieser Arbeit haben diesbezüglich gezeigt, dass die Notwehreinstellungen in der slowenischen und der deutschen Bevölkerung in vielen Fällen ähnlich sind. Hinsichtlich der Notwehr besteht somit länderübergreifend und unabhängig von der Rechtslage ein relativ starker Konsens im Hinblick auf die Gerechtigkeitsvorstellungen der Bevölkerung. Dies deutet darauf hin, dass die Notwehransichten auch in anderen europäischen Ländern ähnlich sein könnten. Anhand dieser Erkenntnisse wäre ein ähnlicher Gesetzesvorschlag wie für Deutschland ebenso für das Modellstrafgesetzbuch als passende Ergänzung denkbar.

Bei einigen Fragen der Notwehr führen die Werturteile jedoch zu keinen eindeutigen Ergebnissen, sodass es für die zukünftige Entwicklung des Europäischen Strafrechts von Bedeutung wäre, weitere länderübergreifende Untersuchungen durchzuführen. Dies ist vor allem aufgrund dessen belangvoll, da die moralische Akzeptanz der (strafrechtlichen) Vorschriften unentbehrlich für eine effektive Kriminalitätskontrolle ist.

Teil 8

Anhang

A. Fragebogen auf Deutsch[1]

Erhebungsbogen für die Telefonbefragung bzgl. der Einstellungen der Bevölkerung zur Notwehr

Interviewer: Uhrzeit _____

Guten Tag, mein Name ist ...

Ich rufe im Auftrag der USUMA GmbH, einem Markt-, Meinungs- und Sozialforschungsinstitut, in Berlin an. Wir führen eine Umfrage, im Auftrag der Technischen Universität Dresden und des ZUMA in Mannheim, zu kritischen Situationen in die man jeden Tag geraten kann, durch. Um die Umfrage repräsentativ darstellen zu können, möchte ich in Ihrem Haushalt gerne eine Person befragen, die mindestens 18 Jahre alt ist. Wohnen mehrere Personen ab 18 Jahren in Ihrem Haushalt, möchte ich mit der Person sprechen, die zuletzt Geburtstag hatte.

Darf ich Ihnen zu dem Thema einige Fragen stellen?

Zu Beginn werden Ihnen einige Situationen vorgestellt, in denen Menschen sich mit eigenen Mitteln zur Wehr setzen. Ich möchte Sie darum bitten mit jeweils zu sagen, wie Sie das Verhalten der jeweiligen Person bewerten.

q1   Eine Frau steht in der letzten freien Parklücke, um diese für das Auto ihres Mannes zu reservieren. Ein Autofahrer fordert sie dazu auf, ihm Platz zu machen, anderenfalls werde er auf sie zufahren. Die Frau bleibt stehen, da sie davon ausgeht, ein Recht auf die Parklücke zu haben. Der Autofahrer drückt sie daraufhin mit seinem Wagen aus der Parklücke. Die Frau erleidet dadurch Abschürfungen. Wie bewerten Sie das Verhalten des Autofahrers. Halten Sie sein Verhalten für gerechtfertigt oder nicht?

Gerechtfertigt...................	1
Nicht gerechtfertigt	2
Weiß nicht	9

q2   Ein Mann beobachtet aus unmittelbarer Nähe, wie ein anderer Mann sein Fahrrad stehlen will. Er stellt den Dieb und bringt ihn zu Fall. Dabei wird der

---

[1] Der deutsche Fragebogen wurde nach *Kilian*, Notwehrstudie, S. 191–205 übernommen. Die Fragen zur Statistik für Deutschland finden sich ebenso bei *Kilian*, Notwehrstudie, S. 205–209.

Fahrraddieb leicht verletzt. Halten Sie das Verhalten des Fahrradbesitzers für gerechtfertigt oder nicht?

Gerechtfertigt...................	1	→ 3
Nicht gerechtfertigt	2	→ 2a
Weiß nicht.......................	9	→ 2a

q2a Wie würden Sie den Vorfall bewerten, wenn er sich stattdessen so zugetragen hätte: Ein Mann sieht wie ein anderer, stärkerer, sein Fahrrad stiehlt. Er stellt den Mann zur Rede. Der körperlich überlegene Dieb greift daraufhin den Fahrradbesitzer an. Bei der folgenden Auseinandersetzung wird aber der Dieb durch den Fahrradbesitzer leicht verletzt. Wie würden Sie das Verhalten des Fahrradbesitzers bewerten. Halten Sie sein Verhalten dann für gerechtfertigt oder nicht?

Gerechtfertigt	1
Nicht gerechtfertigt	2
Weiß nicht	9

q3   Ein Boxer wird vor einer Diskothek von vier jungen Männern bedroht. Er schlägt – durch gezielte Hiebe ins Gesicht – die Angreifer in die Flucht und verletzt sie dabei leicht. Halten Sie das Verhalten des Boxers für gerechtfertigt oder nicht?

Gerechtfertigt	1	→3
Nicht gerechtfertigt	2	→2a
Weiß nicht	9	→2a

q3a Wie würden Sie das Verhalten des Boxers bewerten, wenn es sich nur um einen Angreifer gehandelt hätte, der den Boxer bedrohte? Halten Sie es (auch) dann für gerechtfertigt, dass der Boxer den Angreifer leicht verletzt oder nicht?

Gerechtfertigt	1
Nicht gerechtfertigt	2
Weiß nicht.......................	9

q4   Ein Bauer beobachtet aus größerer Entfernung, dass ein Mann gerade dabei ist seine Scheune, in der die Ernte sowie wertvolle Maschinen lagern, in Brand zu setzen. Da der Mann auf Zurufen des Bauers nicht reagiert und der Bauer nicht schnell genug zur Scheune laufen kann, bleibt ihm keine andere Wahl als auf den Mann zu schießen. Dabei verletzt er ihn schwer. Halten Sie das Verhalten des Bauern zu schießen für gerechtfertigt oder nicht?

Gerechtfertigt	1
Nicht gerechtfertigt	2
Weiß nicht	9

q5   Vor kurzem wurde jemandem nachts sein auf der Straße geparktes Auto zerkratzt. Deshalb musterte er – vor seinem Haus stehend – vier junge Männer, weil er befürchtet, dass sein Auto erneut zerkratzt werde. Die jungen Männer fühlen sich dadurch provoziert. Deshalb beginnen die jungen Männer mit Steinen zu werfen. Als die Steinewerfer näher kommen, gibt der Angegriffene einige unge-zielte Schüsse ab. Ein Schuss trifft einen Steinewerfer und verursacht eine Querschnittslähmung. Halten Sie das Verhalten des Schützen für gerechtfertigt oder nicht?

Gerechtfertigt	1	→5a
Nicht gerechtfertigt	2	→6
Weiß nicht	9	→5a

q5a   Einmal angenommen, der Vorfall wäre zu verhindern gewesen, hätte sich der Mann in sein Haus zurückgezogen. Dies hat er aber nicht getan. Wie würden Sie dann das Verhalten des Mannes, Schüsse auf die Steinewerfer abzugeben und einen der Steinewerfer so zu verletzen, bewerten? Halten Sie sein Verhal-ten (auch) dann für gerechtfertigt oder nicht?

Gerechtfertigt	1
Nicht gerechtfertigt	2
Weiß nicht	9

q6   Ein Fremder dringt in eine Wohnung ein. Der Wohnungsinhaber verteidigt sei-ne Räumlichkeiten zunächst vergeblich mit einem Spazierstock, danach wehrt er den Eindringling durch einen tödlichen Messerstich ab. Halten Sie das Ver-halten des Wohnungsinhabers für gerechtfertigt oder nicht?

Gerechtfertigt	1	→7
Nicht gerechtfertigt	2	→6a
Weiß nicht	9	→6a

q6a   Einmal angenommen, der Eindringling wäre bewaffnet gewesen. Wie würden Sie das Verhalten des Wohnungsinhabers dann bewerten. Halten Sie sein Ver-halten, den Eindringling zu töten, dann für gerechtfertigt oder nicht?

Gerechtfertigt	1
Nicht gerechtfertigt	2
Weiß nicht	9

q7   Ein Mann wurde von einem anderen, wesentlich stärkeren, grundlos zusam-mengeschlagen. Nach einigen Stunden wird er erneut von der gleichen Person grundlos massiv angegriffen. Dieses Mal kann er sich jedoch wehren: Er er-sticht den Angreifer mit einem vorsorglich eingesteckten Messer. Halten Sie das Verhalten des Angegriffenen für gerechtfertigt oder nicht?

Gerechtfertigt	1	→7a
Nicht gerechtfertigt	2	→8
Weiß nicht	9	→7a

q7a   Wie würden Sie das Verhalten des Angegriffenen bewerten, wenn sein Angrei-
       fer nicht stärker gewesen wäre. Halten Sie (auch) dann sein Verhalten den An-
       greifer zu erstechen, für gerechtfertigt oder nicht?

Gerechtfertigt	1
Nicht gerechtfertigt	2
Weiß nicht	9

q8   Ein Autofahrer belästigt auf einer Landstraße durch seinen Fahrstil einen ande-
       ren Fahrer. Bei einem verkehrsbedingten Halt steigt der so Belästigte aus und
       geht auf den anderen drohend zu. Darauf zieht dieser eine Pistole und nötigt
       den anderen damit zum Rückzug. Halten Sie das Verhalten des Mannes, der
       ursprünglich den anderen belästigt hat, und nun zu seiner Verteidigung eine
       Pistole zieht, für gerechtfertigt oder nicht?

Gerechtfertigt	1
Nicht gerechtfertigt	2
Weiß nicht	9

q9   Jemand schaut nachts in einem öffentlichen Park einem Pärchen beim Liebes-
       spiel zu. Als der Liebhaber den kleineren, deutlich schwächeren Zuschauer zum
       Verschwinden auffordert, meint dieser, er habe das gleiche Recht sich in dem
       Park aufzuhalten wie das Paar. Als der Liebhaber daraufhin den Zuschauer an-
       greift, kann er sich nur mit einem Messer wehren und verletzt dabei den Lieb-
       haber lebensgefährlich. Halten Sie das Verhalten des Zuschauers, sich mit dem
       Messer zu wehren, für gerechtfertigt oder nicht?

Gerechtfertigt	1	→9a
Nicht gerechtfertigt	2	→9b
Weiß nicht	9	→9a

q9a   Einmal angenommen, derjenige, der dem Pärchen nachts im öffentlichen Park
       beim Liebesspiel zuschaut wäre deutlich stärker gewesen. Würden Sie es dann
       (auch) für gerechtfertigt halten oder nicht, wenn er bei einem Streit den Lieb-
       haber, der ihn zum Verschwinden aufgefordert hat, lebensgefährlich verletzt?

Gerechtfertigt	1	→10
Nicht gerechtfertigt	2	→10
Weiß nicht	9	→10

q9b   Für Ihre Einschätzung kann es verschiedene Gründe geben. Halten Sie das
       Verhalten des Zuschauers für nicht gerechtfertigt, weil durch sein Zuschauen
       die Intimsphäre des Liebespärchens verletzt wurde oder halten Sie sein Verhal-
       ten aus anderen Gründen für nicht gerechtfertigt?

Gerechtfertigt [sic!] Intimsphäre verletzt	1
Andere Gründe	2
Weiß nicht	9

q10 In ein Ferienhaus wurde bereits 13-mal eingebrochen. Der Besitzer stellt dar-aufhin ein mit Zündpulver versehenes Radio sowie Schilder, die vor Bomben warnen, auf. Bei einem erneuten Einbruch explodiert das Radio und der Einbre-cher verliert dadurch seine Hand. Halten Sie das Vorgehen des Ferienhausbesit-zers für gerechtfertigt oder nicht?

Gerechtfertigt ....…......   1

Nicht gerechtfertigt ….…......   2

Weiß nicht ....…..   9

q11 Ein Wirt hat schon länger Streit mit einer Gruppe Jugendlicher. Als diese in der Absicht Rache zu nehmen in sein Lokal eindringen und ihn angreifen, fällt er rücklings und wehrt sich schließlich mit Hilfe einer Eisenstange, wobei er zwei Angreifer schwer verletzt. Halten Sie das Verhalten des Wirtes für gerechtfer-tigt oder nicht?

Gerechtfertigt ....…......   1

Nicht gerechtfertigt ….....……   2

Weiß nicht ....…….   9

q12 Ein kräftiger Mann beleidigt einen anderen, schwächeren, indem er ihm vor-wirft, er sei an seiner Kriegsgefangenschaft in der Sowjetunion selbst schuld. Obwohl der Beleidigte deutlich schwächer ist, hindert er den anderen am wei-tersprechen, indem er ihm einen Stoß versetzt. Der fällt dabei so unglücklich, dass er schwerwiegende Verletzungen erleidet und stirbt. Halten Sie es für ge-rechtfertigt oder nicht, dass der Beleidigte sich mit einem solchen Stoß gewehrt hat?

Gerechtfertigt ....…......   1   →12a

Nicht gerechtfertigt ….....……   2   →13

Weiß nicht ....…..   9   →12a

q12a Einmal angenommen, der Mann, der die Beleidigung ausgesprochen hat, wäre schwächer gewesen. Halten Sie es (auch) dann für gerechtfertigt oder nicht, dass der Beleidigte sich so wehrt, dass der andere stirbt?

Gerechtfertigt ....…......   1

Nicht gerechtfertigt ….....……   2

Weiß nicht ....…..   9

q13 Ein Mann gerät mit einem anderen in einem Wirtshaus in Streit. Nachdem der andere das Lokal verlassen hat, wartet der Mann vorsichtshalber eine Stunde, bis er das Lokal ebenfalls verlässt. Als er dann vor die Tür tritt, stürzt sich sein Kontrahent mit den Worten „Ich bring dich um" auf ihn. Was glauben Sie, ist laut Gesetz zulässig?

Interviewer: Vorgaben bitte vorlesen!

Ist es laut Gesetz zulässig sich
zu wehren? ....…..   1   →13a

oder

Ist es laut Gesetz allenfalls zulässig, einer
solchen Auseinandersetzung aus dem Weg zu
gehen, indem man sich beispielsweise ins Lokal
zurückzieht?   2   →14

Weiß nicht   9   →14

q13a Ist es laut Gesetz zulässig sich so zu wehren, dass der Angreifer nicht schwer
verletzt wird oder ist es laut Gesetz zulässig, sich mit allen erforderlichen Mitteln zu wehren, selbst wenn der Angreifer dabei schwer verletzt wird?

Es ist nur zulässig sich so zu wehren,
dass der Angreifer nicht schwer verletzt
wird?   1

Es ist zulässig, sich mit allen
erforderlichen Mitteln zu wehren,
selbst wenn der Angreifer
lebensgefährlich verletzt
wird   2

Weiß nicht   9

q14 Ein 18-jähriger Berufsschüler wird seit längerem von einem Mitschüler gewalttätig schikaniert und gehänselt. Eines Tages wird er wieder brutal angegriffen.
Diesmal zieht er jedoch zu seiner Verteidigung ein Messer und verletzt seinen
Peiniger tödlich. Ist es Ihrer Meinung nach gerechtfertigt, dass der Berufsschüler seinen Peiniger tödlich verletzt, oder nicht?

Gerechtfertigt   1   →14a

Nicht gerechtfertigt   2   →15

Weiß nicht   9   →14a

q14a Einmal angenommen, der Berufsschüler hätte sich nicht selbst zur Wehr gesetzt, sondern Lehrer oder Mitschüler um Hilfe gebeten. Würden Sie ein solches Verhalten bei einem 18-jährigen Berufsschüler für feige halten oder nicht?

Feige   1

Nicht feige   2

Weiß nicht   9

q15 Zwei Personen werden auf dem Weg zu ihrem Auto von einem Mann belästigt.
Als sie im Wagen sitzen, verdreht der Mann einen Außenspiegel. Als der Fahrer
aussteigt, um den Spiegel zu richten, kommt der Mann mit erhobenen Händen
auf ihn zu. Der Fahrer schlägt daraufhin mit einem Feuerlöscher auf den Kopf
des Mannes, so dass er einen Schädelbruch verursacht. Halten Sie das Verhalten des Fahrers für gerechtfertigt oder nicht?

Gerechtfertigt...................   1

Nicht gerechtfertigt   2

Weiß nicht   9

q15a Wie würden Sie entscheiden, wenn der Mann, der den Spiegel verdrehte und dann mit erhobenen Händen auf den Fahrer zukam, betrunken gewesen wäre? Halten Sie (auch) dann das Verhalten des Autofahrers für gerechtfertigt oder nicht?

> Gerechtfertigt 1
>
> Nicht gerechtfertigt 2
>
> Weiß nicht 9

q15b Und wie würden Sie entscheiden, wenn es sich um einen 15-jährigen Jungen gehandelt hätte, der den Spiegel verdrehte und dann auf den Fahrer mit erhobenen Händen zukam. Halten Sie (auch) dann das Verhalten des Autofahrers für gerechtfertigt oder nicht?

> Gerechtfertigt 1
>
> Nicht gerechtfertigt 2
>
> Weiß nicht 9

q16 Ein Autofahrer verursacht einen Verkehrsunfall und flieht zu Fuß. Der Geschädigte verfolgt ihn und ruft, er werde den Unfallverursacher umbringen. Als der Geschädigte den Unfallverursacher einholt, schlägt er mit Fäusten auf den Unfallverursacher ein. Was glauben Sie, welches Verhalten des angegriffenen Unfallverursachers ist laut Gesetz zulässig?

Interviewer: Vorgaben bitte vorlesen

> Der Unfallverursacher darf sich mit
> allen erforderlichen Mitteln wehren,
> selbst wenn sein Verfolger dabei
> lebensgefährlich verletzt werden
> kann? 1
>
> oder
>
> Der Unfallverursacher darf sich
> nur vorsichtig wehren, damit sein
> Verfolger möglichst nicht schwer
> verletzt wird? 2
>
> Der Unfallverursacher darf sich
> überhaupt nicht wehren 3
>
> Weiß nicht 9

q17 Eine Frau wird von einem fremden Mann gewalttätig angegriffen. Eine sichere Abwehr ist nur dadurch möglich, dass sie auf den Mann mit einem Messer einsticht und ihn dabei tödlich verletzt. Halten Sie es für gerechtfertigt oder nicht, dass die Frau sich auf eine solche Art wehrt?

> Gerechtfertigt 1
>
> Nicht gerechtfertigt 2
>
> Weiß nicht 9

q17a Wie würden Sie das Verhalten der Frau bewerten, wenn sie von ihrem Ehemann angegriffen worden wäre? Halten Sie (auch) dann das Verhalten der Frau für gerechtfertigt oder nicht?

Gerechtfertigt .... 1 →18

Nicht gerechtfertigt .... 2 →17b

Weiß nicht .... 9 →17b

q17b Und wie würden Sie das Verhalten der Frau bewerten, wenn sie bereits zum wiederholten Male von ihrem Ehemann angegriffen worden wäre? Halten Sie es dann gerechtfertigt oder nicht, dass sie sich mit einem Messer gegen ihren Ehemann zur Wehr setzt und ihn dabei tödlich verletzt?

Gerechtfertigt 1

Nicht gerechtfertigt 2

Weiß nicht 9

q18 Ein Unternehmer wird erpresst. Der Erpresser verlangt monatlich 10.000 DM. Er droht damit, Bilder zu veröffentlichen, die den Unternehmer beim Sex mit jungen Männern und beim Rauchen von Marihuana zeigen. Bei einer fingierten Geldübergabe erschießt der Unternehmer den Erpresser und vergräbt dessen Leiche. Halten Sie das Verhalten des Unternehmers den Erpresser zu erschießen für gerechtfertigt oder nicht?

Gerechtfertigt .... 1 →19

Nicht gerechtfertigt .... 2 →18a

Weiß nicht .... 9 →18a

q18a Wie würden Sie urteilen, wenn es sich bei dem Unternehmer, der den Erpresser erschießt, um einen glücklich verheirateten und sozial engagierten Familienvater handelte, der befürchtet, sein Unternehmen durch die Zahlungen zu ruinieren? Halten Sie dann das Verhalten des Unternehmers für gerechtfertigt oder nicht?

Gerechtfertigt 1

Nicht gerechtfertigt 2

Weiß nicht 9

q19 In der Zeitung ist zu lesen, dass ein Mann, der von fünf jungen Männern zur Herausgabe seiner Geldbörse gedrängt wurde, einen der Männer erschossen hat. Welche der folgenden zwei Meinungen dazu kommt Ihrer eigenen am nächsten?

Statt den Angreifer zu erschießen, hätte der Bedrohte die Geldbörse lieber herausgeben sollen – ein Menschenleben ist doch mehr wert als eine Geldbörse, selbst wenn sich ein paar hundert Mark darin befinden 1

oder

Es war richtig, wie der Angegriffene
gehandelt hat – schließlich waren
die Diebe im Unrecht und jeder hat
das Recht sein Eigentum zu
verteidigen ……………............   2
Weiß nicht ……………………   9

Ich lese Ihnen nun einige Aussagen vor und möchte Sie dann darum bitten, mir zu
jeder Aussage zu sagen, in wieweit Sie ihr zustimmen oder nicht zustimmen.

Der Wert 1 bedeutet: Sie stimmen überhaupt nicht zu. Der Wert 4 bedeutet: Sie stimmen voll und ganz zu. Mit den Werten dazwischen können Sie Ihre Meinung abstufen.

		Stimme voll zu			Stimme über- haupt nicht zu	Weiß nicht	Keine Angabe
21	Wenn jemand ohne Grund angreift, verdient er prinzipiell keinen Schutz. Er ist selbst schuld, wenn er dabei zu Schaden kommt. Interviewer: Vorgaben solange vorlesen, bis Befragter sie von alleine weiß! Stimmen Sie dem zu, eher zu, eher nicht zu, oder stimmen Sie nicht zu?	4	3	2	1	9	−1
21 a	Unerwartete Situationen, wie z.B. ein Überfall, überfordern einen völlig.	4	3	2	1	9	−1
21 b	Es gibt immer Mittel und Wege, um sich zu wehren, selbst wenn man körperlich angegriffen wird.	4	3	2	1	9	−1
21 c	Man sollte Reizgas bei sich tragen, sodass man auf einen Angriff vorbereitet ist und sich selbst wehren kann.	4	3	2	1	9	−1
21 d	Was einem im Falle eines Angriffs passiert, kann man nicht selbst beeinflussen.	4	3	2	1	9	−1

		Stimme voll zu			Stimme über- haupt nicht zu	Weiß nicht	Keine Angabe
21 e	Bei einem Angriff sollte man sich selbst verteidigen, um nicht das Ansehen gegen-über seinen Freunden und Verwandten zu verlieren.	4	3	2	1	9	−1
21 f	Im Interesse seiner Familie sollte man sich in Sicherheit bringen, wenn man angegriffen wird.	4	3	2	1	9	−1
21 g	Auch wenn man dazu in der Lage ist, sich bei einem Überfall selbst zu helfen, sollte man besser die Polizei rufen, um sich nicht noch mehr in Gefahr zu bringen.	4	3	2	1	9	−1
21 h	Wenn man einen Einbrecher auf frischer Tat ertappt, ist es einfacher, sein Eigentum selbst zu verteidigen als sich auf die Polizei und die Versicherung zu verlassen.	4	3	2	1	9	−1
21 j	Wenn sich jeder, der dazu in der Lage ist, bei einem Überfall selbst zur Wehr setzen würde, gäbe es weniger Verbrechen.	4	3	2	1	9	−1
21 k	Wenn man sich bei einem Überfall zur Wehr setzt, kann es sein, dass man seinem Angreifer einen zu schweren Schaden zufügt.	4	3	2	1	9	−1

Sagen Sie mir bitte jetzt, wie wichtig für Sie die folgenden Sachverhalte sind.

Der Wert 1 bedeutet: Er ist Ihnen überhaupt nicht wichtig. Der Wert 4 bedeutet: Er ist Ihnen sehr wichtig.

Mit den Werten dazwischen können Sie Ihre Meinung abstufen.

		Sehr wichtig			Überhaupt nicht wichtig	Weiß nicht	Keine Angabe
21 l	Wie wichtig ist es, sich als Opfer eines Überfalls nicht noch zusätzlich in Gefahr zu bringen? Ist das wichtig, eher wichtig, eher nicht wichtig oder nicht wichtig?	4	3	2	1	9	−1
21 m	Wie wichtig ist es, nach einem Diebstahl schnell wieder zu seinem Eigentum zu kommen? Ist das wichtig, eher wichtig, eher nicht wichtig oder nicht wichtig?	4	3	2	1	9	−1
21 n	Wie wichtig ist es, dass die Bürger selbst etwas dafür tun, damit es weniger Verbrechen gibt? Ist das wichtig, eher wichtig, eher nicht wichtig oder nicht wichtig?	4	3	2	1	9	−1
21 o	Wie wichtig ist es, dass dem Angreifer möglichst wenig passiert, wenn sein Opfer sich wehrt. Ist das wichtig, eher wichtig, eher nicht wichtig oder nicht wichtig?	4	3	2	1	9	−1

Interviewer: Uhrzeit:_____

22	Waren Sie bereits einmal in einer Situation, in der Sie sich selbst gegen einen Angreifer verteidigt haben? Dabei denken wir nicht nur an einen Angriff auf Ihre Gesundheit und auf Ihr Leben, sondern beispielsweise auch an Diebstahl und Beleidigung. Wir meinen aber nur solche Fälle, bei denen Sie unter körperlichem Einsatz oder mit Hilfsmitteln gegen den Angreifer vorgegangen sind.
	INT.: Hilferufe und Schreie fallen nicht unter Hilfsmittel!
	Ja .... 1 →22a
	Nein .... 2 →24

22a	Wie oft ist Ihnen das schon passiert? Interviewer: Bitte notieren: _____mal →22b
22b	Wogegen richtete sich der Angriff? Was wurde angegriffen? Bei mehreren Angriffen, denken Sie bei dieser und den folgenden Fragen bitte immer an den schwersten Angriff. Interviewer: Mehrfachnennungen möglich War es ein Angriff auf… … Ihre Gesundheit/Ihr Leben .... 1 … Ihr Eigentum/Sachwerte .... 2 oder wurden Sie beleidigt .... 3 oder wurde noch etwas anderes angegriffen? Was war das? Interviewer: Bitte notieren: _____.......... 4
23	Haben Sie zu Ihrer Verteidigung irgendwelche Hilfsmittel eingesetzt? Ja .... 1 →23a Nein .... 2 →23b
23a	Haben Sie sich verteidigt mit…? Interviewer: Mehrfachnennungen möglich … einer Schusswaffe .... 1 … einem Messer o. ä. .... 2 … mit Reizgas o. ä. .... 3 … mit einem Hund .... 4 oder trifft noch etwas anderes zu? Und was war das? Interviewer: Bitte notieren:_____ 5
23b	Hat der Angreifer Körper- oder Sachschaden erlitten? Ja .... 1 →23c Nein .... 2 →24 Weiß nicht .... 9 →23c
23c	Kam es zu einer Anzeige gegen Sie? Ja .... 1 →23d Nein .... 2 →24 Weiß nicht .... 9 →24

(Fortsetzung nächste Seite)

(Fortsetzung Tabelle)

23d	Kam es zu einer gerichtlichen Verhandlung **gegen Sie?** INT.: Schieds- und Konfliktkommissionen oder ähnliches gehören auch mit dazu. Ja .... 1 Nein 2
24	Waren Sie bereits einmal in einer Situation, in der Sie einer anderen Person zur Hilfe gekommen sind und diese gegen einen Angreifer verteidigt haben? Dabei denken wir wiederum nicht an einen Angriff auf Gesundheit und Leben, sondern beispielsweise auch an Diebstahl und Beleidigung. Wir meinen aber wieder nur solche Fälle, bei denen Sie unter körperlichem Einsatz oder mit Hilfsmitteln gegen den Angreifer vorgegangen sind? INT.: Verbale Einmischungen zählen nicht! Ja .... 1 →24a Nein .... 2 →26
24a	Wie oft ist Ihnen das schon passiert? Interviewer: Bitte notieren:____mal
24b	Handelte es sich bei der angegriffenen Person, der Sie geholfen haben, um eine Ihnen bekannte oder Ihnen unbekannte Person? Bei mehreren Angriffen, denken Sie bei dieser und den folgenden Fragen bitte immer an den schwersten Angriff. Bekannte Person .... 1 →24c Unbekannte Person .... 2 →24d
24c	War die angegriffene bekannte Person ... ... ein Familienangehöriger/eine Familienangehörige .... 1 ... ein Freund/eine Freundin .... 2 ... ein entfernter Bekannter/eine entfernte Bekannte .... 3 ... jemand anderes, und zwar: Interviewer: Bitte notieren: _____4

24d	Handelte es sich in diesem schwersten Fall bei der angegriffenen Person, der Sie geholfen haben, um …
	Interviewer: Mehrfachnennungen möglich
	… eine Frau 1
	… ein Kind 2
	… einen alten Menschen 3
	… einen Ausländer/eine Ausländerin 4
	… einen körperlich oder geistig behinderten Menschen 5
	… nichts von alledem 6
24e	Wogegen richtete sich der Angriff? Was wurde angegriffen?
	Interviewer: Mehrfachnennungen möglich
	War es ein Angriff auf…
	… Ihre Gesundheit/Ihr Leben 1
	… Ihr Eigentum/Sachwerte 2
	oder wurden Sie beleidigt 3
	oder wurde noch etwas anderes angegriffen? Und was war das?
	Interviewer: Bitte notieren: 4
25	Haben Sie zu Ihrer Verteidigung irgendwelche Hilfsmittel eingesetzt?
	Ja .... 1 →25a
	Nein .... 2 →25b
25a	Haben Sie die angegriffene Person verteidigt mit…?
	Interviewer: Mehrfachnennungen möglich
	… einer Schusswaffe 1
	… einem Messer o.ä 2
	… mit Reizgas o.ä. 3
	… mit einem Hund 4
	oder trifft noch etwas anderes zu? Und was war das?
	Interviewer: Bitte notieren:_____5
25b	Hat der Angreifer Körper- oder Sachschaden erlitten?
	Ja .... 1 →25c
	Nein .... 2 →26
	Weiß nicht .... 9 →25c

(Fortsetzung nächste Seite)

(Fortsetzung Tabelle)

25c	Kam es zu einer Anzeige gegen Sie? Ja .... 1 →25d Nein .... 2 →26 Weiß nicht .... 9 →26
25d	Kam es zu einer gerichtlichen Verhandlung **gegen Sie?** INT.: Schieds- und Konfliktkommissionen oder ähnliches gehören auch mit dazu. Ja .... 1 Nein 2
26	Haben Sie sich schon einmal mit rechtlichen Fragen der Notwehr befasst? Ja .... 1 Nein 2

Interviewer: Uhrzeit:_____

B. Fragebogen auf Slowenisch[2]

Anketa o nazorih glede silobrana

Metoda: CAWI (Computer Assisted Web Interviewing) v okviru Medianinega spletnega panela

n = 750, vzorec reprezentativen za slovensko populacijo po spolu, starosti, regiji

Najprej vam bo predstavljenih nekaj situacij, v katerih se ljudje branijo z različnimi sredstvi. Prosimo vas, da pri vsakem vprašanju ocenite vedenje osebe, o kateri vas sprašujemo.

Vp1_1 Ženska stoji na zadnjem prostem parkirnem mestu z namenom, da rezervira prostor za avto njenega moža. Voznik nekega drugega vozila jo pozove, naj se umakne, sicer jo bo povozil. Ženska se ne premakne, saj meni, da ima pravico do prostega parkirnega mesta. Voznik avta jo s svojim avtom potisne iz pakirnega mesta. Pri tem ženska utrpi odrgnine. Kako bi ocenili vedenje **voznika avtomobila**? Menite, da je njegovo vedenje upravičeno ali ne?

1. upravičeno

2. neupravičeno

3. ne vem

---

2 Die Fragennummerierung wird in der Arbeit an die Dresdner Studie angepasst, damit die Vergleichbarkeit erleichtert wird.

Vp1_2 Moški iz neposredne bližine opazuje, kako nek drugi moški poskuša ukrasti njegovo kolo. Tatu ustavi in ga porine, da pade. Pri tem tat utrpi lažje poškodbe. Menite, da je vedenje **lastnika kolesa** upravičeno ali ne?

1. upravičeno
2. neupravičeno
3. ne vem

Samo vp1_2=2 ali vp1_2=3

Vp1_3 Moški gleda kako nek drug, močnejši moški poskuša ukrasti njegovo kolo. Moškega ogovori. **Fizično močnejši tat** nato napade lastnika kolesa. Pri spopadu tat utrpi lahko telesno poškodbo. Kako bi ocenili vedenje **lastnika kolesa**? Ali menite, da je njegovo vedenje upravičeno ali ne?

1. upravičeno
2. neupravičeno
3. ne vem

Vp1_4 Pred diskoteko nekemu boksarju grozijo štirje mlajši moški. Napadalce v begu udari – s pestjo usmerjeno v obraze – in jih pri tem lažje poškoduje. Ali menite, da je vedenje **napadenega boksarja** upravičeno ali ne?

1. upravičeno
2. neupravičeno
3. ne vem

Samo vp1_4=1 ali vp1_4=3

Vp1_5 Kako pa bi ocenili vedenje **boksarja**, če bi se šlo samo za enega napadalca, ki bi mu grozil? Ali menite, da je (tudi) v tem primeru upravičeno, da je boksar napadalca lažje poškodoval ali ne?

1. upravičeno
2. neupravičeno
3. ne vem

Vp1_6 Kmet iz velike razdalje opazuje, kako želi nek moški ravnokar zažgati skedenj, žetev in dragocene stroje. Moški se na klice kmeta ne odzove, in ker kmet ne more dovolj hitro priteči do skednja, mu ne preostane drugega kot, da na moškega strelja. Pri tem ga hudo poškoduje. Menite, da je ravnanje **kmeta** upravičeno ali ne?

1. upravičeno
2. neupravičeno
3. ne vem

Vp1_7 Pred kratkim so nekomu ponoči razpraskali avto, parkiran na njegovi ulici. Zaradi tega je pozorno opazoval štiri mlade moške, ki so stali pred njegovo hišo, saj se je bal, da bo njegov avto zopet popraskan. Mlajši moški občutijo to kot provokacijo, zato začno metati kamenje. Ko se ti mladi moški približajo, napadeni ustreli nekaj neusmerjenih strelov. En strel zadane enega od teh mladih moških, kar pri njemu povzroči ohromelost. Ali menite, da je bilo **streljanje** upravičeno ali ne?

1. upravičeno
2. neupravičeno
3. ne vem

Samo vp1_7=1 ali vp1_7=3

Vp1_8 Predpostavimo, da bi bil dogodek iz prejšnjega vprašanja lahko preprečen, če bi se moški umaknil nazaj v svojo hišo. Tega pa ni storil. Kako bi potem ocenili vedenje moškega, ki je sprožil strele in tako poškodoval enega od moških, ki so metali kamenje. Menite, da je (tudi) v tem primeru, ko bi moški lahko situacijo preprečil, **streljanje** upravičeno ali ne?

1. upravičeno
2. neupravičeno
3. ne vem

Vp1_9 Nepoznani moški vdre v stanovanje. Lastnik stanovanja svojo lastnino najprej neuspešno brani s sprehajalno palico, zatem brani svoje prostore z nožem in napadalcu zada smrtni vbod. Menite, da je vedenje **lastnika stanovanja** upravičeno ali ne?

1. upravičeno
2. neupravičeno
3. ne vem

Samo vp1_9=2 ali vp1_9=3

Vp1_10 Predpostavimo, da je bil vsiljivec iz prejšnjega primera oborožen. Kako bi potem ocenili vedenje lastnika stanovanja? Ali v tem primeru menite, da je vedenje **lastnika**, ki je ubil vsiljivca, upravičeno ali ne?

1. upravičeno
2. neupravičeno
3. ne vem

Vp1_11 Moški je bil s strani drugega, **znatno močnejšega** moškega, brez razloga pretepen. Čez nekaj ur ga je ista oseba ponovno brez razloga agresivno napadla. Tokrat pa se je lahko branil: napadalca je zabodel s skrbno skritim nožem. Ali menite, da je vedenje **napadene osebe** upravičeno ali ne?

1. upravičeno
2. neupravičeno
3. ne vem

Samo vp1_11=1 ali vp1_11=3

Vp1_12 Kako bi ocenili vedenje napadene osebe iz prejšnjega vprašanja, če napadalec ne bi bil močnejši od njega? Menite, da je (tudi) v tem primeru **njegovo vedenje**, da je zabodel napadalca, upravičeno ali ne?

1. upravičeno
2. neupravičeno
3. ne vem

Vp1_13 Voznik avtomobila s svojim načinom vožnje na javni cesti nadleguje drugega voznika. Pri semaforju nadlegovani voznik izstopi iz vozila in gre grozeč proti drugemu vozniku. Zaradi tega slednji izvleče pištolo in ga prisili, da se umakne. Menite, da je **ravnanje moškega, ki je na začetku drugega nadlegoval in pozneje v obrambo potegnil pištolo**, upravičeno ali ne?

1. upravičeno
2. neupravičeno
3. ne vem

Vp1_14 Nekdo ponoči v javnem parku opazuje parček pri ljubezenski igri. Ko ljubimec od manjšega, očitno šibkejšega opazovalca zahteva, da izgine, ta meni, da ima enako pravico do zadrževanja v parku kot par. Ko ljubimec nato opazovalca napade, se le-ta brani z nožem in pri tem ljubimca smrtno nevarno rani. Menite, da je vedenje **opazovalca**, da se brani z nožem, upravičeno ali ne?

1. upravičeno
2. neupravičeno
3. ne vem

Samo vp1_14=1 ali vp1_14=3

Vp1_15 Predpostavimo, da je tisti, ki parček pri ljubezenski igri ponoči v javnem parku opazuje, očitno močnejši. Menite, da je (tudi) v tem primeru upravičeno ali ne, da je **opazovalec** ljubimca pri tem, ko ga je ta poskušal odgnati, smrtno nevarno poškodoval?

1. upravičeno
2. neupravičeno
3. ne vem

Samo vp1_14=2

Vp1_16 Za vašo oceno imate lahko različne razloge. Menite, da je ravnanje **opazovalca** neupravičeno, ker s svojim opazovanjem vdira v intimno sfero parčka ali menite, da je njegovo ravnanje neupravičeno iz drugih razlogov?

1. neupravičeno zaradi vdora v intimno sfero
2. neupravičeno zaradi drugih razlogov
3. ne vem

Vp1_17 V počitniško hišo je bilo vlomljeno že 13-krat. Lastnik je zaradi tega je namestil radio, ki vsebuje vžigalni prah in table, ki opozarjajo na bombo. Pri ponovnem vlomu je radio eksplodiral, zaradi česar je vlomilec izgubil svojo roko. Menite, da je postopanje **lastnika hiše** upravičeno ali ne?

1. upravičeno
2. neupravičeno
3. ne vem

Vp1_18 Gostilničar se že nekaj časa prepira s skupino mladih. Ko ta skupina mladih z namenom maščevanja vdre v njegov lokal in ga napade, gostilničar pade vznak, se brani z železno palico in ob tem dva napadalca težje poškoduje. Menite, da je ravnanje **gostilničarja** upravičeno ali ne?

1. upravičeno
2. neupravičeno
3. ne vem

Vp1_19 Nek močnejši moški užali drugega, šibkejšega moškega, s tem da mu očita, da je sam kriv, da je bil v vojnem ujetništvu v Sovjetski zvezi. Čeprav je užaljeni moški precej šibkejši, drugemu prepreči nadaljnje govorjenje s tem, da ga sune. Ta pri tem tako nesrečno pade, da utrpi težke poškodbe in umre. Ali menite, da je upravičeno ali ne, da se je **užaljeni moški** branil s takim sunkom?

1. upravičeno
2. neupravičeno
3. ne vem

Samo vp1_19=1 ali vp1_19=3

Vp1_20 Predpostavimo, da je moški, ki je drugega užalil, šibkejši. Ali (tudi) v tem primeru menite, da je upravičeno ali ne, da se **užaljeni moški** brani tako, da drugi umre?

1. upravičeno
2. neupravičeno
3. ne vem

Vp1_21 Moški se v gostilni z drugim moškim zaplete v prepir. Ko drugi moški zapusti lokal, prvi iz previdnosti počaka še eno uro, potem tudi on zapusti lokal. Ko stopi iz lokala, plane nanj njegov nasprotnik z besedami „Ubil te bom“. Kaj menite, da je **po zakonu dopustno**?

1. v skladu z zakonom je dovoljeno, da se brani
2. v skladu z zakonom je dovoljeno, da se umakne s poti (npr. tako, da gre nazaj v lokal)
3. ne vem

Samo vp1_21=1

Vp1_22 Ali se je po vašem mnenju v skladu z zakonom dovoljeno braniti tako, da napadalec ni težje poškodovan ali se je dopustno braniti z vsemi sredstvi, četudi je napadalec pri tem težje poškodovan?

1. dopustno se je braniti samo tako, da napadalec ni težje poškodovan
2. dopustno se je braniti z vsemi potrebnimi sredstvi, četudi je napadalec pri tem težje poškodovan
3. ne vem

Vp1_23 Nekega 18-letnega učenca poklicne šole sošolec že dalj časa nasilno šikanira in draži. Nekega dne ga ponovno brutalno napade. Tokrat učenec v obrambi uporabi nož in smrtno poškoduje svojega mučitelja. Ali je po vašem mnenju upravičeno ali ne, da je **učenec** svojega mučitelja smrtno poškodoval?

1. upravičeno
2. neupravičeno
3. ne vem

Samo vp1_23=1 ali vp1_23=3

Vp1_24 Predpostavimo, da se učenec iz prejšnjega vprašanja ne brani sam, temveč prosi za pomoč učitelje ali druge sošolce. Bi tako tako ravnanje **18-letnega učenca poklicne šole** ocenili za strahopetno ali ne?

1. strahopetno
2. ni strahopetno
3. ne vem

Vp1_25 Moški nadleguje dve osebi na poti k njunemu avtu. Ko sedeta v vozilo, ta moški zvije zunanje ogledalo. Ko voznik izstopi iz vozila z namenom, da bo popravil ogledalo, plane drug moški nanj z vzdignjenimi rokami. Voznik ga udari z gasilnim aparatom po glavi, tako da mu poči lobanja. Menite, da je ravnanje **voznika** upravičeno ali ne?

1. upravičeno
2. neupravičeno
3. ne vem

Vp1_26 Kako bi se odločili, če bi bil moški, ki je zvil ogledalo in nato planil na voznika z dvignjenimi rokami, pijan? Ali (tudi) v tem primeru menite, da je vedenje **voznika** upravičeno ali ne?

1. upravičeno
2. neupravičeno
3. ne vem

Vp1_27 Kako bi se odločili, če bi šlo pri osebi, ki je zvila ogledalo in nato planila na voznika, za 15 letnega mladeniča? Menite (tudi) v tem primeru, da je ravnanje **voznika** upravičeno ali ne?

1. upravičeno
2. neupravičeno
3. ne vem

Vp1_28 Voznik avtomobila povzroči prometno nesrečo in zbeži peš s kraja nesreče. Oškodovani ga zasleduje in za njim vpije, da ga bo ubil. Ko oškodovani povzročitelja nesreče ujame, začne po njem udarjati s pestmi. Kaj menite, katero ravnanje **napadenega povzročitelja nesreče** je v skladu z zakonom?

1. Povzročitelj nesreče se lahko brani z vsemi potrebnimi sredstvi, čatudi pri tem svojega zasledovalca smrtno poškoduje
2. Povzročitelj nesreče se lahko samo previdno brani tako, da pri tem njegov zasledovalec ni hudo poškodovan
3. Povzročitelj nesreče se sploh ne sme braniti
4. ne vem

Vp1_29 Neko žensko nasilno napade neznani moški. Uspešna obramba je možna samo na ta način, da ga vbode z nožem in s tem smrtno poškoduje. Menite, da je upravičeno ali ne, da se **ženska** na ta način brani?

1. upravičeno
2. neupravičeno
3. ne vem

Vp1_30 Kako bi ocenili ravnanje ženske, če bi bil napadalec njen mož? Menite, da je (tudi) v tem primeru **njeno ravnanje** upravičeno ali ne?

1. upravičeno
2. neupravičeno
3. ne vem

Samo Vp1_30=2 ali vp1_30=3

Vp1_31 In kako bi ocenili ravnanje ženske, če bi jo njen mož predtem že večkrat napadel? Menite, da je v tem primeru upravičeno ali ne, da se **ženska** pred svojim možem brani z nožem in ga pri tem smrtno poškoduje?

1. upravičeno
2. neupravičeno
3. ne vem

Vp1_32 Podjetnika izsiljujejo. Izsiljevalec zahteva mesečno 10.000 evrov. Pri tem grozi, da bo objavil slike, na katerih podjetnik spolno občuje z mladimi moškimi in kadi marihuano. Ob lažni predaji denarja podjetnik izsiljevalca ustreli in pokoplje njegovo truplo. Menite, da je upravičeno, da je **podjetnik** ustrelil izsiljevalca ali ne?

1. upravičeno
2. neupravičeno
3. ne vem

Samo vp1_32=2 ali vp1_32=3

Vp1_33 Kako bi ocenili, če bi bil podjetnik, ki je ustrelil izsiljevalca, srečno poročen in družbeno angažiran družinski oče, ki se boji, da bo njegovo podjetje uničeno, če bo plačal? Ali menite, da je **njegovo ravnanje** upravičeno ali ne?

1. upravičeno
2. neupravičeno
3. ne vem

Vp1_34 V časopisu piše, da je moški, od katerega je pet mlajših moških zahtevalo, da jim izroči denarnico, ustrelil enega izmed njih. Katero od naslednjih dveh mnenj je vašemu najbližje?

1. Namesto, da bi napadalca ustrelil, bi moral denarnico raje prepustiti – človeško življenje je vendar dragocenejše kot ena denarnica, četudi je v njej nekaj sto evrov
2. Ravnanje napadenega je bilo pravilno – konec koncev so bili tatovi v nepravu in ima vsakdo pravico braniti svojo lastnino
3. ne vem

Vp2 Prosimo, povejte nam, v kolikšni meri se strinjate s spodnjimi trditvami. Pri oceni uporabite lestvico od 1 (nikakor se ne strinjam) do 4 (popolnoma se strinjam).

	1 nikakor se ne strinjam	2	3	4 Popolnoma in v celoti se strinjam	99 ne vem, ne morem oceniti
Če nekdo napade brez razloga, načeloma ne zasluži zaščite. Sam je kriv, če zaradi tega utrpi posledice.	1	2	3	4	99
Nepričakovane situacije, kot npr. nesreča, človeka popolnoma preobremenjujejo.	1	2	3	4	99
Vedno obstajajo sredstva in načini, da se človek brani, četudi je telesno napaden.	1	2	3	4	99

(Fortsetzung nächste Seite)

(Fortsetzung Tabelle)

	1 nikakor se ne strinjam	2	3	4 Popolnoma in v celoti se strinjam	99 ne vem, ne morem oceniti
S seboj bi morali nositi dražilni plin, da smo tako pripravljeni na napad in se lahko branimo sami.	1	2	3	4	99
Na to kar se zgodi v primeru napada, sami ne moremo vplivati.	1	2	3	4	99
Ob napadu bi se morali braniti sami, zato da ne izgubimo ugleda pri prijateljih in sorodnikih.	1	2	3	4	99
Iz vidika interesa naše družine je bolje, da se v primeru napada nase umaknemo na varno.	1	2	3	4	99
Tudi če je nekdo v položaju, da se lahko pri napadu sam brani, naj raje pokliče policijo, da se ne spravi še v večjo nevarnost.	1	2	3	4	99
Če nekdo zaloti tatu pri tatvini, je enostavneje, da svojo lastnino sam brani, kot pa da se zanaša na policijo ali zavarovalnico.	1	2	3	4	99
Če bi se vsakdo, ki je v položaju, da se sam brani, pri napadu sam branil, bi bilo manj zločinov.	1	2	3	4	99
Če se nekdo pri napadu brani sam, se lahko zgodi, da ob tem napadalec utrpi prehude poškodbe.	1	2	3	4	99

Vp3 Sedaj nam prosim povejte, kako pomembna so za vas naslednja dejanska stanja. Prosimo, da pri ocenjevanju uporabite lestvico od 1 (sploh ni pomembno) do 4 (zelo pomembno).

	sploh ni pomembno		zelo pomembno	Ne vem
Pomembno je, da se kot žrtev napada ne izpostavljamo dodatnim nevarnostim	1	2	3	4	99
Pomembno je, da po tatvini čimprej pridobimo nazaj svojo lastnino.	1	2	3	4	99
Pomembno je, da državljani sami nekaj storimo, da se zgodi manj zločinov.	1	2	3	4	99
Pomembno je, da se napadalcu zgodi čim manj, ko se žrtev brani.	1	2	3	4	99

Vp4 Ali ste bili že v situaciji v kateri ste se sami branili pred napadalcem? Pri tem ne mislimo samo na napad na vaše zdravje in na vaše življenje, temveč tudi na tatvino ali užalitev.

V mislih imamo samo primere, pri katerih ste pri obrambi pred napadalcem uporabili **fizično silo ali sredstva** (pri čemer klicanje na pomoč ali kričanja tu zraven ne štejemo).

1. da
2. ne

Samo vp4=1

vp5a Kolikokrat se vam je to že zgodilo? Prosimo, vpišite s številko.

_____

Samo vp4=1

Vp5b Proti čemu je bil napad usmerjen? Kaj je bilo napadeno? Pri večkratnih napadih vas prosimo, da imate pri tem in naslednjih vprašanjih v mislih najtežji napad.

1. napad na vaše zdravje/življenje
2. napad na vašo lastnino
3. ste bili zaradi napada užaljeni
4. napadeno je bilo nekaj drugega (prosimo, vpišite): _____

Samo vp4=1

Vp5c Ste pri obrambi uporabili kakršnakoli sredstva?

1. da
2. ne

Samo vp5c=1

Vp6 Ste se branili ....? *Več možnih odgovorov*

1. s strelnim orožjem
2. z nožem ali čem podobnim
3. z dražilnim plinom ali čem podobnim
4. s pomočjo psa
5. drugo (prosimo, vpišite): _____

Samo Vp4=1

Vp6a Ali je napadalec utrpel telesno ali gmotno škodo?

1. da
2. ne
3. ne vem

Samo Vp6a=1 ali vp6a=3

Vp7 Ali je bila proti vam vložena ovadba?

1. da
2. ne
3. ne vem

Samo vp7=1

Vp7a Je proti vam potekala sodna obravnava?

Arbitraža, komisije za reševanje sporov ali kaj podobnega pri tem ne štejejo za sodno obravnavo.

1. da
2. ne

Vp8 Ste že bili v situaciji, ko ste **neki drugi osebi** prišli na pomoč in ste to osebo proti napadalcu branili? Pri tem ponovno nimamo v mislih samo napada na zdravje ali življenje, temveč na primer tudi tatvino in užalitev.

V mislih imamo ponovno samo primere, pri katerih ste **fizično ali s sredstvi** postopali proti napadalcu (verbalna posredovanja ne štejejo)

1. da
2. ne

Samo Vp8=1

Vp8a Kolikokrat se vam je to že zgodilo? Prosimo, vpišite s številko.

_____

Samo Vp8=1

Vp8b Je šlo pri osebi, ki ste ji pomagali, za poznano ali nepoznano osebo? Pri večkratnih napadih vas prosimo, da imate pri tem in naslednjih vprašanjih v mislih najtežji napad.

1. poznana oseba
2. nepoznana oseba

Samo vp8b=1

Vp8c Je bila ta oseba, ki je bila napadena, ...

1. družinski član-ica
2. prijatelji-ica
3. znanec, -ka
4. nekdo drug (prosimo, vpišite): _____

Samo Vp8=1

Vp9 Je šlo pri tem najtežjem primeru pri napadeni osebi, kateri ste pomagali, za...

1. žensko
2. otroka
3. starejšega človeka
4. tujega državljana ali državljanko
5. telesno ali duševno prizadetega človeka
6. nič od naštetega

Samo Vp8=1

Vp9a Proti čemu je bil napad usmerjen? Kaj je bilo napadeno? Pri večkratnih napadih vas prosimo, da imate pri tem in naslednjih vprašanjih v mislih najtežji napad.

1. napad na zdravje/življenje te osebe
2. napad na lastnino te osebe
3. je bila oseba užaljena
4. napadeno je bilo nekaj drugega (prosimo, vpišite): _____

Samo Vp8=1

Vp9b Ste pri obrambi napadene osebe uporabili kakršnakoli sredstva?

1. da
2. ne

Samo vp9b=1

Vp9c Ste napadeno osebo branili ...

1. s strelnim orožjem
2. z nožem ali čem podobnim
3. z dražilnim plinom ali čem podobnim
4. s pomočjo psa
5. drugo (prosimo, vpišite): _____

Samo Vp8=1

Vp10a Je napadalec utrpel telesno ali gmotno škodo?

1. da
2. ne
3. ne vem

Samo Vp10a=1 ali vp10a=3

Vp10b Je prišlo do vložitve ovadbe proti vam?

1. da
2. ne
3. ne vem

Samo vp10b=1

Vp10c Je **proti vam** potekala sodna obravnava?

Arbitraža, komisije za reševanje sporov ali kaj podobnega pri tem ne štejejo za sodno obravnavo.

1. da
2. ne

Vp11 Ste se sami že ukvarjali s pravnimi vprašanji v zvezi s silobranom?

1. da
2. ne

Zakon Za konec vas prosimo še za nekaj socio-demografskih podatkov. Prosimo, zaupajte nam, kakšen je vaš zakonski stan.

1. poročen-a, živim skupaj s partnerjem/-ko
2. poročen-a, ne živim skupaj s partnerjem/-lko
3. samski-a
4. ločen-a
5. ovdovel-a

Vera Kateri verski skupnosti pripadate?

1. rimokatoliška
2. evangeličanska
3. pravoslavna
4. islamska
5. druga krščanska verska skupnost
6. druga nekrščanska verska skupnost
7. nobena verska skupnost

Samo Vera=1 do 6

Vera1 Kako pogosto obiskujete cerkev oz. drug verski objekt?

1. večkrat tedensko
2. enkrat tedensko
3. nekajkrat na mesec
4. nekajkrat na leto
5. redkeje kot nekajkrat letno
6. nikoli

Politika Ste član kakšne politične stranke?

1. da
2. ne

Volitve Če bi bile naslednji teden volitve, katero stranko bi volili?

1. Slovensko demokratsko stranko – SDS
2. Stranko modernega centra – SMC
3. Socialne demokrate – SD
4. Demokratična stranka upokojencev Slovenija – DeSUS
5. Združena levica – ZL
6. Nova Slovenija – krščanski demokrati – NSi
7. Slovenska ljudska stranka – SLS
8. Nove slovenska ljudska stranka – NLS
9. Slovenska nacionalna stranka – SNS
10. Gibanje za družino in otroke
11. Zavezništvo Alenke Bratušek – ZAB
12. ne vem
13. ne bi se udeležil-a volitev

Osebe Koliko oseb v vašem gospodinjstvu je starih 18 let ali več?

_____

Doh1 Koliko oseb v vašem gospodinjstvu prejema prihodek? Pri tem poleg delovnega prihodka upoštevajte tudi pokojnino in druge prihodke.

_____

Literaturverzeichnis

Aghayev, Isfandiyar, Russian Criminal Law, Leipzig 2017 (zitiert: *Aghayev*, Russian Criminal Law).

Ajzen, Icek, Attitudes, Personality and Behavior, 2. Aufl., Maidenhead 2005 (zitiert: *Ajzen*, Attitudes, Personality and Behavior).

Ajzen, Icek, The Theory of Planned Behavior, OBHDP 50 (1991), S. 179–211.

Ambrož, Matjaž, Kazenskopravna dogmatika in človekove pravice, in: Bavcon, Ljubo (Hrsg.), Pravne razsežnosti človekovih pravic, Ljubljana 2006, S. 103–107.

Amelung, Knut, Das Problem der heimlichen Notwehr gegen die erpresserische Androhung kompromittierender Enthüllungen, GA 1982, S. 381–403.

Amelung, Knut, Noch einmal: Notwehr gegen sog. Chantage, NStZ 98 (1998), S. 70–71.

Amelung, Knut/*Kilian*, Ines, Zur Akzeptanz des deutschen Notwehrrechts in der Bevölkerung, Erste Ergebnisse der Dresdner Notwehrerhebung, in: Amelung, Knut (Hrsg.), Strafrecht – Biorecht – Rechtsphilosophie, Festschrift für Hans-Ludwig Schreiber zum 70. Geburtstag am 10. Mai 2003, Heidelberg 2003, S. 3–12.

Apathy, Peter, Digeste 9, in: Behrends, Okko/Knütel, Rolf/Kupisch, Berthold/Seiler, Hans Hermann (Hrsg.), Corpus Iuris Civilis II, Text und Übersetzung; Digesten 1–10, Heidelberg 1995, S. 729–797.

Arzt, Gunther, Notwehr gegen Erpressung, MDR 1965, S. 344–345.

Arzt, Gunther, Notwehr, Selbsthilfe, Bürgerwehr, Zum Vorrang der Verteidigung der Rechtsordnung durch den Staat, in: Grünwald, Gerald (Hrsg.), Festschrift für Friedrich Schaffstein, Zum 70. Geburtstag am 28. Juli 1975, Göttingen 1975, S. 77–88.

Babić, Miloš/*Filipović*, Ljiljana/*Marković*, Ivanka, Komentari krivičnih/kaznenih zakona u Bosni i Herzegovini I, Sarajevo 2005 (zitiert: Komentari KZ-BiH-*Bearbeiter*).

Bachleitner, Reinhard, Methodik und Methodologie interkultureller Umfrageforschung: Zur Mehrdimensionalität der funktionalen Äquivalenz, Wiesbaden 2014 (zitiert: *Bachleitner*, Methodik).

Bačić, Franjo, Kazneno pravo, Opći dio, 5. Aufl., Zagreb 1998 (zitiert: *Bačić*, Kazneno pravo).

Bačić, Franjo/*Pavlović*, Šime, Komentar kaznenog zakona, Zakon o odgovornosti pravnih osoba za kaznena djela; Posebno (dopunsko) kazneno zakonodavstvo, Zagreb 2004 (zitiert: *Bačić/Pavlović*, Komentar kaznenog zakona).

Baranowski, Günter, Die Russkaja Pravda – ein mittelalterliches Rechtsdenkmal, Frankfurt am Main 2005 (zitiert: *Baranowski*, Die Russkaja Pravda).

Baucon, Primož, Omejitev pravice do silobrana, Pravna praksa 35 (2016), S. 18–19.

Baucon, Primož, Silobran, Pravna praksa 37 (2018), S. II–XI.

Baumann, Jürgen, Rechtsmißbrauch bei Notwehr, Zu der Entscheidung des BGH vom 01.08.1961, MDR 1962, S. 349–350.

Baumann, Jürgen/*Weber*, Ulrich/*Mitsch*, Wolfgang/*Eisele*, Jörg, Strafrecht, Allgemeiner Teil, Lehrbuch, 12. Aufl., Bielefeld 2016 (zitiert: *Baumann et al.*, AT).

Bavcon, Ljubo/*Šelih*, Alenka/*Korošec*, Damjan/*Filipčič*, Katja, Kazensko pravo, 6. Aufl., Ljubljana 2013 (4. Nachdruck 2020) (zitiert: *Bavcon et al.*, Kazensko pravo).

Behr, Dorothée/*Braun*, Michael/*Dorer*, Brita, Messinstrumente in internationalen Studien, Mannheim 2015 (zitiert: *Behr/Braun/Dorer*, Messinstrumente in internationalen Studien).

Bele, Ivan, Kazenski zakonik s komentarjem; splošni del, Ljubljana 2001 (zitiert: *Bele*, Kazenski zakonik).

Berner, Albert Friedrich, Notwehrtheorie, in: Archiv des Criminalrechts 1848, S. 547–598.

Bernsmann, Klaus, Überlegungen zur tödlichen Notwehr bei nicht lebensbedrohlichen Angriffen, ZStW 104 (1992), S. 290–327.

Berry, John W., On cross-cultural comparability, Int. J. Psychol. 4 (1969), S. 119–128.

Bertel, Christian, Notwehr gegen verschuldete Angriffe, ZStW 84 (1972), S. 1–36.

Berz, Ulrich, An der Grenze von Notwehr und Notwehrprovokation – BGH, NJW 1983, 2267, JuS 1984, S. 340–344.

Bieber, Ina Elisabeth/*Bytzek*, Evelyn, Online-Umfragen: Eine geeignete Erhebungsmethode für die Wahlforschung?, Ein Vergleich unterschiedlicher Befragungsmodi am Beispiel der Bundestagswahl 2009, Methoden – Daten – Analysen 6 (2012), S. 185–211.

Bitzilekis, Nikolaos, Die neue Tendenz zur Einschränkung des Notwehrrechts, Unter besonderer Berücksichtigung der Notwehrprovokation, Berlin 1984 (zitiert: *Bitzilekis*, Tendenz).

Blankenburg, Erhard, Zum Begriff „Rechtskultur", in: Hoffmann-Nowotny, Hans-Joachim, Deutsche Gesellschaft für Soziologie (DGS) (Hrsg.), Kultur und Gesellschaft: gemeinsamer Kongreß der Deutschen, der Österreichischen und der Schweizerischen Gesellschaft für Soziologie, Zürich 1988, S. 292–297.

Bockelmann, Paul, Menschenrechtskonvention und Notwehrrecht, in: Bockelmann, Paul (Hrsg.), Festschrift für Karl Engisch zum 70. Geburtstag, Frankfurt am Main 1969, S. 456–467.

Bockelmann, Paul, Notwehr gegen verschuldete Angriffe, in: Barth, Eberhard (Hrsg.), Festschrift für Richard M. Honig, zum 80. Geburtstag, 3. Januar 1970, Göttingen 1970, S. 19–31.

Bojanić, Igor, Prekoračenje granica nužne obrane, Zagreb 1999 (zitiert: *Bojanić*, Prekoračenje granica nužne obrane).

Bojarski, Marek/*Giezek*, Jacek/*Sienkiewicz*, Zofia, Prawo karne materialne, Część ogólna i szczególna, 7. Aufl., Warszawa 2017 (zitiert: *Bojarski/Giezek/Sienkiewicz*, Prawo karne).

Bortz, Jürgen/*Döring*, Nicola, Forschungsmethoden und Evaluation in den Sozial- und Humanwissenschaften, 5. Aufl., Berlin, Heidelberg 2016 (zitiert: *Bortz/Döring*, Forschungsmethoden).

Bosanac, Saša/*Šoć*, Sanja, Dušanov zakonik, Dushan's code, Beograd 2002 (zitiert: *Bosanac/Šoć*, Dušanov zakonik).

Bosau, Christian, Arbeitszufriedenheitsmessung im interkulturellen Vergleich, Köln 2009 (zitiert: *Bosau*, Arbeitszufriedenheitsmessung im interkulturellen Vergleich).

Braun, Michael, Funktionale Äquivalenz in interkulturell vergleichenden Umfragen, Mythos und Realität, Mannheim 2006 (zitiert: *Braun*, Funktionale Äquivalenz).

Braunecker, Claus, How to do Empirie, how to doe SPSS, Eine Gebrauchtsanleitung, Stuttgart 2016 (zitiert: *Braunecker*, How to do Empirie).

Brezing, Stephanie, Einschätzung der Deliktschwere durch deutsche und griechische Studierende der Rechtswissenschaft, Eine Replikationsstudie (1997–2004), Baden-Baden 2011 (zitiert: *Brezing*, Einschätzung).

Brockhaus, Matthias, Die strafrechtliche Dogmatik von Vorbereitung, Versuch und Rücktritt im europäischen Vergleich, Unter Einbeziehung der aktuellen Entwicklungen zur „Europäisierung" des Strafrechts, Hamburg 2006 (zitiert: *Brockhaus*, Die strafrechtliche Dogmatik).

Buchała, Kazimierz, Granice obrony koniecznej, Palestra 18 (1974), S. 33–46.

Bundesministerium des Innern, für Bau und Heimat, Islam in Deutschland, abrufbar unter www.bmi.bund.de/DE/themen/gesellschaft-integration/staat-und-religion/islam-in-deutschland/islam-in-deutschland-node.html;jsessionid=C008D837BEF789A789E97E0E64B46BFE.1_cid287, zuletzt abgerufen am 26.06.2021.

Bülte, Jens, Der Verhältnismäßigkeitsgrundsatz im deutschen Notwehrrecht aus verfassungsrechtlicher und europäischer Perspektive, GA 2011, S. 145–166.

Bülte, Jens, Zur Verhältnismäßigkeit der Notwehr und Art. 103 Abs. 2 GG als Schranken-Schranke, NK 28 (2016), S. 172–192.

Burdziak, Konrad, Obraz i analiza wykładni sądowej przepisów Kodeksu karnego z 1997 r. o obronie koniecznej i przekroczeniu jej granic, Warszawa 2017 (zitiert: *Burdziak*, Obraz i analiza).

Buyevich, Yekaterina Igorevna, Etapy istoricheskogo razvitiya instituta neobkhodimoy oborony v ugolovnom prave poslerevolyutsionnoy rossii (Stages of Historical Development of the Justifiable Defence Institute in the Criminal Law of Post Revolutionary Russia), Vestnik Omskoj Ûridičeskoj Akademii 2013, S. 115–118.

Carlsmith, Kevin M., On Justifying Punishment: The Discrepancy between Words and Actions, Social Justice Research 21 (2008), S. 119–137.

Carlsmith, Kevin M./*Darley*, John M./*Robinson*, Paul H., Why Do We Punish? Deterrence and Just Deserts as Motives for Punishment, Journal of Personality and Social Psychology 83 (2002), S. 284–299.

Carpzov, Benedict, Practica nova Saxonica rerum criminalium, Goldbach 1996, zitiert nach Siciliano, Domenico, Das Leben des fliehenden Diebes: Ein strafrechtliches Politikum, 2. Aufl., Frankfurt am Main 2013 (zitiert: *Carpzov*, Practica nova).

Čejović, Bora, Krivično pravo, Opšti i posebni deo, Beograd 2006 (zitiert: *Čejović*, Krivično pravo).

Choi, Ou-Chan, Notwehr und „gesellschaftliche Sitten", Ein deutsch-koreanischer Vergleich zu sozialethischen Implikationen von Rechtfertigungsgründen, Freiburg in Breisgau 1988 (zitiert: *Choi*, Notwehr).

Cicero, Marcus Tullius, Sämtliche Reden 6: Rede für Caelius (u. a.), Ausgabe in 7 Bänden, Zürich/München 1980 (zitiert: *Cicero*, Sämtliche Reden).

Cirener, Gabriele/*Radtke*, Henning/*Rissing-van Saan*, Ruth/*Rönnau*, Thomas/*Schluckebier*, Wilhelm (Hrsg.), Strafgesetzbuch, Leipziger Kommentar, Großkommentar, Dritter Band, §§ 32 bis 37, 13. Aufl., Berlin 2019 (zitiert: LK-StGB-*Bearbeiter*).

Constitutio Criminalis Carolina, Peinliche Gerichtsordnung Karls V. 1532, Linz 2015 (zitiert: Peinliche Gerichtsordnung Karls V.).

Čubinski, Mihailo P., Naučni i praktični komentar Krivičnog zakonika Kraljevine Jugoslavije od 27. januara 1929. goda, Opšti deo, Beograd 1930 (zitiert: *Čubinski*, Naučni i praktični komentar Krivičnog zakonika).

Dannecker, Gerhard, Der Allgemeine Teil eines europäischen Strafrechts als Herausforderung für die Strafrechtswissenschaft, in: Weigend, Thomas (Hrsg.), Festschrift für Hans Joachim Hirsch zum 70. Geburtstag am 11. April 1999, Berlin 1999, S. 141–258.

Dilcher, Hermann, Besteht für die Notwehr nach § 227 BGB das Gebot der Verhältnismäßigkeit oder ein Verschuldenerfordernis?, in: Baumgärtel, Gottfried/Becker, Jürgen Hans/Klingmüller, Ernst/Wacke, Andreas (Hrsg.), Festschrift für Heinz Hübner, Berlin 1984, S. 443–466.

Đorđević, Miroslav/*Đorđević*, Đorđe, Krivično pravo, Sa tekstom Krivičnog zakonika & osnove privrednoprestupnog i prekršajnog prava, 8. Aufl., Beograd 2016 (zitiert: *Đorđević/Đorđević*, Krivično pravo).

Eckstein, Ken, Polnisches Strafgesetzbuch vom 6. Juni 1997, Übersetzung des Strafgesetzbuches, Regensburg 2011 (zitiert: *Eckstein*, Polnisches Strafgesetzbuch).

Eidenmüller, Horst, Rechtswissenschaft als Realwissenschaft, JZ 54 (1999), S. 53–61.

Eierle, Phillip, „Verteidigung der Rechtsordnung" und „öffentliches Interesse" als Rechtsbegriffe mit empirischen Gehalt?, in: Kaspar/Walter (Hrsg.), Strafen „im Namen des Volkes"?, Zur rechtlichen und kriminalpolitischen Relevanz empirisch feststellbarer Strafbedürfnisse der Bevölkerung, Baden-Baden 2019, S. 163–176.

Engels, Dieter, Der partielle Ausschluß der Notwehr bei tätlichen Auseinandersetzungen zwischen Ehegatten, GA 1982, S. 109–125.

Engländer, Armin, Grund und Grenzen der Nothilfe, Tübingen 2008 (zitiert: *Engländer*, Nothilfe).

Epping, Volker/*Hillgruber*, Christian (Hrsg.), Beck'scher Online-Kommentar Grundgesetz, 47. Aufl., München 2021 (zitiert: BeckOK GG-*Bearbeiter*).

Erb, Volker, Die Schutzfunktion von Art. 103 Abs. 2 GG bei Rechtfertigungsgründen, ZStW 108 (1996), S. 266–299.

Erb, Volker, Nothilfe durch Folter, JURA 2005, S. 24–30.

Erb, Volker/*Kilian*, Ines, Die Dresdner Notwehrstudie, Zur Akzeptanz des deutschen Notwehrrechts in der Bevölkerung, Baden-Baden 2011, GA 159 (2012), S. 747–750.

Eser, Albin, Funktionen, Methoden und Grenzen der Strafrechtsvergleichung, in: Albrecht, Hans-Jörg/Dünkel, Frieder/Kerner, Hans-Jürgen/Kürzinger, Josef/Schöch, Heinz/Sessar, Klaus/Villmow, Bernhard (Hrsg.), Internationale Perspektiven in Kriminologie und Strafrecht, Festschrift für Günther Kaiser zum 70. Geburtstag, Berlin 1998, S. 1499–1529.

Eser, Albin, Strafrechtsvergleichung: Entwicklung – Ziele – Methoden, in: Eser, Albin/Perron, Walter (Hrsg.), Strukturvergleich strafrechtlicher Verantwortlichkeit und Sanktionierung in Europa, Zugleich ein Beitrag zur Theorie der Strafrechtsvergleichung, Berlin 2015, S. 929–1112 (zitiert: *Eser*, in: Eser/Perron (Hrsg.), Strukturvergleich strafrechtlicher Verantwortlichkeit und Sanktionierung).

Eser, Albin/*Burkhardt*, Björn, Strafrecht I, Schwerpunkt Allgemeine Verbrechenselemente, 4. Aufl., München 1992 (zitiert: *Eser/Burkhardt*, Strafrecht I).

Europäische Kommission, Spezial Europabarometer 438, Elektronische Kommunikation und digitaler Binnenmarkt 2016 (zitiert: Europäische Kommission, Spezial Europabarometer 438).

Fasten, Ines, Die Grenzen der Notwehr im Wandel der Zeit, Hamburg 2011 (zitiert: *Fasten*, Die Grenzen).

Felber, Roland, Die Rechtswidrigkeit des Angriffs in den Notwehrbestimmungen, Zugleich ein Beitrag zur ratio des Notwehrrechts, München 1979 (zitiert: *Felber*, Rechtswidrigkeit).

Fesefeldt, Elke, Brexit, Ein Glücksfall für das europäische Strafrecht?, Legal Tribune Online, 02.08.2018, abrufbar unter www.lto.de/recht/hintergruende/h/brexit-euro paeisches-strafrecht-haftbefehl-schuldprinzip-strict-liability/, zuletzt abgerufen am 26.06.2021.

Filar, Marian (Hrsg.), Kodeks karny, Komentarz, 5. Aufl., Warszawa 2016 (zitiert: Kodeks karny Komentarz-*Bearbeiter*).

Fischer, Thomas, Strafgesetzbuch, Mit Nebengesetzen, 68. Aufl., München 2021 (zitiert: *Fischer*, StGB).

Flach, Dieter, Das Zwölftafelgesetz, Darmstadt 2004 (zitiert: *Flach*, Das Zwölftafelgesetz).

Fletcher, George P., Notwehr als Verbrechen, Der U-Bahn-Fall Goetz, Frankfurt am Main 1993 (zitiert: *Fletcher*, Notwehr als Verbrechen).

Freund, Georg/*Rostalski*, Frauke, Strafrecht Allgemeiner Teil, Personale Straftatlehre, 3. Aufl., Berlin 2019 (zitiert: *Freund/Rostalski*, Strafrecht AT).

Frister, Helmut, Die Notwehr im System der Notrechte, GA 1988, S. 291–316.

Frister, Helmut, Strafrecht Allgemeiner Teil, Ein Studienbuch, 9. Aufl., München 2020 (zitiert: *Frister*, AT).

Frister, Helmut, Zur Einschränkung des Notwehrrechts durch Art. 2 der Europäischen Menschenrechtskonvention, GA 1985, S. 553–565.

Fuchs, Helmut, Grundfragen der Notwehr, Wien 1986 (zitiert: *Fuchs*, Grundfragen).

Garačić, Ana, Kazneni zakon u sudskoj praksi, Opći dio: autorski pročišćeni tekst KZ, komentari, opsežna sudska praksa, abecedno kazalo pojmova, 2. Aufl., Zagreb 2009 (zitiert: *Garačić*, Kazneni zakon u sudskoj praksi).

Gardocki, Lech, Prawo karne, 20. Aufl., Warszawa 2017 (zitiert: *Gardocki*, Prawo karne).

Geilen, Gerd, Eingeschränkte Notwehr unter Ehegatten?, JR 1976, S. 314–318.

Geilen, Gerd, Notwehr und Notwehrexzeß, JURA 1981, S. 200–210.

Geilen, Gerd, Notwehr und Notwehrexzeß, JURA 1981, S. 256–261.

Geilen, Gerd, Notwehr und Notwehrexzeß, JURA 1981, S. 308–317.

Geilen, Gerd, Notwehr und Notwehrexzeß, JURA 1981, S. 370–380.

Gerasimova, Yelena Vladimirovna, Istoriya razvitiya instituta neobkhodimoy oborony: rossyskiy i zarubezhnyy aspekty, Istoriko-pravovyye problemy: novyy rakurs 17 (2016), S. 36–50.

Gerhards, Jürgen, Kulturelle Unterschiede in der Europäischen Union, Ein Vergleich zwischen Mitgliedsländern, Beitrittskandidaten und der Türkei, 2. Aufl., Wiesbaden 2006 (zitiert: *Gerhards*, Kulturelle Unterschiede).

GESIS, European Values Study, EVS 2008 – Variable Report Integrated Dataset, Köln 2016 (zitiert: EVS 2008).

Goltdammer, Theodor, Materialien zum Strafgesetzbuch für die Preussischen Staaten I, Das Einführungs-Gesetz und den allgemeinen Theil enthaltend, Goldbach 1851–1852 (zitiert: *Goltdammer*, Materialien I).

Gräf, Lorenz, Online-Befragung, Eine praktische Einführung für Anfänger, Berlin/Münster 2010 (zitiert: *Gräf*, Online-Befragung).

Greco, Luis, Notwehr und Proportionalität, GA 2018, S. 665–683.

Grozdanić, Velinka/*Škorić*, Marissabell/*Martinović*, Igor/*Selih*, Alenka, Kazneno pravo, Opći dio, Rijeka 2013 (zitiert: *Grozdanić et al.*, Kazneno pravo).

Grudecki, Michał, Bezpośredniość zamachu oraz współmierność sposobu obrony – granice obrony koniecznej w najnowszym orzecznictwie Sądu Najwyższego i sądów apelacyjnych, Problemy Prawa Karnego 2017, S. 89–102.

Grünewald, Annette, Notwehreinschränkung – insbesondere bei proviertem Angriff, ZStW 122 (2010), S. 51–86.

Grześkowiak, Alicja/*Wiak*, Krzysztof (Hrsg.), Kodeks karny, Komentarz, Warschau 2019 (zitiert: *Bearbeiter*, in: Kodeks karny).

Haas, Robert, Notwehr und Nothilfe, Zum Prinzip der Abwehr rechtswidriger Angriffe, geschichtliche Entwicklung und heutige Problematik, Frankfurt am Main 1978 (zitiert: *Haas*, Notwehr).

Haas, Volker, Zur Einschränkung des Notwehrrechts durch Güterabwägung, in: Kindhäuser, Urs/Pawlik, Michael (Hrsg.), Notwehr in Deutschland und China, Weltanschaulicher Hintergrund und dogmatische Grundfragen, Baden-Baden 2020, S. 211–223.

Häder, Michael/*Klein*, Sabine, Anmerkungen zu Arthur Hartmann: Von der Schwierigkeit, Rechtsfragen sozialwissenschaftlich zu untersuchen, Replik zu Häder/Klein, ZUMA-Nachrichten 51 (2002), S. 104–116.

Häder, Michael/*Klein*, Sabine, Wie wenig das Recht unser Verhalten regelt: methodische Innovationen und erste Befunde zu einem bisher nicht untersuchten Thema, ZUMA-Nachrichten 50 (2002), S. 86–112.

Hälschner, Hugo, Das preußische Strafrecht Teil 1: Geschichte des brandenburgisch-preußischen Strafrechts, Bonn 1975 (zitiert: *Hälschner*, Das preußische Strafrecht Teil 1).

Hälschner, Hugo, Das preußische Strafrecht Teil 2: System des preussischen Strafrechts Allgemeiner Teil, Bonn 1975 (zitiert: *Hälschner*, Das preußische Strafrecht Teil 2).

Hamann, Hanjo, Evidenzbasierte Jurisprudenz, Methoden empirischer Forschung und ihr Erkenntniswert für das Recht am Beispiel des Gesellschaftsrechts, Tübingen 2014 (zitiert: *Hamann*, Evidenzbasierte Jurisprudenz,).

Harkness, Janet A., Questionnaire Translation, in: Harkness, Janet A./van de Vijver, Fons J. R./ Mohler, Peter Ph. (Hrsg.), Cross-Cultural Survey Methods, Hoboken, New Jersey 2003, S. 35–56.

Hartmann, Arthur, Von der Schwierigkeit, Rechtsfragen sozialwissenscahftlich zu untersuchen, Replik zu Häder/Klein, ZUMA-Nachrichten 51 (2002), S. 94–103.

Hassemer, Winfried, Die provozierte Provokation oder Über die Zukunft des Notwehrrechts, in: Kaufmann, Arthur (Hrsg.), Festschrift für Paul Bockelmann zum 70. Geburtstag am 7. Dezember 1978, S. 225–244.

Hatz, Andreas, Gesellschaftlicher Wandel und Notwehrrecht: Parallelen und Interdependenzen zwischen Notwehr und gesellschaftlich politischer Entwicklung, Baden-Baden 2019 (zitiert: *Hatz*, Gesellschaftlicher Wandel und Notwehrrecht).

Heinrich, Bernd, Strafrecht – Allgemeiner Teil, 6. Aufl., Stuttgart 2019 (zitiert: *Heinrich*, AT).

Heinsius, Dietrich, Moderne Entwicklung des Notwehrrechts, Hamburg 1965 (zitiert: *Heinsius*, Moderne Entwicklung des Notwehrrechts).

Heintschel-Heinegg, Bernd von (Hrsg.), Beck'scher Onlinekommentar zum Strafgesetzbuch, 49. Aufl., München 2021 (zitiert: BeckOK StGB-*Bearbeiter*).

Heller, Frank Michael, Die aufgedrängte Nothilfe, Aachen 2004 (zitiert: *Heller*, Nothilfe).

Herceg Pakšić, Barbara, Zakonska regulacija i pravna priroda prekoračenje granica nužne obrane kao ispričavajućeg razloga (de lege lata et de lege ferenda), Hrvatski ljetopis za kazneno pravo i praksu 22 (2015), S. 125–151.

Hillenkamp, Thomas/*Cornelius*, Kai, 32 Probleme aus dem Strafrecht, Allgemeiner Teil, 15. Aufl., München 2017 (zitiert: *Hillenkamp/Cornelius*, 32 Probleme aus dem Strafrecht).

Hirsch, Hans Joachim, Die Notwehrvoraussetzung der Rechtswidrigkeit des Angriffs, in: Jescheck, Hans-Heinrich/Lüttger, Hans (Hrsg.), Festschrift für Eduard Dreher zum 70. Geburtstag, Am 29. April 1977, Berlin 1977, S. 211–234.

His, Rudolf, Das Strafrecht des deutschen Mittelalters I, Die Verbrechen und ihre Folgen im allgemeinen, Leipzig 1920 (zitiert: *His*, Das Strafrecht des deutschen Mittelalters I).

His, Rudolf, Geschichte des deutschen Strafrechts bis zur Karolina, Handbuch der mittelalterlichen und neueren Geschichte 3,3, München 1967 (zitiert: *His*, Geschichte).

Hofstede, Geert, Culture's Consequences, Comparing Values, Behaviors, Institutions and Organizations Across Nations, 2. Aufl., Thousand Oaks 2002 (zitiert: *Hofstede*, Culture's Consequences).

Hofstede, Geert/*Hofstede*, Gert Jan, Lokales Denken, globales Handeln, Interkulturelle Zusammenarbeit und globales Management, 4. Aufl., München 2009 (zitiert: *Hofstede/Hofstede*, Lokales Denken).

Hoyer, Andreas, Das Rechtsinstitut der Notwehr, JuS 1988, S. 89–96.

Jäger, Christian, Das dualistische Notwehrverständnis und seine Folgen für das Recht auf Verteidigung, GA 2016, S. 258–265.

Jähnke, Burkhard/*Laufhütte*, Heinrich Wilhelm/*Odersky*, Walter (Hrsg.), Strafgesetzbuch, Leipziger Kommentar, Großkommentar, Band 2, §§ 32 bis 60, 11. Aufl., Berlin 2003 (zitiert: LK-StGB-*Bearbeiter*).

Jakobs, Günther, Strafrecht, Allgemeiner Teil, Die Grundlagen und die Zurechnungslehre, Lehrbuch, 2. Aufl., Berlin 1993 (zitiert: *Jakobs*, Strafrecht AT).

Jescheck, Hans-Heinrich, Entwicklung, Aufgaben und Methoden der Strafrechtsvergleichung, Antrittsrede, Tübingen 1955 (zitiert: *Jescheck*, Entwicklung, Aufgaben und Methoden der Strafrechtsvergleichung).

Jescheck, Hans-Heinrich/*Weigend*, Thomas, Lehrbuch des Strafrechts, Allgemeiner Teil, 5. Aufl., Berlin 1996 (zitiert: *Jescheck/T. Weigend*, AT).

Johnson, Timothy P./*Vijver*, Fons J. R. van de, Social Desirability in Cross-Cultural Research, in: Harkness, Janet A./van de Vijver, Fons J. R./Mohler, Peter Ph. (Hrsg.), Cross-Cultural Survey Methods, Hoboken, New Jersey 2003, S. 195–204.

Jovašević, Dragan, Human Rights in Light of Necessary Defence in Criminal Law of Serbia and Montenegro, Free Law Journal 1 (2005), S. 7–20.

Jovašević, Dragan, Krivično pravo, Opšti deo, Beograd 2006 (zitiert: *Jovašević*, Krivično pravo).

Jovašević, Dragan, Leksikon krivničnog prava, 3. Aufl., Beograd 2006 (zitiert: *Jovašević*, Leksikon krivničnog prava,).

Jovašević, Dragan, Nužna odbrana i krajnja nužda, Niš 2007 (zitiert: *Jovašević*, Nužna odbrana i krajnja nužda).

Jung, Heike, Grundfragen der Strafrechtsvergleichung, JuS 1998, S. 1–7.

Jung, Heike/*Schroth*, Hans-Jürgen, Das Strafrecht als Gegenstand der Rechtsangleichung in Europa, GA 1983, S. 241–272.

Kambič, Marko, Uboj zalotenega tatu – med naravnim pravom in recepcijo, in: Rajšp, Vincenc/Bruckmüller, Ernst (Hrsg.), Vilfanov zbornik, Pravo – zgodovina – narod = Recht – Geschichte – Nation, in memoriam Sergij Vilfan, Ljubljana 1999, S. 263–273.

Kambič, Marko, Vpliv rimskega prava na razvoj silobrana s posebnim ozirom na kranjski sodni red za deželska sodišča iz leta 1535, Zbornik znanstvenih razprav 1999, S. 143–162.

Kargl, Walter, Die intersubjektive Begründung und Begrenzung der Notwehr, ZStW 110 (1998), S. 38–68.

Kaspar, Johannes, Die Strafbarkeit der aufgedrängten Nothilfe, JuS 2014, S. 769–776.

Kaspar, Johannes, Gerechtes oder zweckmäßiges Strafen?, Überlegungen zur Relevanz kriminologischer Erkenntnisse in der straftheoretischen Diskussion, in: Koch, Arnd/Rossi, Matthias (Hrsg.), Gerechtigkeitsfragen in Gesellschaft und Wirtschaft, 40 Jahre Juristische Fakultät Augsburg, Baden-Baden 2013, S. 103–125.

Kaspar, Johannes, Gewaltsame Verteidigung gegen den Erpresser?, Zu den Grenzen der Notwehr in den Fällen der sog. „Chantage", GA 2007, S. 36–47.

Kaspar, Johannes, Kriminologie und Strafrecht – getrennte Welten?, in: Neubacher, Frank/Kubink, Michael (Hrsg.), Kriminologie – Jugendkriminalrecht – Strafvollzug, Gedächtnisschrift für Michael Walter, Berlin 2014, S. 83–100.

Kaspar, Johannes, „Rechtsbewährung" als Grundprinzip der Notwehr?, Kriminologisch-empirische und verfassungsrechtliche Überlegungen zu einer Reformulierung von § 32 StGB, RW 4 (2013), S. 40–61.

Kaspar, Johannes, Strafrecht – Allgemeiner Teil, Einführung, 3. Aufl., Baden-Baden 2020 (zitiert: *Kaspar*, Strafrecht AT).

Kaspar, Johannes, Verfassungsrechtliche Aspekte einer empirisch fundierten Theorie der Generalprävention, in: Kaspar/Walter (Hrsg.), Strafen „im Namen des Volkes"?, Zur rechtlichen und kriminalpolitischen Relevanz empirisch feststellbarer Strafbedürfnisse der Bevölkerung, Baden-Baden 2019, S. 61–90.

Kaufmann, Ekkehard, Nothwehr, in: Erler, Adalbert/Kaufmann, Ekkehard (Hrsg.), Handwörterbuch zur deutschen Rechtsgeschichte, Band III, 1. Aufl., Berlin 1984, S. 1096–1102 (zitiert: *Kaufmann*, in: HRG III).

Kilian, Ines, Die Dresdner Notwehrstudie, Zur Akzeptanz des deutschen Notwehrrechts in der Bevölkerung, Baden-Baden 2011 (zitiert: *Kilian*, Notwehrstudie).

Kilińska-Pękacz, Agnieszka, Nowe ujęcie obrony koniecznej po nowelizacjach kodeksu karnego z lat 2009–2010, Studia z Zakresu Prawa, Administracji i Zarządzania 2013, S. 83–99.

Kindhäuser, Urs/*Neumann*, Ulfrid/*Paeffgen*, Hans-Ullrich (Hrsg.), Strafgesetzbuch, 5. Aufl., Baden-Baden 2017 (zitiert: NK-StGB-*Bearbeiter*).

Kioupis, Dimitrios, Notwehr und Einwilligung, Eine individualistische Begründung, Baden-Baden 1992 (zitiert: *Kioupis*, Notwehr).

Koch, Arnd, Strafrechtsgeschichte und Strafrechtsvergleichung, in: Freund, Georg/ Murmann, Uwe/Bloy, René/Perron, Walter (Hrsg.), Grundlagen und Dogmatik des gesamten Strafrechtssystems, Festschrift für Wolfgang Frisch zum 70. Geburtstag, Berlin 2013, S. 1483–1499.

Koch, Burkhard, Prinzipientheorie der Notwehreinschränkungen, ZStW 104 (1992), S. 785–820.

Koriath, Heinz, Einige Gedanken zur Notwehr, in: Britz, Guido (Hrsg.), Grundfragen staatlichen Strafens, Festschrift für Heinz Müller-Dietz zum 70. Geburtstag, München 2001, S. 361–384.

Korošec, Damjan, Das materielle Strafrecht Sloweniens, JOR 42 (2001), S. 111–130.

Korošec, Damjan/*Ambrož*, Matjaž, Das slowenische Strafrecht zum Zeitpunkt des Beitritts Sloweniens zur EU (am 1. Mai 2004), ZStW 118 (2006), S. 489–511.

Korošec, Damjan/*Ambrož*, Matjaž/*Filipčič*, Katja/*Jakulin*, Vid, Materialno kazensko pravo. Splošni del, Judikatura slovenskih sodišč, 2. Aufl., Ljubljana 2011 (4. Nachdruck 2020) (zitiert: *Korošec et al.*, Judikatura slovenskih sodišč).

Kratzsch, Dietrich, Das (Rechts-)Gebot zur sozialer Rücksichtnahme als Grenze des strafrechtlichen Notwehrrechts, JuS 1975, S. 435–441.

Kratzsch, Dietrich, Grenzen der Strafbarkeit im Notwehrrecht, Zugleich ein Beitrag zur Grundlagenforschung der Rechtswissenschaft unter besonderer Berücksichtigung der erkenntnistheorietischen Untersuchungen von Fr. Vinding Kruse, Berlin 1968 (zitiert: *Kratzsch*, Grenzen der Strafbarkeit im Notwehrrecht).

Krause, Friedrich-Wilhelm, Zur Einschränkung der Notwehrbefugnis, GA 1979, S. 329–337.

Krause, Friedrich-Wilhelm, Zur Problematik der Notwehr, in: Wolfgang Frisch (Hrsg.), Festschrift für Hans-Jürgen Bruns zum 70. Geburtstag, Köln/München 1978, S. 71–88.

Krey, Volker, Zur Einschränkung des Notwehrrechts bei der Verteidigung von Sachgütern, JZ 1979, S. 702–715.

Krey, Volker/*Esser*, Robert, Deutsches Strafrecht Allgemeiner Teil, Studienbuch in systematischer-induktiver Darstellung, 6. Aufl., Stuttgart 2016 (zitiert: *Krey/Esser*, AT).

Król-Bogomilska, Małgorzata, Grundlagen und Grenzen der Notwehr im polnischen Strafrecht, in: Lüderssen, Klaus (Hrsg.), Modernes Strafrecht und Ultima-ratio-Prinzip, Frankfurt am Main 1990, S. 207–213.

Kroß, Antje, Notwehr gegen Schweigegelderpressung, Zugleich ein Beitrag zu den Grundprinzipien der Notwehr, Berlin 2004 (zitiert: *Kroß*, Notwehr gegen Schweigegelderpressung).

Krukowski, Adam, Obrona konieczna na tle polskiego prawa karnego, Warszawa 1965 (zitiert: *Krukowski*, Obrona konieczna).

Kubiciel, Michael, Das „Lissabon"-Urteil und seine Folgen für das Europäische Strafrecht, GA 2010, S. 99–114.

Kühl, Kristian, Angriff und Verteidigung bei der Notwehr (I), JURA 1993, S. 57–63.

Kühl, Kristian, Angriff und Verteidigung bei der Notwehr (Schluß), JURA 1993, S. 233–239.

Kühl, Kristian, Die gebotene Verteidigung gegen provozierte Angriffe, in: Schulz, Joachim (Hrsg.), Festschrift für Günter Bemmann, Zum 70. Geburtstag am 15. Dezember 1997, Baden-Baden 1997, S. 193–201.

Kühl, Kristian, Notwehr und Nothilfe, JuS 1993, S. 177–183.

Kühl, Kristian, „Sozialethische" Einschränkung des Notwehrrechts, JURA 1990, S. 244–253.

Kühl, Kristian, Strafrecht, Allgemeiner Teil, 8. Aufl., München 2017 (zitiert: *Kühl*, AT).

Kulesza, Jan, § 2 Obrona konieczna, in: Paprzycki, Lech K. (Hrsg.), System prawa karnego, Tom 4, Nauka o przestępstwie, wyłączenie i ograniczenie odpowiedzialności karnej, 2. Aufl., Warszawa 2016, S. 125–319.

Kulesza, Witold, Obrona konieczna czci i godności a zasada proporcjonalności dóbr, Acta Universitatis Lodziensis. Folia Iuridica 35 (1988), S. 159–178.

Kunz, Karl-Ludwig, Die Kulturgebundenheit des Strafrechts und seine Übertragbarkeit in fremde Rechtskreise, in: Streng, Franz/Kett-Straub, Gabrielle (Hrsg.), Strafrechtsvergleichung als Kulturvergleich, Beiträge zur Evaluation deutschen „Strafrechtsexports" als „Strafrechtsimport", Tübingen 2012, S. 145–167.

Kurakēs, Nestōr E., Zur sozialethischen Begründung der Notwehr, Die sozialethischen Schranken des Notwehrrechts nach deutschem und griechischem Strafrecht, Baden-Baden 1978 (zitiert: *Kurakēs*, Notwehr).

Lackner, Karl/*Kühl*, Kristian/*Heger*, Martin, Strafgesetzbuch, Kommentar, 29. Aufl., München 2018 (zitiert: Lackner/Kühl-*Bearbeiter*).

Lagodny, Otto, Strafrecht vor den Schranken der Grundrechte, Die Ermächtigung zum strafrechtlichen Vorwurf im Lichte der Grundrechtsdogmatik, dargestellt am Beispiel der Vorfeldkriminalisierung, Tübingen 1996 (zitiert: *Lagodny*, Strafrecht vor den Schranken der Grundrechte).

Lenckner, Theodor, „Gebotensein" und „Erforderlichkeit" der Notwehr, GA 1968, S. 1–10.

Lenckner, Theodor, Notwehr bei provoziertem und verschuldetem Angriff, GA 1961, S. 299–314.

Lenckner, Theodor, Wertausfüllungsbedürftige Begriffe im Strafrecht und der Grundsatz „nullum crimen sine lege", 1. Teil, JuS 1968, S. 249–257.

Lesch, Heiko Hartmut, Notwehrrecht und Beratungsschutz, Zur Zulässigkeit der Nothilfe gegen die nach § 218a Abs. 1 StGB tatbestandslose Abtötung der Leibesfrucht, Paderborn/München 2000 (zitiert: *Lesch*, Notwehrrecht).

Limburska, Alicja, Niekaralność przekroczenia granic obrony koniecznej w świetle art. 25 § 2a k. k., Czasopismo Prawa Karnego i Nauk Penalnych XXI (2017), S. 7–25.

Lück, Heiner, Gerüfte, in: Cordes, Albrecht/Lück, Heiner/Werkmüller, Dieter/Bertelsmeier-Kierst, Christa (Hrsg.), Handwörterbuch zur deutschen Rechtsgeschichte, Band II: Geistliche Gerichtsbarkeit – Konfiskation, 2. Aufl., Berlin 2012, S. 259–264 (zitiert: *Lück*, in: HRG II).

Lührmann, Olivia, Tötungsrecht zur Eigentumsverteidigung?, Eine Untersuchung des Notwehrrechts unter verfassungsrechtlichen, menschenrechtlichen und rechtsvergleichenden Gesichtspunkten, Frankfurt am Main 1999 (zitiert: *Lührmann*, Tötungsrecht).

Mankowski, Peter, Rechtskultur, Beiträge zum ausländischen und internationalen Privatrecht, Tübingen 2016 (zitiert: *Mankowski*, Rechtskultur).

Mankowski, Peter, Rechtskultur, Eine rechtsvergleichend-anekdotische Annäherung an einen schwierigen und vielgesichtigen Begriff, JZ 64 (2009), S. 321–331.

Marek, Andrzej, Obrona konieczna w prawie karnym, Teoria i orzecznictwo, Monografie, Warszawa 2008 (zitiert: *Marek*, Obrona konieczna).

Marxen, Klaus, Die „sozialethischen" Grenzen der Notwehr, Frankfurt am Main 1979 (zitiert: *Marxen*, Grenzen der Notwehr).

Maunz, Theodor/*Dürig*, Günter/*Herzog*, Roman/*Scholz*, Rupert/*Herdegen*, Matthias/*Klein*, Hans Herrmann (Hrsg.), Grundgesetz, Kommentar, Band I, 93. EL, München 2020 (zitiert: Maunz/Dürig-*Bearbeiter*).

Maurer, Marcus/*Jandura*, Olaf, Masse statt Klasse? Einige kritische Anmerkungen zu Repräsentativität und Validität von Online-Befragungen, in: Jackob, Nikolaus/Schoen, Harald/Zerback, Thomas (Hrsg.), Sozialforschung im Internet, Methodologie und Praxis der Online-Befragung, Wiesbaden 2009, S. 61–73.

Mijatović, V./*Radosavljević*, E., Gde su granice nužne odbrane, Novosti, 01.06.2013, abrufbar unter www.novosti.rs/vesti/naslovna/hronika/aktuelno.291.html:436812-Gde-su-granice-nuzne-odbrane, zuletzt abgerufen am 26.06.2021.

Mitsch, Wolfgang, Die provozierte Provokation, JuS 2017, S. 19–24.

Mitsch, Wolfgang, Tödliche Schüsse auf flüchtende Diebe, JA 1989, S. 79–89.

Momsen, Carsten, Die Zumutbarkeit als Begrenzung strafrechtlicher Pflichten, Baden-Baden 2006 (zitiert: *Momsen*, Die Zumutbarkeit).

Mozgawa, Marek, Obrona konieczna w polskim prawie karnym (zagadnienia podstawowe), Annales UMCS, Sectio G (Ius) 60 (2013), S. 171–190.

Mršić, Gordana, Nužna obrana i njezino prekoračenje, Hrvatska pravna revija 3 (2003), S. 71–80.

Müller, Henning Ernst, Zur Notwehr bei Schweigegelderpressung (Chantage), NStZ 1993, S. 366–368.

Münchener Kommentar zum Strafgesetzbuch, Band 1, §§ 1–37 StGB, Heintschel-Heinegg, Bernd (Bandredakteur), 4. Aufl., München 2020 (zitiert: MüKo-StGB-*Bearbeiter*).

Nazaroviene, Daiva, Legal culture in post-soviet Lithuanian society: socio-cultural analysis of self-defence, (Summary of Doctoral Disseratation Social Sciences, Sociology (05 S)), Kaunas 2004 (zitiert: *Nazaroviene*, Legal culture in post-soviet Lithuanian society: socio-cultural analysis of self-defence).

Nazaroviene, Daiva, Rezeption der Rechtskultur und methodologisches Modell ihrer Sozialforschung, Socialniai Mokslai 40 (2003), S. 97–103.

Neumann, Ulfrid, Individuelle und überindividuelle Begründung des Notwehrrechts, in: Lüderssen, Klaus (Hrsg.), Modernes Strafrecht und Ultima-ratio-Prinzip, Frankfurt am Main 1990, S. 215–226.

Neumann, Ulfrid, Zurechnung und „Vorverschulden", Vorstudien zu einem dialogischen Modell strafrechtlicher Zurechnung, Berlin 1985 (zitiert: *Neumann*, Zurechnung).

Noltenius, Bettina, Die Europäische Idee der Freiheit und die Etablierung eines Europäischen Strafrechts, Zum Zusammenhang von freiheitlicher Rechtsverfassung und Strafe, Berlin 2017 (zitiert: *Noltenius*, Die Europäische Idee).

Novoselec, Petar, Notwehr gegen Erpressung i. e. S. und Chantage, NStZ 97 (1997), S. 218–221.

Novoselec, Petar, Nužna obrana među bračnim drugovima, Hrvatska pravna revija 10 (2010), S. 79–84.

Novoselec, Petar, Ograničenja prava na nužnu obranu, in: Matovski, Nikola/Novoselec, Petar (Hrsg.), Zbornik na trudovi na Pravniot fakultet „Justinijan Prvi" vo Skopje, Posveten na prof. d-r. Franjo Bačik, Skopje/Zagreb 2007, S. 111–124.

Novoselec, Petar, Opći dio kaznenog prava, 5. Aufl., Osijek 2016 (zitiert: *Novoselec*, Opći dio kaznenog prava).

Novoselec, Petar, Sudska praksa, Hrvatski ljetopis za kazneno pravo i praksu 22 (2015), S. 719–726.

Novoselec, Petar/*Martinović*, Igor, Komentar kaznenog zakona. I. Knjiga, opći dio, Zagreb 2019 (zitiert: *Novoselec/Martinović*, Komentar kaznenog zakona).

Nusser, Stephanie, Notwehr zur Verteidigung von Sachwerten, Hamburg 2012 (zitiert: *Nusser*, Notwehr zur Verteidigung von Sachwerten).

Özaydın, Özdem, Notwehr und Notstand im deutsch-türkischen Rechtsvergleich, Unter Berücksichtigung französischer und italienischer Rechtstraditionen, Baden-Baden 2013 (zitiert: *Özaydın*, Notwehr und Notstand im deutsch-türkischen Rechtsvergleich).

Paramonova, Svetlana, Grounds for excluding criminal liability in Russia, in: Sieber, Ulrich/Jarvers, Konstanze/Silverman, Emily (Hrsg.), National Criminal Law in a Comparative Legal Context, Volume 5.1, Grounds for excluding criminal liability: grounds for terminating or expunging criminal liability: Australia, Japan, Russia, Switzerland, Turkey, Uganda, Berlin 2016, S. 126–166.

Pavišić, Berislav/*Grozdanić*, Velinka/*Veić*, Petar, Komentar Kaznenog zakona, 3. Aufl., Zagreb 2007 (zitiert Komentar Kaznenog zakona-*Bearbeiter*).

Pavlović, Šime, Kazneni zakon, Zakonski tekst, komentari, sudska praksa, pravna teorija, 3. Aufl., Rijeka 2015 (zitiert: *Pavlović*, Kazneni zakon).

Perron, Walter, Rechtsvergleichende Betrachtungen zur Notwehr, in: Arnold, Jörg (Hrsg.), Festschrift für Albin Eser zum 70. Geburtstag, Menschengerechtes Strafrecht, München 2005, S. 1019–1039.

Perron, Walter, Sind die nationalen Grenzen des Strafrechts überwindbar?, ZStW 109 (1997), S. 281–301.

Petrishchev, Aleksandr Aleksandrovich, Istoricheskoye razvitiye zakonodatel'stva o neobkhodimoy oborone, Molodoy uchonyy 8 (2016), S. 550–552.

Petrović, Borislav/*Jovašević*, Dragan, Krivično/Kazneno pravo Bosne i Hercegovine, Opći dio, Sarajevo 2005 (zitiert: *Petrović/Jovašević*, Krivično/Kazneno pravo Bosne i Hercegovine).

Pfordten, Dietmar von der, Zu den Prinzipien der Notwehr, in: Amelung, Knut (Hrsg.), Strafrecht – Biorecht – Rechtsphilosophie, Festschrift für Hans-Ludwig Schreiber zum 70. Geburtstag am 10. Mai 2003, Heidelberg 2003, S. 359–373.

Pitsounis, Dimitrios, Die Notwehr als Gegenstand der Rechtsvergleichung, in: Lüderssen, Klaus (Hrsg.), Modernes Strafrecht und Ultima-ratio-Prinzip, Frankfurt am Main 1990, S. 227–275.

Plotnikov, Aleksander Ivanovič, Glava 12, in: Plotnikov, Aleksander Ivanovič (Hrsg.), Ugolovnoe pravo Rossii, Obščaja čast, Orenburg 2016, S. 197–230.

Pohl, Łukasz, Prawo karne, Wykład części ogólnej, 3. Aufl., Warszawa 2015 (zitiert: *Pohl*, Prawo karne).

Puppe, Ingeborg, Die strafrechtliche Verantwortlichkeit für Irrtümer bei der Ausübung der Notwehr und für deren Folgen, JZ 1989, S. 728– 733.

Puppe, Ingeborg, Strafrecht Allgemeiner Teil, Im Spiegel der Rechtsprechung, 4. Aufl., Baden-Baden 2019 (zitiert: *Puppe*, Strafrecht AT).

Raiser, Thomas, Grundlagen der Rechtssoziologie, 6. Aufl., Tübingen 2013 (zitiert: *Raiser*, Grundlagen).

Rarog, A. I. (Hrsg.), Kommentarij k ugolovnomu kodeksu Rossijskoj Federacii, Moskva 2016 (zitiert: Kommentarij UKR-*Bearbeiter*).

Rawls, John, Eine Theorie der Gerechtigkeit, Frankfurt am Main 2003 (zitiert: *Rawls*, Eine Theorie der Gerechtigkeit).

Rehbinder, Manfred, Rechtssoziologie, Ein Studienbuch, 8. Aufl., München 2014 (zitiert: *Rehbinder*, Rechtssoziologie).

Renzikowski, Joachim, Notstand und Notwehr, Berlin 1994 (zitiert: *Renzikowski*, Notstand und Notwehr).

Renzikowski, Joachim, Notwehr – Grundlagen und Geschichte, in: Kindhäuser, Urs/Pawlik, Michael (Hrsg.), Notwehr in Deutschland und China, Weltanschaulicher Hintergrund und dogmatische Grundfragen, Baden-Baden 2020, S. 33–51.

Republika Slovenija, Minstrstvo za notranje zadeve, Policija, Ocene in stališča prebivalcev Slovenije o delu policije 2016, Poročilo, Ljubljana 2016 (zitiert: Policija, Ocene in stališča prebivalcev Slovenije o delu policije 2016).

Retzko, Susanne, Die Angriffsverursachung bei der Notwehr, Münster/Hamburg 2001 (zitiert: *Retzko*, Die Angriffsverursachung bei der Notwehr).

Rienen, Rafael van, Die „sozialethischen" Einschränkungen des Notwehrrechts, Die Grenzen privater Rechtsverteidigung und das staatliche Gewaltmonopol, Baden-Baden/Zürich 2009 (zitiert: *van Rienen*, Einschränkungen).

Rieß, Peter, Bemerkungen zur Bedeutung des Preußischen Allgemeinen Landrechts von 1794 für die heutige Strafrechtsreform, GA 1978, S. 138–142.

Rippl, Susanne/*Seipel*, Christian, Methoden kulturvergleichender Sozialforschung, Eine Einführung, Wiesbaden 2008 (zitiert: *Rippl/Seipel*, Methoden).

Risimović, Radosav, Izazvana nužna odbrana, Bezbednost 53 (2011), S. 168–181.

Robinson, Paul H., Democratizing Criminal Law: Feasibility, Utility, and the Challenge of Social Change, Northwestern University Law Review 111 (2017), S. 1565–1596.

Robinson, Paul H., Intuitions of Justice and the Utility of Desert, Oxford 2013 (zitiert: *Robinson*, Intuitions of Justice and the Utility of Desert).

Robinson, Paul H./*Darley*, John M., Intuitions of Justice, Implications for Criminal Law and Justice Policy, Southern California Law Review 88 (2007), S. 1–67.

Rosenau, Henning, Zur Europäisierung im Strafrecht, Vom Schutz finanzieller Interessen der EG zu einem gemeineuropäischen Strafgesetzbuch, ZIS 2008, S. 9–19.

Rothlauf, Jürgen, Interkulturelles Management, Mit Beispielen aus Vietnam, China, Japan, Russland und den Golfstaaten, 4. Aufl., München 2012 (zitiert: *Rothlauf*, Interkulturelles Management,).

Roxin, Claus, Die provozierte Notwehrlage, ZStW 75 (1963), S. 541–591.

Roxin, Claus, Die „sozialethischen" Einschränkungen des Notwehrrechts, Versuch einer Bilanz, ZStW 93 (1981), S. 68–104.

Roxin, Claus, Kriminalpolitik und Strafrechtssystem, 2. Aufl., Berlin 1973 (zitiert: *Roxin*, Kriminalpolitik).

Roxin, Claus, Notwehr und Rechtsbewährung, in: Heger, Martin (Hrsg.), Festschrift für Kristian Kühl zum 70. Geburtstag, München 2014, S. 391–405.

Roxin, Claus/*Greco*, Luis, Strafrecht Allgemeiner Teil Band I, Grundlagen, Der Aufbau der Verbrechenslehre, 5. Aufl. 2020 (zitiert: *Roxin/Greco*, AT I).

Rückert, Christian, Effektive Selbstverteidigung und Notwehrrecht, Tübingen 2017 (zitiert: *Rückert*, Notwehrrecht).

Rudolphi, Hans-Joachim/*Horn*, Eckhard/*Samson*, Erich/*Günther*, Hans-Ludwig (Hrsg.) Systematischer Kommentar zum Strafgesetzbuch, Band 1, §§ 1–45b, 7. Aufl., Neuwied/Kriftel/Berlin 1997 (zitiert: SK-StGB-*Bearbeiter*).

Rudolphi, Hans-Joachim/*Wolter*, Jürgen (Hrsg.), Systematischer Kommentar zum Strafgesetzbuch, §§ 1–37, 9. Aufl., Köln 2017 (zitiert: SK-StGB-*Bearbeiter*).

Rüping, Hinrich/*Jerouschek*, Günter, Grundriss der Strafrechtsgeschichte, 6. Aufl., München 2011 (zitiert: *Rüping/Jerouschek*, Grundriss).

Russkevich, Yevgeniy Aleksandrovich/*Dmitrenko*, Andrey Petrovich, Gl. IV. Obstoyatel'stva, isklyuchavyushciye prestupnost' deyaniya, in: Kadnikov, Nikolay Grigoryevich (Hrsg.), Ugolovnoe pravo Rossii, Obscaja cast'; osobennaja cast', Moskva 2013, S. 190–218.

Rüter, Frederik, Harmonie trotz Dissonanz, Gedanken zur Erhaltung eines funktionsfähigen Strafrechts im grenzenlosen Europa, ZStW 105 (1993), S. 30–47.

Satzger, Helmut, Die Europäisierung des Strafrechts, Eine Untersuchung zum Einfluß des Europäischen Gemeinschaftsrechts auf das deutsche Strafrecht, Köln, München 2001 (zitiert: *Satzger*, Die Europäisierung des Strafrechts).

Satzger, Helmut, Die Zukunft des Allgemeinen Teils des Strafrechts vor dem Hintergrund der zunehmenden Europäisierung des Strafrechts, ZIS 11 (2016), S. 771–776.

Schaffstein, Friedrich, Die allgemeinen Lehren vom Verbrechen, In ihrer Entwicklung durch die Wissenschaft des gemeinen Strafrechts, Aalen 1973 (zitiert: *Schaffstein*, Die allgemeinen Lehren vom Verbrechen).

Schaffstein, Friedrich, Notwehr und Güterabwägungsprinzip, MDR 1952, S. 132–136.

Scherenberg, Carl-Friedrich von, Die sozialethischen Einschränkungen der Notwehr, Frankfurt am Main 2009 (zitiert: *Scherenberg*, Notwehr).

Schmidhäuser, Eberhard, Die Begründung der Notwehr, GA 1991, S. 97–139.

Schmidhäuser, Eberhard, Über die Wertstruktur der Notwehr, in: Barth, Eberhard (Hrsg.), Festschrift für Richard M. Honig, zum 80. Geburtstag, 3. Januar 1970, Göttingen 1970, S. 185–199.

Schmidt, Eberhard, Einführung in die Geschichte der deutschen Strafrechtspflege, 3. Aufl., Göttingen 1965 (zitiert: *Schmidt*, Einführung in die Geschichte der deutschen Strafrechtspflege).

Schmitt-Lermann, Hans, Die Lehre von der Notwehr in der Wissenschaft des gemeinen Strafrechts, Breslau 1935 (zitiert: *Schmitt-Lermann*, Die Lehre von der Notwehr).

Schnell, Rainer/*Hill*, Paul B./*Esser*, Elke, Methoden der empirischen Sozialforschung, 11. Aufl., Berlin 2018 (zitiert: *Schnell/Hill/Esser*, Methoden).

Schönke, Adolf/*Schröder*, Horst (Hrsg.), Strafgesetzbuch, Kommentar, 30. Aufl., München 2019 (zitiert: Schönke/Schröder-*Bearbeiter*).

Schroeder, Friedrich-Christian, Die Notwehr als Indikator politischer Grundanschauungen, in: Schroeder, Friedrich-Christian (Hrsg.), Festschrift für Reinhard Maurach zum 70. Geburtstag, S. 127–142.

Schroeder, Friedrich-Christian, Die Straftatausschließungsgründe des russischen Rechts im Lichte der deutschen Strafrechtsdogmatik, ZStW 123 (2011), S. 82–91.

Schroeder, Friedrich-Christian, Strafgesetzbuch der Russischen Föderation, Nach dem Stand vom 1.1.2007, 2. Aufl., Berlin 2007 (zitiert: *Schroeder*, Strafgesetzbuch).

Schroth, Ulrich, Notwehr bei Auseinandersetzungen in engen persönlichen Beziehungen, NJW 1984, S. 2562–2564.

Schubert, Katrin, Der Versuch – Überlegungen zur Rechtsvergleichung und Harmonisierung, Berlin 2005 (zitiert: *Schubert*, Der Versuch).

Schwartz, Shalom, Beyond Individualism/Collectivism: New Cultural Dimensions of Values, in: Kim, Uichol/Triandis, Harry C./Kâğitçibaşi, Çiğdem/ Choi, Sang-Chin/ Yoon, Gene (Hrsg.), Individualism and Collectivism, Theory, Method, and Applications, Thousand Oaks u. a. 1994, S. 85–119.

Schwartz, Shalom, Mapping and Interpreting Cultural Differences Around the World, in: Vinken, Henk/Soeters, Joseph/Ester, Peter (Hrsg.), Comparing Cultures, Dimensions of Culture in a Comparative Perspective, Leiden 2004, S. 43–73.

Schweizer, Karl, Eine Analyse der Konzepte, Bedingungen und Zielsetzungen von Replikationen, Archiv für Psychologie 141 (1989), S. 85–97.

Seeberg, Rouven, Aufgedrängte Nothilfe, Notwehr und Notwehrexzess, Frankfurt am Main 2005 (zitiert: *Seeberg*, Aufgedrängte Nothilfe, Notwehr und Notwehrexzess).

Seelmann, Kurt, Grenzen privater Nothilfe, ZStW 89 (1977), S. 36–60.

Seier, Jürgen, Umfang und Grenzen der Nothilfe im Strafrecht, NJW 1987, S. 2476–2483.

Selinšek, Lilijana, Kazensko pravo, Splošni del in osnove posebnega dela, Ljubljana 2007 (zitiert: *Selinšek*, Kazensko pravo).

Sellert, Wolfgang/*Rüping*, Hinrich, Studien- und Quellenbuch zur Geschichte der deutschen Strafrechtspflege 1, Von den Anfängen bis zur Aufklärung, Aalen 1989 (zitiert: *Sellert/Rüping*, Studien- und Quellenbuch 1).

Sengbusch, René, Die Subsidiarität der Notwehr, Zum Verhältnis von eigenhändiger Verteidigung und der Abwehr eines Angriffs durch staatliche oder private Helfer, Berlin 2008 (zitiert: *Sengbusch*, Die Subsidiarität der Notwehr).

Šepec, Miha (Hrsg.), Kazenski zakonik (KZ-1) s komentarjem, splošni del, Ljubljana 2021 (zitiert: *Bearbeiter*, in: Kazenski zakonik (KZ-1)).

Siciliano, Domenico, Das Leben des fliehenden Diebes: Ein strafrechtliches Politikum, 2. Aufl., Frankfurt am Main 2013 (zitiert: *Siciliano*, Das Leben).

Sieber, Ulrich, Europäische Einigung und europäisches Strafrecht, ZStW 103 (1991), S. 957–979.

Sieber, Ulrich, Memorandum für ein Europäisches Modellstrafgesetzbuch, JZ 1997, S. 369–381.

Spendel, Günter, Der Gegensatz rechtlicher und sittlicher Wertung am Beispiel der Notwehr, DRiZ 1978, S. 327–333.

Spendel, Günter, Keine Notwehreinschränkung unter Ehegatten, JZ 1984, S. 507–509.

Sprick, Daniel, Die Grenzen der Notwehr im Strafrecht der Volksrepublik China, Baden-Baden 2016 (zitiert: *Sprick*, Die Grenzen der Notwehr im Strafrecht der Volksrepublik China)

Stalski, Patryk, Granice obrony koniecznej, in: Sadowski, Mirosław/Szymaniec, Piotr (Hrsg.), Ze studiów nad prawem, administracją i ekonomią, Wrocław 2014, S. 279–297.

Stanković, Nedeljko, Krivično pravo, Opšti dio, Brčko 2016 (zitiert: *Stanković*, Krivično pravo).

Stiller, Tanja, Grenzen des Notwehrrechts bei der Verteidigung von Sachwerten, Frankfurt am Main 1999 (zitiert: *Stiller*, Grenzen).

Stojanović, Zoran, Die Auslegung der Strafrechtswissenschaft in der praktischen Rechtsanwendung, in: Schulz, Lorenz (Hrsg.), Festschrift für Imme Roxin, zum 75. Geburtstag am 15. Mai 2012, Heidelberg 2012, S. 103–116.

Stojanović, Zoran, Krivično pravo, Opšti deo, 12. Aufl., Beograd 2006 (zitiert: *Stojanović*, Krivično pravo).

Stojiljković, Gordana, O umoru že tretjič, SiolNET., 06.09.2010, abrufbar unter www. siol.net/novice/crna-kronika/o-umoru-ze-tretjic-183652, zuletzt abgerufen am 26.06.2021.

Stuckenberg, Carl-Friedrich, Notwehrprovokation, in: Kindhäuser, Urs/Pawlik, Michael (Hrsg.), Notwehr in Deutschland und China, Weltanschaulicher Hintergrund und dogmatische Grundfragen, Baden-Baden 2020, S. 297–320.

Syrrothanassi, Olga, Die Regelung der Anstiftung in einem europäischen Modellstrafgesetzbuch, Frankfurt am Main 2008 (zitiert: *Syrrothanassi*, Die Regelung der Anstiftung).

Tabaszewski, Tomasz, Obrona konieczna de lege ferenda w świetle sporu o samoistność tej instytucji, Czasopismo Prawa Karnego i Nauk Penalnych 2009, S. 35–63.

Theodoricus, Petrus, (Petri Theodorici) criminale collegium, Quo tota delictorum materia 11 disputationibus inclusa et enucleata, nec non exacta methodo pertractata, practicis observationibus et ictorum responsis subinde annexis, exhibetur, Jenae 1618, zitiert nach Siciliano, Domenico, Das Leben des fliehenden Diebes: Ein strafrechtliches Politikum, 2. Aufl., Frankfurt am Main 2013 (zitiert: *Theodoricus*, Criminale collegium)

Tiedemann, Klaus, Das neue Strafgesetzbuch Spaniens und die europäische Kodifikationsidee, JZ 51 (1996), S. 647–649.

Tomić, Zvonimir, Krivično pravo I, Sarajevo 2008 (zitiert: *Tomić*, Krivično pravo).

Uttelbach, Artur, Die Verhältnismäßigkeit bei der Notwehr, Emsdetten (Westf.) 1935 (zitiert: *Uttelbach*, Verhältnismäßigkeit).

Vogel, Joachim, Harmonisierung des Strafrechts in der Europäischen Union, GA 2003, S. 314–334.

Vogel, Joachim, Mindestanforderungen an ein harmonisiertes, europaweit geltendes materielles Strafrecht, in: Zieschang, Frank (Hrsg.), Strafrecht und Kriminalität in Europa, Baden-Baden 2003, S. 29–56.

Vuković, Igor, Isprovocirani napadi i druga ograničenja nužne odbrane, in: Ignjatović, Đorđe (Hrsg.), Kaznena reakcija u Srbiji, Tematska monografija, Beograd 2011, S. 193–209.

Wagner, Heinz, Individualistische oder überindividualistische Notwehrbegründung, Berlin 1984 (zitiert: *Wagner*, Notwehrbegründung).

Walter, Tonio, Das Absolute wird relativ – wie sich Vergeltung als Strafzweck soziologisch begründen lässt. Zugleich eine Kritik alter und neuer Straftheorien, in: Neubacher, Frank/Kubink, Michael (Hrsg.), Kriminologie – Jugendkriminalrecht – Strafvollzug, Gedächtnisschrift für Michael Walter, Berlin 2014, S. 831–849.

Walter, Tonio, Grundlagen einer empirisch begründeten Vergeltungstheorie, in: Kaspar, Johannes/Walter, Tonio (Hrsg.), Strafen „im Namen des Volkes"?, Zur rechtlichen und kriminalpolitischen Relevanz empirisch feststellbarer Strafbedürfnisse der Bevölkerung, Baden-Baden 2019, S. 49–60.

Walter, Tonio, Vergeltung als Strafzweck, Prävention und Resozialisierung als Pflichten der Kriminalpolitik, ZIS 7 (2011), S. 636–647.

Warylewski, Jarosław, Prawo karne, Część ogólna, 6. Aufl., Warszawa 2015 (zitiert: *Warylewski*, Prawo karne).

Weigend, Eva, Gründe für den Ausschluss der Strafbarkeit, Polen, in: Sieber, Ulrich/Cornils Karin (Hrsg.), Nationales Strafrecht in rechtsvergleichender Darstellung, Allgemeiner Teil, Band 5, Berlin 2010, S. 310–360.

Wessels, Johannes/*Beulke*, Werner/*Satzger*, Helmut, Strafrecht, Allgemeiner Teil, Die Straftat und ihr Aufbau: mit ebook: Lehrbuch, Entscheidungen, Gesetzestexte, 50. Aufl., Heidelberg 2020 (zitiert: *Wessels/Beulke/Satzger*, Strafrecht AT).

Wittemann, Frank, Grundlinien und Grenzen der Notwehr in Europa, Frankfurt am Main 1997 (zitiert: *Wittemann*, Notwehr in Europa).

Wössner, Marion, Die Notwehr und ihre Einschränkungen in Deutschland und in den USA, Berlin 2006 (zitiert: *Wössner*, Die Notwehr und ihre Einschränkungen in Deutschland und in den USA).

Wróbel, Włodzimierz/*Zoll*, Andrzej, Polskie prawo karne, Część ogólna, 3. Aufl., Kraków 2014 (zitiert: *Wróbel/Zoll*, Polskie prawo).

Zieschang, Frank, Chancen und Risiken der Europäisierung des Strafrechts, ZStW 113 (2001), S. 255–270.

Zoll, Andrzej, Notwehr und Notwehrüberschreitung im polnischen Strafrecht, ZStW 90 (1978), S. 520–529.

Stichwortverzeichnis